한국현대소설의 담론 특성과 문학교육

김용재 金容在

전북대학교 사범대학 국어교육과(76학번)와 같은 대학교 대학원 수료. 문학박사. 현재 전주교육대학교 국어교육과 교수. 요즘 관심 영역은 문학과 문학교육.

저서『한국소설의 서사론적 탐구』, 번역서『서사론 사전』, 칼럼집『이구백 시대에도 희망은 있다』, 공저『전통문화의 이해』,『전통놀이의 이해』,『옛이야기 탐색』,『현대소설교육론』,『한국현대문학론』등이 있다.

E-mail: kyjedu@jnue.kr

한국현대소설의 담론 특성과 문학교육

초판 1쇄 발행 | 2019년 2월 28일

지은이 | 김용재
펴낸이 | 지현구
펴낸곳 | 태학사
등 록 | 제406-2006-00008호
주 소 | 경기도 파주시 광인사길 223
전 화 | (031)955-7580
전 송 | (031)955-0910
전자우편 | thaehaksa@naver.com
홈페이지 | www.thaehaksa.com

저작권자 ⓒ 김용재, 2019, Printed in Korea.
이 책은 저작권법에 의해 보호를 받는 저작물이므로 저자와 출판사의 허락 없이 내용의 일부를 인용하거나 발췌하는 것을 금합니다.

값은 뒤표지에 있습니다.

ISBN 979-11-6395-029-5 93810

한국 현대소설의 담론 특성과 문학교육

김용재 지음

태학사

머리말

 문학은 인간과 세계의 조응과 적극적인 소통에서 비롯된다. 문학은 인간의 삶과 긴밀한 연계성을 지니면서 언어라는 괴물로 형상화된 예술이기 때문에 그 실체는 다가갈수록 모호해지는 마력(魔力) 속에 있다. 문학의 독서 과정은 작가와 독자의 기호론적 소통 속에서 독자가 작품에 내재한 '빈 곳'(gap)을 채워가는 상상력의 결과이다. 이는 인간과 사회, 문화를 풍부하게 하는 자양분이다.
 문학과 문학연구, 문학교육은 상보적이다. 문학이 인간의 삶을 총체적으로 반영하고 있는 예술적 표현 전반이라고 한다면, 문학교육은 '문학적 상상력과 감수성'(문학 능력)을 기름으로써 가치 있는 삶을 영유케 하려는 의도적인 행동 양식이라고 할 수 있다. 문학 연구는 문학에 대한 해석과 비평 작업을 통해 그 가치를 공유하는 지적 탐구이다. 우리는 문학 현상 속에서 상상력, 형상화, 해석, 가치 판단 등의 정신적 그래프를 그리면서 세계를 이해하고 새로운 세계를 꿈꾼다. 문학 연구나 문학교육이 갖는 힘이 바로 여기에 있다.

나는 문학의 매력에 다가가기 위한 첫걸음이 언어와 담론이라는 기호론적 실천방식이라고 믿는다. 특히 소설 작품은 나름의 이야기 구성 원리가 내재되어 있고, 서술자가 이끌어가는 담론 조직이 세계를 창조하고 있는 힘으로 작용한다. 소설 작품은 인물과 사건의 유기적 결합체이다. 이러한 양식적 특징은 소설이 하나의 이야기를 전달하는 서사 담론임을 입증하는 요건이다. 서사 담론의 주요 언어 운용은 서술로 이뤄진다. 서술(narration)은 이야기를 이끌어가는 서술자와 이야기된 세계, 서술자와 등장인물이나 플롯의 관계 사이에서 하나의 세계를 형상화하는 바탕이다.

이 책에서는 이러한 연구방법론에 바탕을 둔 작품론과 문학교육 관련 논문을 모았다. 이 책은 크게 3부로 조직되었다. 제1부에서는 근대소설 중에서 이기영의 『고향』, 허준의 「잔등」, 박태원의 『천변풍경』, 채만식의 『탁류』, 성장 소설인 「쑈리 킴」, 「乾」, 「어둠의 혼」에 대한 작품론을 다루었다. 제2부에서는 염상섭의 『취우』, 최인훈의 『광장』, 최명희의 『혼불』 관련 논문들을 모았다. 제3부에서는 문학교육의 여러 현상을 탐구한 논문들이다. 다문화 교육 문제, 교과서 문학 제재의 적정성을 탐구한 사례들이다. 여기에서는 이창래의 『영원한 이방인』, 조세희의 『난장이가 쏘아 올린 작은 공』, 초등학교 교과서 수록 시 제재 등을 분석 대상으로 삼았다.

이 책에 수록된 논문들은 최근에 발표한 것을 중심으로 모았지만, 일부 논문은 오래 전에 발표한 것도 포함되어 있다. 그것은 '현대소설의 담론 특성'을 탐색한 논문을 정선하여 책의 통일성을 부여하기 위함이었다. 문학교육 관련 논문은 최근에 발표한 것만 추려서 제시하였다. 교육 관련 논문은 교육과정의 변화나 시의성을 고려할 수밖에 없기 때문이다. 논문 내용의 수정이나 체재의 재구성이 이뤄진 경우도 있어서 이 책의 말미에 수록된 글에 대한 출처를 밝혀 두었다.

이 책이 나오기까지 수많은 사람들의 도움이 있었다. 훌륭한 작품을 써서 우리의 문학세계를 풍부하게 해 준 작가들의 노고와 여러 선행 연구자들의 고뇌가 없었다면 이 책은 나올 수 없었다. 경외의 마음을 표하고 싶다. 출판 사정이 여의치 않음에도 흔쾌히 책을 발행해 준 태학사 관계자에게 고마움을 전한다. 이 책이 나오게 된 기쁨을 '완산공부모임' 교수들과 함께 하고 싶다. 이 모임은 내가 근무하는 지역의 자발적 학술 공동체이다. 그들은 문학 연구의 즐거움을 글로 표현하고 교육으로 실천한다. 언제나 나에게 새로운 혜안을 깨닫게 해주는 외우(畏友)인 동시에 문학 동료이다.

2019년 2월
모악산 자락에서 김 용 재

차례

머리말 ··· 5

제1부 근대 소설과 성장 소설의 담론 특성

경향 소설의 이야기 구조와 서술 전략 - 이기영의 『고향』
  Ⅰ. 서론 ··· 15
  Ⅱ. 이야기의 외연적 구성 원리 ·· 20
  Ⅲ. 소설의 배경과 서술전략 ··· 23
     1. 공간 배치의 전략 ··· 24
     2. 시점의 이중성과 묘사 ··· 30
     3. 삽화의 연결방식과 인물관계 ····························· 34
  Ⅳ. 결론 ··· 39

여로 형식 소설의 담론 특성 - 허준의 「잔등」
  Ⅰ. 서론 ··· 44
  Ⅱ. 이야기 구조의 특성 ·· 47
     1. 여로의 형식과 서술 대상과의 거리 ················· 47
     2. 제3자 정신과 이야기 구성의 관계 ··················· 52
  Ⅲ. 담론 층위의 분석 ·· 55
     1. 만연체 문장과 문제 해결의 유보 ····················· 55
     2. 잔등의 상징성과 감각적 언술 ··························· 59
  Ⅳ. 결론 ··· 63

천변 공동체의 세태 반영과 일상적 담론 - 박태원의 『천변풍경』
　Ⅰ. 서론 ··· 67
　Ⅱ. 이야기 구성 원리 ·· 69
　Ⅲ. 담론 특성 ·· 75
　　1. 천변 공동체 삶의 양상과 서술자의 태도 문제 ········ 75
　　2. 서사성의 상실과 소문, 엿보기의 관계 ············· 81
　　3. 근대 도시의 세태 반영과 일상적 담론 ············· 85
　Ⅳ. 결론 ··· 90

통속성과 반영성의 거리 조정과 그 한계 - 채만식의 『탁류』
　Ⅰ. 서론 ··· 94
　Ⅱ. 이야기 구조와 통속/ 반영의 관계 ·················· 97
　　1. 이야기 구성 원리 ·· 98
　　2. 통속성과 반영성의 의미와 서술의 관계 ······· 102
　Ⅲ. 세속적 시각의 거리 조정과 그 한계 ············ 108
　　1. 이야기 통제 방식과 서술의 관계 ················· 108
　　2. 공간 배경과 서술의 관계 ····························· 111
　Ⅳ. 결론 ··· 116

성장소설에 반영된 전쟁과 현실 - 「쇼리 킴」, 「乾」, 「어둠의 혼」
　Ⅰ. 서론 ··· 123
　Ⅱ. 현실과 의식의 거리 조정을 통한 자기 성장 ·········· 125
　　1. '쇼리'와 '따링 누나'의 현실과 환상의 괴리-「쇼리 킴」········ 125
　　2. 전쟁의 상흔, '색채'의 이미지와 위악적 세계-「乾」············ 129
　　3. '배고픔'과 '모르다'의 상징성과 현실 인식-「어둠의 혼」 ······ 133
　Ⅲ. 결론 ··· 140

차례 9

제2부 전후소설과 『혼불』의 담론 특성

인공 치하 현실의 구성 방식과 간접화된 담론 - 염상섭의 『취우』
  Ⅰ. 서론 ··· 147
  Ⅱ. 순차적 구성을 통한 인공 치하 현실의 재현 ················ 150
    1. '돈'의 역학 관계와 생활의 조건 ························ 153
    2. '사랑'의 구도 속에 반영된 현실 ························ 156
  Ⅲ. 현실의 간접적 제시와 서사 담론의 관계 ··················· 160
    1. 비유를 통한 묘사와 서술자의 개입 효과 ············· 160
    2. 전지적 서술자의 성격과 가치 판단의 유보 ········· 164
  Ⅳ. 결론 ··· 168

현실과 의식의 거리 조정과 시간 운용 담론 - 최인훈의 『광장』
  Ⅰ. 서론 ··· 172
  Ⅱ. 현실과 의식의 거리 조정과 심리 서술 ······················ 174
  Ⅲ. 시간의 운용 방식과 서술 전략 ································ 179
    1. 현재와 과거의 교차와 연결 방식 ······················ 179
    2. 시간의 역전과 예상 ·· 184
  Ⅳ. 현재부분 서술과 매체어의 기능 ······························· 187
    1. 현재부분 서술이 갖는 의미 ······························ 188
    2. 과거 생활의 매체-물과 불의 이미지 ·················· 193
  Ⅴ. 비유를 통한 인물의 형상화 방식 ····························· 196
    1. 서술자와 인물의 거리 조정 ······························ 197
    2. 은유, 환유적 표현과 인물 성격의 관계 ·············· 199
  Ⅵ. 결론 ··· 203

전통적 이야기 서술방식의 현대적 변용 양상(1) - 최명희의 『혼불』
  Ⅰ. 서론 ··· 209
  Ⅱ. 운명의 서사와 제의 형식 ··· 212
  Ⅲ. 한국적 이야기 서술의 재현 방식 ································ 217
    1. 사실의 전사(轉寫)와 플롯의 관계 ·························· 218
    2. 전통적 서술방식의 재현 ·· 222
  Ⅳ. 결론 ··· 229

전통적 이야기 서술방식의 현대적 변용 양상(2) - 최명희의 『혼불』
  Ⅰ. 서론 ··· 234
  Ⅱ. 전통적 서술방식의 소설적 형상화 ····························· 237
  Ⅲ. 전통적 이야기 서술방식의 변용과 효과 ··················· 241
    1. 구술문화 전통의 판의 형성과 서술의 문제 ········· 241
    2. 비유를 활용한 묘사와 독자 유인의 장 ················· 246
  Ⅳ. 결론 ··· 249

제3부 문학교육의 지평

다문화 시대의 서사 교육 시론 - 『영원한 이방인』을 중심으로
  Ⅰ. 서론 ··· 257
  Ⅱ. 다문화 이해 교육과 서사 문학 ··································· 260
  Ⅲ. 다문화 이해 교육 요소 탐색 ······································· 263
    1. 원어민의 의미와 언어 문제 ······································ 264
    2. 가족의 의미와 '침묵'의 문화 ···································· 269
    3. 언어와 문화를 통한 다문화 교육 활동 ················· 274
  Ⅳ. 결론 ··· 277

『난장이가 쏘아올린 작은 공』의 서사 구조와 교육적 변용 양상
  Ⅰ. 서론 ·· 281
  Ⅱ. 연작의 구성 방식과 시점의 이동 ························ 285
  Ⅲ. 교과서 제재의 변용 양상 ··································· 289
    1. 제재 선정의 의도와 작품의 이해 활동 ··············· 289
    2. 작품의 심층적 이해 활동을 위한 제언 ··············· 293
  Ⅳ. 결론 ·· 297

개정 국어교과서의 개발 과정과 내용 검토
  Ⅰ. 서론 ·· 302
  Ⅱ. 국정 도서 개발 과정의 비판적 검토 ··················· 305
  Ⅲ. 초등 1-2학년군 국어교과서 내용 분석 ················ 311
    1. 국어 자료의 내용 분석 ···································· 311
    2. 초기 문자학습의 방법 ···································· 316
  Ⅳ. 결론 ·· 321

개정 국어교과서에 실린 시 제재 분석
  Ⅰ. 서론 ·· 326
  Ⅱ. 문학 제재 선정의 평가 기준-'교육성'과 '문학성' ············ 328
  Ⅲ. 시 제재의 적정성 분석 ······································ 331
    1. 인상적인 부분 찾기 활동의 의미 ······················ 333
    2. 시의 특성과 감상 교육의 문제 ························ 337
    3. 비유적 표현의 특성과 효과 ···························· 343
  Ⅳ. 결론 및 제언 ·· 346

제1부

근대 소설과 성장 소설의 담론 특성

경향 소설의 이야기 구조와 서술 전략
― 이기영의 『고향』

Ⅰ. 서론

 이기영의 장편소설 『고향』(조선일보, 1933-34)은 프로문학 "창작방법 논쟁기의 최고의 작품",[1] "경향소설로서 제일 큰 기념비"[2]로 평가받고 있다. 프로문학의 전개 상황을 볼 때 우리에게 공허함을 주는 것은 비평의 지도성(문예이론의 선도)의 도달점과 실제창작 사이의 괴리 문제였다. 『고향』은 카프 내부에서 내용 형식 논쟁, 예술 대중화 논쟁을 거쳐 사회주의 리얼리즘의 수용문제를 두고 창작방법의 고정화가 제기되었던 시기에, 리얼리즘 문예이론의 작품으로서의 실천을 구체적으로 보여주었다는 데서 이와 같은 평가는 과장된 것이 아님이 분명하다. 리얼리즘 문예이론이 현실의 문제를 객관적인 사실로 형상화시키는 데 목적을 두고 있는 것이라면, 『고향』은 리얼리즘 문학의 전범을 보여주고 있다고 평가해도 무리가 없다. 이러한 이유 때문에 『고향』에 대한 기존 연구는 소설의 리얼리즘적 성격을

---

[1] 백철, 『조선신문학사조사·현대편』, 백양당, 1949, 151-152쪽 내용 참고.
[2] 김태준, 『조선소설사』, 학예사, 1939, 271쪽.

부각시키는 데 집중화된 것이 사실이다. 이제까지의 연구 상황을 몇 가지로 분류하여 정리하면 다음과 같다.

첫째, 사회주의 리얼리즘 창작방법론이 얼마나 충실히 반영되었는가를 점검하는 경우3이다. '전형', '전망', '문제적 인물' 등의 개념을 소설적 형상화 논리의 판단으로 삼고, 그것의 구체적 형상화가 어떻게 이루어지고 있는가를 연구하는 것이 그 예이다.

둘째, 1930년대 사회적 성격을 '반(半)봉건 식민지자본주의 사회'로 보고 그러한 객관적 사실이 작품 안에 현실적으로 적용되고 있다는 점을 부각시키는 경우이다. 식민지 시대의 객관적인 사실을 총체적으로 파악하려면 역시 농촌(농민)에 바탕을 두어야 한다는 것을 전제로 하면서 농촌소설로서의 최고봉으로 정리하는 것이 그 예4이

---

3 대표적인 예로 다음과 같은 연구가 있다.
김남천, 「지식계급 전형의 창조와 『고향』 주인공에 대한 감상」, 『조선중앙일보』, 1935.6.28, 7.4.
김동환, 「『고향』론」, 『민족문학사연구』 창간호, 민족문학사연구소, 1991.9.
김외곤, 「노농동맹의 성과와 한계」, 『문학정신』, 1991.11.
김윤식, 「문제적 인물의 설정과 그 매개적 의미」, 『한국리얼리즘소설연구』, 탑출판사, 1987.
김희자, 「이기영 소설 연구」, 건국대 박사학위논문, 1990.8.
민병휘, 「민촌『고향』론」, 『백광』, 1937.3.6.
＿＿＿, 「춘원의 『흙』과 민촌의 『고향』」, 『조선문단』, 1935.5.
안함광, 「로만논의의 제 과제와 『고향』의 현대적 의의」, 『인문평론』, 1940.11.
윤지관, 「리얼리즘 문학에서의 반영성, 전형성, 민중성-이기영의 『고향』의 경우」, 『민족과 문학』, 1991년 봄호.
이상경, 「이기영 소설의 변모과정 연구」, 서울대 박사학위논문, 1992.8.
임 화, 「소설문학 20년」, 『동아일보』 1940.4.12-20.
정호웅, 「이기영론: 리얼리즘 정신과 농민문학의 새로운 형식」, 김윤식 편, 『한국근대리얼리즘작가연구』, 문학과지성사, 1988.
한형구, 「1930년대 리얼리즘 소설의 성격-『서화』『고향』의 경우」, 『한국학보』 48, 일지사, 1987년 가을호.
4 김병걸, 「이기영의 『고향』론」, 이선영 편, 『1930년대 민족문학의 인식』, 한길사, 1990.
김재용, 「일제하 농촌의 황폐화와 농민의 주체적 각성-『고향』론」, 『민족문학운동

다. "조선농촌과 농민들의 생활 운명이 선명하게 반영되어 있고 생활 세태와 농민들의 사상 감정이 구체적인 세부묘사를 통하여 놀랄 만큼 생동하고 진실하게 반영"[5]되어 있다는 것이다.

셋째, 작가론적인 견지에서 이기영 작품 전반을 검토하면서 『고향』을 정점으로 정리하는 일련의 경향을 들 수 있다.[6] 프로문학의 전개 상황을 신경향파 단계, 목적의식기 단계, 사회주의 리얼리즘으로서의 단계로 정리하고, 「민촌」, 「농부 정도룡」-「홍수」, 「부역」-「서화」, 『고향』 등으로 이어지는 이기영 작품 활동의 전개과정이 각 단계의 대표적인 작품으로 설정될 수 있다고 파악하면서, 『고향』이야말로 현실 반영이나 이데올로기 실천의 문제가 구체화된 소설이라는 것이다. 또는 작가의 생애 문제와 관련하여 "유년기의 결정적 인상"과 "마름의 사상"에 의거하여 예술성을 획득할 수 있었다고 보거나,[7] 사실적인 실증연구를 꼼꼼히 하면서 이기영의 창작정신의 맥을 "영웅소설적 생애 감각"으로 보고 『고향』이 리얼리즘 문학의 한 지평을 보여주고 있다고 정리하는 것[8]들을 그 예로 들 수 있다.

넷째, 서술방식과 문체의 검토가 간헐적으로 이루어지기도 했다. 묘사에 보이는 언어의 감성적 코드의 우수성을 부각시키는 경우[9]가 그 예이다. 또는 작품의 짜임새와 서술방식을 분석하면서 세부묘사

의 역사와 이론』, 한길사, 1990.

[5] 박충록, 『한국민중문학사』, 도서출판 열사람, 1988, 270쪽.

[6] 한형구, 「농민소설의 발전과정」, 김윤식·정호웅 편, 『한국리얼리즘 소설연구』, 문학과비평사, 1987.
장성수, 「이기영의 소설과 농촌현실의 발견」, 정덕준 외 편, 『한국현대소설연구』, 새문사, 1990.

[7] 김윤식, 「이기영론-「고향」에서 「두만강」까지」, 『한국현대현실주의소설연구』, 문학과지성사, 1990.

[8] 김흥식, 「이기영소설연구」, 서울대 박사학위논문, 1991.8.

[9] 이재선, 「반항의 시학과 상상력의 제한-이기영의 『고향』론」, 『세계의 문학』, 1988년 겨울호.

의 진실성, 구성상에 있어서 부분과 전체의 관계 파악을 통해 리얼리즘적 성격을 부각시키는 경우[10]도 있다. 이러한 선행연구는, 리얼리즘 소설이 인물과 환경 사이의 대응논리로 파악될 수 있다는 점에서, 매우 가치 있는 연구라고 할 수 있다. 이와 같은 선행연구에 바탕을 두고 이제는 시각을 달리하여 『고향』을 다시 읽는 태도도 필요하다. 소설은 현실반영이나 이데올로기 실천의 문제에만 목표를 두고 있는 것은 아니기 때문이다. 여기서 말하는 '다시 읽는 태도'란, '무엇'을 표현해 냈는가 하는 가치론적 측면에 대한 관심보다 '어떻게' 표현해 냈는가 하는 서술형식(기법적 측면)에 대한 관심을 강조하고자 한 의도의 표명이다.

　소설작품은 인물과 사건의 유기적 결합체라고 할 수 있다. 이러한 양식적 특성은 소설이 하나의 이야기를 전달하는 서사물임을 입증하고 있는 요건이다. 소설이 이야기를 전달하는 서사물의 성격을 지닌다는 사실은, 소설의 양상이 아무리 달라져도 벗어날 수 없는 소설의 운명과 같은 것이다. 서사물은 서술(narration)을 근간으로 한다. 서술은 이야기를 이끌어가는 서술자와 이야기된 세계, 서술자와 등장인물의 관계 사이에서 하나의 세계를 형상화하는 힘이다.[11] 『고향』을 연구함에 있어, 이와 같이 서술자의 역할이나 서술의 문제에 중점을 두는 이유는 다음과 같다.

　첫째, 『고향』이 사회주의 리얼리즘 논쟁기에 당대 현실을 성공적으로 형상화한 작품이라 한다면, 그 양상은 서술자의 의도에 따른 언어의 조작으로 구체화되기 때문이다. 다시 말해서 인물과 환경 사이의 상호 대응논리로 리얼리즘 성격을 규정할 때, 인물은 행동으로 환

---

　[10] 김성수, 「이기영 소설 연구-식민지시대 소설의 리얼리즘적 성격을 중심으로」, 성균관대 박사학위논문, 1991.9.
　[11] 방법론의 구체적 사항에 대하여는 졸저, 『한국소설의 서사론적 탐구』, 평민사, 1993.을 참고할 것.

경은 사건으로 나타나는 것이므로 행동과 사건의 유기적 짜임이 어떻게 서술되고 있는가 하는 점이 미적 판단기준이 될 수 있다.

둘째, 당시 카프내 비평 논쟁에서, 사회주의 리얼리즘 창작방법은 사회주의적 현실의 발전에 대한 합법칙적 묘사라는 공식주의에도 불구하고, 관념성과 추상성을 극복하고 구체적인 현실의 묘사에 나아가야 한다는, 형식적 측면에서 완화된 태도를 취하게 되었다. 현실 반영의 예술적 형상화에 있어서 공식적이고 도식적인 세계관에서 벗어나려 했었던 카프내부의 논리를 간과해서는 안 된다.

셋째, '전망', '전형'으로 요약되는 리얼리즘의 목표도 결국 구체적인 서술행위에 의해서 작품에 현현된다는 점이다. 그러므로 작품 속의 세계에서 인물과 사건을 통제하고 사건의 방향성을 유도하는 서술자의 위상은 강조되지 않을 수 없다.

넷째, 문학사적으로 볼 때 소설작품은 각 시대에 단독으로 존재하지 않고 양식의 도식 작용과 역동작용의 연속 위에 존재한다.[12] 즉, 각각의 소설작품은 기본유형(prototype)으로서의 서술 양식과 그것의 수용과 일탈이라는 연속선위에 있다는 점이다. 정신적인 가치를 우위에 두는 이론적 틀 속에 작품의 유동 상황을 자리매김하는 것보다, 서술형식 상의 변화에 중점을 둔 논리 안에 각 시대의 작품이 정리될 수 있는 가능성을 찾을 수 있다는 점이다.

이 글은 이러한 문제의식을 두고 『고향』이 어떠한 이야기를 어떻게 서술해 내고 있는지 이야기 구조와 서술형식을 살펴보고자 한다.

---

[12] 슈탄첼에 의하면, 문학작품에 대한 연구는 이상적인 서술형(ideal type)을 건설하는 쪽으로 방향을 잡지만, 작품은 한 시대의 규준이 되는 기본유형(prototype) 안에서 그것의 일탈(deviation)을 통해 문학성을 더 높이기도 한다고 보고 있다. 그러므로 개개의 작품은 기본유형과 어떤 이상적인 유형으로서의 서술상황(narrative situation)의 체제에 의하여 평가될 수 있다고 설명하고 있다.
F. K. Stanzel, Theory of Narrative, 김정신 옮김, 『소설의 이론』, 문학과비평사, 1990, 103-124쪽 참고.

또한 이러한 방법론은 주로 모더니즘 계열 소설의 미적 특성을 밝히는 데에만 적용시키려 했던 우리의 연구 상황을 반성하면서, 리얼리즘 계열 소설의 서술양식 또는 형식적 특징에 대한 관심이 필요하다는 것을 인지하고, 작품 내적 서술구조의 분석을 통해 리얼리즘 소설의 형식적 특질을 밝혀보는 한 시론으로 삼고자 한다.

Ⅱ. 이야기의 외연적 구성 원리

38개 장(각 장은 34개의 절로 다시 나뉘고 있다)으로 구성되어 있는 장편소설 『고향』의 이야기 가닥을 잡는 것은 그리 단순치 않은 일이다. 소설전체에 관통하는 뚜렷한 사건이 없는 것처럼 보이는 삽화의 연속, 다양한 인물들의 관계와 각 인물들 내력 사이의 조합, 외적으로 뚜렷한 대립과 갈등 없이 진행되는 플롯 때문이다(인물의 계급적 대립은 내재되어 있다). 이 소설은 물론 각 장의 제목에서 암시하고 있듯이 (〈농촌점경〉, 〈마을사람들〉, 〈춘궁〉, 〈마름집〉, 〈농번기〉, 〈원두막〉, 〈두레〉, 〈풍년〉, 〈수재〉 등) 농민들의 삶의 모습이 형상화되고 있다. 그리고 다양한 삽화들은 후반부로 진행할수록 하나의 사건으로 집약되어 결말로 향한다. 즉, 수재 이후 '소작쟁의'라는 사건에 귀착된다고 할 수 있다.

소작쟁의까지 이르는 과정에서, 농촌현실은 단순하게 대립적인 구조의 연속으로 드러나지 않는다. 즉, 기존의 프로 문학처럼 있는 자와 없는 자의 대립이나 지주와 농민의 계급적 대립과 같은 이원대립적인 도식에서 벗어나 있다. 이야기의 표면구조상으로 볼 때, 크게 세 가지 이야기 틀이 군집을 이룬다. 제1군은 공동체적인 삶을 강조하기 위한 인물군들의 삽화와 그에 따른 농촌 현실이, 제2군은 인물들 간의 애정 문제, 제3군은 경호의 출생 배경과 그에 얽힌 사연으로 세 개의 이야기 틀13이 소설전체에 기본적 구성 요소로 작용하고 있다. 제1군 가난과 힘든 노동으로 어렵게 살 수밖에 없는 농촌의 현실을 드러내기 위한 방식으로 술지게미까지 사서 먹을 수밖에 없는 가난한 소작민들의 비참한 생활, 마름의 횡포, '풍년공황'으로 한숨짓는 원칠네, 콩밭에 들어간 소 때문에 싸우는 쇠득이 모친과 백룡이 모친 등이 삽화형식으로 전개되고 있다. 한편으로 제2의 이야기 틀에서는 희준-갑수-경호, 인동-방개-막동의 애정에 얽힌 사건이 서술되고 있으며, 그러면서 제3의 이야기 틀인 경호의 출생배경에 얽힌 안승학, 권상철을 중심한 부수적 인물군들의 이야기가 한편으로 작용하고 있다. 이러한 세 가지 틀은 결국 촌락공동체를 이룬 농촌 현실을 드러내는 데 이바지하면서 종국에는 수재로 비롯된 소작쟁의 사건에서 집중화된다. 그리하여 1, 2, 3 틀에서 보인 농민들의 가난, 분열, 분산이 두레를 거쳐 쟁의를 성공하는 쪽으로, 개인적 애정이 동지적 사랑으로 환치되고 있다. 이처럼 세 이야기군은 단독으로 독립하는 것이 아니라, 서로 긴밀한 연관을 맺고 진행한다.

물론 여기서 매개역할을 한 인물은 김희준을 중심으로 한 비판적 지식인이다. 그래서 이 작품은 식민지 농촌의 삶의 묘사 속에 "반봉건 식민지 사회"의 본질에 대한 비판적 시각이 자리 잡고 있다. 즉, 지식인 김희준의 귀향과 농민의 의식화, 소작쟁의와 노농동맹을 통한 승리, 그리고 그 과정에서 "지식인의 계급적 자기반성과 소작농의 주체적 각성"14이라는 의미망이 있는 것이다.

---

13 여기에서 말하는 이야기 틀(frame)은 소설의 주제에 기여하는 일련의 사건이 조합된 단위를 뜻한다. 또한 각 장별로 중심을 이루는 서사 단위를 조합한 하나의 큰 틀인 동시에 소설의 플롯이 성립될 수 있는 하나의 대단위를 의미한다. 『고향』의 형식적 틀은 삽화의 연속, 인물의 내력 소개와 인물관계에 의한 사건 서술이 주를 이루고 있다. 또한 이러한 형식적 틀을 기반으로 소설의 이야기 진행을 가능하게 하는 일련의 이야기 틀은 농촌의 공동체적인 삶, 애정의 문제, 경호의 출생 배경에 얽힌 사건이 상호 긴밀하게 연결되면서 결국에는 농촌 현실을 드러내는 데 집중하고 있다.

결국 각 사건과 사건 각각의 세 가지 이야기 틀은 무관한 듯이 파편화된 것이 아니라 지주(마름)와 소작농 사이의 대립이라는 선상에 지식인과 농민의 성격 발전이 놓여 있다.[15] 이야기 구성상 농촌 사회의 현실과 인물의 성격 발전이 계속 조합되며 진행하는 짜임이다.

『고향』이 농촌 현실을 형상화하고 있다는 사실은 이미 소설의 서두와 말미에 예상되어 있기도 하다. 제1장 제목 '농촌 점경'에서 볼 수 있는 것처럼, 이 소설은 농촌의 이모저모를 풍경화 화폭 속에 하나 둘씩 묘사할 것이라는 것을 이미 보여준 것이며, 작품의 제일 마지막 부분에서 '먼동이 트는 새벽하늘 끝으로 흩어지는 뒷모양을 우두커니 내려다보고 있었다'는 구절은 농촌사회의 미래적인 전망을 나타낸 말이다. 그러면서 인물들의 관계에서 비롯한 사건 서술, 각 인물이 처한 상황과 그동안의 내력의 서술을 통한 농민들의 성격 발전이 형상화되면서 결말로 향하고 있다. 이처럼, 『고향』은 분편화된 일련의 삽화나 인물들의 성격 발전 등이 작가적 서술자의 적절한 통제 아래 이야기를 진행하는 형태를 기반으로 삼고 있으며, 이러한 것은 결국 농촌현실을 객관적으로 형상화하려는 데 서술이 집중되고 있다고 하겠다.

---

14 이러한 의미파악은 기존 연구에서 이미 많이 강조되었다.
김재용, 「일제하 농촌의 황폐화와 농민의 주체적 각성-『고향』론」, 『민족문학 운동의 역사와 이론』, 한길사, 1990 참고.
15 김성수는 줄거리 전개방식을 '다면화'와 '집중화'의 원리로 파악하고, 이러한 전개 원리는 식민지 농촌의 다양한 현상에 대한 자연주의적 묘사 속에 식민지시대의 사회적 본질에 대한 비판적 안목이 자리 잡고 있다고 그 의미를 밝힌 바 있다. 여기에서 말하는 바는 이야기의 외연적 구성 원리가 이분법적이라고 정리하려는 것이 아니다. 『고향』의 외연적 이야기의 진행은 3개의 이야기 틀(인물중심)이 근간을 이루고 있지만, 이러한 것이 작가의 적절한 통제 아래 결국 농촌사회의 현실과 인물의 성격 발전이 조합되고 있다는 것을 강조하기 위함이다. 이야기 진행에 있어 동원된 작가의 서술전략에 대해서는 3장에서 자세히 논의된다. 김성수, 앞의 논문, 89쪽 참고.

Ⅲ. 소설의 배경과 서술 전략

『고향』이 농촌 현실의 객관적인 형상화에 성공하고 있는 것은 원터를 중심으로 하는 공간 배치, 세부 묘사 방식, 인물의 관계 양상 등의 세 측면에서, 작가 의식과 이를 표현하는 서술 전략이 긴밀한 관련성을 맺고 있기 때문이다. 농촌 생활의 어려운 현실을 객관적으로 형상화하기 위해서는 설명과 보고와 같은 작가적 서술의 과도한 노출만으로도 또는 어느 한 부분을 세밀히 그리거나 액면 그대로의 현실 전체를 모두 그리는 것만으로도 가능하지 않다. 근대로의 이행 과정에 있는 '반봉건 식민지 농촌사회를 올바르게 인식하는 행위'[작가의식]와 '작품 세계 내에 구체적인 언어 조작으로 드러나는 행위'[서술] 사이에 내재하는 시각의 이중성이 어떻게 연결되고 있는가 하는 점이 중요하다.

그러므로 작가가 농촌의 현실을 어떻게 파악하고 있는가라는 '작가의 관점'과 소설 속의 형상화 작업에 주축을 이루는 '서술의 시점'이 어떻게 긴밀한 연관을 이루고 있는지 살펴보는 것은 일차적인 관심이 되지 않을 수 없다. 『고향』이 단순히 이데올로기 실천을 앞세워 도식성에 빠지지 않고 객관적으로 식민지 농촌의 현실을 제시할 수 있었던 것은, 작가의 관점(세계관)과 서술 시점상의 주체 사이에는 시간의 이중성을 띨 수밖에 없다는, 소설의 서술원리를 인지하고 이를 염두에 둔 서술을 할 수 있었기 때문이다.

이러한 점은 특히 등장인물의 삶의 터전인 '원터'라는 공간 위에서 시간의 흐름만이 있는 소설적 짜임이라는 구조적 특성을 감안할 때, 공간적 배경과 서술사이의 긴밀한 관련이 있다는 데에서 우선 찾을 수 있다. 또한 묘사에 있어서 시점의 이중성을 띤 치밀한 세부묘사가 농촌 현실의 삶을 객관적으로 형상화하는 힘이 되었다는 점을 두 번째로 들 수 있다. 마지막으로 사건을 이끌어가는 인물들의 관계 양상이 작가적 서술자에 의해 적절히 통제되고 있는 점을 지적할 수 있다. 이와 같은 세 가지 서술특징이『고향』을 이끄는 하나의 서술의 힘이라고 할 수 있다.

1. 공간 배치의 전략

『고향』은 농촌사회의 현실을 '원터-봉화재 골짜기-읍내'라는 공간의 삼원 체계 위에서 구체화하고 있다. 이러한 공간 배치는 작가의 서술 의도와 작품내의 서술 사이의 긴밀성을 유지하는 서술 전략적 기능을 하고 있다. 즉, 식민지 치하의 농촌 현실을 객관적으로 제시하려는 작가의 의도와 구체적 서술행위 사이에 팽팽한 긴장관계를 유지할 수 있는 서술 전략은 소설의 공간 배치에 있어서 삼원체계를 기본 바탕으로 삼고 있기 때문이다. 즉, 작가의 의도를 강하게 부각시키면 자칫 도식화/단순화된 서술로 되기 쉬운 것을 효율적인 공간 배치 전략을 통해 극복해 나갔다고 할 수 있다.

먼저 원터는 원칠네 가족을 중심으로 쇠득이네, 백룡이네, 곽첨지, 김선달, 조첨지 등과 같은 농민들이 가난에 찌들려 사는 삶의 공간이요 가난과 노동에 시달리며 사는 농촌의 현실 공간이다. 풍년이 들어도 먹을 것이 없는 현실, 마름 집 논을 자기 논보다도 더 잘 봐줘야 하는 현실, 소작농에 대한 마름의 착취가 자행되는 현실 등이 원터 마을에 펼쳐지고 있는 삽화들이다. 한편 읍내는 C사철(私鐵)이 가설된 이후 '양회 굴뚝에서는 검은 연기가 밤낮으로 쏟아져 나오는', 이른바 근대화가 이루어지는 장소, 전등 전화가 가설되고 제사공장이 건설된 공간이다. 이처럼 원터와 읍내는 상호 대립적인 공간으로 형상화된다.

(가-1)그들은 춘궁을 만나도 벌이할 곳이 없다. 양식이 떨어져서 허

덕대는 사람이 많은데 보리는 앞으로도 한 달이나 더 있어야 먹을둥 말둥 하다. 원터 동리의 가난한 사람들도 벌써부터 굶는 집이 많다. 원칠이집 역시 그들 틈에 빠지지 않아서 그날그날 좁쌀 됫박으로 끼니를 이어가는데 보리동을 대기가 여간 큰 일이 아니었다.16

(가-2)단지 남은 것이라고는 쉴새없는 노동이 끝창없는 가난을 파고들 뿐 지금 그들은 모두 그날 살기에 눈코뜰 새가 없었다. 가물에 물마르듯 그들의 생활은 바짝 말랐다.(146쪽)

(나)정거장 뒤로는 읍내로 연하여서 큰 시가를 이루었다. 전등, 전화가 가설되었다.

C사철은 원터 앞들을 가로 뚫고 나갔다. 전선이 거미줄처럼 서로 얽히고 그 좌우로는 기와집이 즐비하게 늘어섰다.

읍내 앞 큰 내에는 굉장하게 제방을 쌓았다. …(중략)… 양쪽으로는 신작로의 가로수와 같이 '사꾸라'와 버드나무를 심었다. 그리고 정자를 새로 지었다. …(중략)… 상리로 올라가는 넓은 뽕나무 밭-개울 옆으로는 난데없는 제사공장이 높은 담을 두르고 굉장히 선 것이었다. 양회 굴뚝에서는 검은 연기가 밤낮으로 쏟아져 나왔다.(24쪽)

인용문 (가-1)은 원터 마을 사람들이 처한 현실을 작가적 서술로 설명하고 있는 부분이다. 원칠이와 그의 처 박성녀는 가족의 생계 걱정을 하며 힘든 노동을 한다. 농사짓는 일 이외에 이들의 수입은 그동안 제방 공사, 철도 부설 공사, 제사 공장 건축 공사에서 품을 파는 일이었다. 이제는 이러한 공사도 끝나 춘궁을 만나도 벌이할

---

16 이기영, 『고향』, 도서출판 풀빛, 1989, 43쪽.
『고향』에 대한 연구는 주로 한성도서(상권 1936, 하권 1937)판을 텍스트로 삼았으나, 여기서는 현행맞춤법에 근거한 풀빛판을 텍스트로 삼기로 한다. 이 논문의 목적이 원본 확정이 필요한 논의가 아니기 때문이다. 이후의 작품 인용은 면수만 표시하기로 한다. 『고향』의 텍스트 검토는 이상경의 앞의 논문, 81-115쪽 참고.

곳이 없다. '원터'라는 삶의 공간은 가난과 힘든 노동으로 상징되는 농촌 현실의 공간을 나타내는 곳이다. 인용문 (가-2)도 이러한 원터 마을 사람들의 모습을 단적으로 나타내주는 서술이다. 쉴 새 없는 노동과 끝없는 가난에도 불구하고 나올 수 있는 말은 단지 "그놈의 돈 원수"(43쪽)라는 한숨뿐이다. 이처럼 원터는 소작농들의 삶의 양식이 죽지 못해 사는 곳, 힘든 노동과 한숨만이 있는 곳을 나타내주는 공간이다.

반면 읍내는 자본주의의 이입으로 공장과 철도가 있고, 전등과 전화가 가설된 곳이다. 인용문 (나)는 김희준이 동경에서 나온 후 달라진 고향의 모습을 작가적 서술자가 요약해 놓은 부분이다. 시골 읍내가 대도회지로 변신한 고향의 모습을 보고 희준은 매우 놀랐다. 신작로가 뚫리고 공장이 우뚝 서고 도회지와 같은 상업권이 생긴 것이다. 그리고 읍내에 있었던 자기 집은 신작로만 넓혀져 있었다. 읍내라는 공간은 근대화 과정 속에서 자연스럽게 침입한 근대자본주의의 한 상징이요, 원터라는 농촌과 대립하는 도시적인 공간이다.

이와 같이 원터 마을과 읍내 사이의 대립적인 공간 속에서 원터에 사는 농민들은 읍내 생활의 형태에 대해 부러워하는 것으로 서술되고, 근대화의 상징물인 제사공장에서 일하는 인순이와 같은 노동자들은 힘든 노동을 견뎌내며 오히려 고향(원터로 상징됨)을 그리워하는 형태로 드러난다. 이러한 공간적 대립과 그 안에 있는 인물들의 상호 모순되는 심리는 농촌 현실의 실상을 드러내는 데 이바지하고 있다.

이러한 배치도에 농촌 현실과 인물들의 삶의 모습을 효율적으로 그릴 수 있도록 만든 또 하나의 소설적 장치는 마을과 읍내 사이를 연결 짓는 공간인 '봉화재 골짜기 밑'이라고 할 수 있다. 그곳은 강둑 길이 있고 냇물이 흐르는 곳, 풀밭으로 덮인 언덕, 우거진 숲과 차돌바위가 자리한 곳으로 드러난다.

수묵을 풀어놓은 것 같은 안개는 차차 희끄무레한 박암으로 변해진다. 가까운 사람이 보이고 보리밭 너머로 냇둑에 선 나무숲이 보이고 그리고 정거장통의 지붕과 제사공장의 굴뚝이 희미하게 윤곽을 그리고 드러났다. …(중략)… 한떨기 안개가 마치 아주 없어지기가 섭섭한 것처럼 해를 스치고 지나서 산봉우리에 웅크리고 주저 앉았다. 봉화재 연봉이 동쪽 하늘을 막아선 밑으로 치마 주름처럼 접힌 골짜기마다 다시 얼크러진 늦은 안개는 구름인지 연기인지 유유히 산잔등으로 피어오른다. 그 속에서 뻐꾸기가 울고 있다.(59쪽)

인용문은 박성녀(원칠의 처)의 시점으로 마을의 아침 풍경을 묘사하고 있는 부분이다. 춘궁을 당해 하루 끼니를 어떻게 이어갈 지 기약이 없는 원칠네 집에도 오늘도 예외 없이 아침이 찾아왔다. 새벽 안개가 서서히 걷히면서 마을과 멀리 읍내의 모습이 보이고 두 공간 사이에 봉화재 골짜기가 묘사되고 있다. 이 공간은 춘궁과 가난으로 힘든 생활을 하고 있는 원터 마을 사람들의 일상적인 모습이 묘사되는 공간이다. 토속적인 삶이 가능한 곳, 풋풋한 사랑이 피어오르는 아련한 공간이다.

 인동이는 그(방개-필자)가 오히려 자기를 놀리려드는 것이 분하다. 그는 지금 아침을 먹고 나서 먼 산 나무를 가는 길에 동구 앞에서 우연히 방개를 만났다. 방개는 어디를 갔다 오는지 읍내서 오는 길을 걷고 있다. …(중략)…
 나들이옷을 쏙 빼고 분홍고무신을 새침하게 신었다. 서로 마주치자 인동이는 싱글싱글 웃으며 작대기로 길을 가로막았다.
 "이애가 왜 이래?"
 방개는 쌍큼하니 눈썹을 거슬리고 대번에 골을 낸다.
 "너 요새 이뻐졌구나. 골내면 누구를 어쩔테야!" …(중략)…

인동이는 심술궂은 웃음을 머금고 그 길로 돌아서자 봉화재 골짜기로 손쌀같이 올라갔다.
"바람은 우리릉 우리릉 물결은 출렁출렁."
뒤미처 그의 입에선 느린 육자배기가 흘러나왔다.(45-47쪽)

인동이와 방개의 사랑이 토속적인 분위기로 묘사되고 있는 이 부분은 생활에 찌든 가운데서도 싱그러운 웃음이 있는 일상적인 삶의 양태가 잘 부각되고 있다. "젖가슴이 산날망이같이 도도록한 게 떠들어보고 싶은 만큼 시선을 끄는" 방개에게 인동은 이제 막동이보다 힘도 세고 모든 것이 자신 있다고 방개를 골려본다. "조런 육시할년.", "예, 요 깍정이가 차갈 놈의 새끼!", "이년아 막동이는 은테를 둘렀데? 금테를 둘렀데?"(46쪽) 하면서 생각나는 대로 욕을 하면서도 육자배기가락이 절로 나는 유쾌한 기분에 싸이는 인동이나, 인동이를 놀리면서도 "울며 가는 것 같"은(46쪽) 방개를 보면 노동과 가난만 있는 농촌과는 거리가 있다. 오히려 아늑한 고향을 느끼게 해준다.

결국 봉화재 골짜기 밑으로 표상되는 공간은 생활에 찌들려 사는 농민들이 일상적인 위안과 행복을 느끼는 곳이요, 토속적인 삶의 모습이 형상화되는 곳이다. 또한 읍내에서 활동하는 인물들의 고향에 대한 그리움의 매개 구실을 맡는 곳이기도 하다. 인동과 방개, 막동의 토속적인 사랑이 가능했던 곳이 봉화재 골짜기 밑 차돌 바위였으며, 김희준이 기차가 지나가는 것을 보며 농촌 생활을 회고하고 반성한 곳도 봉화재 골짜기였다. 경호가 갑숙에 대한 연정을 동지애로 승화시킨 곳도 바로 이곳이었다. 이 공간은 인순과 갑숙의 우정이 구체화되는 대화의 장소였고, 인성이와 인학이의 순진한 동심의 세계가 그려지는 곳이기도 하다.

이러한 공간의 삼원체계는 농민생활상의 황폐함을 드러내는 데 더욱 현실감을 부여하는 기능을 한다. 농촌 현실의 구체적 형상화는 단순히 힘든 생활에 얽혀 있는 마을사람들의 모습으로만 가능한 것이 아니다. 힘든 생활임에도 농촌을 떠나지 않고 살고 있는 농민들의 모습이 일상적인 삶의 양태 속에 그려져 있어야 한다. 괴롭고 힘든 삶이지만, 그래도 거기에 계속 살고 있는 인물들의 세부 묘사가 없다면, 현실 반영과 이데올로기 실천 방법으로서의 소설이라는 도식적 형식이 되고 말 것이다.

공간 배치에 있어서 삼원체계는 이 작품을 이데올로기 실천의 도식성을 감소시키고 농촌 현실을 객관적으로 형상화할 수 있도록 하는 기본적 서술 전략이라고 할 수 있다. '원터-봉화재 골짜기(들, 산, 강)-읍내'라는 공간 배치에서, 원터는 현실적 공간으로서, 봉화재 골짜기는 유희적 공간으로서, 읍내는 제도적 공간으로서 기능하고 있다. 첫째로 가난과 춘궁, 힘든 노동과 미래적 전망이 불투명한 농촌의 현실적 공간이 원터 마을에서 형상화되고 있으며, 둘째, 철도와 식민지 자본주의의 유입, 공장과 근대화의 상징체로서 제도적인 공간이 읍내라는 공간에서 형상화되고 있고, 셋째, 사랑과 애정이 있고 유년 시절의 고향의 꿈처럼 펼쳐지는 유희적 공간이 봉화재 골짜기를 중심으로 펼쳐지고 있다.

'현실적-유희적-제도적 공간'은 결국 농촌이라는 현실적인 공간을 형상화하는 하나의 전략이다. 특히 '봉화재 골짜기'라는 공간은 어려운 농촌 현실을 객관적으로 형상화하는데 적절한 기능을 다하고 있다. 농촌의 어려움을 표현함에 있어서 직설적으로 또는 의도적으로 소작농과 마름사이의 대립적 관계를 통해 피해 받는 군상만 부각시킨다거나, 춘궁의 현실과 풍년 공황만을 앞세워 표현한다면 인물들의 삶의 모습이 형식적/추상적인 것으로 받아들이기 쉽다. 오히려 생활의 핍박 속에서도 이를 의식하지 못하고 일상적인 삶을 영위하는 것, 또는 농민이나 읍내의 공장에서 근무하는 노동자가 고향에 대한 그리움의 테제가 되는 유희적 공간이 설정되어야만 작가의 이데올로기 실천이 도식적, 의도적인 인상을 주지 않게 된다.

『고향』은 '봉화재 골짜기 밑'이라는 고향의 원초성을 설정함으로써, 경향 문학에서 흔히 보이는 도식화되기 쉬운 서술을 완화하고 오히려 식민지 농촌현실의 모습으로 구체적인 사실성을 획득할 수 있게 하고 있다. 농촌을 떠난 노동자가 고향을 그리워한다고 할 때, 그 고향의 모습은 가난과 소작농의 슬픔이 아니라 봉화재 골짜기와 같은 유희적인 공간이었을 것이기 때문이다. 이 공간은 인물의 자아확인의 장소일 뿐만 아니라, 도시와 농촌, 있는 자와 없는 자의 대립성을 완화하고 객관적인 농촌의 모습이 객관적 사실로 받아들여지게 하는 요소로 작용하고 있다.

2. 시점의 이중성과 묘사

농촌을 소재로 하여 그 현실을 드러내는데 있어 서술자가 작품내적 세계에 참여하는 방식은 다양하다. 객관적인 입장에 서서 보고(報告) 형식을 띨 수도 있고, 주관적인 서술 형태를 기반으로 권위적인 설명이나 설득의 성격을 띨 수도 있다. 한 작품에서 인물이나 환경(인물이 처한 상황)이 작가의 이데올로기 실천의 도구로서 의도성을 보이지 않기 위해서는 작가적 서술에 있어 그 객관성을 획득하는 방법은 여러 가지가 있을 수 있다.

『고향』에서는 세부 묘사의 우수성이 돋보이는 바, 이는 배경 묘사와 서술자의 보고가 적절히 교차하면서 서술 세계를 형성하고 있기 때문이다. 특히 배경 묘사가 단순하게 서술되지 않고 시점의 이중성을 활용하여, 현실 반영과 이데올로기 실천을 강조할 때 자칫 도식적, 의도적인 서술양식이 되기 쉬운 것을 효율적으로 조종하는 데 기여하고 있다. 뿐만 아니라, 앞 절에서 살펴본 공간배치 전략을 효율화시키는 요소가 되기도 한다. 묘사의 언어적 정감이 단순치 않게 보인다[17]는 판단도 토속어나 속담의 단어 선택이나 통사적 이유 이외에, 서술자가 작품현실을 구체화할 때, 미지의 관찰자(시점, 초점화자)와 작가적 서술자(목소리, 서술태도)가 독자와 작품세계 사이를 매개하면서 독자와의 거리를 좁히고 있는 점에서 찾을 수 있다.

   ⓐ 마을사람들은 오늘도 논으로 밭으로 헤어졌다. ⓑ 오후의 태양은 오히려 봄비를 퍼붓는 듯이 뜨거운데 이따금 바람이 솔솔 분대야 그것은 화염을 부채질 하는 것뿐이었다.
   ⓒ 숨이 콱! 콱! 막힌다. 논꼬에 고인 물이 부글부글 끓어오른다. 텀벙! 뛰어드는 개구리는 두 다리를 쭉 뻗고 뻐드러진다. 그놈은 비시감치 자빠지면서 입을 딱딱 벌리었다.
   ⓓ 인순이는 빈 집에서 인학이를 보고 있었다.

위 인용문은 제1장 '농촌점경'의 서두부분이다. ⓐ는 작가적 서술이지만 '오늘도'에서 볼 수 있듯이, '마을사람들'의 삶의 양태를 누누이 지켜본 미지의 관찰자의 시점으로 서술되고 있다. 이 미지의 관찰자는 설명이나 판단을 유보한 채 객관적 입장에만 서 있다. ⓑ에

---

  17 이재선은 『고향』에서 간과할 수 없는 사항으로 묘사가 지니고 있는 미적 환기력과 요소요소에서 거듭되는 정감적인 코드의 능란함을 들면서, 이런 코드 때문에 농촌의 전원 풍경이 감각적인 생동성을 가지고 살아날 뿐 아니라 인물들의 정서를 위한 촉매 작용을 하고 있다는 점을 들고 있다. 이러한 점이 예술적인 텍스트로서 읽힐 여지가 있다는 것이다. 이러한 근거로 참신한 비유, 미적 박진성, 정감 유발 단위 등을 예시하고 있다. 또한 김성수는 서술자가 대중성과 통속성의 결합이라는 이중성을 띠면서 이념성을 속에 감춰 독자에게 거부감을 주지 않고 있다고 하면서 민중적인 언어-일상어투, 관용어구, 구비문학-등의 활용으로 민중 연대성을 확보한 서술방식이라고 분석한 바 있다. 필자는 이러한 지적을 충분히 받아들이면서, 여기서는 논의의 시각을 단어나 통사 구조에 관심을 두는 것이 아니라 서술자의 서술방식을 중심으로 묘사의 우수성을 구체적으로 논의하려는 의도를 지니고 있다. 이재선, 앞의 논문과 김성수, 앞의 논문을 참고할 것.

와서는 마을 사람들의 시점으로 바꿔 시점의 이동을 보인 다음, 다시 ⓒ에서는 마을사람과 미지의 관찰자가 뒤섞인 양상으로 서술된다. 그러면서 ⓓ에서 서술자의 시점이 자연스럽게 인순이 집으로 이동하고 있다. 이렇게 서술 면에서 화자-인물의 반사자화(reflectorization of the teller-character)[18]를 통해 작가적 서술자의 모습이 드러나지 않게 배경묘사를 하는 동시에, 그것이 독자의 의식에 투영되면서, 마을 사람들의 모습이 한편으로 숨이 콱콱 막히고 '개구리가 입을 딱딱 벌리는'것 같은 힘든 노동을 한다는 것으로 형상화 되고 있다. 이렇게 묘사방식에 있어서 이중적인 시점을 활용하여 작가의 권위적인 서술을 감소시킴으로써 농촌현실의 어려움을 생동감 있게 나타내 주고 있다.

『고향』에서 농촌 현실의 모습을 묘사하는 부분은 예외 없이 작가적 서술자가 반사자화 되어 있다. 다음과 같은 예도 마찬가지이다.

ⓐ<u>아래 장터 영생양조소(永生釀造所) 문앞 광장에는 오늘도 남녀노소의 군중이 몇겹으로 둘러서서 목을 길게 빼들고 무엇을 기다리고 있었다.</u> ⓑ<u>그들은 모두 제가끔 빈 그릇을 들고 있다.</u> ⓒ<u>누루퉁퉁한 얼굴에 초라한 의복으로 간신히 살을 가리고 있는 그들은 흉년을 만난 피난민을 방불케 한다.</u> ⓓ<u>사실 그들은 먹을 것이 없었다.</u>

---

[18] 화자-인물의 반사자화는 화자 인물이 아주 없어졌다는 뜻이 아니다. 그는 허구적 인물 중 특히 인물의 매개자로 기능하면서 그 인물의 공간 시간적 방향, 태도, 문체를 지배한다. 달리 말하면 그의 반사자화를 통해 작가적 서술자는 자신을 위장하는데, 즉 허구세계 안에 자신을 집어넣을 뿐 아니라 허구적 인물의 지각의 양식 그리고 부분적이나마 목소리와 태도에서까지 자신을 위장한다. 그러니까 등장인물들의 목소리나 태도, 행동들이 작가적 서술에 의해 의도되고 사건이 만들어지는데도 그것을 효율적으로 감추면서 작품내적 세계에 뛰어들어 독자로 하여금 인물적 서술상황(figural narrative situation)으로 느껴지게 하며, 독자도 같이 작품내의 허구세계에 동참하도록 유도한다.

인용문은 춘궁에 허덕여 술지게미를 사서 먹을 수밖에 없는 농민들의 현실을 묘사하고 있는 부분이다. 전체적으로 작가적 서술상황을 보이고 있다. 그러나 작가의 일방적이고 권위 있는 서술로 설명하는 것은 아니다. ⓐ의 초점화자는 농민도 아니고 양조소 주인도 아니다. 미지의 관찰자의 눈이거나 작가의 눈이 될 수 있다. 그러면서 외적 형상만 알 수 있는 객관적인 시점을 지니고 있다. 그러다가 ⓑ에 와서는 객관적인 시점을 유지하고 있으면서도 그 거리가 군중 쪽으로 접근되어 있다. 즉, ⓐ와 ⓑ사이에는 객관적인 관찰자가 인물과 떨어져 있다가 인물에 가깝게 다가가는 이동을 보인다. ⓒ는 관찰자의 판단이다. 이는 어느 입장에서도 가능한 객관적인 판단이다. '누루퉁퉁한 얼굴'과 '허름한 옷차림'을 보아서 흉년을 만난 피난민으로 판단하고 있는 것이다. 그러다가 ⓓ에 와서야 비로소 작가의 주관적인 판단을 내리고 있다.

  그러므로 '먹을 것이 없'는 농민들의 현실을 묘사함에 있어서 작가적 서술자는 인물의 시점으로 반사자화하면서 이를 객관적인 현상으로 형상화하고 있다. 작가적 서술자가 서술에 있어서 목소리나 태도, 농민들의 지각의 양식을 미지의 관찰자로 위장하여 이를 객관화하고 있다. 이러한 방식을 통해 작가는 독자로 하여금 작품내의 허구적 세계에 참여하도록 유도하고 있다. 묘사에 있어서 이중적인 시점을 활용하여 객관화한다는 것은 결국에는 작가적 서술자의 자기 위장이면서 독자에게 현장성을 높이는 한 방식이 되고 있다. 그렇게 함으로써 작가의 이데올로기의 구체적 실천을 도식적/권위적인 느낌이 들지 않도록 하는 데 성공하고 있다. 이처럼 식민지 농촌사회의 본질을 전체적으로 파악하면서 동시에 세부묘사에 있어서도 진실성을 유지할 수 있었던 것은 이념 지향적인 태도(작가의식적 차원)를 이중적인 시점(서술의 차원)으로 작가의 모습을 감춤으로써 가능할 수 있었다.

3. 삽화의 연결방식과 인물관계

『고향』은 여러 삽화가 다양하게 제시되면서 농촌 현실을 구체적으로 형상화하고 있다. 다양한 인물군들의 행동과 사건이 복합적으로 연결되면서 삽화의 사건 진행을 가능케 하고 있다. 즉 인물들의 관계 양상과 사건과 사건 사이가 작가적 서술자의 적절한 제어 아래 연결고리가 형성되며, 종국에는 '소작 쟁의'라는 한 사건으로 귀착된다. 단일한 주인공이 존재하지 않는 이야기, 또는 인물의 다수가 펼쳐나가는 이야기라고 정리할 수 있는데, 이러한 것은 "파노라마와 고리연결의 조합 구성이 구성 방식이 되는 것이 형식적 국면"[19]이기 때문이다. 각 삽화가 단독으로 존재하지 않고 그것이 유기적으로 연결되는 것은 플롯상의 문제이기도 하지만 인물간의 관계 양상 속에서 파악될 수 있는 것이기도 하다. 왜냐하면 집단적 인물군이 단독으로 독립되어 있지 않고 끊임없는 관계를 맺는 것으로 플롯이 구성되기 때문이다. 논의의 편의상 작품 속의 등장인물의 관계를 도표화하면 다음과 같다.

---

[19] 한형구는 『고향』의 형식적 국면을 '공동체적 형식'이라는 용어로 규정하고, 인물에 있어 핵심인물은 '마을 사람들'이라는 공동체이며, 사건은 삽화와 고리 연결의 구성방식을 보이고 있고, 공동체를 유지하고 있는 공간적인 구조를 보이고 있다고 지적하고 있다. 이러한 판단은 『고향』의 문학성을 설명하는 데 가장 적절한 것으로 보인다. 한형구, 「1930년대 리얼리즘 소설 연구-서화, 고향의 경우」, 『한국학보』 48집, 1987년 가을호, 159-161쪽 참고.

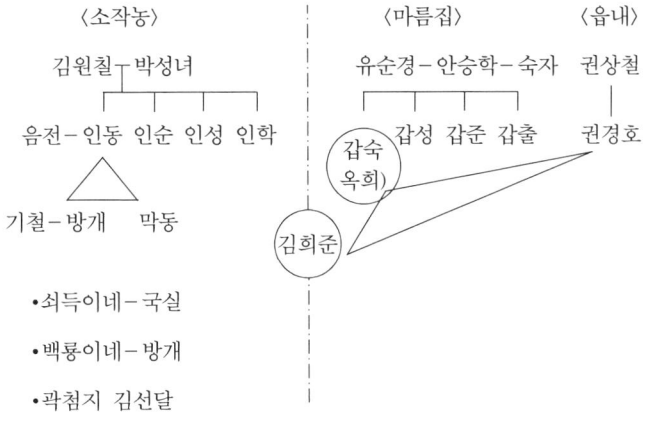

　김원칠을 중심으로 한 원터 마을사람들과 안승학을 중심으로 한 마름 집, 그리고 읍내에서 고리대금업을 하는 권상철 일가로 크게 3개 군으로 인물의 관계가 형성되어 있다. 이러한 3개 군의 인물관계상은 이야기 틀과 관련이 있다. 이들 사이에 매개적인 인물이면서 작가의 의도를 표명하는 인물이 김희준이며, 농민과 마름의 대립에서 김희준을 중심으로 인동, 방개, 갑숙의 역할이 강조되고 있다. 이러한 인물 관계 표는 삽화와 작가적 서술자의 소개를 근거로 재구성한 것이다.

　앞에서 살펴본 것처럼 『고향』의 서술 전략은 삼원체계의 공간 배치를 통해 농민의 삶이 독자에게 살아있는 모습으로 다가오게 하고 있다. 이러한 농민의 삶을 표상함에 있어서 주체는 김희준이라기보다 〈마을사람들〉이다. 김희준은 농촌현실의 문제를 파악하는 비판적 지식인으로서의 위치만이 확보하고 있을 뿐이며, 소작농과 마름 사이의 대립을 파악하게 하는 매개적 인물에 불과하다. 또한 각 삽화에서 담당하는 역할도 미미하며 단지 작가의 의식을 대변하는 인물로 기능하고 있다.

　농촌 사회의 어려운 현실을 드러내기 위해 〈마을사람들〉의 모습이 파편화되어 삽화 형식으로 제시되고 있는 점이 『고향』의 형식적 국면이다. 그런데 여기서 간과해서는 안 될 것은 이러한 삽화가 인물들 간의 관계 속에 고리를 형성할 수 있었다는 점이다. 그러므로 서술자는 각 인물의 내력과 삽화 속의 사건이 가능하게 된 일련의 배경을 설명할 수밖에 없다. 삽화 형식이 다층적으로 조합되는 가운데 인물의 관계에 서술자의 시각이 놓이고 서술이 진행된다. 이처럼 인물에 대한 서술자의 시점 고정은 결국 작가의 이념을 직접적으로 전달할 수 있는 여지를 마련하고 있다.[20]

각 삽화가 단독으로 존재하고 그것의 연결 고리가 없다면, 이 작품은 한낱 농촌사회의 제반 모습을 형식적으로 보여주는 선에서 머물렀다고 할 수 있다. 그러나 이 삽화가 파편화 되어 따로 흩어지지 않고 서로 긴밀한 고리를 형성하고 있다면, 그러면서 작가의식이 적절히 통제되어 사건을 이끌어가고 있다면 이 작품은 이념의 지향성과 객관적 현실 사이의 거리를 삽화로써 적절히 조정하고 있다고 평가할 수 있다. 결론부터 말한다면 각 삽화는 단독으로 존재하는 단편적인 모습으로 형상화되는 것이 아니라 인물들 간의 관계의 망 속에서 적절히 연관을 가지면서 진행하고 있다. 그러기에 작가적 서술자의 적절한 통제 아래 인물들의 관계 양상이 설명될 수 있고, 종국에는 소작 쟁의라는 중심 사건으로 귀결되면서 이념의 실천성을 객관화할 수 있었다. 그러므로 식민지 농촌 현실을 객관적인 형상화, 집단적 인물군인 농민의 의식 변화, 내재된 계급간의 갈등과 농민의 주체의식 등이 무리 없이 제시될 수 있었다.

---

20 이러한 서술방식은 삽화 내의 사건과 세부 묘사에 있어서 진실성을 획득할 수 있는 힘이 되고 있다. 그러면서 작중의 서술자는 인물의 활동을 설명할 수 있는 근거를 삽화를 통해 마련한 다음, 인물의 내력에 대한 관심으로 서술의 방향을 바꾸게 되는 것이다. 결국, 각 인물에 대한 서술자의 관심과 해석은 식민지 자본주의의 모순과 농촌사회의 문제를 직접적으로 설명할 수 있게 하는 전략으로 작용하고 있다.

예를 들어, 화중콩밭에 맨 송아지 때문에 방개 모친과 백룡 모친 사이의 싸움(13장: 이리의 마음)은 두레(18장)를 예비한 원터 마을 사람들 사이의 갈등을 표현하는 삽화이며, 15장에서의 원두막에서 제시된 안승학 부처의 모습, 서울에 있는 경호로부터의 편지를 받은 갑숙이가 여러 공상을 하는 장면 등은 유순경(안승학의 첫째 부인)의 서울 생활을 소개하는 작가적 서술이 가능케 하는 기능과 두레를 둘러싼 안승학과 김희준의 갈등을 예비하는 이중 기능을 담당하고 있다. 그러면서 17장 '청춘의 꿈'에 제시되는 5개의 삽화[21]는 이전에 삽화로 제시되어 온 막동-방개-인동 사이의 애정 문제, 경호-갑숙의 애정 관계 등이, 개인적인 애정의 문제에서 집단적인 관계의 차원이라는 의식의 전이를 의도하는 작가 의식에 기인한다. 또한 작가는 이러한 집단적 인물 사이에 있는 김희준에 대하여 14장에서('그들의 부처') 작가의 일방적 서술로 내적 갈등과 심리/심경 등을 서술할 수 있도록 하는 계기를 마련하고 있다.

한편 이러한 내적 심경의 묘사는 작가 의도를 드러나지 않게 하는 서술 전략으로 기능하고 있다. 이러함으로써 자연스럽게 인물들의 관계 양상이 삽화의 연결 매체로서 기능하고 각 삽화는 집단적 인물군의 모습을 형상화하는 기능을 맡고 있으며, 결국 작가적 서술자는 이 집단적 인물군들의 의식 각성 과정을 서술하고, 사건을 소작 쟁의로 이끌 수 있도록 하고 있다. 그러므로 독자는 소작 쟁의에 이르는 서술 진행을 도식적, 의도적인 구조로 파악하지 않게 된다.

이러한 서술 방법은 마을사람들이 하나씩 등장하며 여러 삽화가

---

21 여기에서 제시된 5개의 삽화는 다음과 같다.
막동이가 방개에게 인동과의 관계를 따짐//갑성, 갑준이가 원두막에 가서 놂//경호와 갑숙의 데이트 장면//백룡이네 원두막에서 방개와 인동이 만남//서울에서의 유순경(안승학의 처)이 경호와 갑숙과의 관계로 고민에 빠지고 유순경이 난희(박훈의 처)에게 찾아감

제시된 1장에서 11장까지도 마찬가지이다. 예를 들어 1, 4, 6, 10장에서 제시되는 원터 마을 사람들의 농사짓는 삽화는 시간적인 흐름을 전제로 하는 것인 동시에(춘궁에서 모심기, 농사짓기, 도리깨질 등의 순서) 3장의 '마을사람들'에서 원터 마을의 내력을 서술하는 작가의 설명이 가능케 하고 있으며, 각 장에서 등장하는 인물들의 과거의 삶을 제시하는 것을 가능하게 하고 있다. 또한 마을 사람들의 삶의 모습과 대립적으로 나타나는 안승학의 집안 풍경을 묘사한 삽화(5장: 마름집)는 7장에서 근대화 과정에 있는 식민지 농촌 사회의 변화와 안승학의 출세담을 작가의 일방적인 설명으로 제시할 수 있도록 예비한 삽화이다. 이때, 각 인물간의 관계 속에서 다음 장으로 서술이 진행하도록 하고 있는 것은 물론이다. 또한 경호의 출생 배경을 중심으로 여러 인물들의 삽화가 연결되는 두레 이후 수재(32장) 이전까지의 진행도 마찬가지의 서술 원리가 지배하고 있다.

이러한 서술 전략을 통해 세 개의 이야기축이 상호 긴밀성을 유지하면서 진행하다가, 32장 '수재' 이후부터 마을사람들과 마름집의 대립이 표면화되면서 작가의 의도가 드러나기 시작한다. 여기서부터는 김희준과 안갑숙의 역할이 주목되며 작가의 의도대로 개인적 사랑도 '사회적인 처지의 기준' 위에서 다시 해석되고 농민들의 의식의 향상도 '먼동이 틀 때'를 기약하게 되는 것이다.

공간의 삼원체계 위에서 세 이야기 틀이 삼원적인 관계 체계를 유지하면서 연속적으로 진행하다가 후반부에 와서야 이원대립적인 구조로 표면화하여 작가의 의도를 드러내고 있다. 농민과 마름과의 대립은 언제나 삽화에 가려 내면화되어 있을 뿐, 외양화되지 않는다. 즉, 34장 이전에는 그 대립적 모습이 표면화되지 않고 오직 내재하고 있을 뿐이며, 계급적 갈등과 인물들의 성격 변화는 인물들 간의 관계로 구체화되고 있다. 따라서 서술자는 각 인물의 내력과 심적 갈등, 인물 관계의 연속에 주목할 수 있는 것이다. 이러한 서술 전략도 앞에서 살펴본 것처럼 작가의 이데올로기 실천에 있어 도식적/의도적인 것을 감소시키고 농촌현실을 객관화하려는 강렬한 리얼리즘 정신의 소산이라고 할 수 있다.

Ⅳ. 결론

이제까지 『고향』의 서술 양식을 이야기 구조와 서술 전략적 측면에서 살펴보았다. 『고향』은 농촌 현실의 묘사와 작가의 이데올로기 실천이라는 작가 의식에도 불구하고 도식적(의도적)인 서술 양식으로 매몰되지 않고 객관화하는 데 성공하고 있다. 이는 이기영의 리얼리즘 정신이기도 하거니와 무엇보다도 이 작품의 외양을 특징짓는 이야기의 외연적 구성 원리와 이의 객관화에 기여하는 서술 전략에서 찾을 수 있다. 이데올로기 실천이 강조된 리얼리즘 계열의 소설일지라도 소설의 형식적 특징 내지는 서술양식의 고찰을 통하여 그 소설의 형상화 정도를 평가할 수 있다고 생각한다. 이 글에서 추구하고자 했던, 어떤 이야기를 어떻게 서술해 나갔는가 하는, 서술 형식에 대한 고찰은 『고향』의 분석에 있어 작품 내용보다는 형식적인 문제에 관심을 의도한 시론의 성격을 띤다. 이제까지 논의된 것을 요약하면 다음과 같다.

첫째, 이야기의 외연적 구성 원리는 인물과 사건의 이원대립적인 구조를 바탕으로 하고 있지 않다. 세 이야기 틀의 상호 연관 위에서 일제 강점하의 농촌현실이 객관적으로 제시되고 있는 농촌 소설이다. 즉, 농촌의 현실 문제, 애정 문제, 경호의 출생 배경이 이야기 틀을 형성하면서 이야기를 진행하고 있다. 이야기가 삼원적 체계를 바탕으로 삼고 있기 때문에 작가의 이데올로기 실천이라는 작가 의도가 서술 표면에 드러나지 않는다. 이를테면, 애정 문제나 경호의 출생 배경은 후반부의 작가 의도의 표출을 감소시키는 것으로, 인물들의 성격 발전의 계기로 작용하고 있다.

둘째, 공간 배치의 삼원적 체계는 마을 사람들의 이야기가 도식화되기 쉬운 것(계급, 계층 간 대립의 연속)을 감소시키고 농촌 현실을 객관화하는 데 기여하고 있다. '원터-봉화재 골짜기-읍내'라는 삼원체계는 각각 '현실적 공간, 유희적 공간, 제도적 공간'을 상징하는 구체적인 배경으로 설정되어 있다. 이 세 공간은 결국 농촌이라는 공간을 객관적으로 형상화하는 데 이바지하고 있다. 읍내와의 대립을 통해 가난과 힘든 노동만 있는 농촌의 현실이, 봉화재 골짜기라는 유희적 공간을 통해 어려운 농촌 현실이 일상적 삶의 모습으로 형상화되도록 하고 있다. 특히 농민들의 일상적인 위안과 행복의 표상이요 본원적 고향과 같은 봉화재 골짜기는 농촌 현실을 효율적으로 드러내는 소설적 장치이다. 생활의 고통 속에서도 이를 의식하지 못하고 일상적인 삶을 영위케 되는 유희적 공간의 설정은 작가의 서술을 형식적/추상적인 것에서 벗어나게 하는 힘이 되었고, 작가의 이데올로기 실천이 도식적/의도적인 인상을 주지 않도록 기능하고 있다.

셋째, 묘사에 있어서 이중적인 시점을 활용하여 세부의 진실성을 획득할 뿐 아니라 객관적인 서술이 되도록 하고 있다. 작가적 서술 상황에서 객관화하는 서술은 자칫 작가의 일방적 설명이나 권위적인 서술로 인해 작가의 의도 표명이 부각되기 쉽다. 이를 화자·인물이 반사자화하면서 시점의 이중성을 띠며 객관화하고 있다. 이렇게 함으로써 식민지 농촌사회의 본질을 전체적으로 파악하면서 동시에 세부 묘사에 있어서도 진실성을 유지할 수 있었다. 이러한 서술 전략은 결국 이념 지향적인 태도(작가의식 면)를 이중적인 시점(서술의 차원)을 활용하여 작가의 모습을 감추는 방식이다.

넷째, 다양한 삽화는 인물 관계의 긴밀한 연관 속에서 다음 삽화로 자연스럽게 진행한다. 각 삽화는 농촌 현실의 세부 묘사를 가능케 하는 동시에 인물들의 의식의 변화를 작가적 서술자가 서술할 수 있는 여지를 주는 역할을 담당하고 있다. 작가적 서술자가 인물의 과거 내력과 현재 심리에 주목하는 것도 바로 이 때문이다. 각 삽화는 인물들의 관계의 망 속에서 적절히 연관을 지으면서 진행된다. 그러기에 작가적 서술자의 적절한 통제 아래 인물들의 관계 양상이 설명될 수 있고 다음 삽화로 넘어갈 수 있는 서술의 공백을 마련한다. 이러한 여백 때문에 작가는 반(半)봉건 식민지 농촌 사회의 모순을 갈파하고 농민이라는 집단적 인물군들의 의식 변화를 의도적으로 서술할 수 있었다. 또한 다양한 삽화가 파편화된 단편으로 남지 않고 농촌의 현실을 사실적으로 묘사될 수 있도록 유도하고 있다. 즉, 삽화는 3개 군으로 형성된 인물의 관계 양상과 긴밀한 연결을 지으면서 계속 이야기 고리를 형성하며, 종국에 가서는 소작 쟁의라는 중심 사건으로 귀결되면서(삼원체계에서 이원대립적인 구조로의 전환) 작가는 이념의 실천성을 객관화하고 있다. 이러한 서술 전략도 작가의 이데올로기 실천에 있어 도식적/추상적/의도적인 요소를 감소시키고 농촌 현실을 객관화하려는 강렬한 리얼리즘 정신의 소산이다.

참고문헌

김남천, 「지식계급 전형의 창조와 『고향』 주인공에 대한 감상」, 『조선중앙일보』, 1935.6.28, 7.4.
김동환, 「『고향』론」, 『민족문학사연구』 창간호, 민족문학사연구소, 1991.9.
김병걸, 「이기영의 『고향』론」, 이선영 편, 『1930년대 민족문학의 인식』, 한길사, 1990.
김성수, 「이기영 소설 연구-식민지시대 소설의 리얼리즘적 성격을 중심으로」, 성균관대 박사학위논문, 1991.9.
김외곤, 「노농동맹의 성과와 한계」, 『문학정신』, 1991.11.
김우종, 「이기영론」, 『현대문학』, 1990.8.
김윤식, 「문제적 인물의 설정과 그 매개적 의미」, 『한국리얼리즘소설연구』, 탑출판사, 1987.
＿＿＿, 「이기영론-「고향에서 두만강까지」」, 『한국현대현실주의소설연구』, 문학과지성사, 1990.
김재용, 「일제하 농촌의 황폐화와 농민의 주체적 각성-「고향」론」, 『민족문학운동의 역사와 이론』, 한길사, 1990.
김홍식, 「이기영 소설 연구」, 서울대 박사학위논문, 1991.8.
김희자, 「이기영 소설 연구」, 건국대 박사학위논문, 1990.8.
민병휘, 「민촌의 『고향』론」, 『백광』, 1937.3.6.
＿＿＿, 「춘원의 『흙』과 민촌의 『고향』」, 『조선문단』, 1935.5.
안함광, 「로만 논의의 제 과제와 『고향』의 현대적 의의」, 『인문평론』, 1940.11.
윤지관, 「리얼리즘 문학에서의 반영성, 전형성, 민중성-이기영의 『고향』의 경우」, 『민족과 문학』, 1991년 봄호.
이상경, 「이기영 소설의 변모과정 연구」, 서울대 박사학위논문, 1992.8.
이재선, 「반항의 시학과 상상력의 제한-이기영의 『고향』론」, 『세계의 문학』, 1988년 겨울호.

이주형,「1930년대 한국 장편소설 연구」, 서울대 박사학위논문, 1984.

임　화,「소설문학 20년」,〈동아일보〉, 1940.4.12-20.

장성수,「이기영의 소설과 농촌현실의 발견」, 정덕준 외 편,『한국현대소설연구』, 새문사, 1990.

정호웅,「이기영론: 리얼리즘 정신과 농민문학의 새로운 형식」, 김윤식 외 편,『한국근대리얼리즘작가연구』, 문학과지성사, 1988.

조남철,「30년대 농민소설의 전개양상-이기영의『고향』을 중심으로」, 이선영 편,『1930년대 민족문학의 인식』, 한길사, 1990.

한설야,「포석과 민촌과 나」,『중앙』28, 1936.2.

한형구,「1930년대 리얼리즘 소설의 성격-「서화」,「고향」의 경우」,『한국학보』 48, 일지사, 1987년 가을호.

_____,「「고향」의 문학사적 의미망」,『문학사상』, 별책부록, 1988.8.

Martin, Wallace, Recent Theories of Narrative, Ithanca: Cornell Univ. Press. 1986.

Prince, Gerald, A Dictionary of Narratology, Lincoln, Na: Univ. of Nabraska Press, 1987. 이기우·김용재 옮김,『서사론 사전』, 민지사, 1992.

Stanzel, Franz K, A Theory of Narrative, Trans, Charlotte Goedsche. Cambridge: Cambridge Univ. Press, 1984. 김정신 역,『소설의 이론』, 문학과비평사, 1990.

여로 형식 소설의 담론 특성
- 허준의 「잔등」

I. 서론

　허준의 「잔등」은 1946년 1월부터 7월까지 『대조』에 발표된 중편 소설이다. 이 작품은 해방 공간에서의 삶의 양상과 의식의 변환을 여로의 형식으로 표현하고 있다. '해방 공간'은 해방 후 대한민국 정부가 수립되기 전까지 미군정 지배하에 놓여 있는 3년간을 지칭하는 용어이다. 이 말에는 국권상실기의 연장이라는 의미가 담겨 있으며 당시 상황이 역사성이 결여된 형태임을 함의하고 있다.[1] 역사적 혼

---

　1 이 시기를 지칭하는 용어로 '해방기', '해방공간', '광복 직후', '미 군정기', '8.15 직후', '교착기' 등이 있다. 이 중 가장 일반적으로 사용되는 용어는 '해방 공간'과 '해방기'이다. '해방 공간(김윤식, 정호웅, 권영민 등의 논자들)이라고 사용하는 데에는 시간성을 배제하는 의미가 강하게 내포되어 있으며 국가 건설 이전의 혼란상을 대변하면서 일제치하의 연장선이라는 상징성을 함의하고 있다. 반면 공간 개념이 아닌 시간 개념인 '해방기'라는 용어로 지칭하는 논자들은 불완전한 해방인 광복으로부터 해방의 성취에 대한 좌절의 표징으로서의 6.25에 이르기까지 해방 이후 5년사를 지칭하면서 문학내적 흐름의 관점에 집중하고자 한다.(신형기, 송희복, 윤애경 등의 논자들) 특히 해방기는 정치사회적 시대사의 대응체계로서 문학사를 구분하는 시각보다 문학 자체의 내부 논리에 의해 중점을 두어 폭 넓게 민족문학사를 정리하려는 의지를 보여주고 있다. 필자는 이 작품이 탄생된 시기의 문학을 표명하기 위해서는 '해방 공간'이

란기인 이 시기에 대한 문학적 관심은 '귀향'에 초점이 맞춰져 있다. 갑작스런 해방이라는 정치적 상황의 변화에 귀국을 하는 인물이 많았기 때문에 귀향은 당시 사회와 역사를 그려내는 데 중요한 문학적 테제가 되기 때문이다.

「잔등」에 대한 학계의 관심은 이러한 귀향 모티프가 어떻게 형상화 되는지 주목하는 데서부터 출발한다. "잔등의 주제는 표면상으로는 철로이며, 내용상으로는 여로이며, 의식상으로는 피난민 의식으로 규정"[2]한다든가 귀향의 역사적 의미를 밝히거나[3] 길과 연계시켜 크로노토프의 의미를 밝히는 방향으로 진행되어 왔다.[4] 이 연구들은 소설의 내적 형식으로서 여로가 갖는 의미를 천착하면서 해방 공간의 역사적 의미와 작가 의식을 밝히는 데 집중하고 있다. 이와는 달리 작가 연구를 바탕으로 「잔등」이 허준 소설에서 어떠한 의미를 지니는지 문학적 가치 판단을 하는 경우도 있다. 주로 이들 연구는 허준 소설의 특성을 '미학적 현대성',[5] '존재론적 자아탐구',[6] '타자성'[7] 등에서 찾으면서 이 작품이 해방 전과 해방 후의 허준 소설의 분기

적절하다고 판단하였다. 그 이유는 문학의 내적 형식면에서 귀향이나 귀국의 문학 테제들이 1945년부터 3년간 많이 취택되어 있으며, 문학의 흐름 자체가 정치나 사회의 흐름과 궤를 같이 할 수밖에 없다는 특성이 있기 때문이다. 또한 이 논문의 논의 대상인 「잔등」의 담론 특성을 찾을 때에는 혼란성, 혼효, 제3의 정신을 떠나 논의할 수 없기 때문이다. 해방기나 해방 공간에 대한 개념이나 특성은 송희복(1993:11-13)이나 윤애경(2005:271-272)을 참고하기 바람.

2 김윤식(1983), 『한국현대문학사』, 일지사, 195쪽.
3 권영민(1986), 『해방직후의 민족문학운동연구』, 서울대학교출판부.
4 우한용(1990), 「소설기호론의 층위-허준의 잔등」, 『한국현대소설구조 연구』, 삼지원.
이병순(1997), 「허준의 「잔등」연구」, 『현대소설연구』 6집, 현대소설학회.
5 권성우, 「허준 소설의 미학적 현대성 연구」, 『한국학보』 19권 4호, 1993.
6 황경, 「허준 소설 연구-존재론적 자아탐구의 여정」, 『현대문학이론연구』 11집, 현대문학이론학회, 1999.
7 김혜영, 「허준 소설에 나타난 타자 인식의 서사적 기능과 의미 연구」, 『현대소설연구』 14집, 1998.

점 내지 연결 지점이라는 데 주목한다.

무엇보다 해방 공간의 시대적 상황과 문학적 상상력 사이의 관계를 작가의 체험과 연계시키면서 식민 체험의 극복 양상이나 작가의 식의 천착을 통해 이 작품이 갖는 의미를 밝히는 연구[8]가 주류를 이룬다. 이들 연구의 특성은 작품의 내용과 형식, 의식 등을 종합적으로 살펴 해방 공간의 특수한 상황에서 문학적으로 어떻게 형상화되는지 살피거나, 윤리의 문제에 집중하여 역사의식을 밝히고자 하였다. 반면에 형식적 접근을 통해 문학적 형상화 정도를 점검하는 연구[9]도 주목되는 바, 이들 연구는 심리 묘사, 서술자의 기능과 작품 구조 분석을 통해 서사미학을 증명하고자 한다.

이 논문은 기존 연구의 성과를 참고하여 작품의 이야기 구조와 담론의 조직 방식에 주목하고자 한다. 그 이유는 주제의 전달이나 작가의식의 구체적 실천은 서사성의 형성과 담론의 조직에 달려 있기 때문이다. 소설작품은 인물과 사건의 유기적 결합체라고 할 수 있다. 이러한 양식적 특성은 소설이 하나의 이야기를 전달하는 서사물(narrative fiction)임을 입증하고 있다. 소설은 서사성에 바탕을 두고 이야기를 전달하는 서사 담론의 양태이다.[10] 서사 담론의 근원은 서

---

[8] 대표적인 논문은 다음과 같다.
김종욱, 「식민지 체험과 식민주의 의식의 극복-허준의 〈잔등〉 연구」, 『현대소설연구』 22집, 현대소설학회, 2004.
윤애경, 「해방기 삶의 탐색 태도와 그 의미-허준의 〈잔등〉론」, 『한국문학이론과 비평』 9권 1호, 한국문학이론과 비평학회, 2005.
신형기, 「허준과 윤리의 문제-〈잔등〉을 중심으로」, 『상허학보』 17집, 상허학회, 2006.
구재진, 「허준의 「잔등」에 나타난 두 개의 불빛과 허무주의」, 『민족문화사연구』 37집, 민족문화연구회, 2008.

[9] 주목할만한 연구는 다음과 같다.
유철상, 「許俊의 〈殘燈〉考」, 『목원어문학』 14집, 목원어문학회, 1996.
이영미, 「「잔등」의 서사미학 고찰」, 『현대문학이론연구』 21집, 현대문학이론학회, 2004.

술(narration)인 바, 서술은 서술자와 이야기된 세계, 서술자와 등장인물의 관계 사이에서 하나의 서사세계를 형상화하는 힘이다. 「잔등」을 연구함에 있어, 이야기 구성 원리와 서사 담론의 형성의 과정에 중점을 두어 담론 특성을 찾는 이유는 바로 이러한 소설의 양식적 성격에 충실해야 하기 때문이다.

Ⅱ. 이야기 구조의 특성

1. 여로의 형식과 서술 대상과의 거리

「잔등」은 여로의 형식으로 이야기를 전개하고 있다. 이러한 여로의 형식은 시간의 흐름과 공간의 이동을 근간으로 한다. 바흐쩐의 용어를 빌면 크로노토프[11]의 형성에 이야기의 핵심 축을 보이고 있다. 보통 여로의 형식은 시·공간성 위에서 인물의 의식 변화를 보여주는 것이 특징인 바, 이 소설에서는 해방 공간의 현실에 대한 인식의 수준을 보여주기보다 주인공 내면의 심리 묘사에 초점을 두고 있다. 따라서 이 소설의 이야기 구조를 정리하기 위해서는 여로 형식과 그에 대한 작중인물의 태도나 언술에 집중해야 한다.

이 소설에서는 시간과 공간의 두 좌표에서 주인공의 내면 의식 변화에 초점을 두고 있는 점이 특징적으로 부각된다. 현실과 의식의

---

[10] 방법론의 근간을 이루는 서사학적 접근방식이나 서술자, 담론, 서사성 등의 개념은 김용재, 『한국소설의 서사론적 탐구』, 평민사, 1993.을 참고하기 바람.

[11] 크로노토프(chronotope)란 "문학 작품 속에 예술적으로 표현된, 시간과 공간 사이의 내적 연관성"을 말한다.(M. M. Bakhtin(1981:84)) 이 작품을 크로노토프 개념을 차용하여 길의 구조와 사건을 분석한 연구는 우한용(1990:288-300), 이병순(1997:329-337)이 대표적이다.

사이에서 공간의 이동에 따라 보고 듣는 것이 달라지면서 자신의 모습을 긍정적으로 발전시키고 있다. 공간의 이동을 살펴보면, 장춘에서 서울까지로 되어 있지만, 주요 무대가 되고 있는 곳은 회령에서 청진까지이다. 시간의 이동은 약 5일이 설정되고 있다. 이 중에서 의미 있는 기간은 대략 하루 정도이다. 시간이나 공간의 이동은 결국 문학적 장치로서 주인공 의식을 드러내는 데 집중하고 있으며, 귀향이나 귀국과 연관시켜 해방 공간의 역사적 의미를 드러내는 외부 지향적 시각으로 나아가지 않는다.

여행의 구조는 여행자와 동행자의 등장, 만나는 사람과 지역들이 등장하며 공간의 이동을 통해 서술의 연속성을 보장 받는다.「잔등」은 해방을 맞아 장춘에서 서울로 가는 여로를 바탕으로 '나'의 경험과 의식의 변화가 주 서술 대상이 되고 있다. '나'(천복)는 '方'과 함께 장춘을 떠나 회령과 수성을 거쳐 청진까지 간다. 최종 도착지는 서울로 되어 있지만 작품 전면에 등장하는 장소는 회령과 청진 사이이며 그것도 방과 헤어진 후 수성을 가게 된 이후가 주로 서술되고 있다.

이 작품에서 여로 구조를 통한 의식의 현현이 잘 드러나 있는 곳은 '方'과의 헤어짐이 있었던 수성 역부터 청진에 도착하기 전까지이다. 이 작품의 대부분을 차지하는 이 대목에서 '나'의 의식 세계는 해방 공간의 여러 모습을 간헐적으로 드러내는 데 기여하고 있다. 이 작품의 이야기를 이끄는 데 중요한 역할을 한 사건은 소년의 만남과 할머니의 만남으로 설정되어 있다. '방'과 '나'의 대조적 성격, '소년'과 '할머니'의 대조성은 이 작품의 구조를 파악하는 데 결정적 인자를 제공한다.

이야기 구조의 특성을 파악하기 위해 이 작품에 보인 외형적 구분에 의한 장별[12] 주요 사건을 정리하면 다음과 같다. 정리 방법은 각

---

[12] 이 작품에서 장별 구분은 외형적으로만 드러난다. 특별히 장명을 붙이거나 장

장별로 주요 배경이 된 장소를 제시한 후, 서술 분량의 정도, 주요 사건 순으로 기술하였다.

    1장: 회령-8쪽-회령에서 도립병원 뒤 민가에서 하루를 머문 뒤, 청진으로 가기 위해 기차역을 찾았으나 방은 기차로 올라탔고 '나'는 기차에 오르지 못하고 방과 헤어져 트럭으로 수성 역까지 감.
    2장: 청진 근처 수성-25쪽-청진을 한 정거장 다 못 간 수성역 앞, 다릿목에서 여행 중 만났던 간호부와 소년을 생각하다 사촌매부의 어린 아들을 생각하고 사촌매부 가족의 만주에서의 삶과 향수를 생각함. 청진으로 걸어가는 동안 소년을 만남.
    3장: 청진 역-10쪽-형체만 남은 청진 역에서 피난민과 러시아 여군을 보고 고독감을 느낌.
    4장: 청진-5쪽-여관에서 기거하면서 '방'이 타고 오는 기차를 기다림.
    5장: 청진-15쪽-청진역 앞을 돌다 늦은 밤에 노점지대 옆 할머니 집에 들러 호주(만주 사람들이 즐겨 마시는 소주의 일종-필자 주)를 마시며 할머니로부터 피난민들과 일본인, 옥사한 아들에 대한 이야기를 들음.
    6장: 청진-11쪽-다음날 아침 청진 역에서 '방'을 우연히 만남. '방'과 기차에 오르기 위해 플랫 홈에 있다가 보안대원들이 사람을 포박하여 호송하는 모습을 봄. 일행을 안내하는 사람은 수성 냇가에서 만났던 소년이었음을 보고 놀람. 기차가 출발하며 멀리 할머니 집에서 비치는 잔등(殘燈)을 보고 회한에 잠김.

    이와 같은 시간의 경과와 공간 이동에서 실제 중요한 사건은 두 가지이다. 즉, 2장에서의 소년의 만남과 5장 이후 할머니와 만나는

이라는 형태를 드러내는 숫자 표시도 되지 않았다. 필자는 외형적 구분의 연속으로 드러난 하나의 작품을 편의상 장으로 구분하여 논하고자 한다.

장면이다. 소년과 할머니는 '나'의 여러 회한에서 중요한 계기를 마련하는 소설적 장치이다. 화가인 '나'는 해방이나 피난에 대한 역사적 의미를 묻는 단계에 나아가지 않은 채 여행을 시작한다. 이들의 여정은 안전을 우선으로 생각하며 때로는 '당장의 형편'을 생각하는 '소뇌주의'에 빠져있다. 뚜렷한 목표 없이 막연히 서울로 향한다. 서술자 '나'의 의식이 현실과 연계되면서 해방의 의미를 드러내기 시작한 것은 소년과 할머니의 만남이다.

여로의 과정에서 구체적 사건과 함께 서술되고 있는 인물은 고기 잡이하는 소년이 처음이다. 소년은 돈을 숨겨두는 '미꾸라지 같은' 일본인을 신고한다. 삼지창으로 '찰그닥' 하며 물을 세게 파고드는 날카로운 소리는 '순간적이고 돌발적'인 소년의 모습을 드러내는 데 기여하고 있다. 소년은 폐허가 된 학교 벽돌집처럼 헐벗고 가난한 사람들의 어려운 난관을 잘 인지하고 있으며, 이래도 저래도 하지 못하면 살림 정리하여 도망치는 일본인을 아오지나 고무산 같은 곳으로 붙잡혀 가게 신고하는 일을 자랑스럽게 생각하고 있다. 일본 놈이 '약이 오르니까' 불을 놓고 달아났다는 학교 건물을 보며 '나'는 소년의 강렬한 눈빛에서 일본인들에 대한 증오를 읽어낸다.

"그렇게 물샐틈없이 꼼짝 못하게 하는데도 달아는 놈은 미꾸라재 새끼처럼 샌단 말이야요." 내가 이때 소년의 미꾸라지라는 말에서 문득 연상한 것은 아까 모래판 위에서 그 행동을 들여다보고 있던 한 마리 생선이었다. 대가리가 산산이 으깨어져 부서진 이 생선의 단말마적인 발악의 지금 소년이 말하는 소위 그들의 운명을 이야기하여 남김이 없는 듯도 하였다.[13]

---

[13] 허준, 「잔등」, 『第三韓國文學』 10권, 수문서관, 237쪽. 이 작품을 분석하는 기본 자료는 여기에 근거를 두며 앞으로는 인용 부분에 쪽수만 표시함.

인용문은 소년이 자랑스럽게 그동안 자신이 한 일을 얘기한 후 느낀 '나'의 심정을 드러낸 부분이다. 미꾸라지, 뱀장어, 생선으로 이어지는 소년의 언설은 그가 잡는 고기와 일본인을 동일시하게 된다. 소년은 잡은 뱀장어를 일본 집에 가져다 팔며 그들의 동태를 파악한다. 소년의 이러한 행동은 '무슨 힘인지 그저 남고 남는 힘'으로 자랑스럽게 전경화 된다. 흥분이나 힘, 삼지창이 주는 아찔함과 색출로 무한한 자신감을 보이는 소년의 모습을 관찰하면서, 서술자인 '나'는 자신의 생각을 감춘 채 객관적 시각으로 일종의 생명에 대한 보편적인 지향성 내지 '철리(哲理)'로 여기기만 한다.

반면에 5장 이후 등장한 할머니와의 만남은 매우 대조적인 시각으로 전개된다. 이 장에서는 청진역 앞 '유령의 군상'도 다 사라지고 '무대의 조명과 함께' 관객도 다 나간 '한 큰 관람석'같은 광장의 등장으로부터 시작된다. 모든 것은 '완전히 비극의 종연(終演)을 완료한 한 큰 극장의 헛헛한 경관(景觀)'(256)에 불과했다. 사람들이 다 빠져나간 역 앞에서 골목길로 접어들며 허허한 마음과 회한에 싸여 허망함만 느낀다. 그저 '〈잠 안오는 버릇〉이란 금맥'을 찾아 들어간 곳이 할머니 집이다. 손님도 없이 음침한 곳에 희미한 불빛만 비치는 이 집에서 호주를 마시며 할머니와 얘기하다가 객관적 시각이 이제 주관적인 감정 이입으로 전이되기에 이른다. 할머니의 삶과 인식 태도에 대한 동화(同化)는 소년의 모습을 객관적으로 바라보는 것과 대조적이다. '나'는 할머니가 보여주는 일본인에 대한 보편적인 휴머니즘의 발로를 하나의 '경이'로 인식하고 공감한다.

"부질없는 말로 이가 어째 안 갈리겠습니까-하지만 내 새끼를 갖다 가두어 죽인 놈들은 자빠져서 다 들 무릎을 꿇었지마는, 무릎 꿇은 놈들의 꼴을 보면 눈물 밖에 나는 것이 없이 되었습니다 그려. 애비랄것 없이 남편이랄것 없이 잃어버릴건 다 잃어버리고 못 먹고 굶주리어

피골이 상접해서 헌 너즐떼기에 깡통을 들고 앞뒤로 허친거리며, 업고 안고 끌고 주추 끼고 다니는 꼴들-어디매가 갑니까. 벌거 벗겨 놓고 보니 매 갈데가 어딥니까"(263-4)

유복자인 아들이 옥에서 억울하게 죽었어도 일본인들을 보복하는 것이 아니라 조선에 남아 있는 잔류 일본인도 피난민처럼 여기며 오히려 동정을 베푸는 할머니의 태도에 서술자 '나'는 감동을 받는다. 할머니의 삶의 태도에 대한 '나'의 동화는 아들과 같은 일을 하다 감옥에 들어 간 아들의 친구 '가도오'라는 일본 사람의 '종자(種子)'로 여기는 데서 출발한다. 이는 "잔류 일본인의 문제를 해방이라는 감격보다는 인간애라는 할머니의 입장을 통해, 할머니의 시각을 통해 제기"[14]하고 있다. 또한 피난민이나 잔류 일본인이나 다 같이 하나의 인간으로 보는 할머니의 태도에서 휴머니즘에 바탕을 둔 윤리의식을 엿볼 수 있다. 이곳에서 '나'의 해방 공간에 대한 현실 인식과 그 해결 방식의 단초가 보인다.

2. 제3자 정신과 이야기 구성의 관계

이와 같이 이야기 구조를 파악한다고 했을 때, 「잔등」의 이야기 구성 원리는 여로의 형식을 통해 '나'의 인식 변화와 해방공간 현실에 대한 의식을 드러내고자 하는 데 집중하고 있음을 알 수 있다. '방'과 '나'의 여행은 처음부터 목적이 없었고 막연한 동경 내지 '향수'에 따라 만주에서 서울로 행한다. 현실에 대한 관찰과 목격을 통해 가난과 떠돎의 연속인 우리 민족의 삶을 반추하기도 하지만,[15] 현실

---

14 유철상, 앞의 논문, 212쪽.
15 대표적인 서술이 2장에서 제시되고 있는 사촌매부의 삶의 양상이다. 가난 때문

에 대한 극복 의식이 드러나거나 문제를 해결하고자 하는 의지는 전혀 없다. 대상에 대한 서술 방식을 직접적으로 언술하고 있는 것은 '제3자의 정신'이라는 관찰자의 정신이다.

> 기름기름히 쌓아 얹힌 각재들 사이에 끼인 사람, 부서지다 남은 걸 ㅅ상과 책상을 쓰고 자는 사람, 째어진 장막의 한 끝을 잡아다려 뼈가 들추이는 어깨를 가리운 사람, 이 사람들은 한 특수한 개념(槪念)을 형성하는 사람이었다. 그리고 이 특수한 개념을 한 독자적인 완전무결한 개념으로 응고(凝固)시키려면에는, 方은 그중에서는 무용한 사람일 수밖에는 없었다. 그는 아니 우리는 아모리 다 회진(회신의 오기로 보임; 회신(灰燼)은 불에 타고 남은 끄트머리나 재를 뜻함-필자 주)하였다 하더라도 그래도 어딜런지 덜 회진한 곳이 남아 있는 사람이었다. 회진하지 아니하였으면서도 회진을 체험할 수 있는 대신에는 회진하고 있는 자기 자신을 떠나 더욱 더 완전한 회진이 올줄을 알면서까지 일층 높은 처소에서 회진하고 있는 자기 자신을 내려다 보고 방관하고 있을 수 있는 부류의 사람이었다.
> '애꿎은 제삼자의 정신!'
> 차와 차를 연결한 췌인을 다시 짚고 넘어서서, 나는 뒤도 돌아다보지 아니하고 천천히 걸어 정거장을 나왔다.(255-6)

인용문에서 확인할 수 있듯이 서술자는 대상에 대하여 주관적 감정을 제거하고 관찰과 목격을 통한 정확한 현실 그려내기에 집중하고 있다. '나'의 직업을 화가라고 지정하고 있는 것도 이러한 장치를 효과적으로 합리화하는 방식이기도 하다. 피난민의 비참한 형태를

에 고향을 떠나 만주에서 정착하면서 고생을 하다가 일본인의 착취에 시달렸던 매부의 삶은 우리 민족 다수가 겪었던 일제치하의 비참함이다.

서술자의 감정이입 없이 객관적으로 제시한다는 것은 현실에 대한 의식의 부재를 드러내는 것이기도 하다. 이 작품이 여기에 멈춰 있다면 서사성은 상실하게 된다. 현실과 의식 사이의 거리문제에서 결정적으로 사건을 제시하여 주제를 드러내는 이야기 방식을 택하는데, 이는 서술자의 시각이 달라지면서 감정이 이입하는 과정을 드러내고 있기에 가능하다고 볼 수 있다. 즉, 두 가지의 중심 이야기를 끌어들여 시각의 변화를 보이는 것이 특징이다. 하나는 소년의 만남이요, 또 하나는 할머니와의 만남이다. 전자에서는 객관적 거리를 확보하면서 현실의 모습을 간접적으로 제시하는 데 그치고 있는 반면, 후자에서는 객관적 시각에서 감정의 이입으로 할머니의 삶에 자신의 모습을 투사하면서 현실에서 극복 가능한 요소를 이미지화하여 제시하고 있다.

이러한 이야기를 가능하게 하는 요소는 '나'의 인물 형상화 방식 자체가 화가라는 직업으로 설정한 점, 생각만 있고 행동이 없이 인간의 근원을 찾으려 한다는 점이다. 또한 '방'과 대조적인 성격이라고 하면서도 "나를 체념을 위한 행동자라 할 수가 있다면 그는 관찰과 행동을 앞세운 체관자라 할 수 있을 것"(213) 같다는 진술에서 알 수 있듯이 둘의 여행은 어차피 처음부터 현실은 객관적 관찰 대상에 불과했다.

> 그가 교제적인 것과 내가 돌발적인 것 그가 원심적(遠心的)인 것과 내가 내연적(內延的)인 것 그가 점진적인 것과 내가 돌발적이오 발작적(發作的)인 것 그가 행동적이오 내가 담보적(擔保的)인 것-이곳에도 이 음양(陰陽)의 원리가 우리의 여행을 비교적 순조롭게 하는지도 알수 없는 일이었다. 그러지 않고서야 기차가 두 정거장 가서도 내려 놓고 세 정거장 가서도 내려 놓는 이 여행을 수없는 정거장에서 갈아 타고 오면서 회령까지 오기로 친대도 몇 달 걸렸을지 모르는 일이었다.(213)

인용문에서 확인할 수 있듯이, '방'과 '나'의 인물의 형상화 방식은 막연한 향수요, 특수한 목적이 있지 않은 여로 속에서 다만 관찰과 목격만 있음을 간접적으로 보여주고 있다. 공간의 이동에서 나타나는 행적이나 인물의 모습은 목적을 가지고 찾아보는 것이 아니라 지나다 보니 자연스럽게 보인 대상일 따름이었다.

'방'과 헤어진 이후 소년과 할머니를 만나면서 민족의 문제나 해방의 의미를 간헐적으로 느끼지만, 내부적인 의식만 있지 행동은 없는 나약한 지식인 모습만 부각된다. 단지 소년의 강렬한 이미지와 할머니의 희미한 불빛에 비치는 희망이 감성적으로 처리될 뿐이다. 여기서부터 객관적 거리를 둔 관찰자나 목격자는 대상에 투사되어 타자와 동화되는 과정을 보이면서 독자에게 혼돈과 혐오, 가난과 시련이 있는 해방공간에서 어떠한 삶이 우리를 감동케 하는지 문제만 제기하는 선에서 이 작품은 마무리되고 있다.

Ⅲ. 담론 층위의 분석

1. 만연체 문장과 문제 해결의 유보

「잔등」은 해방공간의 현실을 객관적으로 드러내는 데 성공했다고 볼 수는 없다. 단지 여행의 형식을 통해 당시의 현실을 '나'의 시각으로 굴절된 모습을 그대로 모사(模寫)하거나 감성적으로 처리하는 선에서 멈춘다. 앞 장에서 논의했듯이 그래도 이 작품은 소년과 할머니의 대조적인 모습을 통해서 현실의 해결을 휴머니즘적인 윤리 의식으로 승화시키려는 의도가 있다는 점이 주목된다. 행동은 없고 의식만 살아 있는 이중적 지식인의 모습은 종종 비판의 대상이 된다. 하지만, 이 작품이 나름대로 독자성을 획득하며 문학사에서 주목받고 있는 이유는 현실의 문제와 그 해결 구조, 또는 서술자의 강한 주제 의식을 드러내지 않고도 감성적으로 현실의 문제를 제기하면서 대답을 독자에게 맡기는 선에서 여운을 주는 해결 방식이 있기 때문이다. 이 작품에서 탁월한 묘사를 통해 주제를 제시한 다음과 같은 서술 형태를 보면 이를 확인할 수 있다.

지금껏 차꼬리에 감치어 보이지 아니하였던 정거장 구내의 임시사무소며 먼 시그널의 등들이 안계(眼界)에 들어오는 동시에, 또한 그지들의 거리(距離)마자 차차멀리 떼어 놓으며 우리들의 차가 그 긴 모퉁이를 구버 돎을 따라 지금껏 염두에 두어보지도 아니하였던 그 할머니 장막의 ① 외로운 등불이 먼 내 눈 앞에서 내 옷깃을 휘날리는 음산한 그믐밤 바람에 명멸(明滅)하였다. 그리고 그 ② 명멸하는 희멀금한 불빛 속에서 인생의 깊은 인정을 누누이 이야기하며 밤새도록 종지의 기름불을 조리고 앉았던, 온 일생을 쇠정하게 늙어온 할머니의 ③ 그 정갈한 얼굴이 크게 오로버랲이 되어 내 눈 앞을 가리어 마지 아니하였다. 그 비길데 없이 ④ 따뜻한 큰 그림자에 가리어진 내 눈몽아리들은 뜨거히 젖여들려 하였다. 그리고도 웬일인지를 모르게 어떻게 할 수 없는 간절한 느껴움들이 자꾸 가슴 깊이 남으려고만 하여서 나는 두 발 뒤꿈치를 돋울대로 돋우고 모자를 벗어들고 서서 황량한 폐허 위, ⑤ 오직 제 힘뿐을 빌어 퍼덕이는 한점 그 먼불 그늘을 향하여 한없이 한없이 내 손들을 내어 저었다.(밑줄과 번호-필자)(279-280)

인용문은 이 작품의 결말 부분이다. 청진 역에서 기차를 타고 떠나는 장면이다. ①의 문장에서 외로운 등불이 그믐밤 바람에 흔들린다. 이러한 불빛은 다시 ②에서는 '희멀금한 불빛'이 되고 ⑤에서는 '퍼덕이는 한점 그 먼불 그늘'이 된다. 이 작품의 제목이 '잔등'인 것처럼 명멸하는 불빛 아래에서 ③, ④에서 보이는 것처럼 '정갈한 얼굴', '따뜻한 큰 그림자'인 할머니의 태도가 잔류 일본인에 대한 처리 문제 또는 타자에 대한 희망이 휴머니즘 윤리 의식으로 환치되고 있다. 작가가 전하고자 하는 주제 의식이 감성적으로 처리되고 있는 부분이다.

이러한 해결 방식은 행동은 없고 감정과 의식만 살아 움직이는 한계라고 지적될 수 있지만, 이러한 결말이 오히려 이 작품을 성공적으로 마무리 한 방식이라고 할 수 있다. 그 이유는 작품의 서두부터 결말에 이르기까지 유지한 관찰과 목격, 엿보기 등으로 객관적 거리를 두고 있으면서 역사적 현실에 대한 의미를 천착하지 않았다는 점에서부터 찾을 수 있다. 또한 객관적 거리를 둔 이유를 '방'과 '나'의 여행에 대한 태도에서 이미 서술하고 있었던 점(예를 들어 '소뇌주의', '당장의 형편에 따른 여행', 목적성을 드러내지 않은 기차 여행 등)을 들 수 있다. 이러한 여행이 소년과 할머니의 대조적인 사건을 제시하고 객관적인 시각에서 점차 주관적 동일시로 전이되고 있는 점이 종국에서는 '불빛'으로 상징화되고 있는 점을 들 수 있다.

잔등은 '어둠 속에 비친 꺼질 듯 약한 빛'을 뜻한다. 할머니의 삶의 양태에서 해방 공간의 유일한 희망을 '잔등'에 비유한 것은 다름 아닌 독자에게 새로운 질문을 던지는 고도의 담론 조직 방식이라고 할 수 있다. 이렇게 구체적이고 명료한 현실 제시나 그 문제 해결 방식을 드러내지 않는 머뭇거림은 이 소설이 의도적으로 제시하는 담론 조직 형식이라고 할 수 있다. 문제와 해결을 명료하게 논리적으로 연계 시키면 논리성은 획득할 수 있으나, 서사성은 파괴될 수밖에 없다. 이러한 구체적 해결이 없는 머뭇거림, 어정쩡한 태도는 종종 비판의 대상이 되기도 하지만, 오히려 이 소설이 갖는 강점이기도 하다. 이러한 현실 해결 방식에 대한 망설임이나 주저, 머뭇거림, 유보의 상태는 담론의 조직에서는 만연체의 문장으로 드러난다.

위 인용문에서도 만연체의 문장이 주도하고 있다. 앞의 주어가 다시 뒤 문장의 주어로 반복되면서 서술의 주체와 대상 사이에 확연한 연결을 유보하는 태도를 보인다. ①에서 ⑤에 이르기까지의 문장은 한 두 문장으로 끝낼 수 있는 내용이다. 하지만 작가는 감성적으로 현실을 처리하고자 하는 의도와 해방 공간 현실에 대한 해결 자체가 한두 마디로 가능하다고 보고 있지 않기 때문에 머뭇거리면서 주저하는 태도로 일관하고 있다.

　　장춘서 회령까지 스무 하루를 두고 온 여정이었다.
　　〈우로를 막을 아무런 장비도 없는 무개화차 속에서 아무렇게나 내어 팽겨친 오또기 모양으로 가로 서기도 하고, 모로 서기도 하고 혹은 팔을 끼고 엉거주춤 주저앉아서 서로 얼굴을 비비대고 졸다가는 매연(煤煙)에 저언 남의 얼굴에다 거언 침을 지르르 흘려 주기질과 차에 오를 때마다 떼밀고 잡아 채고 곤두박질을 하면서 오는 짝패이다가도 <u>하루 아침 홀연히 오는 별리(別離)의 맛을 보지 않고는</u> 한로(寒露)와 탄진(炭塵) 속에 건너 내어진 <u>마음의 닻줄이 얼마만한 것인가를 알고 살기 힘든듯 하였다.</u>〉(밑줄-필자, 209쪽)

　　인용문은 이 작품의 서두 부분이다. 첫 문장은 여정임을 알려주는 정보 역할을 한다. 〈 〉로 표시한 두 번째 문장은 하나의 문장으로 되어 있으면서 그 안에서 제시한 내용은 셀 수 없이 많다. 무개화차의 풍경을 하나의 문장으로 제시하고 있다. 힘들게 여행하는 군상들의 모습이 역동적으로 그려진다. 밑줄 친 문장에는 수많은 사연과 이야기가 내재화되어 있다. 이러한 모습을 현재의 무개화차에 탄 사람들의 형상과 배경을 묘사하고 그 속의 숨은 이야기까지 한 문장으로 제시하고 있다. 이러한 문장 쓰기 습관은 곳곳에서 보이는 바, 그 담론 조직의 방식은 작가 개인의 취향이기도 하지만, 사실은 생각의 편린이 여러 방향으로 흩어진다는 점, 생각의 머뭇거림과 주저가 그

기저에 있다는 점16을 증명하는 것이기도 하다.

2. 잔등의 상징성과 감각적 언술

「잔등」에서 시각적 이미지는 작품 전체의 분위기를 이끄는 동시에 객관적 거리의 시점을 가능케 하는 요소로 작용하고 있다. 내용에 따라 시각적 이미지가 빛을 중심으로 묘사되고 있는 바, 밝음과 어둠, 형체의 질서와 혼돈, 가지런함과 무질서의 대립적 상징체를 통해 이야기 진행을 가능케 하는 서사동력으로 작용하고 있다. 질서와 그리움, 향수와 고국 등을 이야기하는 부분에서는 막연한 '강줄기 같은 푸르름'으로 드러낸다. 고국을 상징하는 조선의 모습은 '청량한 맑은 물'과 '눈저리가 시근거리도록' '찬란하게 반사되는' '가을 햇볕'으로 표상되고 있다.17 소년의 만남도 낮을 배경으로 한다는 점을 상

---

16 유철상(1996:212-214)은 〈잔등〉의 문장 표현에서 이중적 부정과 복합적인 문장을 문체상의 특징으로 지적하고, 이중 이중적 부정이 의도하는 바는 "단순히 긍정을 강조하기 위해 사용된 것"이 아니라 "긍정의 강조나 단언보다는 도리어 반대로 이러한 이중 부정의 사이에서 망설임이나 주저함이 아닌가 생각된다."라고 하며 다음과 같은 예시를 들고 있다. "우리는 그 믿기지 않는 일거일동에 예민하지 <u>아니할 수 없었</u>으며, 그 밑 빠른 거취에 실망하면서 우직하게 따라가지 <u>아니할 수도 없었다.</u>", "짐작한 이상 또한 그 절대의 호기를 놓쳐서는 아니되리라는 성급한 욕구도 <u>없지 아니한</u> 까닭이었다.", "이때 나는 너무나 공포에 가깝다 할 심각한 인상을 가슴 속에서 떨쳐버릴 길이 <u>없음을</u> 어찌할 수 <u>없었다.</u> 게다가 가슴 한구퉁이에 새로 돋아 나오는 흥분의 싹인들 <u>없을 수 없었던</u> 것이다."
또한 복합적인 문장 역시 "작자의 단도직입적인 또는 단언적인 판단을 피하고 현실을 다각적으로 살펴보면서 그에 대응하고자 하는 태도의 반영"이라고 해석하고 있다. 이러한 지적은 매우 타당하다. 여기에서는 유철상(1996)에서 지적하지 못하고 있는 부분을 중심으로 논의하였다.
17 조선에 대한 향수가 밝은 이미지로 현현된 사실에 대해서는 구재진(2008:329-30))의 논의를 참고하기 바란다. 여기에서 다음과 같은 지적은 이 작품의 담론 특성으로 정리해도 타당하다.
"이것은 '상상된 조선'의 이미지라고 할 수 있는데, 조선이 이렇게 훼손되지 않은 공간으로 상상되는 것은 역사를 지워버리고 그것을 사적이고 공동체적인 신화로 돌

기할 필요도 있다.

　이 작품의 주제를 드러내는 데 결정적 역할을 하는 후반부 할머니의 만남 이후에는 어둠과 그믐밤이 주조를 이룬다는 점을 기억할 필요가 있다. 약탈과 수난, 궁핍과 시련, 난민들의 힘겨운 삶의 형상은 어두운 이미지로 형상화되고 있으며 청진 역을 떠나는 모습에서 그믐밤의 으슥한 묘사는 작품의 결미로 향하는 단초가 되기도 한다.

　(가) 그것은 방금 무대의 조명과 함께 완전히 일류미네슌이 꺼진, 관객이 흩어져 버린 극장, 한 큰 관람석에 불과하였다. 종전까지 벽을 따라 흐늘거리던 유령의 군상들도 어디론가 흩어져 버린듯 하였으나 그러나 그들이 남겨 놓고 간 찬 호흡의 냉냉한 기운이 목덜미를 덮쳐오는 데 변함이 없었다. 어느 구석에 어쩌다 꺼지지 아니하고 남아있는 <u>쮜·라일의 한점 광원도 이제는 남지 아니하였다</u>.(밑줄-필자, 256쪽)

　(나) <u>불은 빛보담은 더 많은 그늘들을 일으키어</u> 그것에 생명을 주어 무시로 약동하게 하고 또 무시로 발광하게 하는 듯하였다. 그래서 이 적은 의지할 데가 없는 빼력의 기둥이 되고 주추가 되고, 천반이 되는 몇 개의 나무판자와 가마니 뙈기와 그 외의 모든 너슬개미들을 <u>모조리 핥아 없새이려는 듯도 하였다</u>.(밑줄-필자, 260쪽)

　인용문 (가)는 '나'가 청진 역을 떠날 때 시내를 바라보며 느낀 감

려놓는 향수의 성격 자체에서 연유하는 것이기도 하다. 향수에 의해서 매개된 '상상된 조선'의 이미지 속에는 정치적 혼란과 경제적 궁핍, 그리고 이념적 투쟁 속에 놓여 있는 구체적이고 현실적인 모습이 존재하지 않는다. …(중략)… 향수에 의하여 상상된 조선의 이미지는 식민지적 억압과 투쟁, 그리고 경제적 수탈과 궁핍의 기억을 숨기고 있다. …(중략)… 「잔등」에서 향수에 의하여 주조되고 있는 조선의 이미지 역시 미래라는 시간적 이미지를 대신하는 것이다."

성을 표현한 부분이다. 해방 공간의 현실을 대변하는 청진의 광장은 '무대의 조명과 함께 완전히' 꺼진 어둠의 도시이다. 그곳에 머문 잔류 일본인, 피난민, 떠돌이, 귀향자들은 '유령의 군상'들이요, 이들이 사라져 간 어두운 도시에는 한 점의 광원도 남기지 않은 칠흑의 적막함이다. 인용문 (나)는 기차를 탄 '나'가 멀리 아스라이 보이는 할머니 집 잔등을 보면서 느끼는 소회를 묘사한 부분이다. 여기에서도 어둠 속에 살짝 비친 잔등의 불빛마저 '더 많은 그늘'을 만들어 모든 풍광을 '모조리 핥아 없애이는 듯' 하늘거린다. 이렇게 가녀린 잔등만 흔들거리는 어둠의 공간은 해방공간의 가난과 핍진, 피곤과 방황, 절망과 시련을 상징하고 있다. 이러한 어둠을 미력하나마 희망을 던지는 것은 잔등으로 상징되는 휴머니즘의 윤리의식이요, 용서와 베풂이 있는 인간애이다. 잔등의 상징성은 바로 이러한 선상에 있다.

이처럼 해방 공간의 현실을 직접적으로 설명하거나 보고하는 형식을 보이는 것이 아니라, 그믐밤이라는 칠흑 같은 어둠으로 간접화하거나 감각적으로 처리함으로써 아련한 희망의 메시지를 전달하고 있다. 종종 이 작품에서는 결정적 사건 처리 이후 서술자의 심경을 감각적으로 처리하는 경우가 있는데, 이는 위와 같은 결말 처리 방식처럼 현실을 간접화하려는 작가의식의 표출이라고 할 수 있다. 대표적인 사례를 제시하면 다음과 같다.

(가) <u>언어(言語)는</u> 내가 소년에게 건너놓고 싶은 <u>한 미약한 인대(靭帶)</u>에 불과하였다. …(중략 1문장)… 소년이 가진 여러 가지 가슴이 쩌엉 해 들어오는 <u>감촉에 부디칠</u> 처소에만 놓여 있을 수 있다면, 잠자코 묵묵하게 앉아서 건너다 보고만 있음이 더 얼마나 훌륭한 일이겠기에! (밑줄-필자, 229쪽)

(나) 이때 갑자기 불이 껌풀하는 느낌과 함께 노인의 말이 중도에 뚝

끊지며 그 부드러운 두 눈동자를 치 뜨키어 내 머리 위로 문밖을 내다 보는 바람에 나도 스스로 일어나는 <u>불의의 감각</u>에 이끌리어 몸을 돌이키지 아니할 수 없었다.

그것은 머리 밑을 지나가는 쌀랑한 <u>한줄기 감촉</u>이었다. 그리고 찰나적이었으나마 참으로 겨우 소리를 지르지 않을 정도로 놀라 멈칫 부동의 자세에 나를 머물러 세우게 한 <u>강강한 한 느낌</u>이었다.(밑줄-필자, 267쪽)

인용문 (가)는 소년과 만나는 광경에서 서로 대화를 한 다음 서술자의 심정을 드러내는 부분이다. '언어는' '한 미약한 인대'라는 은유를 통해 몸의 움직임의 핵심이랄 수 있는 인대를 동원해 감각적으로 대화의 예민성을 표현하고 있다. 또한 소년이 가진 강렬한 이미지의 마음을 자신의 '감촉에 부디칠' 곳으로 서술함으로써 감각에 호소하고 있다. 인용문 (나)는 국밥집 할머니와의 만남과 대화 이후 느끼는 심정을 감각적으로 처리한 부분이다. 밑줄 친 구절에서 알 수 있듯이 할머니의 훌륭한 인간애에 대하여 '불의의 감각'이나 '한 줄기 감촉'으로 표현하고 이를 통해 나로 하여금 새롭게 생각하게 하는 '강강한 한 느낌'으로 감각의 어느 순간을 포착한 것으로 표현하고 있다.

이러한 감각적 시선 처리는 현실에 대한 인식을 언어로 구체화하거나 이념화하지 않고 인간 본성의 문제로 해결하려는 의지의 표명이기도 하다. 의식이 과잉하고 행동하지 않는 지식인의 모습은 이렇게 감각에 의지해 독자로 하여금 새로운 생각을 할 수 있도록 유인하고 있는 셈이다. 작가는 다른 여타 작품에서도 이러한 경향을 많이 보이고 있는데, 이는 현실 인식이나 해결의 방식이 다른 작가와 변별성을 지니게 하는 특성이기도 하다.

Ⅳ. 결론

「잔등」은 여로 형식을 바탕으로 서술자 '나'의 경험과 의식의 변화를 표현하고 있다. 이야기 구성면에서 볼 때 이 작품은 객관적 관찰자의 입장에서 대상을 보고 듣는 경험의 결과를 내면화하여 표현하고 있다. '방'과 '나'의 여행은 처음부터 목적이 없이 막연한 향수에 의지에 서울로 향한다. 현실에 대한 관찰과 목격을 통해 가난과 떠돎의 피난민 모습을 형상화하여 민족의 삶에 대한 구체적 발견을 보이기도 하지만, 문제 해결의 의지는 없다. 어느 정도 현실과의 거리를 두고 대상을 현재화하는 데 초점을 맞추고 있다. 객관적 거리를 두고 현실의 모습을 간접화하는 경향은 후반부로 갈수록 타자에 투사된 서술자 '나'를 주관적 감정이입의 형태로 바꾼다. 여기에서 민족의 문제나 해방의 의미가 감각적으로 처리되면서 독자에게 그 의미를 제기하는 방식으로 처리한다. 이러한 변화를 보여주는 결정적 사건은 소년과 할머니의 만남으로 구체화되고 있다.

　이러한 이야기 구조는 두 가지의 담론 특성으로 요약된다. 하나는 만연체 문장이 주는 문제 해결의 유보적 태도요, 또 하나는 잔등의 상징성과 감각적 처리 사이의 의미를 들 수 있다. 만연체의 문장은 현실 제시나 문제 해결의 방식을 드러내지 않는 머뭇거림을 통해 독자의 감성에 호소하는 고도의 담론 조직 방식이라고 할 수 있다. 현실 문제에 대한 해결 방식을 망설임이나 주저, 머뭇거림, 유보의 상태로 나타내기 때문에 만연체 문장으로 나타난다.

　잔등에서 시각적 이미지는 작품 전체의 분위기를 이끄는 동시에 객관적 거리의 시점을 가능케 하는 요소로 작용하고 있다. 내용에 따라 시각적 이미지가 빛을 매개로 표현되고 있는데, 조국과 향수, 상상된 조선의 모습은 밝은 이미지로 형상화한다. 반면에 할머니와의 만남 이후 서술된 청진 역 광장의 모습이나 현실은 어둠의 이미지로 형상화한다. 해방 공간의 가난과 핍진, 피곤과 방황, 절망과 시련은 칠흑 같은 어둠으로 시각화 되어 있다. 이러한 어둠에 희망을 주는 것은 잔등의 형상이다. 이는 곧 휴머니즘적 윤리 의식의 발현이요, 용서와 베풂이 있는 인간애를 상징적으로 보여준다.

소년과 할머니의 만남에서 보여주는 대조적 이미지, '방'과 '나'의 대조적 성격, 낮과 밤의 대립성 등을 통해 이 작품은 해방 공간의 현실을 객관적으로 모사하고 현실에 대한 인식 태도나 방향성은 감각적으로 처리하는 것이 특징이다. 결정적인 사건 처리를 감각적으로 처리하는 경우가 빈번하게 발생하고 있는 바, 이는 현실을 간접화하려는 작가 의식의 표출이라고 할 수 있다.

참고문헌

許俊, 「殘燈」, 『第三韓國文學』 10卷, 修文書館, 1988.

구재진, 「허준의 「잔등」에 나타난 두 개의 불빛과 허무주의」, 『민족문화사연구』 37집, 민족문화연구회, 2008.
권성우, 「허준 소설의 미학적 현대성 연구」, 『한국학보』 19권 4호, 한국학회, 1993.
권영민, 『해방직후의 민족문학운동연구』, 서울대학교출판부, 1986.
김용재, 『한국소설의 서사론적 탐구』, 평민사, 1993.
김욱동, 『대화적 상상력』, 문학과지성사, 1998.
김윤식, 『한국현대문학사』, 일지사, 1983.
김종욱, 「식민지 체험과 식민주의 의식의 극복-허준의 〈잔등〉 연구」, 『현대소설연구』 22집, 현대소설학회, 2004.
김혜영, 「허준 소설에 나타난 타자 인식의 서사적 기능과 의미 연구」, 『현대소설연구』 14집, 1998.
신형기, 「허준과 윤리의 문제-〈잔등〉을 중심으로」, 『상허학보』 17집, 상허학회, 2006.
우한용, 「소설기호론의 층위-허준의 잔등」, 『한국현대소설구조 연구』, 삼지원, 1990.
유철상, 「許俊의 〈殘燈〉考」, 『목원어문학』 14집, 목원어문학회, 1996.
윤애경, 「해방기 삶의 탐색 태도와 그 의미-허준의 〈잔등〉론」, 『한국문학이론과 비평』 9권 1호, 한국문학이론과 비평학회, 2005.
이대규, 『한국 근대 귀향소설 연구』, 이회, 1995.
이병순, 「허준의 「잔등」 연구」, 『현대소설연구』 6집, 현대소설학회, 1997.
이영미, 「「잔등」의 서사 미학 고찰」, 『현대문학이론연구』 21집, 현대문학이론학회, 2004.

황 경, 「허준 소설 연구-존재론적 자아탐구의 여정」, 『현대문학이론연구』 11집, 현대문학이론학회, 1999.

천변 공동체의 세태 반영과 일상적 담론
– 박태원의 『천변풍경』

Ⅰ. 서론

이 연구의 목적은 박태원의 장편소설 『천변풍경』에 대한 담론 특성을 밝히는 데 있다. 『천변풍경』은 1936년과 1937년 『조광』지에 발표한 중편 분량의 소설을 1938년 개편하여 장편 단행본으로 간행되었다.[1] 이 작품은 발표 당시부터 평론가들의 관심의 대상이 되면서 "카메라 아이식 객관적 도회 묘사"로 리얼리즘의 확대를 보여준 작품[2]으로 평가되거나 "파노라마적인 트리비얼리즘에 불과한 세태소설"[3]이라고 폄하되기도 하였다. 리얼리즘의 확대 또는 세태소설이라는 두 시각은 이 작품을 보는 중요한 척도로 인용되곤 했다. 『천변풍경』을 긍정적으로 평가하든 부정적으로 평가하든, 이 작품은 "모더

---

[1] 이 작품은 『조광』지에 「천변풍경」(1936.8-10)과 「속, 천변풍경」(1037.1-0)으로 연재하였다가 후에 장편 단행본으로 개작하였다. 이 논문에서는 원전 텍스트를 1938년판 박문출판사본으로 인정하고, 이를 저본으로 삼는다. 작품의 인용은 도서출판 빛샘에서 발간한 『천변풍경 1』, 『천변풍경 2』(2002)을 대상으로 하였다. 앞으로 작품의 인용은 권수와 면만 본문에 표기한다.
[2] 최재서, 『문학과 지성』, 인문사, 1938, 98-113쪽.
[3] 임화, 『문학의 논리』, 학예사, 19040, 345쪽.

니즘 소설과 리얼리즘 소설의 분기점에 위치한 문제작"4임에는 분명하다. 이러한 특성 때문에, 납·월북 작가 해금조치 이후 박태원에 대한 학계의 관심은 대단했다. 이제까지의 연구는 세태소설론, 도시소설로서의 위상, 소설적 기법 문제를 중심으로 진행되었다.5

이 연구는 이러한 연구 성과를 바탕으로 소설의 담론 특성을 밝히고자 한다. 소설의 서사 담론은 작가의 이야기 구성 원리와 작품의 미학적 특성을 살피는 데 적합한 요소이다. 소설은 이야기와 담론으로 구성되어 있다. 이 두 층위는 서술자의 태도와 위치에 따라 소설의 주제나 플롯, 인물을 창조하는 방식이 달라진다. 이러한 연구는 텍스트의 '자세히 읽기'(close reading)가 전제가 된다. 또한 소설작품은 인물과 사건의 유기적 결합체라고 할 수 있다. 이러한 양식적 특성은 소설이 하나의 이야기를 전달하는 서사물(narrative fiction)임을

---

4 정현숙, 『박태원 문학 연구』, 1993, 175쪽.
5 주목할 만한 논문을 소개하면 다음과 같다.
이재선, 「1930년대 도시소설 연구」, 『문학사상』, 1988.8.
최혜실, 「모더니즘 소설에 나타나는 공간성-박태원의 「천변풍경」」, 구인환 외, 『한국현대장편소설연구』, 삼지원, 1990.
박영순, 「1930년대 세태소설 연구」, 이화여대 박사학위논문, 1992.
이주형, 「1930년대 한국장편소설연구」, 서울대 박사학위논문, 1983.
오경복, 「박태원 소설의 서술기법 연구」, 이화여대 박사학위논문, 1993.
공종구, 「박태원 소설의 서사지평 연구」, 전남대 박사학위논문, 1992.
_____, 「전형 개념을 통해서 본 「천변풍경」의 현실반영 수준」, 『한국 현대소설론』, 국학자료원, 1994.
손화숙, 「영화적 기법의 수용과 작가 의식」, 강진호 외, 『박태원 소설 연구』, 1995.
한수영, 「『천변풍경』의 희극적 양식과 근대성」, 강진호 외, 『박태원 소설 연구』, 1995.
정현숙, 『박태원 문학 연구』, 1993.
장수익, 「박태원 소설의 발전 과정과 그 의미」, 『한국 근대소설사의 탐색』. 월인, 1999.
윤정헌, 『박태원 소설 연구』, 형설출판사, 1994.
문흥술, 「의사 탈근대성과 동경 지향성: 박태원 소설」, 『한국모더니즘 소설』, 청동거울, 2003.

입증하고 있는 요건이다. 서사물은 서술(narration)을 근간으로 한다. 서술은 서술자와 이야기된 세계, 서술자와 등장인물의 관계 사이에서 하나의 서사 세계를 형상화하는 힘이다. 『천변풍경』을 연구함에 있어, 이야기 구성 원리와 서술의 문제에 중점을 두어 담론 특성을 찾는 이유는 바로 이러한 소설의 양식적 성격에 충실해야 하기 때문이다.

논의는 『천변풍경』의 이야기 구성 원리를 밝히는 것으로부터 시작한다. 서술자의 서술 전략에 따라 이야기가 어떻게 구성되고 있는지 밝히는 일은 이 작품의 스토리 전개 방식과 플롯의 구성, 인물 형상화 방식의 기초 작업이 되기 때문이다. 이야기 구성 원리에서 추출된 서술 전략에 따라, 담론의 조직 방식이 어떻게 소설 형상화에 기여하는지 살핀다. 이 작품을 해석함에 있어 먼저 살펴야 할 것은 천변공동체의 삶의 형상화 방식이다. 여기에서는 서술자의 태도와 인물의 관계가 중요하게 부각된다. 그러한 다음, 서사성의 상실 내지 부재라는 속성이 소문과 관찰, 엿보기 서술전략과 어떻게 연계되는지 살펴본다. 또한 근대성과 전통성, 반영성과 통속성의 경계에서 어떠한 방식으로 도시의 생태를 파악하고 있는지 살펴본다. 이러한 논의는 궁극적으로 이 작품이 도시생태학 보고서 수준에 머물었는지 아니면, 박태원 나름의 독특한 소설 형상화 방식으로 근대 경성의 공동체 삶의 양상을 재현해냈는지 가늠하는 척도가 될 수 있다.

Ⅱ. 이야기 구성 원리

『천변풍경』은 1930년대 어느 해 2월 초부터 다음해 정월 말까지 1년에 이르는 기간 동안 청계천변을 중심으로 일어나는 도시적 삶의 양상을 50개의 절로 나눠 묘사하고 있다. 서술자는 30명이 넘는 인물을 대상으로 청계천변 주민의 일상사를 묘사하는 데 집중하고 있다. 이야기 흐름은 시간의 순서에 따라 순차적 구성을 하면서, 인물이 초점화자와 서술자의 적절한 통제 하에 형상화하고 있다. 인물군은 크게 세 가지로 정리된다. 제1군은 민주사, 포목점 주인으로 대표되는 중산층 계층 인물들, 제2군은 점룡이네, 이쁜이네, 필원이네, 만돌이네와 같은 서민층과 하나코, 기미코 등의 까페 여급, 천변 걱정이(거지)들과 같은 기층민중 인물들, 제3군은 재봉, 창수, 금순 같은 경성으로 상경한 하층계층 인물들이 그것이다.

이 작품이 청계천변을 중심으로 한 공간 위에 각양각색의 인물의 생태를 드러내고 있기 때문에, 먼저 인물이 등장하고 시간의 흐름에 따라 그 인물들이 어떠한 삶의 형식을 보여주는지 서술자는 분석해 내고 있다. 이 때 서술 표면에서 중요한 기능을 하는 공간은 빨래터와 이발소이다. 전자가 "화제의 결핍을 보는 일이 없"(1권, 100쪽)는 "여인들의 뉴스의 교환소"6라면, 후자는 인물 정보의 소개 장소이면서 "남자들의 생활감정의 청산소(淸算所)"7이다. 이 두 공간은 초점화자가 카메라를 고정시킨 중요한 지점이면서, 인물의 행태를 추적하는 모체가 되는 곳이다. 전자에서 인물 소개는 여인들의 대화 형식으로, 후자에서는 이발소 소년 재봉이의 관찰과 소문 전달로 이뤄진다. 서술자는 반사자 인물8이 보고, 듣고, 말하는 바를 옮기는 담론

---

6 최재서, 『문학과 지성』, 인문사, 104쪽.
7 같은 책, 104쪽.
8 반사자 인물(reflector-character)이란 슈탄첼의 시점 이론에서 양식(mode)면에서 '화자-인물'(중개성이 강한 인물)의 대립항으로 제시된 인물이다. 반성자라고도 번역되지만, 의미의 정확한 전달을 위해 반사자라고 하였다. 반사자 인물에 의한 서술은 서술과정에서 인격화보다는 비인격화, 서술의 중개성(mediacy) 면에서 비중개적, 장면적, 모방적 양식으로 인지된다. '보여주기'나 '보고 모델'로 구체화되기도 한다. 삼인칭 전지적 시점인 경우, 반사자 인물은 서술자의 보고(報告)를 위하여 '그-텍스트'의 상대 인물 또는 삼인칭 대명사에서 나타난다. F. K. 슈탄첼(김정신 역), 『소설의 이론』, 문학과지성사, 1990, 211-218쪽 논의 참고.

형태를 보여주거나, 설명과 묘사의 교차로 인물의 모습을 형상화하고 있다.

시간의 흐름 속에서 인물의 행동이나 모습이 구체화되는 바, 이때 중요한 점은 천변 풍경을 계절의 변화에 따라 서술하고, 인물의 행적을 요약 제시하는 경향이 있다는 점이다. 계절의 변화은 인물들의 행적을 소개하는 중요한 전환점이 되고 있다. 그렇다고 삶의 전체성이나 현실이 드러나지 않는다. 다만, 사건과 사건의 연결을 통해 1년간의 천변 사람들의 행태만 재현될 뿐이다. 초점화자와 서술자 기능의 분리, 즉 보는 자와 말하는 자의 교호 작용을 통해 인물들을 독자 앞에 전경화(前景化)하고 있는 점이 이 작품에서 유지하는 서술 전략이다. 사건의 연쇄보다 인물들의 형상화가 중심 서술 대상으로 부각되기 때문에, 이야기 구성은 일상성을 넘어서지 못하고 자잘한 사건의 연계만 있을 뿐이다. 사건들은 작품 전체에서 큰 의미를 지니지 못한다. 도회지 어느 한 편에서 돈과 온정, 욕망 속에서 살아가는 군상들이 모습이 반영되어 제시될 뿐이다.

계절의 변화는 사건의 변환을 의미하지 않는다. 재봉이의 시각이나 빨래터의 대화도 삶의 일상성이 드러날 뿐이지, 시대나 현실의 반영의 결과물이 아니다. 작가가 선택한 인물들의 모습은 당대 현실을 대변하는 전체성을 드러내지도 않는다. 다만, 일상적 담론 속에서 도시적 생태만 부각될 뿐이다.[9] 이러한 이야기 구성 원리를 계절 변환을 중심으로 정리하면 다음과 같다.

---

[9] 이러한 의미에서 이 작품을 '세태소설'이라고 규정하기보다 "생태학적 도시소설"로 규정한 이재선의 지적은 매우 타당하다. 이재선, 『한국현대소설사』, 홍성사, 1980, 339쪽.

계절	계절 인지 서술 양태	해당 절	주 서술 대상(인물)	부수적 서술대상(인물)	비고
봄	정이월에 대독 터진다는 말이 있다. 딴은, 간간히 부는 천변 바람이 제법 쌀쌀하기는 하다.(1권 16쪽)	1-4	재봉, 창수, 민주사, 만돌어멈	귀돌어멈, 칠성어멈, 점룡어멈, 점룡이, 샘터주인 용돌이와 하인 김첨지, 민주사, 필안이네, 기생(명월이, 언년이, 취옥이), 은방주인, 이쁜이네, 관철동 작은 마누라, 거지대장, 포목점 주인, 하나코, 기미코, 한약국집(영감, 홍서방, 귀돌이네) 신전집 작은 아들, 창수	
	음력 삼원 중순, 내일 모레 창경원의 야앵이 시작되리라는 하늘은, 매일같이 얕게 흰구름을 떠운채, 휘언하게 흐리다.(1권 66쪽)	5-16	이쁜이네, 신전집, 민주사, 포목전 주인, 점룡이네, 만돌이네, 평화까페 여급, 금순	안성집, 한약국 영감, 필원이네, 점룡이네, 만돌아범, 귀돌어멈, 민주사, 재봉이, 창수, 은방주인, 하나코, 사이상(최진사 맏아들), 전기상회 주인, 다마집 주인, 손주사, 돌석, 금순	
여름	해 뜨고 가는 비가 부실부실 내리는 오후다. "빨래애야 그저 여름 한철이지, 그것도 이제 장마나 지면 다 쓸려 내려가구…" …(중략)… 참말	17-19	금순, 이쁜이 어머니	샘터주인 용돌이, 칠성아범, 김첨지, 칠성어멈, 필원이네, 박서방	

	더워서 견딜 수가 없는 것이다.(1권, 158쪽, 165쪽)			
	어저께나 그저께나 한가지로 하늘에 흰 구름이 얇이 떠도는 채, 바람 한 점 없이 그대로 푹푹 찌는 날이다.(1권, 180쪽)	20-31	재봉과 창수, 금순, 기미코, 하나코, 점룡이네, 포목전 주인, 한약국집 며느리, 민주사와 안성댁	신전집 부인, 귀돌어멈, 포목전 주인, 만돌이네(수돌), 깍정이들, 창수, 금전꾼, 종로은방주인, 사이상, 강옥주, 젊은 학생
가을	해질 임시의 이발소 안에는 다른 객도 없이, 복중 모양으로 마로 등 뒤에다 대고 선풍기를 틀어놓을 양이면, 오히려 선선할만한 구월 초순 어느 날이다.(2권, 58쪽)	32-34	금순, 기미코, 하나코	이발소 주인, 포목전 주인, 은방주인, 사이상(최진국), 순동이,
	*제법 가을답게 하늘이 맑고 또 높다. 더구나 오늘은 시월 들어서서 첫 공일-. (2권, 83쪽)	35-44	금순네, 안성댁, 하나코, 점룡이, 강서방	재봉이, 한약국집 며느리, 평화까페 여급들, 깍정이들, 손주사, 민주사, 취옥이, 이발소 김서방, 순이, 한약국집 영감, 할멈, 순동이 외 게임돌이 5명, 기미코, 민주사, 관철동집, 이쁜이 어머니, 점룡이 어머니, 최서방, 하나코 어머니,
겨울	*바라보니, 얼음을 지치고, 팽이를 돌리고 하느라, 십여 명이나	45-50	기미코, 하나코, 민주사, 손주사	깍정이, 이발소 주인, 최진국, 효준, 점룡이, 점룡이 어머니, 재봉이,

				창수, 시즈코(근화식당 여급) 금순네 시아비, 이쁜이서방, 점룡, 한약국집 며느리, 귀돌어멈, 할멈, 강서방, 용돌이, 재봉이, 포목전 주인, 점룡이 어머니	
들어가 있는 개천 속에서 …(하략)… (2권, 161쪽) *입춘이 내일 모레라서 그렇게 생각하여 그런지는 몰라도, 대낮의 햇살이 바로 따뜻한 것 같기도 하다.(2권, 198쪽 작품 끝)					

　위 표에서 확인할 수 있듯이, 계절의 변환을 매개로 하여 순차적인 전개를 하고 있다. 주된 등장인물만 보아도 제1군에서 제3군까지의 인물이 동시에 묘사되고 있다. 그러므로 각 절에서 이야기되는 인물이 산발적이고 파편적이다. 특별한 주인공이 없이 천변에 사는 인물 군들의 일상 생활상을 그대로 보여주고 있는 셈이다.

　1절과 2절만 보아도 이 작품에 등장하는 모든 인물이 거의 그려지고 있는 바, 이들 삶의 모습은 크게 세 가지 인물군(人物群)으로 요약된다. 제1군은 민주사, 포목전 주인이 가장 대표적이다. 민주사는 재산도 어느 정도 있으면서 부회 의원선거에 나선 인물이다. 본가보다는 첩인 관철동 안성댁을 찾아 나서거나 마작 놀이에 혼이 빠져있는 인물이다. 광교 근처에서 포목전을 경영하는 '중산모 신사' 포목전 주인은 자기 매형이 부회의원인 것을 명예로 알면서 거들먹거리며 살아간다. 제2군은 서민층으로 여성들과 하류계층이 포함된다. 여기서 대표적으로 등장하는 인물은 귀돌이네, 칠성이네, 점룡이네, 이쁜이네 등처럼 남의 집 셋방살이를 하면서 어렵게 살아가는 여성 인물이다. 여기에 '평화까페' 여급으로 등장하는 젊은 여성들이 있다. 서술 표면에서 상당한 비중을 차지하는 여급의 삶의 양상은 주로 기미코와 하나코를 중심으로 진행된다. 여기에 부수적으로 하류계층을 대표하여 등장하는 인물군은 거지들과 청계천변의 샘터 주인과 용돌이, 이발소 주인 등이 이에 해당한다. 이 소설이 청계천변 서민들의 일상적 세태를 그렸다고 한다면 그 중심에는 이 인물들이 존재한다. 제3인물군은 청계천으로 이주한 상경(上京)한 인물들이다. 재봉과 창수, 금순이 이에 해당하는 주요 인물인 바, 작가가 근대화 과정 속에 있는 경성의 어느 천변을 대상으로 도시적 생태를 분석하기 위해 의도적으로 형상화한 인물들이라고 할 수 있다. 이에 대하여 III장에서 자세하게 분석하겠지만, 이 인물 군이 없었다면, 이 작품은 한낱 세태나 세속적 인간상, 일상사의 보고에 지나지 않을 가능성이 있다.

III. 담론 특성

1. 천변 공동체 삶의 양상과 서술자의 태도 문제

『천변풍경』은 많은 인물이 등장함에도 불구하고, 사건의 중심에 서는 인물이 없다. II장에서 정리한 바와 같이, 계절의 변환과 함께 반복과 순환의 구조로 인물이 파편화되어 골고루 등장하고 있다. 시간의 흐름은 있으되, 공간과 인물의 변환이 없다는 것은 인물들의 일상적 삶의 양상을 천변이라는 공간을 통해 드러내고 있다는 의미로 재해석된다. 그렇다면, 이 작품에서 천변이라는 공간적 의미는 어떻게 규정되며, 궁극적으로 작가가 그려보고자 했던 근대 체험 혹은 근대 풍경과 천변 인물들은 어떠한 관계에 있는가. 이에 대한 대답은 이 작품의 형상화 수준을 가늠하는 중요 척도가 될 수 있다. 왜냐하면, 소설이 근대의 세태나 풍속을 보고하는 수준으로 머물거나, 관찰의 결과로써 인물의 생태를 드러내는 데 집중한다면 도시 생태 보고서에 지나지 않을 것이기 때문이다.

이 작품에서 중심에 놓인 공간은 무엇보다도 경성의 청계천변이다.

이를 드러내기 위한 소설적 장치로서 주요 공간은 빨래터, 이발소, 한약국집, 평화까페가 있다. 이 중 빨래터와 평화까페는 여성 인물들의 삶의 양상을 전달하거나 보여주는 주요 공간이며, 이발소는 민주사, 포목전 주인을 비롯한 중류층 인물의 모습을 관찰하거나 소문 전달의 장소로 이용되고 있다. 전자에서 주요 매체 인물은 점룡이 어머니라면, 후자의 매개 인물은 재봉이다. 한약국집은 청계천변 사람들의 모습을 객관화하는 장소이기도 하고, 여성들의 삶의 현실이 어렵고 힘들다는 것을 대비하는 공간이기도 하다. 한약국집은 가장 안정적인 삶을 영위하면서 특별한 사건의 전개가 없는 점이 특징이다. 한약국집 주인은 근대 사회에 쉽게 편입하여 여유 있는 삶을 사는 사람이다. 서술자는 한약국집과 연계된 사건을 제시하지 않고, 천변에 사는 인물들이 힘들게 살아가는 모습 또는 허례허식에 싸인 중류층 인물들의 이중적 모습을 부각시키기 위해, 비교나 대조의 대상으로만 부각시키고 있다. 하류계층 여성들의 힘든 삶의 모습을 한약국집 며느리의 일상적 행복(28절 '행복', 35절 '그들의 일요일')과 대위법으로 처리하는 경우라든지, 매형 선거 때문에 한약국집 영감에게 잘 보이려 "밑전 들지 않는 인사"(1권, 86쪽)에 열중하는 포목전 주인의 모습(8절 '선거와 포목전 주인')을 병치시키고 있는 부분이 한 예이다.

청계천변의 인물군은 공동체의 삶을 드러내는 장치로 기능하고 있다. 결론부터 말하자면, 천변 공동체 인물군을 통해 일상적인 삶을 드러내고 있다. 천변 공동체의 삶의 모습은 도시적 특성보다 농촌 공동체의 모습과 닮아 있다.[10] 궁극적으로 작가가 그려보고자 한 근대 경

---

10 장수익은 "근대 속의 공동체 그려내기"로 『천변풍경』의 주제를 제시하면서, "도시적인 정체성이 아니라 농촌공동체적인 정체성", "돈보다는 의리와 인정에 따라 사고하고 행동하는 농촌공동체의 정체성이 역설적으로 서울 한 복판에 위치하는 공간의 정체성이 되고 있다" 고 파악하고 있다. 이러한 지적은 매우 적절하다.

성의 모습, 근대 체험의 반영은 청계천변 공동체의 모습이다. 이러한 점은 각 인물군에 대한 서술자의 태도에서도 확인할 수 있다. 근대 경성의 모습을 압축적으로 보여주기 위해 청계천변의 공간을 고정시키고 3개의 인물군을 제시한 후, 분석·설명하고 있다. 작가의 주된 초점대상이 되는 인물군은 제2군 인물들이다. 반사자 인물의 선택적 전지시점을 활용하고 있는 이 부분에 대한 서술은 객관적이고 온정적 태도로 일관하고 있다. 점룡이네, 필원이네, 귀돌이네, 이쁜이 등으로 연계되는 여성 인물들의 혹독한 현실의 모습을 인물 상호간의 배려와 인정으로 해결하고 있다. 특히 혼인 후 인생시련으로 연결되는 이쁜이, 하나코의 경우도 주위 인물이 한 식구처럼 걱정해주고, 서로 돕는 형태로 사건이 해결되는 모습을 보여준다. 기미코가 하나코에게 보여준 정성은 후술할 재봉에게 기대하는 작가의식과 연결되기도 한다. 각 인물군에게 보여주는 서술자의 태도를 정리하면 다음과 같다.

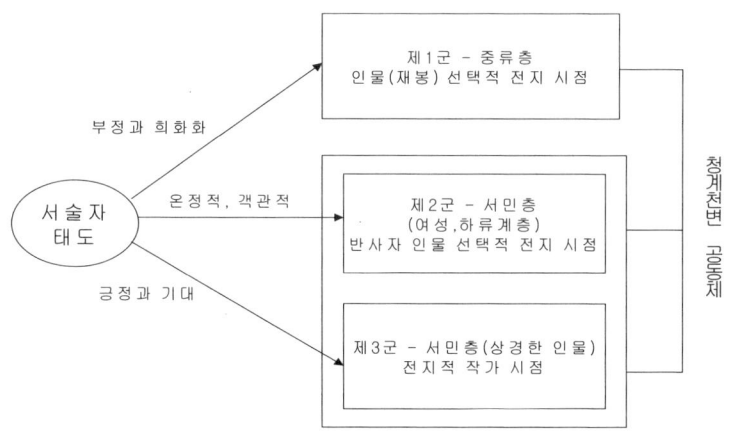

장수익, 「근대적 일상성에 대한 성찰과 극복」, 『문학과 교육』 17호, 문학교육학회, 2001년 가을호, 173쪽 참고.

위 표에서 확인할 수 있듯이, 서술자는 제1군 인물군에게는 부정과 희화화, 제2군 인물군에게는 온정적이고 객관적으로 묘사하고 있으며, 제3군 인물군에게는 긍정과 기대의 모습을 보여주고 있다. 특히 시골에서 상경하여 천변 공동체 속에 포함된 재봉, 창수, 금순 같은 서민층 인물들은 천변 공동체에서 지향한 작가의식을 드러내는 장치이기도 하다. 가평에서 올라 와 한약국집 심부름꾼이 된 창수는 담배 심부름을 하면서 거스름돈 받는 것도 속은 어수룩한 '촌놈'이었지만, 이내 '동아구락부' 게임돌이로 변신하여 '돈'과 '세상'을 아는 영리한 아이로 성장한다. 재봉은 이발사 시험에 합격하여 기술자로 성장할 것은 당연하고, 금순은 어려운 시골 생활에서 벗어나 하나코, 기미코와 새 생활을 꾸려 나가며 행복을 찾고 있다. 작가는 이러한 소년 소녀들의 미래를 근대 경성에 쉽게 적응해 나가는 모습을 제시함으로써 공동체의 '행복'과 '평화'가 어떻게 일상적 삶과 연결되고 있는지 독특한 방식으로 분석해 내고 있다.

반면 이들의 모습을 새 희망으로 본다면 현재의 천변공동체의 삶은 어떠한 양상으로 전개되는지 중류층과 서민층의 인물들을 나열함으로써 파편화된 사건을 연계하고 있다. 천변 공동체 인물들은 근대의 상징인 '돈'과 '제도'의 시각에서 재구되지 않고, 오직 인정과 의리, 온정과 배려가 있는 동네의식의 시각에서 묘사되고 있다. 천변 서민층의 삶의 양상은 전통과 근대의 경계에 서 있는 일상적 삶 속에서 전경화될 뿐이다. 이러한 삶의 양상을 구체화하기 위해 제1군과 제3군의 인물 장치가 활용된다. 제1군의 인물층은 천변공동체의 시각에서는 비판과 희화화의 대상이 된다.

그 신사는, 우선, 몸이 뚱뚱하고, 더욱이 배가 앞으로 쑥 나왔다. 그것에 정비례하여, 그의 얼굴이 크고 또 살찐 것은 물론이지만, 그 큰 얼굴에 또 그대로 정비례하여, 눈, 코, 귀, 입이 모두 크다. …(중략)…

더구나 그가 남의 앞에서 즐겨 꺼내 보는 그 시계는 참말 금시계지만, 역시 참말 십팔금인 것같이 남이 알아주기를, 은근히 바라고 있는 듯싶은 그 시계줄이, 사실은 오금에 지나지 않는다는 것을, 이발소안에서의 풍문으로 들어 알고 있는 소년은, 그의 태도와 걸음걸이가 점잖으면 점잖을수록에, 더욱이 속으로 웃으웠다.(권1, 38-39쪽)

인용문은 포목전 주인의 모습을 재봉의 시각을 빌려 서술하고 있는 부분이다. 외모나 행동 묘사, '풍문'과 연계시킨 허례 등으로 인물을 희화화하고 있다. 이 외에도 '다사(多事)한 민주사'가 겪는 우울(7, 9절)과 '허실'(14절)이 "희화"(31절)로 끝나는 이야기 전개도 희화화의 한 예이다. 또한 이쁜이와 결혼한 이후에도 가정에 충실하지 않는 "부랑 청년" 강석주나 하나코와 결혼했으면서도 전처와 관계도 청산하지 못한 약제사 최진국도 부정의 대상이 되고 있다. 이들 인물들의 공통 특징은 중류층의 살림을 하면서 축첩과 놀음, 애정행각이 복잡하다는 면이다. 이러한 점은 천변공동체가 지향하는 바가 온정과 배려가 넘치는 가족의식임을 보여주고 있다. 이에 반해 서울로 상경하여 새롭게 천변공동체에 편입된 인물에게는 상당한 기대와 희망이 가득한 서술로 전개하고 있다.

(A) '사람의 새끼는 서울로-'라는 말은 어쩌면 진언일지도 모른다. 원래 타고나온 천성이 그렇기도 하였겠지만, 도회의 감화란 실로 무서운 것인 듯싶어, 서울에 올라온 지 반 년이 채 못 되어, 그렇게도 어리고 또 순진했던 열네 살짜리 소년 창수는 이미 이만큼이나 자라고, 또 '영리'하여진 것이다…….(권2, 22쪽)

(B) 그 감격을, 바로 옆에서 있는 금순이도 거의 그대로 느꼈다. 이제까지도 기미코라는 이를 '믿버운 이' '장한 이'라고 알아는 왔지만, 그

것을 오늘처럼 강렬하게, 또 절실하게 느낀 일이 없다. 그는 새삼스러이, 사람과 사람이 서로 주고받을 수 있는 '인정'이라는 것, '사랑'이라는 것, 그것들이 암만이든지 서로서로의 마음을 아름답게, 또 고맙게 하여 줄 수 있는 것임을 깨닫고, 스스로 감동한 나머지에 잠깐 목 너머로 소리 없는 울음을 삼켰다.

그러나 우리 금순이를 좀 더 감동시킬 일이 바로 사층 아래, 거리 위에서 그를 기다리고 있었다.(2권, 82쪽)

인용문 (A)는 시골에서 처음 올라왔을 때와 비교하여 창수의 변한 모습을 서술하고 있는 부분이다. 서술자는 착하고 어수룩했던 창수가 '종로구락부' 게임돌이로 변신하더니 급기야 한약국집 약을 훔쳐 '금의환향' 할 생각까지 하는 부도덕한 모습을 '영리한' 사람이라고 역설적으로 그린다. 이는 도시의 외향적 행태를 드러내는 도구이면서 종국에는 재봉처럼 미래의 희망이 가득한 인물을 부각시키기 위한 도구가 되기도 한다. 이발소 소년 '재봉'은 이 작품에서 등장한 숱한 소년, 소녀 중에서 가장 긍정적으로 그려지면서 그의 시점으로 천변 중류층의 허상을 파악함으로써 천변공동체의 '행복'과 '평화'가 무엇인지 제시하고 있다.

인용문 (B)는 시골에서 빈한한 생활을 하다가 일찍 어린 남편과 결혼한 후, 남편도 죽고 시어머니의 구박에 시달리다가 파락호 금전꾼에게 속임을 당해 서울까지 와서 어려움을 겪다가, 기미코의 도움으로 새 삶을 찾게 된 금순의 모습을 상술하고 있는 부분이다. 금순은 아버지와 동생 순동을 화신상회에서 재회하는 기쁨을 얻는다. 혼인 시련과 상경, 위험과 그 극복, 새 생활의 시작과 행복으로 이어지는 금순의 이야기는 서술자의 태도를 극명하게 보여주고 있는 부분이다. '인정'과 '사랑'이 천변공동체의 삶에서 중요한 행복과 평화의 요소인 점을 역설적으로 보여준 경우이다. 이처럼 시골에서 상경하여 새롭게 천변에 적응하는 나이 어린 등장인물들의 기대와 희망은 천변에서 강화로 이사한 신전집이나 남편 구타에 시달리며 고생만하다가 모교다리로 이사하는 만돌이네의 '종말 없는 비극'을 대비시켜 부각시키고 있다. 결국 천변의 삶의 양상은 도시적 삶의 재현에 초점이 맞춰져 있지 않고, 일상의 행복과 평화를 지향하면서 도시적 생태의 재현에 집중하고 있다.

2. 서사성의 상실과 소문, 엿보기의 관계

『천변풍경』의 서술자는 카메라의 눈으로 일상생활의 단면을 묘사하고 있다. 이때의 생활상은 객관적인 인식의 틀 속에 재해석되어 구성되어 있는 것이 아니라, 구체적인 연결고리 없이 공간화 되어 있을 뿐이다. 시간성이 배제된 서술 담론이기에 서사성(narrativity)[11]이 약화되고 인과적 사건이 없는 것이 특징이다. 이러한 서술 양식은 영화 기법의 수용 문제와 맞닿아 있다.[12] 카메라의 눈은 도시 한복판 천변의 다양한 삶을 포착하고 있다. 작가는 아무 계획 없이 카메라를 옮기는 것은 아니다. 도시적 삶의 복잡다기한 면을 다양한 군상들의 삶에 카메라의 눈을 옮기면서 형상화하고 있다.

---

[11] 서사성은 이야기를 이야기이게 하는 형식적·문맥적 특성을 말한다. 서사성의 정도는 시간성의 제시(예견적으로 시작에서 끝으로, 또는 소급적으로 끝에서 시작으로), 갈등(conflict)의 포함, 구체적인 상황·사건의 구성, 기호와 세계에 의한 유의미화 등에 의해서, 그 이야기가 수용자의 욕구를 어느 정도까지 채우느냐에 달려 있다.
제럴드 프린스(이기우, 김용재 역), 『서사론 사전』, 민지사, 1992, 176-177쪽 참고.
[12] 영화 기법의 수용 문제는 다음 논문에 자세히 논의되었다.
김경수, 「한국 현대 소설의 영화적 기법」, 『외국문학』 24호, 1990.
최혜실, 「『천변풍경』에 나타나는 영화적 시간」, 『한국 모더니즘 소설 연구』, 민지사, 1992.
손화숙, 「영화적 기법의 수용과 작가의식」, 강진호 외, 『박태원 소설 연구』, 깊은샘, 1995.

서사성의 약화 내지는 상실이 있음에도, 이 작품이 독자에게 근대 도시의 한 면을 재현한 것처럼 느낄 수 있는 이유는 끊임없이 독자를 소설의 공간 속으로 끌어들이는 담론 특성 때문이다. 이때의 담론 요소는 소문과 관찰, 엿보기와 엿듣기, 서술자의 독자 유인 담론이 대표적으로 사용된다. 서술자는 두 명의 소문 전달자를 택하고 있다. 하나는 이발소 소년 재봉이요, 또 하나는 빨래터의 점룡이 어머니이다. 전자는 관찰과 동시에 소문의 집합체 역할을 하고 있고, 후자는 소문의 전달을 통해 인물들의 관련성을 높이는 기능을 하고 있다. 또한 인물들의 관계상이 엿보기나 엿듣기 형태를 통해 구체적으로 드러나는 경우도 많다. 여기에 서술자가 사건의 연계성을 유지하기 위해 독자를 소설 공간 속으로 유인하는 담론 형태를 가끔 엮어 나가면서 청계천변의 인물들의 삶의 모습을 분석해내고 있다.

소문과 관찰의 담론 요소는 재봉과 점룡 어머니를 통해 구체적으로 형상화되고 있다. 이러한 기법은 이 작품의 주된 서술기법으로써, 서술자의 사건 연계에 이바지하고 있다. 따라서 독자는 서술자의 설명과 대화 제시, 소문과 관찰의 결과를 조합하면서 인물의 관련성을 따라가게 된다. 이러한 사건 연쇄 중 대표적인 것이 민주사와 그의 첩 안성댁, 안성댁과 밀회에 빠진 전문학교 학생과 관련이 맺는 부분이다. 7절, 9절, 14절, 31절, 39절에서 연계되는 민주사 관련 이야기는 통속적 애정 삼각구도가 희화화되어 그려지고 있는 부분이다. 민주사 첩인 안성댁은 학생과의 정회가 깊은 편이다. 학생과의 관계에 대해 민주사를 속이면서 다른 한편으로 학생은 안성댁을 속인다. 학생도 사실은 여학생과 사랑에 빠져 있으면서 안성댁을 농락하고 있다. 이와 같은 애정 구조 속에서 민주사는 어린 기생과 마작에 빠져 있기도 한다. 이들의 애정 구조는 서술자의 통제 아래 입소문의 전달, 인물의 관찰, 요약과 설명으로써 구체화되고 있다.[13]

엿보기 형식의 담론을 통해 인물을 소개하는 장면은 13절이 대표적이다. 평화까페 여급과 그곳에 놀러 온 손님들을 소개하고 있는 이 절에서는 서술자는 엿보기, 엿듣기를 통한 보고형식으로 광경을 제시한 다음, 인물을 소개하는 형식을 택하고 있다. 엿보기나 엿듣기의 주체는 해당 절에서 등장한 어느 인물을 선택하는 점이 특징이다. 즉, '초점화자의 이동'을 통한 서술이라고 정리될 수 있다. 이러한 사례는 곳곳에서 볼 수 있는 서술 전략이다. 샘터 주인과 칠성 아범과의 대화를 통해 돈벌이의 어려움과 생활고를 전달하고 있는 '샘터문답'(17절), 포목전 주인과 재봉의 대화를 통해 금순이네 소문의 진상을 밝히고 있는 '중산모'(25절) 부분이 대표적 형태이다.

서술자의 강력한 서술 통제는 몇 인물의 시각으로 초점화되어 나타난 인물들의 양상을 구체적으로 형상화하는 기능을 한다. 인물 선택적 전지시점으로 요약될 수 있는 이러한 기본 서술 전략은 이 작품의 전반적 특성을 가늠하고 있는 중요 요소이다. 전지적 작가가 문면에 직접 등장하여 이야기 흐름을 정리하고, 관찰과 소문으로 연계된 사건을 정리하는 방식이 기본 전략(prototype)이다. 여기에 독자를 청계천변 공간에 유인하는 담론을 제시함으로써 현재화된 사건 제시 효과와 플롯의 연계에 기여하게 하고 있다. 독자유인 담론의 대표적 형태는 "우리가 -을 알고 있었듯이", "독자는 --을 기억하고 있을 것이다.", "우리의 민주사는--", "우리의 점룡이도-" 등이다. 이러한 진술 특성은 독자를 소설 공간에 직접 개입시키는 효과를 보고 있다.

---

13 민주사 관련 이야기가 서술되는 절은 상당한 부분을 차지하고 있는 편이다. 여기에서 5개의 절이 민주사와 직접적으로 관련된 이야기가 서술된다. 장편소설에서 간헐적으로 제시되는 절 속에서 사건의 연계가 소문과 관찰의 결과를 통해 나열하기 위해서는, 서술자의 강력한 통제가 반드시 필요한 부분이다. 서술자는 후술한 독자유인 담론을 통해 적정한 통제를 가하고 있다. 또한, 재봉과 점룡이 어머니의 소문 전달이나 관찰에 의한 서술담론 특성은 기존 연구에서 흔히 지적한 사례이기 때문에 구체적인 논의는 하지 않는다. 여기서는 기존 연구에서 소홀히 다루고 있는 부분에 대하여 상술하기로 한다.

이러한 서술 특성은 이 작품 곳곳에서 흔히 보이는 현상이다.

그러나 우리는 언제까지 그들의 이야기(창수와 재봉의 대화-필자 설명)에만 귀를 기울이고 있을 수는 없다. 주독으로 하여 코가 벌겋고, 둥글넓적하니 개기름이 지르르 흐르는 얼굴에, <u>우리는 분명히 기억이 있다. 우리는 시골서 갓 올라와 근화식당을 찾아가는 이 시골사람의 뒤를 잠시 밟기로 하자.</u>(밑줄-필자, 2권, 167쪽)

인용문은 시골에서 올라 온 사람에게 재봉이 근화식당을 찾아가는 길을 안내해 준 다음, 재봉과 창수가 의아하게 생각하며 대화를 한 이후, 서술자가 정리하는 부분이다. 시골 사람은 금순의 시아버지이다.[14] 인용문에서 볼 수 있듯이, 주어를 '우리는'으로 제시하여 독자를 소설 공간 속으로 끌어들이는 서술 전략을 취하고 있다. 그러면서 '기억이 있다', '-밟기로 하자' 등처럼, 사건의 기억을 유도하거나, 앞으로 전개되는 사건에 독자도 함께할 것을 유도하는 진술을 하고 있다. 이러한 서술 전략은 독자유인을 통해 플롯을 구성하고, 소설 공간 속으로 독자도 함께 할 수 있도록 하는 서술 장치이다.

독자를 소설 공간으로 끌어들이는 유인 서술은 불확실성의 문체[15]

---

[14] 금순은 16세에 시집을 갔으나, 어린 남편은 일찍 죽고 시어머니 구박을 견디다 못해 무작정 상경, 금전꾼에 유혹되어 위기를 겪다가 기미코에 의해 구제된 인물이다. 까페 여급인 기미코, 하나코와 더불어 새 살림을 한 금순은 후에 동생과 아버지를 우연히 화신상회에서 만나 행복한 삶을 꾸려나간다. 여기에서 등장한 시골노인은 금순의 시아버지로서 부인마저 잃고 상경하여 친구(근화식당 주인)를 찾아가고 있는 중이다.

[15] 김상태는 박태원 소설 전반의 문체 특성을 분석하면서, "논리적이기보다 비논리적이고, 분명한 진술이기보다 불분명한 진술"이라고 보면서, 그의 진술 양식은 회의적이고 유보적인 특성이 있다고 분석하고 있다. 이러한 문체 특성은 박태원의 문학적 행적(월북 사실, 사회주의 이념 단체 가입과 실제 작품의 괴리)이나 중인 출신으로서의 특성과 유관하다고 파악하고 있다. 필자는 김상태 교수의 분석에 동의한다. 그

를 통하여 구체화되기도 한다. 소설 곳곳에서 등장하는 "-할지도 모른다.", "-할지 모르지 않느냐?" 등의 유보적 진술이나, "-했을 것이다"와 같은 추측 진술 등처럼, 열린 언어 또는 불확실의 문체를 보여줌으로써 오히려 독자를 소설 공간으로 유도하는 효과를 보고 있다. 이러한 문체 특성은 소문과 관찰을 통한 사건의 구성, 단정이나 확신이 없는 진술과 연계되기도 한다.

3. 근대 도시의 세태 반영과 일상적 담론

『천변풍경』은 전통성과 근대성, 반영성과 통속성16의 거리 조정을 통해 천변공동체의 일상적 삶의 모습을 재현하고 있다. 이 작품의

러나, 여기에서 더 나아가 이러한 진술 특성을 독자 유인 담론의 하나라고 파악하는 것이 옳다고 생각한다.
김상태, 「박태원 소설의 문체 연구」, 『현대소설의 언어와 현실』, 국학자료원, 1997, 39-43쪽 논의 참고.
16 여기서 '통속성'이라는 용어는 대중성의 비칭으로 사용한 것이 아니다. 윌리엄스에 의하면, '대중적'이라는 용어는 ① 많은 사람들이 좋아하는, 인기있는 ② 고급문화와 대조되는 ③ 민중들이 스스로를 위해 만든 문화를 기술하기 위해 쓰이는 표현으로서의 의미 ④ 상업적 이윤에 의해 사람들에게 강요되는 대중매체의 의미 등으로 사용되고 있다.(앤소니 이스트호프/임상훈 옮김, 『문학에서 문화연구로』, 현대미학사, 1994, 99-102쪽 참고) 통속성을 대중성의 또다른 용어로 사용했다고 한다면 이는 ①, ②의 의미에 가깝다.
한편, 조남현에 의하면, 통속성은 대중성에 대해 중립에 가까운 인식을 가진 용어라고 한다. 보통 '대중소설'을 외설, 행상, 반문학, 저급 등과 같이 비하시키는 경우가 있는가 하면, 통속성, 오락성, 중간문학 등처럼 중립적 가치를 인정하는 경우가 있다. 어디까지나 독자들도 오락적 가치나 소비적 가치를 추구할 수 있기 때문에 통속성을 띠어도 대중적 인기를 누릴 수 있다. 그러나 통속성이 강할수록 운명주의, 체념적 태도, 해피엔딩, 감상벽, 허위적 제스취 등을 띠기 쉽고, 한 사회의 제반 모습들 은폐하거나 그에 대해 침묵하는 경향이 있어 부정적 측면도 배제할 수 없다.(조남현, 「대중소설의 다면적 성격」, 『조남현 평론 문학선』, 문학사상사, 1997, 165-169쪽 논의 참고)
여기서는 이러한 기존 논의에 입각하되, '일반 독자의 기대나 취향 추수적 경향을 지닌 언술이나 이야기 구조, 작가의식'에 중심을 둔 용어이며, 현실모순의 반영이나 인식을 기피하는 경향을 통틀어 지칭하고 있다.

공간인 천변은 근대를 대변하는 화신상회를 비롯하여 까페, 은행 등이 인근에 포진하고 있으면서도, 인물들의 삶 속에서는 전통을 대변하는 인물들의 온정과 사랑, 가족의식이 강조되기도 한다. 또한 천변 공동체 인물들의 삶을 통해 근대 경성의 모습이 반영되기도 하면서 인물들의 관계나 운명에 있어서는 통속적인 접근을 시도하기도 한다. 모더니즘 정신으로 천변을 분석하였다면, 근대와 반영이 강조되면서 일상적 담론이 부각되어야 마땅하다. 이 장에서는 이 작품의 형상화 수준을 가늠하기 위한 방식으로 이 두 가지 축이 어떠한 긴장관계를 유지하고 있는지 분석하기로 한다.

이 작품의 배경이 되는 천변은 근대화가 진행되고 있는 경성의 모습을 그려내기에 적정한 공간이다. 한약국집을 비롯하여 이발소, 신전집(하숙옥), 평화까페, 샘터가 있고 골목길에 집들이 들어서 있다. 인근 종로네거리에 은행과 화신상회(백화점), 동아구락부(당구장), 우미관(극장), 종로 은방 같은 가게가 있다. 이 정도의 공간은 근대화되는 경성의 현실이 반영되기에 충분하다. 그러나 작가는 이러한 세부 공간을 근대화 현실의 총체성을 드러내는 데 집중하지 않고, 인물들의 삶의 세태와 풍속, 일상성을 추적하는 장소로 활용하고 있다.[17] 그러면서도 부수적 인물들의 생태 파악을 통해 식민지 근대 도시 경성의 모습을 놓치지 않고 있다. 이야기 흐름의 중심 플롯에 서지 않지만, 근대화 되면서 굴절되는 노동자나 서민들의 삶의 양상[18]

---

[17] 그래서 이 작품의 형식적 특성을 '고현학(일상생활이나 세태, 풍속을 면밀히 조사 탐구하여 보여주는 일-필자 주)의 방법론이 적용된 것으로 파악하고 있다. 고현학의 방법론과 「천변풍경」의 관계에 대하여는 김윤식, 「고현학의 방법론」, 『한국문학의 리얼리즘과 모더니즘』, 민음사, 1989. 참고할 것.

[18] 이 작품의 근대도시 경성의 모습을 재현하는 데 초점을 맞추고 논의한 김외곤은 경성이 1930년대 중반에 일본 7대도시의 하나가 됨으로써, 한편으로는 거대 일본 경제의 한 축이 되고 식민지 경제의 중심으로 자리 잡았다고 가정한다. 『천변풍경』은 이러한 근대도시 경성의 모습을 '식민지 근대화 정책과 삶의 토대 변화상'으로 파악하

을 부분적으로 서술하고 있는 점이 주목된다.

대표적인 예로, 민주사와 포목점 주인 매형의 부회 의회선거 출마, 청계천 복개공사 소식이 있다고 걱정하는 샘터 주인, 결혼 예물을 준비하는 하나코와 이쁜이의 양품 쇼핑, 문화적으로는 라디오를 청취하는 것을 즐기는 한약국집 며느리와 시어머니, 귀돌이네 모습이 그려진다거나, 권투나 당구를 즐기는 인물들, 신문과 잡지 읽는 모습을 묘사하는 것 등이 근대체험의 한 양상으로 간헐적으로 제시되고 있다. 이 외에도 농촌을 떠나 도시로 이주하는 소년, 소녀의 모습, 까페나 공장 등으로 여성들이 사회 진출한 모습도 놓치지 않고 있다. 이처럼, 근대 경성의 정치적, 경제적, 문화적 체험 양상이 파편화되어 진술되고 있다.

반면 전통성이 드러나는 부분은 주로 혼인과 연계되는 여성들의 삶의 모습으로 나타나고 있다. 또한 어려운 살림살이 중에서도 서로를 걱정해 주는 배려나 인정, 온정이 살아있는 이웃 간 사랑이 부각되고 있다. 결혼과 연계된 대표적 인물은 이쁜이, 금순, 하나코를 들 수 있다. 이쁜이는 연초회사 직공으로 안정적 생활을 하는 강석주와 결혼한다. 하지만, 강석주는 "이쁜이를 아내로, 식당 계집을 정부로, 그리고 이 신정옥이라는 여자를 애인으로-. 이리하여 누구의 앞에서도 부끄럽지 않게시리 그 생활이 호화스럽다 생각"(2권, 136쪽)하고 있다. 이러한 형편에서 이쁜이 어머니나 이쁜이는 가슴앓이만 한다. 전통적 가부장적 의식의 전이가 이뤄진 부분이다. 금순의 조혼 구습으로 인한 고난상이나 하나코의 시집살이도 그 예에 해당한다.

고 있다. 즉, 농촌 노동자 도시 이주(순동 부자의 사례)와 여성의 사회적 진출 측면, 부회 선거, 경제 상황의 다양화(금전꾼, 도박꾼, 길거리 장사치 등장), 서구문화의 수입(영화, 서양식 모자와 양복, 핸드백, 에나멜 구두, 하모니카, 서양 음악 등) 사례를 제시하고 있다. 도시 근대성 반영에 대한 자세한 논의는 김외곤, 「박태원의 『천변풍경』과 근대 도시 경성」, 『성심어문논집』 26집, 성심여대, 2004.를 참고할 것.

전통과 근대의 경계의 모습을 현실의 반영체로 받아들일 수 있는지, 아니면 세태의 풍속을 재현한 통속성에 무게를 둔 것인지는 상세하게 분석할 필요가 있다. 천변의 삶을 통해 경성의 도시 체험을 일상적 담론으로 형상화 했다고 판단한다면, 인물의 선택이 대표성을 띠어야 한다. 30여 명이 넘는 인물들은 Ⅱ장에서 분석했듯이 제2군 서민층 인물을 중심으로 진행한다. 여기에서 선택된 인물의 행적과 형상은 현실 반영을 위한 적정성에는 미치지 못하고 있으나, 도시 한편의 삶의 모습을 재현하는 데는 부족함이 없는 인물 선택이라고 할 수 있다. 세대, 성별, 지위, 교육 정도 등에서 다양한 면을 보여준 인물이 선택되었다는 점, 근대에 쉽게 적응한 인물과 그렇지 못한 인물을 대비하여 보여주고 있다는 점에서 어느 정도 근대도시 경성의 모습을 반영하는 데 성공하고 있다고 할 수 있다.

하지만 평화까페 여성을 중심으로 한 애정 구도, 중류층 인물들의 축첩과 연계된 희화화된 사건 등은 통속의 범주를 넘지 못하는 경우도 종종 발견된다. 특히 이쁜이와 강석주, 점룡이와 시즈코로 연결되는 애정 구조나 민주사와 첩, 전문학교 학생의 연결 관계, 하나코와 최진국, 취옥과 연계되는 애정 구조의 전개는 매우 통속적이다. 주로 긍정적인 여성의 눈물과 고통의 위무로 서사 방향을 맞추거나 부정적 인물에 대한 웃음을 유발하는 진술에 집중하고 있기 때문이다.

이처럼, 이 작품은 근대성과 전통성, 반영성과 통속성의 거리 조정을 통해 1930년대 경성의 근대체험을 일상적 담론으로 형상화하고 있다. 이러한 일상성[19]은 근대의 한 기제로서 이해되며, 이러한 일상

---

[19] 일상성은 자본주의 사회의 "자기생산방식에 관한 질문 곧 근대성의 기획과 관련된 문제"로 파악한 조영복에 의하면, 생활세계의 일상성은 매우 구체적이며 감각적으로 드러날 수밖에 없다. 일상성이 미시적이거나 유동적인 것, 단편적인 트리비얼리즘으로 기울지 않게 하기 위해서는 총체적인 사회구조와 그에 대한 비판이 바탕에 깔려 있어야 한다.(조영복, 『한국 근대문학의 근대성과 일상성』, 23-24쪽 논의 참고)

담론은 순환과 반복의 서술 전략으로 나타나고 있다. 이러한 의미에서 다음과 같은 지적은 이 작품을 이해하는 데 도움을 준다.

> 사계절의 변화는 되풀이되는 반복의 시간 개념이다. …(중략)…
> 여기서 계절의 순환성은 일상생활이 갖는 반복과 상동구조를 이룬다. 계절의 반복, 순환성과 마찬가지로 등장인물들은 생활, 인생관에 어떤 변모를 보이지 않는다. 모든 인물들이 다시 돌아오는 계절과 병행하여 변함없는 천변의 삶을 영위한다는 느낌으로 소설은 끝난다. …(중략)… 여기서 시간은 개인의 현실 체험에서 변모하는 과정이 아니라 개인의 일상적 반복의 과정, 되돌아옴의 과정으로 드러난다.[20]

시간의 흐름은 순환과 반복의 연속기제이다. 등장인물의 변모는 없으면서 일상생활의 모습만 부각된다. 이러한 가운데 근대 경성의 천변 공동체의 삶의 양상이 펼쳐지고 있다. 이러한 서술 전략 아래, 서술자는 근대성과 전통성, 반영성과 통속성의 거리 조정을 하면서 일상적 담론으로 전경화하고 있다. 이 작품이 모더니즘과 리얼리즘의 경계에 있는 것처럼 보이는 것도 여기에서 비롯된다.[21]

이 논문에서는 이러한 점을 수긍하면서, 『천변풍경』이 '근대생활의 모습' 또는 세태의 반영이라는 의미가 일상적 담론으로 전이되고 있어서, 일상성을 근대의 속성을 파악하는 하나의 기제로 이용될 수 있는 점을 인정하고 논의를 전개하였다.

20 최혜실, 『한국 근대문학의 몇 가지 주제』, 소명출판, 2002, 43-44쪽.

21 이에 대한 자세한 논의는 후일의 과제로 남겨둔다. 이미 정현숙이 지적한 바 있듯이, 박태원 문학의 이중적 성격을 제대로 이해하지 못하면 일반화의 오류를 범하기 쉽다. "박태원 소설에는 반전통적인 실험 기법과 전통적인 장르 인식이, 주관적 보편성(모더니즘적 속성-필자 주)과 객관적 총체성(리얼리즘적 속성-필자 주)이 공존하거나 혼재한다."(정형숙, 「박태원 연구의 현황과 과제」, 강진호 외, 『박태원 소설 연구』, 23쪽) 또한 『천변풍경』에서 볼 수 있듯이, "전통적 악습과 근대적 경박함을 동시에 비판하면서, 전통에 바탕을 둔 근대화라는 모호함을 지향하고 있다."(같은 책, 29쪽) 그러므로, 작가의식의 내면과 외면, 작품의 내용과 형식에서 등가의 가치를 지닌 양면성 내지 이중적 속성이 어떻게 작품에 반영되고 있는지 꼼꼼하게 분석할 필요가 있다.

Ⅳ. 결론

이 논문에서는 박태원의 장편소설『천변풍경』의 담론 특성을 밝히고자 하였다. 이 작품은 1930년대 어느 해 1년간의 천변 모습을 순차적 구성과 서술자의 적절한 통제아래 30명이 넘는 인물을 형상화하고 있다. 인물은 서술자의 태도와 위치에 따라 세 가지로 나뉜다. 제1은 민주사, 포목전 주인으로 대표되는 중류층 인물군, 제2는 점룡이네를 중심으로 한 여성들, 하나코 기미코 같은 여급 등의 하류계층, 제3은 재봉, 창수 등의 상경한 서민층 인물군이다.

이 인물군은 초점화자와 서술자의 교호 작용을 통해 독자에게 전경화된다. 계절의 변환을 통해 사건이 연계되지만, 근대 현실의 총체적 접근을 하지 않고 인물의 일상성과 공동체적 삶의 양상을 드러내는 데 집중하고 있다. 따라서 시간의 변화는 반복과 순환의 의미로 해석된다. 서술자는 제1군 인물군에게는 부정과 희화화, 제2군 인물군에게 온정적, 객관적 태도, 제3군 인물군에게 긍정과 기대를 보여줌으로써, 근대를 살아가는 서민층의 공동체적 삶에 초점을 맞추고 있다. 특히 재봉과 금순의 새 생활에 대한 기대는 천변 공동체의 '평화'와 '행복'의 지향을 알려주는 기제이다. 그러므로 이 작품은 근대 현실의 총체적 접근보다 일상적 도시 생태의 분석에 초점을 맞추고 순환과 반복의 일상적 생활상만 재현하고 있다고 해석할 수 있다.

이 작품은 서사성이 약화되고 공간성을 재현하는 데 집중하고 있는 바, 소문과 관찰, 엿보기 형식을 통해 구체화하고 있다. 여기에 독자 유인을 위한 담론형태를 투입하여 사건의 연계와 공간 재현에 이바지하고 있다. 청계천변 공동체의 도시적 삶의 모습은 일상적 담론 형태로 형상화된다. 이러한 일상성은 근대체험의 한 방식이면서, 세태 반영의 일 방법이기도 하다. 순환과 반복의 구조를 통해 공간성을 확대하는 점도 간과할 수 없는 담론 특성이다.

이 작품에서 전통성과 근대성, 반영성과 통속성의 거리 조정을 통해 천변공동체의 일상적 삶의 모습을 재현하고 있는 점도 간과할 수 없다. 작가가 선택한 공간은 근대화 속에서 변하는 정치, 경제, 문화적 삶의 행태를 간헐적으로 묘사하는 데 적절하고, 인물들도 신분, 나이, 직업 면에서 다양함을 보여주어 근대 경성의 모습을 재현하는 데 대표성을 띠기도 한다. 여기에 전통성과 거리 조정을 하면서 반영과 통속을 넘나들며 도시적 일상성으로 형상화하고 있는 점이 특징이다.

참고문헌

강진호 외, 『박태원 소설 연구』, 깊은샘, 1995.
강형구, 「박태원 소설 연구」, 고려대 박사학위논문, 1991.
공종구, 「박태원 소설의 서사 지평 연구」, 전남대 박사학위논문, 1992.
_____, 「전형 개념을 통해서 본 「천변풍경」의 현실반영 수준」, 『한국 현대소설론』, 국학자료원, 1994.
김봉진, 「박태원 소설 연구」, 한양대 박사학위논문, 1992.
김상태, 「박태원 소설의 문체」, 『현대소설의 언어와 현실』, 국학자료원, 1997.
김외곤, 「박태원의 〈천변풍경〉과 근대 도시 경성」, 『성심어문논집』 26집, 성심어문학회, 2004.
김용재·이기우 역, 『서사론 사전』, 민지사, 1991.
_____, 『한국소설의 서사론적 탐구』, 평민사, 1993.
김윤식, 「박태원론-모더니즘과 리얼리즘의 관련 양상」, 『한국 현대현실주의 소설 연구』, 문학과지성사, 1990.
나병철, 「박태원의 모더니즘적 소설 연구」, 『연세어문학』 21집, 1988.
문흥술, 「의사(擬似) 탈근대성과 동경 지향성: 박태원 소설」, 『한국 모더니즘 소설』, 청동거울, 2003.
박영순, 「1930년대 세태소설 연구」, 이화여대 박사학위논문, 1992.
손화숙, 「영화적 기법의 수용과 작가 의식」, 강진호 외, 『박태원 소설 연구』, 1995.
오경복, 「박태원의 서술기법 연구」, 이화여대 박사학위논문, 1993.
우한용, 「박태원 소설의 담론 구조와 기법」, 『표현』 제18호, 1990.
윤정헌, 『박태원 소설 연구』, 형설출판사, 1994.
이재선, 『한국현대소설사』, 홍성사, 1980.
_____, 「1930년대 도시소설 연구」, 『문학사상』, 1988.8.
이주형, 「1930년대 한국장편소설연구」, 서울대 박사학위논문, 1983.

장수익, 「박태원 소설의 발전 과정과 그 의미」, 『한국 근대소설사의 탐색』. 월인, 1999.

_____, 「근대적 일상성에 대한 성찰과 극복」, 『문학과 교육』 17집, 2001년 가을호.

정덕준, 「박태원 소설에서의 도시적 삶」, 서종택·정덕준 편, 『한국현대소설 연구』, 새문사, 1990.

정현숙, 『박태원 문학 연구』, 국학자료원, 1993.

조영복, 『한국모더니즘 문학의 근대성과 일상성』, 다운샘, 1997.

최혜실, 「모더니즘 소설에 나타나는 공간성-박태원의 「천변풍경」」, 구인환 외, 『한국현대장편소설연구』, 삼지원, 1990.

_____, 『한국 근대문학의 몇 가지 주제』, 소명출판, 2002.

한수영, 「『천변풍경』의 희극적 양식과 근대성」, 강진호 외, 『박태원 소설 연구』, 1995.

Martin, Wallace, *Recent Theories of Narrative*, Ithaca: Cornell Univ. Press, 1986.

Prince, Gerald, *Narratology: The Form and Functioning of Narrative*, Berlin: Mouton, 1982. 최상규 역, 『서사학-서사물의 형식과 기능』, 문학과지성사, 1988.

Rimmon-Kenan, Shlomith, *Narrative Fiction: Contemporary Poetics*, London: Methuen, 1983. 최상규 역, 『소설의 시학』, 문학과지성사, 1985.

Stanzel, F. K., *A Theory of Narrative*, Trans. Charlotte Goedsche. Cambridge: Cambridge Univ. Press, 1984. 김정신 역, 『소설의 이론』, 문학과비평사, 1990.

통속성과 반영성의 거리 조정과 그 한계
– 채만식의 『탁류』

I. 서론

『탁류』는 1937년 10월부터 1938년 5월까지 『조선일보』에 연재된 신문연재 장편소설로써, 식민지 조선의 도시 하층민들의 삶의 모습과 주인공 초봉의 기구한 일생을 이야기의 중심축으로 삼고 있는 작품이다. 이 소설은 제목에서 상징하고 있듯이 "식민지 시대의 사회적 경제적 및 심리적인 무질서의 격류 속에 휩쓸린"[1] 탁류 같은 탐욕과 죄악이 몰고 온 삶의 퇴락상을 보여주고 있다.

흔히 『탁류』를 채만식 소설의 대표작으로 꼽고, "희망없이 살아가는 도시 하층민의 삶을 식민지 시대라는 역사적・사회적 현실의 총체적 맥락 속에서 파악한"[2] 작품이라고 극찬한다. "현재와 미래를 상실한 군상들이 경험하는 진흙 바다을 표출하면서 온갖 탁류적인 상황을 묘사하여 고도의 리얼리즘을 획득한 작품"[3]이요, "식민지화에

---

[1] 이재선, 『한국현대소설사』, 홍성사, 1979, 326쪽.
[2] 장성수, 「진보에의 신념과 미래의 전망」, 김용성・우한용 공편, 『한국근대작가연구』, 삼지원, 1992, 246쪽.
[3] 정한숙, 「붕괴와 생성의 미학」, 『한국현대작가론』, 고려대학교출판부, 1976, 148쪽.

따르는 경제적 몰락과 정신적으로까지 식민지화해 가는 당대의 상황"4을 포착하여 '역사적인 탁류의 인식'을 보여준 작품5이라는 평가가 그 대표적인 예이다. 반면에 세태소설론,6 통속성과 대중문학적 성격,7 '예술적 파탄',8 "총체적 현실성의 획득에는 부족한 면"9이 있다는 사실이 만만치 않게 지적되기도 하였다.

이렇게 고도의 형상성을 획득한 작품이라는 사실과 통속적인 면이 강한 작품이라는 극단적인 반대 시각이 공존하고 있는 점은, 『탁류』에 대한 독서법을 다시 찾아야 한다는 것을 암시하는 것이기도 하다. 그래서 최근에 이러한 점이 반성적으로 작용하여 새로운 안목으로 『탁류』에 대한 독해의 폭을 넓혀 작품의 가치를 고양하는 시도가 있기도 하였다. 통속적인 구조라고 여겨지는 "격정극적 구조"를 작가의 전략적 가치로 인정하고, 그런 장치가 작동하는 사회적 이념을 규명하는 데 초점을 맞춰 작품 해석의 폭을 넓힌 경우10라든지,

---

4 이래수, 『채만식 소설 연구』, 이우출판사, 1986, 117쪽.
5 홍이섭, 「채만식의 「탁류」-근대사의 한 과제로서의 식민지의 궁핍화」, 『창작과 비평』, 1973년 봄호.
6 임화, 「세태소설론」, 『문학의 논리』, 학예사, 1940.
7 대표적인 논의로 구인환은 "식민지하에서 몰락되어 가는 사회적 배경이 가지는 역사적 현실의 수용을 제외하면, 「탁류」는 대중소설의 영역을 넘지 못한다"고 지적하면서, "우연성이 많은 작품구조나 생활의 의지가 결여된 초봉의 전전한 생활"이나 "애정 편력의 희생자로서 유전하는 것은 작가의 주제의식의 퇴화와 대중의 오락성에 굴복"한 것이라고 혹평을 하였다.(구인환, 『한국근대소설연구』, 삼영사, 1977, 276쪽 참고)
이후 많은 논자들에 의해 통속성이 지적되었는데, 김윤식은 「탁류」가 통속소설로 전락한 이유는, "작가가 역사의 방향성을 몰각했거나 혹은 불투명한 상태에 놓여있음에 연유한다"고 전제하고, "초봉의 자수 결심 과정" 뿐만 아니라, "장형보같은 인물의 극악 취미는 초봉의 속물근성과 함께 통속적 흥미에 봉사할 따름"이며, "이와 대비시킨 계봉, 승재 쪽은 형보 같은 인물의 극악 취미로 말미암아 오히려 골계적인 흥미거리로 전락"되었다고 지적하였다.(김윤식, 「채만식의 문학세계」, 『채만식』, 문학과지성사, 1984, 72-77쪽 논의 참고)
8 한지현, 「리얼리즘 관점에서 본 『탁류』 연구」, 연세대 박사학위논문, 1987.
9 나병철, 「1930년대 후반기 도시소설 연구」, 연세대 박사학위논문, 1989, 156-157쪽.

주인공 초봉의 비개성성, 상투성에서 보이는 통속적 성격을 지적하면서도, 초봉과 주위 인물과의 관계 구조에서 근대의 반영적 성격을 읽어내는 논의[11]라든지, "시대적 희생제의"로서 작품을 읽음으로서 작품으로서의 '표현텍스트'와 작품이 탄생하게 된 사회 역사적 환경으로서의 '발생텍스트' 사이의 상호 작용에 주목한 경우[12]가 대표적이다.

그러나 이 같은 선행연구에도 불구하고 『탁류』의 소설적 성공 여부나 서술 특성 등은, 하나의 작품을 두고 극단적인 대립을 보이는 평가가 공존하는 것 이상으로, 여전히 논의의 여지를 남겨두고 있다. 진정 『탁류』는 식민지 조선 사회의 모습을 총체적으로 반영하고 있는가, 아니면 통속적인 수준에서 머물고 말았는가. 정초봉의 운명과 비극적 결말은 사회의 타락한 면을 반영한 것인지, 아니면 통속적인 세태소설의 단초를 제공한 것인가. 통속적인 구조는 작가의 의도적인 전략이거나 "시대의 희생제의"로 읽어내야 하는 고도의 형식인지는 이야기 구성 원리와 서술 분석을 통해 구체화해야 할 필요가 있다.

『탁류』의 이야기 구성 원리나 서술 특성은 단순히 정리되지 않는다. 한 편의 소설은 작가가 만드는 '서술된 이야기'와 독자가 만드는 '보충적 이야기'가 결합되어 하나의 작품으로 완성된다고 하였거니와,[13] 서술 층위가 복잡한 장편 소설에서는 그만큼 이야기의 핵심 구조를 가늠하기 어려운 점이 있다. 그럼에도 불구하고 소설 작품은 하나의 텍스트요, 서사물임에 틀림없다. 그러므로 서술자와 등장인

---

10 황국명,「채만식 소설의 현실주의적 전략 연구」, 부산대 박사학위논문, 1990.
11 최혜실,「통속성의 세 요소: 염상섭과 채만식의 경우」,『한국현대소설의 이론』, 국학자료원, 1994.
12 우한용,「시대의 희생제의를 읽어내는 방법」,『국어국문학』 119집, 국어국문학회, 1997.5.
13 F. K. Stanzel(김정신 옮김),『소설의 이론』, 문학과비평사, 1990, 227-230쪽 참고. 김천혜,『소설구조의 이론』, 문학과지성사, 1990, 28쪽.

물 사이의 관계, 서술자와 플롯 사이의 거리를 감지하면서 읽어보면 소설적 형상화 수준을 가늠할 수 있다.

물론 장편소설의 이야기 구조는 어느 한 관점의 독서법만 허용할 수 없는 다양한 서술 층위가 존재한다. 독자가 채워 가는 보충적 이야기는 '탁류의 시대'라는 사회·역사적 맥락과 닿을 수도 있고, 현재화된 심리 상태일 수도 있다. 그러나 분명한 것은, 소설은 서술자가 이끌어가는 언어 세계에 의해 형상화된 텍스트라는 사실이다. 이러한 것을 전제하지 않고 지나치게 소설텍스트의 발생 배경에 무게 중심을 두거나, 작가의 해설에 눌려 해석 평가하는 것은 소설 독서에 있어 의미 폭을 넓히는 긍정적인 면이 존재하면서 한편으로는 작가 의도에 따라가려는 부정적인 면도 존재한다.

따라서『탁류』가 식민지 사회의 현실을 총체적으로 반영하고 있는지 아니면 통속적인 수준에서 머물고 말았는지 밝히려면, 현상적인 텍스트의 자세히 읽기(close reading)로부터 출발해야 한다. 그래서 이 논문에서는 이야기 구성 원리와 서술 특성을 구조화함으로써, 이 소설의 중요 서술 관점인 〈반영성〉과 〈통속성〉의 거리 조정이 어떤 방식으로 작품의 형상화에 기여하고 있는지 구명하고자 한다.

Ⅱ. 이야기 구조와 통속/ 반영의 관계

총 19장 469쪽에 달하는『탁류』[14]는 그 제재부터 통속적인 성격에서 출발하고 있다. 도시 하층민의 삶을 통하여 식민지 자본주의 사회의 현실을 반영하고 있는 측면과 초봉의 기구한 운명을 중심한 통

---

14 이 논문에서 선택한 텍스트는 〈채만식,『채만식전집』2권 탁류, 창작사, 1987〉이다. 앞으로 작품『탁류』의 인용은 이에 준하며 쪽수만 표시한다.

속적인 측면으로 나누어 볼 때, 후자의 측면이 플롯을 이끌어가는 중심에 놓여 있다. 그러므로 이 소설은 청순가련형 여인이 탁류에 휩쓸려 비극적 삶을 맞는 구도가 중심 제재로 채택되어 있다고 봐야 할 것이다. 그런데, 초봉의 인생유전(人生流轉)이 사회 타락상의 반영체인지의 여부, '탁류'같은 현실을 세속적인 안목으로 총체성을 획득하려 했다는 작가의 말이 실현되었는지의 여부 등은 중심테제인 통속적인 성격과 사회현실의 반영의 성격이 어떠한 서술 방식으로 조정되고 있는지 살펴보아야 한다.

그러므로 이 장에서는 『탁류』의 이야기 구조와 통속성/ 반영성의 의미가 어떻게 연관되는지 고찰하기로 한다. 성격과 환경의 상호 연관 속에서 소설의 리얼리즘적 성격을 규명할 수 있다고 한다면, 먼저 이야기의 구성 원리와 작가의 서술 태도 사이의 긴장 관계가 어떻게 형성되고 있는지 밝혀야 한다. 또한 작가의 이야기 구성에 있어 서술 통제 방향의 두 측면은 〈통속성〉과 〈반영성〉으로 요약될 수 있는바, 이 두 축이 작가의 이야기 구성 원리와 어떤 방식으로 연관되는지 밝혀보도록 한다.

1. 이야기 구성 원리

『탁류』의 이야기 구성에 있어서, 중요 인자는 세 가지로 요약된다. 제1군은 남승재와 정계봉 중심의 긍정지향적 삶의 양상, 제2군은 정초봉의 비극적 삶의 여정, 제3군은 정주사, 고태수, 박제호, 장형보 중심의 부정적 욕망과 타락한 삶의 세계로 구성되어 있다. 여기에서 이야기 진행의 중심적 역할을 맡고 있는 것은 정초봉의 인생 유전을 중심한 두 번째 항목이다. 사실 이 작품의 플롯에서 정초봉을 빼면 남는 이야기가 별반 없고 여러 인물들의 관계가 형성되지도 않는 현상을 보이는 것이 특징이다. 다시 말하면 1장에서 9장까지는 초봉의 결혼에 연관된 세속적인 인물들의 정황이 중심 이야기로 진행되고, 10장에서 19장 결말까지는 초봉의 결혼과 고태수의 죽음, '대피선'으로서의 상경과 제호와의 살림, '모듬쇠 자식' 송희의 출산, 형보의 등장으로 초봉의 가정에 일대 '태풍'이 일고, 급기야는 '내보살 외야차'가 된 초봉의 살인으로 구조화되고 있다.

이 소설 전체의 장의 제목과 각 장에서 등장하는 인물, 서술 분량을 분석하면 이러한 특징은 확연히 드러난다. 이를 정리하면 다음과 같다.

장별 제목	등장인물(주인물//부인물)	서술 분량(쪽수): 총 462쪽
1. '인간기념물'	정주사//한참봉 부부	20
2. 생활 제일과	박제호, 정초봉//태수 윤희(제호의 처)	24
3. 신판 『흥보전』	정주사와 그 가족(초봉, 계봉), 남승재	21
4. '……생애는 방안지라'	고태수, 장형보//행화, 김씨(한참봉 처)	25
5. 아씨 행장기	김씨, 태수//한참봉, 초봉	15
6. 조그마한 사업	남승재//초봉, 계봉, 정주사, 명님, 먹곰보	17
7. 천량만량	초봉과 정주사 가족//태수, 형보, 한참봉 내외	30
8. 외나무 다리에서	승재, 태수, 계봉	30
9. 행화의 변	태수, 초봉, 형보, 행화, 계봉	11
10. 태풍	태수, 초봉, 형보, 한참봉과 그의 처//정주사	47
11. 대피선	초봉, 유씨(정주사의 처)	5
12. 만만한 자의 성명은……	초봉과 박제호	27
13. 흘렸던 씨앗	초봉과 제호, 송희(초봉의 딸)	28
14. 슬픈 곡예사	장형보와 초봉, 제호, 송희	40
15. 식욕의 방법론	정주사와 그의 가족, 승재, 계봉//주인여자(명님)	40
16. 탄력있는 아침	계봉, 초봉과 형보, 승재	26
17. 노동 '훈련일기'	계봉과 승재	33
18. 내보살 야외차	초봉과 형보	18
19. 서곡	초봉과 계봉, 승재	7

위에서 볼 수 있는 것처럼, 「탁류」는 초봉 중심의 이야기라는 것을 알 수 있다. 19개의 장 중에서 4개의 장(1, 4, 8, 12장)만 제외하고 초봉은 문면에 직접 등장하고 있다. 위 표에서 등장인물은 서술 분

량 면에서 많은 부분을 차지한 인물 순서대로 정리한 것인 바, 초봉을 빼고 작품을 논의하면 부분을 전체 구조에 확산하는 우를 범하기 쉽다. 또, 초봉이 직접 등장하지 않은 4개 장마저 간접적으로 초봉이 서술에 참여하고 있어 이 소설은 〈초봉의 일생〉이라고 바꿔 말할 수 있을 정도이다. 따라서 청초하고 해맑은 여인이 부정적인 욕망의 세계에 휩쓸려 살인까지 저지르고 말았다는 '비극적인 수난사'가 이 소설의 중심 구조이거니와, 이러한 구조는 매우 통속적이고 '격정극적 구조'15라는 데 이의를 달 수 없다.

그러나 이 작품은 여인의 수난사로 단순화할 수 없는 구성 인자가 초봉의 수난과 팽팽한 긴장관계를 형성하고 있다는 점을 간과할 수 없다. 즉, 이 작품은 독자에게 한 가련한 여인에 대한 막연한 연민만을 불러일으키지 않는다. 이야기 구성의 주요 인자로 제1군과 제3군이 강력하게 제2군에 작용하고 있기 때문이다. 세 이야기군을 구조화하면 다음과 같다.

제1군:승재, 계봉의 긍정지향적 삶   ⇒ 작가의 이야기 통제 방향성

ⓐ 제1군 이야기와 정초봉과의 연계성
ⓑ 역사의식의 반영 측면
제2군:정초봉의 비극적 삶의 과정   ⓟ 욕망의 양태와 통속성 경향의 측면
ⓠ 사회 현실과 세태 반영의 측면

제3군:정주사, 태수, 제호, 형보 등의 부정적 욕망

위 표에서 볼 수 있는 것처럼, 「탁류」의 이야기 구조는 승재, 계봉 중심의 긍정지향적 삶의 양상과 정주사 등의 부정적 욕망의 세계가 초봉의 비극적 삶의 여정을 중심축으로 하여 연결되면서, 욕망의 불

---

15 황국명의 앞의 논문에서 사용한 용어임.

협화음의 세계를 보여주고 있다. 이 세 이야기 틀은 작가의 이야기 통제에 따라, 이야기 세계가 형성되고 있는데, 작가가 이야기 통제 방향을 ⓐ에 두면, 승재-계봉과 초봉의 관계와 그와 연관된 사건이 주 서술대상이 되고, ⓟ쪽으로 향하면, 초봉과 부정적 인물간의 관계와 성욕, 물욕 등의 부정적 욕망의 세계가 주 서술대상으로 떠오른다. 반면, 작가의 이야기 통제 방향성이 ⓑ쪽으로 가면 당시 시대 현실에서 필요한 긍정적 의식이 부각되고, ⓠ쪽으로 기울면 사회 현실과 세태 반영의 측면이 강화되는 경향이 있다.

그러므로 ⓐ ⓟ 쪽은 제2군 이야기 구조화에 연관된, 인물과 사건의 연쇄에 초점이 맞춰져 있으며, ⓑ ⓠ 쪽은 현실 반영적 측면이 강화되어, 제2군 이야기와 함께 "물화(物貨)와 돈과 사람과, 이 세 가지가 한데 뭉쳐"(344쪽) 엉켜 가는 시대 상황과 현실이 간접적으로 그려지고 있는 셈이다. 이야기의 핵심은 초봉의 운명과 비극적 삶의 구조에 놓여 있으므로, 결국 작가의 이야기 통제가 ⓐ ⓟ 쪽으로 모이면 통속성[16]이 근간이 되고, ⓑ ⓠ 쪽에 가면 반영성이 부각되는

---

[16] 여기서 '통속성'이라는 용어는 대중성의 비칭으로 사용한 것이 아니다. 윌리엄스에 의하면, '대중적'이라는 용어는 ① 많은 사람들이 좋아하는, 인기있는 ② 고급문화와 대조되는 ③ 민중들이 스스로를 위해 만든 문화를 기술하기 위해 쓰이는 표현으로서의 의미 ④ 상업적 이윤에 의해 사람들에게 강요되는 대중매체의 의미 등으로 사용되고 있다.(앤소니 이스트호프/임상훈 옮김, 『문학에서 문화연구로』, 현대미학사, 1994, 99-102쪽 참고) 통속성을 대중성의 또다른 용어로 사용했다고 한다면 이는 ①, ②의 의미에 가깝다.
한편, 조남현에 의하면, 통속성은 대중성에 대해 중립에 가까운 인식을 가진 용어라고 한다. 보통 '대중소설'을 외설, 행상, 반문학, 저급 등과 같이 비하시키는 경우가 있는가 하면, 통속성, 오락성, 중간문학 등처럼 중립적 가치를 인정하는 경우가 있다. 어디까지나 독자들도 오락적 가치나 소비적 가치를 추구할 수 있기 때문에 통속성을 띠어도 대중적 인기를 누릴 수 있다. 그러나 통속성이 강할수록 운명주의, 체념적 태도, 해피 엔딩, 감상벽, 허위적 제스춰 등을 띠기 쉽고, 한 사회의 제반 모습들 은폐하거나 그에 대해 침묵하는 경향이 있어 부정적 측면도 배제할 수 없다.(조남현, 「대중소설의 다면적 성격」, 『조남현 평론 문학선』, 문학사상사, 1997, 165-169쪽 논의 참고)
여기서는 이러한 기존 논의에 입각하되, '일반 독자의 기대나 취향 추수적 경향을

것이다. 이렇게 이야기 구조와 서술 통제의 방향성을 정리하면, 통속성과 반영성의 거리 조정이 이 작품의 서술 전략에서 주요한 구도가 된다는 것을 알 수 있다. 여기에는 ⓐ, ⓟ / ⓑ, ⓠ 서술의 긴장 관계와 제2군 이야기 요소 사이, 초봉의 성격과 현실 사이의 관계의 끈이 어떻게 연결되느냐에 따라 소설의 형상화 정도를 가늠할 수 있게 된다.

2. 통속성과 반영성의 의미와 서술의 관계

『탁류』의 이야기 구조는 통속성과 반영성을 서술자가 어떤 형식으로 조정하느냐에 따라 중심 서술 대상이 달라지는 것을 알 수 있다. 독자는 작가의 이야기 통제 방향성에 따라 당시 사회의 도시 하층민들의 삶의 모습을 그려보기도 하고, 모순된 사회 현실을 어떻게 극복해 가느냐는 올바른 역사의식도 느낄 수 있다. 그런 반면에 청순 가련형의 초봉의 운명이 어떻게 전개될 지 관심을 기울이기도 한다. 이처럼, 작가가 직조하는 언어 세계는 통속성과 반영성을 씨줄과 날줄로 하여 진행되고 있다고 볼 수 있다.

앞에서 정리하였듯이, 이 소설은 초봉의 운명과 관련된 제2군의 이야기 틀이 이 소설의 중심 테제로 자리하고 있어 통속적 경향을 띨 가능성을 지니고 있다. 이 소설의 핵심인 초봉은 '비개성적이고 상투적인 인물'[17]로 설정되어 있기 때문이다. 부정적 욕망의 소용돌이 속에서 초봉만이 갖는 독특한 반응 양식이 있는 것이 아니라 독자반응에 추수적인 양식을 보임으로써 통속성을 면치 못하는 서사 구조를 지니고 있다. 즉, 한없이 착하기만 한 청순가련한 인물이 타

지닌 언술이나 이야기 구조, 작가의식'에 중심을 둔 용어이며, 현실 모순의 반영이나 세계 인식을 기피하는 경향을 통틀어 지칭하고 있다.
17 최혜실, 앞의 논문, 172-179쪽 논의 참고.

락한 삶의 희생양으로 전락케 하여 애련의 정도를 강화시키고, 종국에는 악의 화신인 형보를 죽음으로 처리하는 서사 구조는 악에 의한 선의 피해, 추방되어야 할 악의 배척이라는 일반적 서사 구조의 변형 형태라고 볼 수 있다.

초봉의 운명은 태수와의 결혼에서부터 비극적으로 치닫기 시작한다. 이것은 무능한 부친 정주사의 물욕과 태수의 허황된 탐욕에서 비롯되었다. 형보의 계획된 음모로 싸전집 가게 주인 한참봉으로부터 김씨와 태수는 죽음에 이르게 되고, 졸지에 과부가 된 초봉은 형보의 겁탈로 몸을 버린 후 어찌할 줄 모르다가 '막연한 생각으로' 무작정 상경하게 된다. 상경 도중 이리역에서 약국 점원 시절 주인이었던 박제호를 우연히 만나는 데서부터 서울 생활이 시작된다. 제호의 '생활의 설계'에 몸을 맡겨 제호 첩이 된 초봉은, '모듬쇠 자식' 송희를 낳게 되고 그럭저럭 생활을 꾸려 나간다. 그러나 이러한 생활도 잠시였고, 인간 '독초' 형보의 등장으로 제호는 물러나고 형보와 '끔직한' 생활을 꾸려 나간다. '밤의 수캐'이면서, "인정머리 없는 녀석", "수언 도척이 같은 녀석"(397쪽)과 함께 딸 때문에 어쩔 수 없이 살다가 결국 형보를 잔인하게 죽이고 만다. 이러한 이야기 진행은 통속적인 구조에 다름 아니다. 착하고 예쁜 여인이 악인들의 욕망의 구덩이에서 헤어나지 못하고 비극적인 여인이 된다는 구조는 이미 대중적인 보편성을 띠고 있는 것이기 때문이다.

그러나 제1군 승재와 계봉의 존재는 이 소설을 통속적인 수준에서 머물지 않도록 하는 견제 방안이다. 야학과 무료 진료 등의 '조그마한 사업'으로 도시 빈민층의 생활 구제에 앞장서는 승재의 모습이나, 언니 초봉의 결혼과 관련하여 부친 정주사의 행동이나 모친 유씨에 대한 비판적 시각을 가지면서 건강한 삶을 꾸려나가고자 하는 초봉의 모습은 가히 당대 상황에서 어떻게 살아야 하는가를 보여주는 긍정 지향적 역사의식의 산물일 수 있다.

또한 제 3군의 부정적 인물의 경우, 그 정황과 행실, 사건의 연쇄에서 당대 현실 상황을 사실적으로 보여주는 면이 강하게 부각되기도 한다. 미두장에서 '돈'을 매개로 하여 세속적으로 형성되는 인물의 관계 설정이나 개복동을 중심 무대로 하여 그려지는 도시 빈민층의 모습, 태수 형보 제호와 같은 세속적으로 타락한 인물들의 모습 등은 1930년대를 사는 민중들의 삶의 디테일을 정확하게 포착하여 실감나게 그려주고 있다. 특히 정주사 중심의 서술 양태는 가히 채만식다운 문체를 통하여 당대 현실을 정확하게 포착한 것으로 평가할 수 있다.[18]

그러나 소설 전개에서 중요한 점은 제1군과 제3군이 초봉의 비극적 운명과 어떻게 긴장 관계를 유지하면서 스토리가 진행되는가 하는 점이다. 진정 초봉을 중심으로 한 통속적인 담론이 "당시 사회에 대한 알레고리"[19]로서 기능을 하기 위해서는 첫째, 태수, 형보, 제호 등의 부정적 인물의 타락한 욕망의 세계가 타락한 사회의 반영체로서 구체화된 것이어야 하고 둘째, 초봉의 불행이 그녀의 성격 탓이 아니라 당시 상황과 현실의 문제에 밀접하게 연관되어야 하며 셋째, 승재 계봉의 긍정지향이 사이비 전망으로 전락되지 않게 하기 위해서는 초봉의 운명과 긴밀한 연관 속에서 진행되어야 한다. 이럴 때만이 "〈명일〉의 방향을 좀 더 넓고 세속적인 세계에서 발전시켜 보자던"[20] 작가의 의욕이 제대로 성취될 수 있으리라 판단된다. 그래야만 이 소설의 핵심 이야기 틀 세 요소가 상호 긴밀성을 유지할 수

---

[18] 이에 대한 평가는 논자들 사이에 이견이 없는 듯하다. 당대의 현실을 미두취인소를 배경으로 삼아 '돈'을 매개로하여 움직이는 군상을 정주사(=정영배)를 중심으로 리얼하게 포착한 것은 이 작품이 긍정적으로 평가되는 핵심기제로 작용한다. 「탁류」의 줄거리나 도시하층민들의 삶의 디테일을 포착한 점 등 총괄적인 이해는 우한용의 앞의 논문(1997)에서 자세히 논의되었다.
[19] 우한용, 앞의 책, 169쪽.
[20] 채만식, 「자작안내」, 『채만식 전집』 9집, 519쪽.

있고, 초봉의 인생유전이라는 통속적인 제재가 세속적인 안목에서 현실 반영의 성격을 띨 수 있는 중요 기제로 작용할 수 있기 때문이다.

이 같은 전제에서 볼 때, 이 작품은 소설적 형상화 정도가 작가의 의욕만큼 성공하지 못한 것 같다. 먼저 태수, 형보, 제호가 타락한 사회의 반영체 혹은 사회의 "본질적 모순의 반영으로 나타나지는 않는다".[21] 이들 부정적 인물들은 당대의 현실 세태를 여실히 보여주는데 기능을 하고 있지만, 이들의 타락상의 원인은 환경이나 사회에 기반을 두고 있다기보다 개인의 생활 태도 또는 성격이 더욱 부각된다.[22] 다시 말하면 정주사의 경우처럼 '돈'의 흐름 속에서 어쩔 수 없이 근대에 적응하는 인물의 부정적 욕망으로 전이되는 양상이 부각되는 것이 아니라, 성격의 비뚤어짐, 행태의 비성실성, 외양의 혐오스러움, 성욕의 세계에 침잠하는 본능적 태도가 강조되고 있다.

둘째, 초봉의 불행이 당시 상황과 현실의 문제에 밀접하게 연관되어 있는지 여부이다. 말을 바꾸면, 초봉의 불행이 세정(世情)의 비속함 때문인지, 아니면 초봉의 성격 탓인지, 라는 거리 조정 문제이다.

---

[21] 나병철, 앞의 논문, 165쪽. 여기에 대해서는 이 논문을 참고하기 바라며 여기서는 이 논문에서 지적하지 않은 것을 중심으로 논의하기로 한다.

[22] 태수, 제호, 형보는 그들의 생활이 소개될 때는 '돈'이 중요 매개물로 등장하면서 사회에 대한 비판의식 없이 세속적으로 살아가는 모습으로 소개되지만, 초봉의 관계에서는 그들의 생활 태도나 성격이 더욱 부각되는 것을 볼 수 있다. 은행원 고태수의 경우, 소절수 위조범에 난봉꾼임에도 "죽어버리면 그만이지"라는 화법에서 잘 드러나듯이 삶의 의욕을 잃고 산다. 그럼에도 "어떻게 해서든지 초봉이와 결혼이나 해서 …(중략)… 재미를 보기가 마지막 소원"(85-86쪽)인 인물로 서술되어 성욕이 강조된다. 약사 박제호도 이리역에서 초봉을 만났을 때, "시집 잘못 갔다가 홧김에 서울로 바람잡일 나선 계집, 공문서짜리 땅 같은 것"(254쪽)으로 생각한다. 또한 서울 생활 중 서술자의 '간색만 좋았지 애무의 취미에 있어서 사십 된 중년 남자의 무르익은 흥취를 만족시켜 주기에는 쓸모가 없는 계집'(296쪽), '우리 괭이'가 '성가신 석고상'(301쪽)으로 변해버렸다는 설명은 그의 성욕이나 성격의 불구성을 강조한 서술이다. 하바꾼 장형보는 곱추라는 외양의 혐오스러움과 비뚤어진 성격의 협잡군, 과도한 성욕이 강조된다.

이 소설의 핵심 구조인 초봉의 불행이 통속적인 구조에서 벗어날 수 있으려면 세정의 비속함이 더욱 강조되어야 한다. 그런데 초봉의 비극적 운명은 세정보다는 그녀의 성격이 강조되는 경향이 있다. 즉, 착하고 여린 청순가련한 여인만 강조하다보니 타락한 세상의 희생양으로서의 위치가 반감되는 경향이 있다. 짝사랑하던 승재를 두고 태수와 결혼을 하고, 태수가 피살당한 뒤 제호의 첩이 되었다가, 형보의 등장으로 제호가 '주체스럽던 수하물'을 물려주는 일련의 과정에서 초봉은 초봉다운 특이한 반응양식을 나타내지 않고 '집안 살림'만 걱정하고 '어찌할 수 없이' 이들에게 몸을 맡긴다. 초봉은 "개인이 뚜렷한 자아개념을 바탕으로 주체적으로 판단하고 일을 결단하며 그에 대한 책임을 지는 그러한 삶이 아니고 의존하는 삶을 살아간다"[23] 초봉에게 있어서 "기구한 생애가 시초를 잡고 뻗쳐나오는 운명의 요술주머니"는 서술자의 지적처럼 "세상 풍도"와 "인간의 식욕"(326쪽)이라지만, 이러한 진술은 오히려 세정의 비속함을 강조한 말이라기보다 초봉을 '이 무섭게 애련한 처녀', 청초하고 마음 고운 처녀가 이러한 불행을 당해야만 하느냐는 독자의 반응에 호응하는 또 다른 진술에 불과하다.

셋째, 승재 계봉의 긍정지향의 삶이 초봉의 운명과 긴밀한 연계를 맺지 못하고 있는 점이다. 이 소설의 결말부분인 형보의 살인과정에서 승재 계봉과 초봉을 사건 현장에서 엇갈리게 하여 초봉의 내부 심리상태에만 서술이 집중하는 경우가 대표적인 예이다. 그 외에도 성병으로 승재의 병원을 찾게 된 태수를 보고 그의 사람됨이나 학력의 문제를 승재가 의심하면서도 정주사네 집안에 전혀 개입하지 않는다든지, 서울 생활에서 초봉과 승재/ 계봉의 연계를 무시 또는 약하게 서술하는 것 등의 예를 들 수 있다.

---

[23] 우한용, 앞의 논문, 358쪽.

이처럼, 제1군과 제3군이 초봉의 일생에 긴장된 관계를 형성하지 못하고, 초봉의 개인적 운명을 불행으로 치닫게 하는 데만 사건을 집중화하는 작가의 이야기 통제 방식은 부수적인 인물의 행동 묘사에서도 그대로 전이되고 있다. 즉, 태수 결혼과 관련하여 한참봉의 처인 김씨의 태도, 초봉과 태수 양쪽을 너무도 잘 알고 있던 행화의 무관심 등이 그 예이다. 작가가 초봉의 비극적 운명을 이미 계획하고 이야기를 진행하고 있다는 것이 잘 나타나고 있는 부분이다. 한참봉의 처 김씨는 자기 집에 하숙하는 태수와 불륜관계를 맺고 있었다. 김씨는 태수와의 관계를 청산하기 위해 태수에게 초봉은 과분하다고 생각하면서도, 중매를 서고 결혼 절차도 도맡아 처리한다. 행화는 초봉이 '천하난봉꾼'이며 공금횡령범인 태수와 결혼한다는 것을 알고 애석한 생각으로 초봉이가 좀 가엾기는 했지만 '이 무섭게 애련한 처녀'를 두고 결국 굿이나 보고 떡이나 얻어먹자는 식이다.

 이야기 구조와 서술 통제의 방향성에 초점을 맞춰 정리하면,『탁류』는 통속성이 부각되고 반영성이 약화된 면을 무시할 수 없을 것 같다. 당대 현실을 리얼하게 그려내는 데 이바지하는 것은 ⓑⓠ의 이야기 통제 방향에 내재되어 있다. 정주사 중심의 현실반영이나 제1군과 제3군 사이에 내재하는 도시하층민의 세밀한 관찰은 소설의 반영성을 드높이는 데 기여하는 요소이다. 그러나 이들의 서술 세계가 초봉의 인생유전에 밀접하게 연계되지 못하여 '세속적 시각'으로 좀 더 넓게 반영하고자 한 작가의 의도를 감소시킨 점이 지적되지 않을 수 없다. 이는 ⓐⓟ의 방향이 ⓑⓠ의 세계를 약화시키고만 결과의 산물이라고 하겠다.

Ⅲ. 세속적 시각의 거리 조정과 그 한계

『탁류』는 통속성과 반영성의 거리를 작가의 적극적인 서술 통제로 조정하고 있는 것이 특징이다. 이처럼 작가가 작품 내에 적극 개입하는 '이야기하기' 방식은 채만식 언어 세계의 일반적 특성이기도 하다. 이 작품에서는 작가가 초봉의 운명과 당대 현실 반영이라는 거리를 세속적인 시각을 통해 조정하고 있으므로, 이 장에서는 이야기 구조가 어떠한 서술 방식에 의해 구체화되고 있는지 살펴보기로 한다. 이 소설의 서술 특성은 중개성이 강한 서술이 그 기본 시학을 이루고 있기 때문에, 먼저 작가의 이야기 통제가 통속성과 반영성의 거리 조정에 어떤 영향을 주는지 알아본다. 그리고 이 소설에서 중요 배경으로 제시된 군산과 서울 사이의 공간이 작가의 서술 전략과 어떤 관계를 형성하고 있는지 분석하여 서술 특성을 정리하고자 한다.

1. 이야기 통제 방식과 서술의 관계

작가의 작품내적 개입, 서술자와 등장인물 사이의 거리가 좁혀진 전지적인 서술은 채만식 서술 시학의 기본유형(prototype)이다. 『탁류』에서도 이러한 서술시학은 그대로 적용된다. 작가와 친연성이 강한 서술자가 텍스트 외부에 드러나면서 이야기를 전달해주는 서술 상황을 이루고 있다. 중개성이 강한 서술자가 설명적 권위를 지니면서 인물과 사건을 우이(牛耳)를 잡고 진행하는 방식은 채만식 소설의 서술 특성의 제일장 제일과이다. 이 같은 소설에서는 보통 서술자가 이야기 세계에 대해 전 책임을 지고 서술하고 있기 때문에, 독자는 서술자의 시각에 따라 이야기 세계에 참여하게 되고 독자의 판단이 유보되는 특징을 보여준다.

① 그놈의 것, 기왕이니 내일이라도 혼담이 어울려, 이 달 안으로라도 혼인을 해치웠으면 더 좋을 성싶었다.

그러기로 들면 적으나마 혼수비를 무엇으로 대며, 또 초봉이가 지금 다달이 이십 원씩이나 물어들이는 그것마저 끊길 테니, 이래저래 두루 걱정이다.

그러나 그렇다고 딸자식이 벌써 스물한 살인데 계집애로 늙히자고 우두커니 보고만 있을 수도 없는 노릇, …(중략)… 그저 이 계제에 바싹 서둘러서 아무렇게나 해치우는 게 도리는 도린데……

② 도리는 도린데, 그러나 당장 조석을 굶고 있는 형편에 무슨 수로? 나는 데는 그만 궁리가 딱 막혀 가슴이 답답해온다. …(중략)… 이런 생각이 훤하니 비치더란 말이다. …(중략)…

③ 저쪽 신랑 편에서 혼수 비용 전부를 대서 혼인을 하겠다고 할는지도 모르는 것이다. …(중략)…

④ 혼인을 하고 나서는 그 신랑이라는 사람이 속 트인 사람이고, 돈양이나 제 손으로 주무르는 형편이면, 또 혹시 몇백 원이고 척 내주면서 "아 거 생화도 없이 놀고 하시느니 이걸로 무슨 장사라도 소일삼아 해보시지요?"

이러랄 법도 노상 없지는 않을 것이다. …(중략)…

그때는 못이기는 체하고 그 돈을 받아…… 한밑천삼아서 장사를 해…… 미상불 그렇게 어떻게 잘만 하면 집안 셈평도 펼 수도 있기는 있으렷다!

<u>정주사의 이 공상은 이렇듯 그놈이 바로 희망으로 변하고, 희망은 희망이 간절한만큼 다시 확신으로 굳어버리던 것이다.</u>(밑줄-필자, 52-53쪽)

인용문은 3장 '신판 흥보전'에서 정주사가 한참봉네 싸전 가게에서 한참봉의 부인인 김씨가 초봉의 중매를 서겠다는 뜻을 밝힌 후, 정주

사의 생각을 서술한 부분이다. 인물의 내부 심리 서술을 작가가 중개하고 있는 형태이다. 이러한 경우 독자는 서술자의 판단과 의견에 그대로 동조되어 인물의 심리를 판단하는 경향이 있다. 인용문의 밑줄 친 부분만 제외하고는 정주사 시각으로 되어 있으나, 이 인물적 서술상황은 정주사의 자유 심리라기보다 작가의 '이야기하기' 의식에 눌린 작가적 서술상황과 유사하게 느껴진다. 그 이유는 간접화법으로 진술된 부분마저 "-더란 말이다", "없지는 않다", "있기는 있으렷다!"와 같이, 작가적 서술이 개입되어 있기 때문이다. 결국 인용문의 ①-④까지의 생각은 정주사의 공상이지만 이것은 동시에 작가의 생각이기도 하며, 그에 비례하여 플롯의 중요 요소로 작용할 가능성이 크다.

실제로 ①, ②, ③, ④는 그대로 사건으로 구체화되어 스토리 진행에 결정적 역할을 하며, 초봉의 비극적 삶으로의 첫출발점이 된다. 즉, 7장 '천량만량'에서 김씨의 중매와 태수의 제안 등의 사건이 정주사 부부와 집안 식구들의 반응 양상과 함께 서술되고 있다. 인용문과 같은 정주사의 공상은 1장 '인간기념물' 말미에서 김씨가 정주사에게 중매 제안을 한 것에서 비롯된 것이어서 독자는 자연스럽게 정주사의 공상을 받아들이지만, 이는 또한 작가의 이야기 진행에서 작가가 의도적이고 계획적으로 미리 예시한 서술 기능을 맡기도 한다. 독자는 정주사의 공상이 작가에 의해 통제된 이야기라는 것을 무려 60여 쪽 뒤에서 비로소 확인할 수 있는 것이다. 그러므로 인용문의 정주사 내면 생각은 정주사의 자유 심리라기보다 작가의 계획적인 이야기 통제에 의해 진술되었음을 알 수 있다.

이처럼, 작가와 친연성이 강한 서술자의 강력한 이야기 통제방식은 이 소설의 서두인 금강의 배경묘사에서부터 나타나고 있다. "이야기는 예서부터 실마리가 풀린다. …(중략)… 바다를 바라보면서 갈매기로 더불어 운다는 여인의 그런 슬퍼도 달코롬한 이야기는 못된다."(8쪽)와 같은 서술태도에서 보면, 묘사의 차원을 설명의 차원으로 전이시키면서 강력한 이야기 통제의식을 보여준다. 이처럼 『탁류』의 서술 방식은 '이야기 구연(口演) 방식'이 전이된 담론 형태[24]인 동시에 독자를 압도할 수 있는 '설화성'에 근간하고 있다.[25]

이러한 서술 태도는 사회와 역사에 반하는 부정적 인물을 그릴 때는 독자에게 강한 효과를 보일 수 있다. 그러나 독자에게 긍정적이고 동정을 받는 인물에게는 일방적인 성격 유형 창조로 다성적 감응을 일으키지 못한다. 서술자는 긍정적 인물을 동조하며 서술할 수밖에 없기 때문에, 서술의 방향은 인물이 처한 정황과 내부 심리에 집중화되어, 그 결과 인물의 환경적 요소인 현실 사회에 대한 회피나 은폐 또는 무관심으로 흐르는 인상을 주기 쉽다. 10장 이후 초봉의 내부 심리에 집중화된 서술이 현실 사회에 대한 반영성을 띠지 못하는 이유도 여기에 있다. 반면 1-4장, 15장에 보이는 정주사 중심의 서술은 채만식다운 입심이 작용하는 데 매우 적절한 부분이다.

2. 공간 배경과 서술의 관계

『탁류』는 군산과 서울을 공간 배경으로 삼고 있다. 군산을 공간적 배경으로 삼을 때는 도시하층민의 현실을 사실적으로 그려나가고 있다. 그러나 서울을 배경으로 하는 서술에 있어서는 서술의 초점이 초봉의 운명에 집요하게 매달려 있어 통속성을 벗어나지 못하는 면

---

24 김용재, 「채만식 소설의 서술 시학」, 『한국소설의 서사론적 탐구』, 1993, 평민사, 189-194쪽 논의 참고.
25 작가의 통제에 관한 자세한 논의는 우한용, 『채만식 소설 담론의 시학』, 개문사, 1992, 121-132쪽 논의 참고. 이 논문에서는 '설화성', '단일논리성'이란 개념으로 채만식 소설에서의 작가의 이야기 통제 의식을 정리하면서 「탁류」의 담론 특성이 갖는 의미를 천착하고 있다.

이 보인다.

군산은 '금강의 색동'인 백마강을 뒤로 하고 "황해 바다에다가 깨어진 꿈은 무엇이고 탁류째 얼러 좌르르 쏟아져버리면서", 그 "강이 다하는 남쪽 언덕으로 대처 하나가 올라앉"은 곳이다. 백제의 꿈도 깨어지고 탁류가 흐르는 강이 끝나는 곳에 '명일이 없는 사람들'이 수두룩한 곳, "언덕 비탈에 게딱지 같은 초가집"이 "손바닥만한 빈틈도 남기지 않고 콩나물 길듯 다닥다닥 주어박혀" 있는 곳이 이 소설의 배경인 군산의 무대이다. 서술 시간과 서술된 시간의 관계를 볼 때 군산미두장을 중심으로 하는 도시하층민의 삶의 양태는 서술시간보다 서술된 시간이 훨씬 길어 그만큼 현실 반영의 성격이 잘 드러나고 있다.

(1) 금강(錦江)……
(2) 벗어부치고 농사면 농사, 노동이면 노동을 해먹고 하는 사람들과 마찬가지로, '오늘'이 아득하기는 일반이되, 그러나 그런 사람들과도 또 달라 '명일'이 없는 사람들 이런 사람들은 어디고 수두룩해서 이곳에도 많이 있다.
(3) 오월의 하늘은 티끌도 없다.
(4) 정주사는 흥분했던 것이 사그라지니 그제서야 내가 왜 청승맞게 강변에 나와서 이러고 섰을꼬 하는 싱거운 생각에, 슬며시 발길을 돌이킨다.
(5) 정주사는 내키지 않는 걸음을 천천히 걸어 전주통이라고 부르는 동녕고개를 지나 경찰서 앞 네거리에 이르렀다.

인용문은 제1장 '인간기념물' 각 절의 첫 문장이다. (1)절은 『탁류』 서두의 배경 묘사 부분이므로 제외하고, (2)절에서 (5)절까지 서술시간은 그 분량 면에서 볼 때, (2)-7쪽, (3)-3쪽, (4)-4.5쪽, (5)-7.5쪽에 달하고 있으면서도, 표면적인 시간은 오월 어느 날 하루 동안의 이야기이지만, 서술된 시간은 25년가량 된다. 그러므로 이 장에서는 회상을 통한 설명과 묘사의 서술 방식이 적절히 조합되면서 정주사를 중심으로 한 도시 하층민들의 현실이 잘 반영되어 있다. 특히 (3), (4), (5)절에서는 정주사의 행동과 행동이 연속적으로 그려지면서 그 사이사이에 정주사가 군산에 오게 된 내력과 현재의 모습을 교차 서술함으로써 당대 현실을 리얼하게 묘사할 수 있었다.

반면, 초봉의 상경 후 박제호, 장형보과의 동거, 살인 등의 사건이 진행되는 서울은 서술시간이 군산보다 훨씬 길어, 어느 한 사건이나 현상 심리에 집중화되고 있음을 보여준다. 이 소설의 공간 배경이 서울로 옮겨진 동기는 10장에서 형보의 음모로 태수와 김씨(한참봉의 부인)가 죽게 된 것이 계기가 되어 '대피선'으로써 상경하게 된 초봉의 행동에서부터이다. 서울을 배경으로 한 서술이 이 소설의 절반을 차지함에도 서울은 등장인물에게 큰 의미를 주는 반영체의 기능을 가지고 있지 않다. 단순히 초봉의 운명을 비극으로 치닫게 하는 장치에 불과하다. 초봉은 막연한 동경 아래 '무작정' 서울로 간 것이며, 제호의 상경은 사업상이라지만 그 구체적 서술이 없이 초봉과의 관계만 집중 서술됨으로써, 서울은 초봉의 운명을 비극적으로 치닫게 하는 작가의 의도적 전략으로서의 공간이라는 의미만 지닌다. 즉, 서울은 '군산을 떠난 어느 곳'이라는 배경 의미밖에 없다. 그러므로 작품의 후반부는 초봉의 비극적 운명에 연관된 초봉의 심리 상태나 정황이 주된 서술 대상으로 자리하고 있어 세정의 비속함이나 현실 반영성이 약화되는 경향이 있다.

모듬쇠 자식의 어미란 소리에, 초봉이는 분이 있는 대로 복받쳐올라, 몸부림을 치면서 목청껏 외친다. 그러나 그 다음 말은 가슴에서 콱 막히고 숨길만 가쁘다. 어느 결에 눈물이 촬촬 쏟아진다.

①"이놈! 두구 보자!"

이것은 단순히 입에 붙은 엄포나 분한 끝에 발악만인 것이 아니라, 마침내 ②형보를 죽이겠다는 결심이 뚜렷이 가슴 속에 들어차기 시작한 표적이요, 그 선고라고 할 수가 있던 것이다.

사실 초봉이는 송희나 계봉이는 말고서 저 하나만 놓고 보더라도, 자살이 아니면 저절로 받아 죽었지 형보한테 끝끝내 배겨낼 수가 없이 되고 만 형편이었었다.(밑줄-필자, 398쪽)

인용문은 16장 '탄력있는 아침'의 일부분이다. 형보와 살림을 하게 된 초봉이 형보의 흉포스러움과 끝없는 '밤의 요구'에 절망적인 삶을 산다는 사실을 보여주는 대목이다. 밑줄 친 ①과 ②는 결말을 향하게 하는 서술인 동시에 이전의 초봉 행동과 사뭇 다른 면을 보여주는 것이기도 하다. 제호가 형보에게 초봉을 떠넘겨버리고 간 이후, 초봉은 태수가 죽은 날 밤 자신을 겁탈한 '뱀'같이 '징그러운' 곱추 형보에 대한 혐오감으로 가득했다. 그러나 딸 송희를 생각하여 여러 경제적 조건을 제시한 후 형보와 같이 살게 된다. 형보는 '독초', 악의 화신으로 그려진다. ①은 초봉의 입에서 도저히 나올 수 없는 화법인데도 악에 대항한 모습을 부각시키기 위해 의도적으로 진술한 부분이며, ②는 결말로 향하는 플롯의 복선 또는 예시 기능을 하고 있다. 실제 독자는 ②의 사건이 구체화되는 것을 무려 65쪽 뒤에서 읽을 수 있게 된다. 그러므로 작품의 후반부는 서울이 당대 현실에서 주는 의미는 생략되고 초봉의 심리 상태나 운명에 초점화되는 서술이 위주가 된다는 것을 알 수 있다.

서울을 배경으로 하는 후반부의 서술은 전반부와는 달리 서술 시간 면에서도 큰 격차를 보인다. 제18장 '내보살 외야차'의 경우, 서술 시간은 분량 면으로 환산하면 약 18쪽 가량 되는데, 서술된 시간은 어느 날 저녁 8시부터 약 40분 동안이다. 이는 어느 한 사건이 정지되면서 인물의 심리를 과도하게 정당화시키고 다시 다음 행동묘사로 나아간다는 사실을 간접적으로 증명하고 있다. 초봉의 살인 동기와 심리 등에서 작가의 입심이 독자의 입장을 압도하는 것 같은 인상을 주는 이유도 바로 이 때문이다.

　작품 후반부 진행은 초봉의 비극적 운명을 결정짓고 그에 맞춰 플롯을 짜내어 가는 인상을 지울 수 없다. 특히 12장, 13장, 14장, 17-8장은 작가의 의도적인 계획이 서술 표면에 드러나며, 이러한 현상은 이미 초봉의 비극적 운명을 예견케 한다. 그와 동시에 외부 현실과는 완전히 단절시킨 상태에서[26] 초봉의 인생유전을 진행하고 있는 것이 특징적이다. 이러한 현상은 초봉의 비극이 희생제의 성격을 띨 수는 있을지라도,[27] 사회적 비극으로 확산되기에는 어느 정도 한계가 있는 것으로 보인다. 작품 후반부에서 담론의 엽기적 성격이 강하게 부각되는 이유도 인물의 비극을 환경과 단절시킨 채 서술한 결과이다. 소설에서 인물과 공간 배경이 아무런 연계성을 갖지 못하면 소설의 형상화에 큰 흠으로 작용한다. 그것이 곧 장르적 성격이다.『탁류』에서 서울은 개인적 비극의 장치 이상의 의미를 획득하지 못하고 있다. 그러므로 후반부의 초봉의 내면심리나 행동은 세정의 비속함에서 오는 사회적 비극의 의미보다 단순히 통속적인 울분에 불과하다는 폄하를 면치 못할 것 같다.

---

　[26] 작품 후반부에서는 서술이 초봉 개인의 운명에 초점이 맞춰져 있어 군산 정주사 집안, 승재, 계봉의 개입이 전혀 없는 상태로 진행되고 있다. 가령 제호, 형보와 살림을 차렸을 때, 군산을 배경으로 하여 그 반응이나 인물의 상호연계성에 서술이 진행되었다면 통속적 서술 특성을 보이지 않을 수도 있다.
　[27] 우한용은『탁류』를 "세속적이고 타락된 인물들과 단순하고 무지한 인물들이 벌이는 희생제의를 형상화하고 있는 작품"(앞의 논문(1997), 356쪽)으로 보면서 '시대적 희생제의'의 시각으로 이 작품을 탁월하게 읽어내고 있다.

Ⅳ. 결론

채만식의 『탁류』는 정초봉의 비극적 운명을 중심축으로 삼으면서 '통속성'과 '반영성'의 거리 조정을 통해 식민지 도시 하층민의 삶의 현실과 세정의 비속함을 그려내고 있다. 이 작품의 이야기 구조는 타락한 여인의 수난사를 핵심으로 삼으면서, 세속적인 인물들의 타락상과 긍정지향의 역사적 전망 의식이 핵심 이야기 틀과 긴장 관계를 형성하고 있다. 이 논문은 작가의 이야기 통제 방향에 따라 통속성과 반영성이 조정되면서 서술되어 있다고 전제하고, '세속적인 시각'으로 현실의 총체적 모습을 드러내는 방식과 형상화 수준을 가늠하였다. 그 결과 전반부의 성공에 비해 후반부는 그 거리 조정의 한계점을 드러내었다고 판단하였다. 『탁류』의 이야기 구성 방식과 서술 상의 한계점을 중심으로 요약하면 다음과 같다.

첫째, 이야기 구성에 있어서 초봉을 중심으로 한 통속적인 담론이 '당시 사회에 대한 알레고리'로서 기능을 다하지 못한 아쉬움이 있다. 그 요인은 초봉의 이야기와 주변 이야기 구조의 긴장 관계에서, 첫째, 태수, 형보, 제호가 타락한 사회의 반영체로서의 기능이 약화되고, 성격의 비뚤어짐, 행동의 비성실성, 외양의 혐오스러움, 성욕에 침잠하는 본능적인 인물로 형상화되는 면이 강화된 점, 둘째, 초봉의 불행의 원인을 세정의 비속함보다 그녀의 맹목적인 순수나 천성이 더 강조되어 서술된 점, 셋째, 초봉의 운명 구조에서 긍정적인 인물들과의 연계성이 약화되고 부수적 인물의 초봉의 운명에 대한 무관심으로 처리한 점 등에서 비롯된다.

둘째, 중개성이 강한 서술자의 이야기 통제 방식이 이 소설의 주조를 이루고 있는 바, 이러한 서술 특성은 부정적 인물을 그릴 때는 매우 효과적이었지만, 독자에게 긍정적이고 동조를 받는 인물에 대한 서술에서는 소설적 형상화에 실패하는 경향이 있었다. 서술자는 긍정적 인물을 동조하며 서술하기 때문에, 서술이 인물이 처한 정황과 내부 심리에 집중화될 수밖에 없어서, 인물의 환경적 요소인 현실 사회에 대한 은폐 또는 무관심으로 흐르는 인상을 주기 쉽다. 10장 이후 작품 후반부에서 반영성보다 통속성이 부각되는 이유도 여기에 있었다.

셋째, 배경과 서술 사이의 특성을 추출한 결과, 군산을 배경으로 삼았던 부분(전반부와 15장)은 당대 현실과 세태를 잘 반영하고 있으나, 서울을 배경으로 삼을 때(후반부)는 배경이 인물에게 주는 반영적인 의미가 형성되지 못하고 통속성으로 흐를 여지를 남겼다. 서울을 배경으로 한 서술이 이 소설의 절반을 차지하지만, 서울은 초봉에게 아무런 의미를 주지 않는다. 그러므로 서울은 인물과 아무런 연계성을 갖지 못하고 '군산을 떠난 어느 곳'이란 의미밖에 없다. 서울은 초봉의 운명을 비극적으로 치닫게 하는 작가의 의도적 전략으로서의 공간이 되었다. 그 결과 초봉의 심리 상태나 정황이 주 서술 대상으로 남게 되어 세정의 비속함이나 현실 반영성이 약화되는 경향이 있었다. 작품 후반부에서 담론의 엽기적 성격이 강하게 부각되는 이유도 인물의 비극을 환경(공간 배경적 의미)과 단절시킨 결과이다. 그러므로 작품 후반부의 초봉의 내면심리나 행동은 세정의 비속함에서 오는 '사회적 비극'의 의미보다 단순히 통속적인 울분에 불과하다는 폄하를 면치 못할 것 같다.

『탁류』는 이러한 한계점을 지니고 있지만, 분명한 것은 세속적인 시각으로 당대 현실을 사실적으로 그려내고 있다는 점이다. 이 소설은 초봉의 비극적 운명을 중심으로 플롯을 구축하면서 당대 현실 상황이나 세정의 비속함, 욕망의 불협화음의 세계를 보여주었다. 돈을 매개로 하여 세속적으로 형성되는 인물들의 모습이나 군산 개복동을 중심으로 그려지는 도시 빈민층의 모습은 1930년대를 사는 민중들의 삶을 오늘에 되짚어 볼 수 있도록 한다. 특히 정주사 중심의 서술 양태는 가히 채만식다운 문체를 통하여 당대 현실을 정확하게 포착한 것으로 평가할 수 있다.

참고문헌

채만식,『채만식 전집』 2권, 장편 탁류, 창작사, 1987.

구인환,『한국근대소설연구』, 삼영사, 1977.
김남천,「「탁류」의 매력」,『조선일보』, 1940.1.15.
김병욱 편, 최상규 역,『현대소설의 이론』, 대방출판사, 1980.
김상태,『문체의 이론과 해석』, 새문사, 1982.
김용재,「채만식 소설의 서술시학-'이야기하기'의 힘」,『한국소설의 서사론적 탐구』, 평민사, 1993.
김욱동,『대화적 상상력』, 문학과지성사, 1988.
김윤식・김 현,『한국문학사』, 민음사, 1978.
_____ 편,『채만식』, 문학과지성사, 1984.
김준오,「한국 근대문학의 장르론에 대한 연구」, 계명대 박사학위논문, 1986.
김천혜,『소설구조의 이론』, 문학과지성사, 1990.
김치수,「역사적 탁류의 인식-채만식의 '탁류'와 '태평천하'」,『식민지시대의 문학연구』, 깊은샘, 1980.
김치수 편저,『구조주의와 문학비평』, 홍성사, 1980.
김현주,「「탁류」 구조 연구」, 서강대 석사학위논문, 1989.
김화영 편역,『현대소설론』, 문학사상사, 1989.
나병철,「1930년대 후반기 도시소설 연구」, 연세대 박사학위논문, 1989.
백 철,「채만식의「탁류」를 읽고」,『매일신보』, 1939.12.28.
우한용,『한국현대소설구조연구』, 삼지원, 1990.
_____,『채만식소설 담론의 시학』, 개문사, 1992.
_____,「시대의 희생제의를 읽어내는 방법」,『국어국문학』 119집, 국어국문학회, 1997.
이래수,『채만식 소설 연구』, 이우출판사, 1986.

이보영, 「출구없는 종말의식」, 『식민지시대 문학론』, 필그림, 1984.
이재선, 『한국현대소설사』, 홍성사, 1979.
이주형, 「1930년대 한국 장편소설 연구」, 서울대 박사학위논문, 1884.
임명진, 「「탁류」에 나타난 채만식의 역사의식」, 『비평문학』 3호, 비평문학회, 1989.
임　화, 『문학의 논리』, 학예사, 1940.
장량수, 「채만식의 민족주의 문학 연구」, 동아대 박사학위논문, 1987.
장성수, 「진보에의 신념과 미래의 전망-채만식론」, 김용성·우한용 공편, 『한국근대작가연구』, 삼지원, 1992.
정한숙, 「붕괴와 생성의 미학」, 『민족문화연구』 5집, 고려대 민족문화연구소, 1973.
정현기, 『한국근대소설의 인물유형』, 인문당, 1983.
조동일, 『한국문학통사』 5권, 지식산업사, 1988.
조연현, 『한국 현대문학사』, 인간사, 1963.
조진기, 「한국 근대 리얼리즘 소설 연구」, 영남대 박사학위논문, 1989.
천이두, 「프로메테우스의 언어들-채만식의 문장」, 『문학사상』, 1973.12.
최병우, 「소설에 있어서 시점의 유형」, 『국어교육』 61·62합병호, 한국 국어교육 연구회, 1987.
최하림, 「채만식과 그의 1930년대」, 『현대문학』, 1973.10.
한지현, 「리얼리즘 관점에서 본 「탁류」 연구」, 연세대 박사학위논문, 1987.
한형구, 「채만식의 '탁류'와 비극적 세계관」, 『문학사상』, 1987.10.
한혜경, 「채만식 소설의 언술구조 연구」, 이화여대 박사학위논문, 1993.
홍이섭, 「채만식의 「탁류」」, 『창작과 비평』, 1973년 봄호.
황국명, 「채만식 소설의 현실주의적 전략 연구」, 부산대 박사학위논문, 1990.

Booth, Wayne. C., *The Rhetoric of Fiction*, The Univ. of Chicago Press, 1961. 최상규 역, 『소설의 수사학』, 새문사, 1985.

Chatman, Seymour, *Story and Discourse: Narrative Structure in Fiction and Film*, Ithaca: Cornell Univ. Press, 1978.

Genette, Gerard, *Narrative Discourse: An Essay in Method*, trans. Jane E. Lewin. Ithaca: Cornell Univ. Press, 1980.

Greimas, A. J, *Semiotics and Language: An Analytical Dictionary*, Trans. Larry Crist et al. Bloomongton: Indiana Univ. Press, 1982.

Lanser, Susan Sniader, *The Narrative Act: Point of View in Fiction.*, Princeton: Princeton Univ. Press, 1981.

Lubbock, Percy, *The Craft of Fiction*, New York: The Viking Press, 1960. 송욱 역,『소설기술론』, 일조각, 1965.

Martin, Wallace, *Recent Theories of Narrative*, Ithaca: Cornell Univ. Press, 1986.

Pratt, M. L, *Toward a Speech Act Theory of Literary Discourse*, Bloomington, Indiana, Indiana Univ. Press, 1970.

Prince, Gerald, *Narratology: The Form and Functioning of Narrative*, Berlin: Mouton, 1982. 최상규 역,『서사학-서사물의 형식과 기능』, 문학과지성사, 1988.

Rimmon-Kenan, Shlomith, *Narrative Fiction: Contemporary Poetics*, London: Methuen, 1983. 최상규 역,『소설의 시학』, 문학과지성사, 1985.

Scholes, Robert, *Structuralism in Literature*, New Haven: Yale Univ. Press, 1974. 위미숙 옮김,『문학과 구조주의』, 새문사, 1987.

Stanzel, F. K., *A Theory of Narrative*, Trans. Charlotte Goedsche. Cambridge: Cambridge Univ. Press, 1984. 김정신 역,『소설의 이론』, 문학과비평사, 1990.

Stevick, Philip, ed, *The Theory of the Novel*, New York: Macnillan., 1967.

Todorov, Tzvetan, *The Poetics of Prose*, Ithaca: Cornell Univ. Press, 1971.

Uspenskij, Boris, *A Poetics of Composition: The Structure of the Artistic Text and Typology of a Compositional Form*, Trans. Valentina Zavarin & Susan

Witting, Berkeley & Los Angeles, Univ. of California Press, 1973.

Wright, Austin, *The Formal Principle in the Novel*, Ithaca: Cornell Univ. Press, 1982.

新田博衛(1980),『詩學序設』〈現代美學叢書〉, 日本 勁草書房. 이기우 역(1987), 『시학서설』, 동천사.

성장소설에 반영된 전쟁과 현실
– 「쑈리 킴」, 「乾」, 「어둠의 혼」

Ⅰ. 서론

이 논문의 목적은 성장 소설 양식의 전후 소설이 전쟁의 상흔과 현실을 어떻게 형상화하고 있는지 살펴보는 데 있다. 성장소설은 "개인의 생물학적-정신적 성장의 과정과 그 속에서 발생하는 일화들의 내러티브가 서로 결합하는 장르"[1]이다. 이러한 양식적 특징 때문에 성장소설에서는 현실 상황에 따른 개인의 의식 변화가 주요 모티프로 작용할 때가 많고, 내러티브 안에서는 현실과 의식의 상호작용태가 드러나는 경우가 많다. 사실 6.25전쟁은 "현대소설의 지형도를 재구성한 문화사적 충돌"[2]이라고 할 정도로 우리 사회 문화에 엄청난 영향을 끼치고 있다. 우리 문학사에서 전후 체험은 "현대소설의 발생론적 기원"[3]이라고 평가될 만큼 문학적 상상력의 자장을 일으킨

---

[1] 이창남, 「성장소설의 기호학-김승옥의 성장소설 「乾」과 은유/환유」, 『한국문학이론과 비평』 제44집, 한국문학이론과 비평학회, 2009, 307쪽.
[2] 김미영, 「김원일의 성장소설과 〈삶의 수수께끼〉 풀기」, 『한국언어문화』 37집, 한국언어문화학회, 2008, 26쪽.
[3] 이재선, 『한국현대소설사』, 민음사, 1991, 81쪽.

일대 사건이었다. 전쟁은 "자기 보존의 원리와 도구적 이성"으로 "타자에게 폭력을 행사하는 근대적 계몽의 가장 폭압적"4 측면을 보여준다. 전쟁에서 자기 존재의 확인은 가족이나 사회, 전쟁 전후의 현실을 드러내는 문학적 상상력의 통로가 된다. 전후의 현실은 부권으로 대행되는 사회의 안정이 전쟁으로 인한 아버지 부재 내지 부권상실의 불안의식으로 환치된다. 이러한 배경 속에 등장한 성장소설5의 형식은 소설 속의 소년주인공의 내적 인식 변화를 통해 현실을 재현하려는 경향이 있다.

성장 소설형식을 차용한 전후 소설 중에서 이 논문에서 주목하고자 하는 작품은 「쑈리 킴」(송병수), 「乾」(김승옥), 「어둠의 魂」(김원일)이다. 이들 작품은 모두 한국전쟁 전후(前後) 현실의 상황을 보여주는 동시에 소년 주인공의 목소리를 통해 현실 인식의 변화를 극명하게 드러내고 있다. 「쑈리 킴」은 미군기지 근처를 주요 배경으로 삼아 매춘부인 '따링 누나'와 함께 사는 '쑈리'라는 소년을 통해 전후의 비정한 사회 현실을 폭로하고 있는 작품이다. 「乾」은 전쟁과 폭력적인 세계를 경험한 유년의 기억을 서술한 작품으로 서술자아와

---

4 나병철, 「전쟁체험과 성장소설」, 『청람어문교육』 33집, 청람어문교육학회, 2006, 166쪽.
5 성장소설의 양식은 우리 소설사에서 낯선 것이 아니다. 특히 한국전쟁을 전후하여 이러한 양식의 소설이 많이 드러나고 있는 바, 서구의 교양소설, 형성소설, 입사소설의 개념이 혼용되어 광의적 의미로 사용하고 있다. 교양소설은 "미성숙한 젊은이가 성숙한 어른으로 되어가면서 예술과 철학을 통해 세계의 본질과 그 의미를 배우려고 시도하는 소설"유형으로 괴테의 『빌헬름 마이스터의 수업시대』와 헤세의 『데미안』이 대표적이다. 형성소설은 스탕달의 『적과 흑』, 디킨스의 『데이빗 카퍼필드』 등이 대표작으로 개인의 성장과정이나 내면의 성숙을 다루면서도 동시에 그를 둘러싼 사회상황에 관심을 보이는 점이 특징적이다. 입사소설, 또는 이니시에이션 스토리는 어린 주인공의 미숙, 순진의 상태로부터 "악의 발견, 생의 본성에 대한 깨달음, 자아발견과 사회적인 조정의 성숙 단계로 옮겨가는 과정에서 치르는 통과제의 소설"이다. 성장소설의 개념에 대한 자세한 논의는 최현주, 「한국 현대 성장소설의 서사 시학 연구」, 전남대 박사학위논문, 1999, 9-17쪽 논의를 참고할 것.

경험자아의 거리를 이용하여 '나'의 내면적 성장을 그리고 있다. 「어둠의 魂」은 아버지의 부재에서 오는 자기 내면의식의 성장을 보여주고 있는 작품이다. 위와 같이 세 작품으로 한정한 이유는 우선 이들 작품은 전후 소설에서 흔히 차용하고 있는 성장소설의 전범을 보여주고 있다는 점이다. 또한 1950년대부터 1970년대까지 성장 소설 형식의 변화를 대표적으로 보여주고 있다는 점[6]에서 주목된다.

성장 소설 세 작품을 분석하는 데 있어서 주된 연구 방법은 서술자아가 사건이나 인물에 대해 어떠한 형식으로 구성해 나가는지 그 담론 특성을 찾고자 한다. 성장 소설에서는 소년의 눈에 비친 현실과 그를 극복해 나아가는 양상이 주요 서술대상이 된다. 이때, 서술자아와 경험자아의 거리 조정, 서술자 내면에 비치는 현실인식이 매우 중요하다. 서술태도는 '나'의 현실 그리기와 그 인식 사이의 문제가 된다. 이러한 점을 중점적으로 살피는 이유는 성장소설에서는 서술자와 대상의 거리, 현실 인식, 태도의 문제가 소설 작품의 형상화 정도를 가늠하는 척도가 되기 때문이다.

Ⅱ. 현실과 의식의 거리 조정을 통한 자기 성장

1. '쑈리'와 '따링 누나'의 현실과 환상의 괴리-「쑈리 킴」

「쑈리 킴」은 미군기지 근처를 주요 배경으로 삼아 매춘부인 '따링 누나'와 함께 사는 '쑈리'라는 소년을 통해 전후의 비정한 사회 현실

---

[6] 송병수의 「쑈리 킴」은 1957년 『문학예술』 신인특집 당선작으로 발표되었으며, 김승옥의 「건(乾)」은 1962년 동인지 『산문시대』에, 김원일의 「어둠의 혼(魂)」은 1973년 1월 『월간문학』에 발표되었다.

을 그리고 있다. 내러티브의 주요 내용은 "사람 사는 집이라곤 통 없는 일선지구 산골"7 미군기지 근처의 언덕 주변을 배경으로 진행된다. '쑈리'는 미군들을 상대로 매음 중개를 하는 부도덕적 행위를 생존 수단으로 삼고 있다. '따링 누나'는 비록 양키를 상대하는 매춘부이지만, '쑈리'에게 있어서는 삶의 안식처인 동시에 어머니의 품과 같은 따뜻한 대상이다.

'쑈리'는 '놉보', '떠버리', '불독' 같은 양키를 상대로 5달러를 받고 '따링 누나'와 연결해주는 성매매 알선책이다. 가끔 미군들에게 괴롭힘을 받기도 하고 엠피의 추적을 피하여 하는 일이지만, "재수 좋게 전방에서 처음 온 양키가 걸려들기만 하면 그건 숫제 노다지"나 다름없다. '수송중대 졸때기 양키'를 상대로 하는 이러한 일은 '쑈리'에게 있어 생계수단인 동시에 과자나 담배를 부수입으로 챙기는 신나는 일이기도 했다. 양키들의 성적 노리개로 전락한 '따링 누나'와 참호 속에서 비참하게 살고 있지만 '쑈리'는 이곳 생활이 낙원과 같다.

'쑈리'에게 있어서 미군기지와 그를 둘러싼 공간은 힘든 서울 생활에서 벗어난 유토피아나 다름없다. 이곳에서는 "뭐 날쳐오라고 야단치는 왕초도 없거니와, 어디서 뭘 날치거나 쑈톨질을 안해도 뭣이던 쓸만한건 양키부대에 쌓여 있어"(12쪽) 좋다. 서울 고아원에서 있을 적에는 보름 동안 배를 곯은 적도 있었고 돈 못 벌어온다고 왕초의 폭력에 시달린 적이 많았다. 반면 미군 숙소에서는 '라디오 방송 어린이극'을 들을 수 있고, 어린이 노래 공부시간에 '저 산 넘어 햇님 숨박꼭질 할 때…'를 따라 부를 수도 있다. 미군들과 함께 화약 터뜨리기 같은 "신나는 장난"을 마음껏 할 수 있다. 나무기둥에다 칼 던

---

7 송병수, 「쑈리 킴」, 『한국소설문학대계』 38권, 동아출판사, 1995, 12쪽. 이 작품은 원래 1957년 『문학예술』 신인특집 당선작으로 발표되었으나, 발표 이후 개작이 이뤄지지 않았기 때문에, 이 작품의 분석은 논의의 편의상 동아출판사 본을 기준으로 진행하며, 앞으로 작품 인용은 쪽수만 표시함.

지기 장난을 하며 하루의 '재수보기'를 하는 양키들을 따라 해 보는 것도 즐거운 일이다. 중공군 참호가 있었던 구덩이에 '따링 누나'와 지내지만 "따링 누나가 꼭 껴안아 주는 게 좋고, 무엇보다도 마음대로 주무를 수 있는 고 몽실한 젖꼭지가 쑈리는 좋았다."(23쪽) 이처럼 '쑈리'에게 있어 '따링 누나'는 어머니의 품 속 같은 위안처이기도 하다.

'쑈리'의 이곳 현실은 서울에 비해 모두가 꿈같이 좋은 곳으로 여겼다. 그러다가 미군 엠피들이 안식처였던 땅 구덩이에서 '따링 누나'를 잡아가는 사건이 발생한다. '쑈리'는 같은 고아원 출신이었던 캠틴 하우스 보이 '딱부리'놈의 고자질이라고 생각하고 그를 응징하기 위해 미군부대를 들어간다. 부대 마당에서 '딱부리'놈이 공받기 놀이를 하고 있는 것을 보고 '딱부리'에게 원망의 욕을 한다. '쑈리'는 '딱부리' 때문에 자신의 성(城)이 모두 무너졌다고 생각하고 그놈하고 뒤엉켜 싸운다. 이때 '쩔뚝이'가 구덩이에서 "따링 누나가 꼭 가지고 오라던 그 팔백 달러 뭉치"(28쪽)를 훔치는 것을 본다. '쑈리'는 '딱부리' 때문이 아니라 이 '쩔뚝이놈' 때문에 이 지경에 이르렀다고 생각하고 '딱부리'와 함께 '쩔뚝이'를 폭행을 가한다. 도망가는 '쩔뚝이'를 향해 '쑈리'는 그의 뒤통수를 향해 돌을 던진다. 정통으로 맞았다. '쑈리'와 '쩔뚝이'는 싸우다가 '쩔뚝이'가 '쑈리'를 제압하며 큰 돌로 '쑈리'를 내리치려는 순간 '딱부리'가 '쩔뚝이' 등에 칼을 꽂고 만다. 피를 흘리는 '쩔뚝이'를 보며 이곳을 벗어나려 한다. 하루빨리 서울로 가서 '따링 누나'를 만나고 싶어 한다.

이젠 이곳 양키부대도 싫다. 아니, 무섭다. 생각해 보면 양키들도 무섭다. 불독 같은 놈은 왕초보다 더 무섭고, 엠피는 교통순경보다 더 밉다. 빨리 이곳을 떠나 우선 서울에 가서 따링 누나를 찾아야겠다. 그 마음 착한 따링 누나를 다시 만날 수 있다면야 까짓 달러 뭉치 따위,

그리고 야광시계도 나일론잠바도 짬빵 모자도 그따윈 영 없어도 좋다. 그저 따링 누나를 만나 왈칵 끌어안고 실컷, 실컷 울어나 보고, 다음에 아무 데고 가서 오래 자리 잡고 '저 산 너머 햇님'을 부르며 마음 놓고 살아 봤으면…….(30쪽)

'쑈리'가 돌아가고 싶은 서울은 '따링 누나'와 함께 할 수 있으리라는 기대의 장소이다. 현실은 변함이 없이 도둑질, 쓰리, 성매매 같은 저급하고 부도덕한 생활이 있을지라도 희망은 오직 어머니 같은 '따링 누나'를 다시 만날 수 있다는 사실이다. 그러나 그것은 환상일 뿐이다. 14세 전후의 소년 주인공 '쑈리'의 밑바닥 인생은 비참한 전쟁의 암울한 상흔의 환유이다. 전쟁고아로 살아가면서 저급한 삶을 꾸려가는 소년의 눈에는 현실의 투철한 인식이 뒷받침되지 않은 꿈같은 환상만 남아 있다. '쑈리'가 살아가게 될 서울이라는 공간은 과거로의 회귀이면서 동시에 전쟁 중 살아가는 일상적 삶의 형식이 구체화된 곳이다. 그는 '따링 누나'의 돈을 노렸던 '쩔뚝이' 같은 "기생(寄生)적 한국인들과 공생"해야 한다. 그것은 "현실에 대한 전면적 인식을 지연하는 태도"[8]에 불과하다. 또한 미군기지 주변의 삶도 똑같은 현실에 불과함을 보여준다.

이 작품은 초점화자(focalizer)와 서술자(narrator)의 분리가 갖는 담론 특성을 보이고 있다. 경험자아와 서술자아의 거리를 활용하는 방식이 여타 성장소설의 특성과는 다른 점이 보인다. 사건의 연쇄에 참여하고 인물과 사건을 보는 초점화자는 '쑈리'의 눈으로 대치되고 사건의 서술과 현실의 인식에 대한 서술책임은 삼인칭 서술자가 맡고 있다. 보통의 성장소설은 어린 시절의 '나'가 경험자아로 기능하

---

[8] 안용희, 「송병수 소설의 유형적 특징과 변모 과정」, 『현대문학이론연구』 제34집, 현대문학이론학회, 2008, 240쪽.

고, 이를 서술하는 서술자아는 어른이 된 '나'가 담당하여 '나'의 현실 인식이나 태도의 변화를 통해 성장의 모습을 보여주는 것이 일반적이다. 반면 「쑈리 킴」은 현재의 사건과 현실을 초점화자와 서술자의 분리를 통해 인물의 내적 의식 변화를 서술하고 있기 때문에 주인공 소년의 의식의 성장에 초점을 두지 않는다. 당대 현실의 상황과 그에 따른 주인공 의식이 서술대상으로 부각될 뿐이다.

서술자의 태도에 따라 주인공 의식이 드러나는 현상 때문에 독자는 서술 속에서 사건을 구성하고 주인공의 현실 인식이나 의식변화를 추적하게 된다. 이 작품에서는 전쟁으로 인한 고아들이 사회에 부유하며 부도덕한 생활을 영위하는 모습을 객관화하는 데 중점을 두고 있다. 또한 현실에 대한 인식 방식은 모호하고 경위를 '모르는' 점을 강조하여 환상적으로 처리하는 한계를 보인다. 이러한 점은 인물의 이름을 사실적으로 제시하는 것이 아니라 별명으로 일관하고 있는 데에서도 찾을 수 있다. '쑈리', '따링 누나', '쩔뚝이', '딱부리' 등의 전쟁고아 뿐 아니라, 미군들도 '놉보', '불독', '뾰죽 코', '떠버리', '쫄때기 양키'로 대치되는 것은 인물에 대한 세밀한 천착을 뒤로 한다는 서술의식의 반영일 뿐이다. 이름 없는 삶의 모습은 '쑈리'를 비롯한 인물들의 현실 상황의 경위를 파악하지 않는다는 서술의식이 있는 것이며, 사건의 추이나 현실 상황에 대한 인식이 한갓 환상으로 파악[9]하고 있음을 알 수 있다.

2. 전쟁의 상흔, '색채'의 이미지와 위악적 세계—「乾」

김승옥의 「건」은 전쟁과 폭력적인 세계를 경험한 유년의 기억을

---

[9] 이러한 점 때문에 "이 소설은 입사의 경험을 다루면서도 시험적 수준에 그치"는 한계가 있다고 지적을 받기도 한다.(같은 논문 240쪽.)

입사식의 양식으로 처리한 작품이다. 이 작품은 경험자아와 서술자아의 거리를 이용하여 '나'의 내면적 성장을 추적하고 있다. 이 작품의 서사 진행은 하루 남짓 시간의 현재 이야기와 전쟁 전 과거 이야기가 교차 서술되면서 '나'의 성장 의식을 그리고 있다. 현재의 이야기 진행은 폐허가 된 방위대 본부를 거쳐 시내를 배회하다가 우연히 빨치산 시체에 대한 소문을 듣고, 시체를 보던 일이 서술된다. 이 시체 처리에 아버지와 형이 참여하고, '나'는 윤희누나를 윤간하자는 형과 형의 친구들의 '무서운 음모'에 심부름꾼으로 가담하는 부도덕한 성인의식에 참여한다. 이 세 가지 사건의 사이에 과거의 회상으로 전쟁 전의 유년 시절의 경험담이 제시되며 입사경험의 전과 후를 대비시키고 있다.

'나'는 빨치산 습격 때문에 폐허가 된 시가지를 보면서 '절망감'을 느낀다. 빨치산의 습격으로 불타 버린 시립병원과 방위대 본부에 대한 추억은 '나'의 유년 시절의 꿈이요 유토피아 공간을 상징하는 곳이었다. 방위대 본부는 옛날 부호가 살던 저택이었다. 전쟁 때 인민군들이 군사본부로 사용하다가 이후 시방위대가 생겨서 그 본부로 사용하게 된 건물이다. 이곳은 6.25가 나기 전에는 "썩어가는 빈집으로서 우리들 아이들의 놀이터"(388쪽)였다. 특히 지하실에 틀어박혀 백회로 된 벽에 크레용으로 그림을 그리며 "가슴 뛰는 놀이"를 즐긴 곳이었다. 그곳은 어릴 적 좋아했던 미영이의 추억이 서린 어린 시절의 꿈같은 공간이었다. 미영의 가족은 전쟁 때 피난으로 일본으로 가 버렸고, 이제는 미영이 집은 '매가(賣家)'라는 글이 쓰인 "더러운 종잇조각이 붙어 있는 빈집"(389쪽)이다.

벽돌 공장 옆에서 죽은 빨치산의 시체가 있다는 소문을 들은 '나'는 호기심에 시체를 보러 간다. 학교 친구들에게 새로운 소식인 시체의 발견에 대해 자랑스럽게 이야기하면서도 '어지럼증'을 느낀다. 시체는 "짜릿한 냄새"(393쪽)가 나는 피가 흘려 있었지만, "거대한 탱

크를 닮은 괴물"도 아니고 "돌덩이처럼 꽁꽁 뭉친 그런 신념 덩어리" (393쪽)도 아닌 인간의 '맨 얼굴'이다. '나'가 기대를 가지고 뛰어간 곳에는 전쟁을 부른 이념이나 사상이 사장된 한갓 가여운 인간의 모습이었다. 그 '맨얼굴'은 세계의 냉혹한 시선 아래 놓인 무력한 인간 존재의 모습에 불과한 것이었다.[10] '나'는 도시를 파괴로 몰고 간 빨치산의 시체에서 전쟁이라는 인간 신념이 현실의 파괴를 몰고 갔음을 확인한다. "고독한 시체의 후견인"[11]인 '나'는 동화세계의 파괴 원인이 인간의 신념과 의지가 가져온 전쟁 때문이라는 것, 그리고 "'나'의 유년기의 순수한 세계가 무너져가고 있다는 초조감"[12]으로 인하여 '어지럼증'을 느낀다. 이 어지럼증은 내면세계의 혼돈에 대한 육체적 대답일 뿐이다.

'나'의 내면적 충격은 여기서 끝나지 않는다. 시체 처리를 두고 아버지와 형이 아무런 감정 없이 참여하여 간단하게 일을 처리한 것을 보고 놀란다. 시체 처리가 돈으로 환산되었다는 사실, 무의식적으로 시체를 향해 돌을 던지는 '나'의 모습은 인간의 위악적인 모습의 환유이다. 여기에 '나'는 윤희 누나를 윤간하려는 형과 형의 친구들의 '무서운 음모'에 가담함으로써 성인의 위악적인 포즈를 받아들인다. 윤희 누나는 어렸을 적 '나'를 위안해준 모성을 닮은 따뜻한 안식처였다. 형과 형의 친구들이 윤희 누나를 멀리서 보면서, "몸 괜찮은데.", "저거……우리……먹을래?" 하며 "어둠과 음란의 냄새"(400쪽)를 풍김에도 '나'는 주저하지 않고 그 무서운 음모에 가담한다. 윤희 누나를 유인하는 메신저 역할을 한 것이다.

---

10 박은태, 「자기세계의 구조와 성장의 의미-김승옥론」, 『문창어문논집』, 문창어문학회, 2001, 231-232쪽 참고.
11 이창남, 앞의 논문, 313쪽.
12 이은애, 「성장소설의 측면에서 본 김승옥의 작품세계」, 『성심어문논집』 26집, 성심어문학회, 2004, 74쪽.

바야흐로 나는 <u>무서운 음모</u>에 가담하고 있었다. 간단한 말을 전해주는 그런 책임이 희박한 행위로써 가담하는 것이 아니었다. 자, 미영아, 너의 집을 제공하라고 한다. 매가(賣家)라는 글이 적힌 너털너털한 종이 조각이 붙은 너의 집 대문 앞을 지나칠 때마다 그러나 나는 그 집이 빈집이라는 생각을 해본 적이 한 번도 없었다. 적어도 그런 생각을 해본 적이 없었다고 고집하고 싶다. 미영아, 하고 부르면 곧 네가 뛰어나올 것 같았었다. 어느 날엔가는 아름다운 일본의 크레용을 내게 대한 선물로 가지고 돌아와서 네가 다시 그 집에 살게 되리라는 기대를 간직하고 있었다. 너의 빈집이 내게는 신비스러운 곳이었다. 나는 온갖 <u>화려한 공상</u>을 그곳에서 끄집어낼 수 있었다. 그런데 자, 미영아, 나는 이제 몇 분 안으로 <u>이러한 모든 것 위에 먹칠을 해버리려고 하는 것이</u>다.(밑줄-필자, 400-401쪽)

인용문은 형이 윤희 누나에게 저녁 9시 미영이네가 살던 빈집으로 오게 해달라는 부탁을 받은 후 나의 심정을 서술한 부분이다. 밑줄친 부분에서 알 수 있듯이 "무서운 음모"는 '나'의 어릴 적 동화적 순수세계인 "화려한 공상"을 파괴하는 일이다. 하얀 색 벽에 하얀색의 크레용으로 예쁜 꽃을 그려보라는 미영의 과거 행동에서 알 수 있었던 동심의 순수성이 이제 "모든 것 위에 먹칠을 해버리려고 하는 것"이 되고 만다. 그러나 오히려 그것은 나에게 있어 '자라난다'는 것으로 인지된다. 이는 "아프고 고통스럽지만, 그 이기적이고 위악적인 것을 견디어내야만 바로 사회에 들어오게 된다"[13]는 성인의 입사식이요, '지하실'로부터 시작된 '나'의 내면적 성장의 표현이기도 하다.
이 작품은 '나'의 내면 성장을 표현하면서도 그 이면에는 전쟁의

---

[13] 최애순, 「김승옥 소설의 성장소설적 의미-「생명연습」, 「건」, 그리고 「무진기행」에 나타난 〈자기세계〉와 관련하여」, 『어문논집』 47집, 민족어문학회, 2003, 252쪽.

상흔에 의해 파괴된 현실을 그리고 있다. 이 파괴의 모습은 겉으로는 시가지에 있는 방위대나 시립병원 건물이지만, 내면적으로는 동심의 파괴, 즉 꿈과 같은 환상의 순수한 세계가 위악적인 세계로 편입되면서 해체된 모습을 보여주고 있다. 시체의 발견과 처리도 전쟁이 원인이었고, '나'의 어지럼증이나 '무서운 음모'에 가담하는 일도 전쟁의 상처를 드러낸 사건이기도 하다. 또한 이 작품은 '나'의 내면의식의 성장이나 현실을 그려나갈 때 색채 이미지를 활용하고 있는 점이 돋보인다.

순수한 동심의 세계가 위악적인 세계로 편입되며 파괴되는 모습도 하얀색에서 먹칠을 하는 것으로 표현한다. 빨치산 시체를 본 '나'의 심정을 서술한 부분에서는 "주황빛 언덕", "까만색 레일"이 있는 구도로 표현하고 "방금 잠깐 쑤시고 간 그 강렬한 색채" 때문에 눈물이 나는 것으로 묘사하고 있다.(393쪽) 주황과 까만색의 배열은 죽음과 폐허의 상징이다. 풀밭에서 확인되는 초록빛은 새로운 삶의 반영이며, 주황색 구도는 '나'의 어지럼증을 매개하는 내면적 색채이다. 어린 시절 유토피아 공간인 어두운 지하실의 하얀 색 벽은 작품 후반부에서는 까맣게 먹칠하는 사건으로 대체된다. 빨치산 습격으로 파괴된 시가지의 모습에서 "온 시내가 푸른색의 짙은 안개 속"에 잠겨 있는 것처럼 표현한 것도 그 예이다.

3. '배고픔'과 '모르다'의 상징성과 현실 인식-「어둠의 혼」

「어둠의 혼」은 아버지의 부재에서 오는 자기 내면의식의 성장을 보여주고 있는 작품이다. 이 작품은 여타의 성장소설보다 작품의 짜임새가 우수하고, 간결한 문체로 주인공 내면의식을 추적하고 있어 주목된다. 이 작품은 아버지가 "잡혔다는 소문"으로부터 시작하여 '나'의 아버지 주검을 확인하는 순간까지의 현재 이야기와 아버지의 이력과 '나'의 가족이 겪는 아픔을 형상화한 과거 이야기가 '나'의 독백 형식으로 전개되고 있다.

아버지는 일본에서 고학으로 유학생활을 하고 돌아와서 사회주의 활동에 빠져 있다. 좋은 직장을 잡을 수 있는 것도 마다하고 동네에서 만세운동에 참여하기도 하고 야학을 열어 청년교육에 앞장서기도 했다. 아버지는 "사상인지 뭔지에 미쳐" 늘 순사에게 쫓기는 신세이고 우리 집은 "빨갱이 집"이라고 낙인찍혔다. '나'는 아버지가 하는 일이 무엇인지는 알 수 없으나 집에 "곧 순사가 들이닥칠 것만 같"은 불안감이나 "처자식 고생시키고 그 짓"(276쪽)해서 잘 될 줄 아냐고 한탄의 소리를 하는 어머니의 아픔을 알고 있다. 무엇보다 힘든 생활은 "배고픔"이다. 굶주림을 중심으로 생활의 어려움을 진행하고 있는 담론 형태는 '나'가 집에서부터 지서에 이르는 과정에서 여러 사람들을 보며 과거 회상을 하는 장면에서 반복되고 있다.

> 아버지가 잡혔다는 소문이 온 장터 마을 에 쫙 깔렸다. …(중략)…
> 사람들은 아버지가 오늘 밤에 총살당할 거라고들 말했다. …(중략)…
> 이제 아버지는 <u>한 줌의 연기</u>처럼 자취도 없이 사라질 게다. <u>그 사라진 연기</u>를 다시 모을 수 없는 것같이 이제 우리 오누이들은 아버지라고 불러 볼 사람이 없게 된다. 왜냐하면 아버지는 이태 넘어 늘 집에 없었으니깐. 닭을 채어 가는 들개처럼 늘 숨어서 어디론가 헤매고 다녔으니깐. 산 도둑같이 텁석부리로 또는 선생님처럼 국방복을 입고 문득 나타났다 잽싸게 사라져 버리는 <u>요술쟁이 아버지</u>. 이제 아버지의 그 요술도 끝이 나고 말았다.(밑줄-필자)[14]

---

14 편집부 편, 『제3세대 한국문학』 6권(김원일 편), 삼성출판사, 1983, 261쪽. 앞으로 작품 분석은 이 텍스트를 근거로 하며, 인용 면수만 표시한다. 원래 김원일의 「어둠의 혼」은 『월간문학』, 1971년 1월호에 발표되었다.

인용문은 이 작품의 서두 부분이다. 아버지가 지서에 잡혔다는 소문, 곧 총살당할 것이라는 말이 마을에 퍼져 있다. 밑줄 친 부분에서 알 수 있듯이 주인공 '나'(갑해)는 아버지가 '한 줌의 연기'로 사라질 것이라고 걱정한다. 집안 살림을 돌보지 않고 여러 운동에 참여하면서 경찰에 쫓기는 아버지의 모습을 '요술'로 파악하고 있듯이, 아버지의 이념이나 좌익운동에 대해 정확하게 알지 못한다. 무엇보다 생활의 궁핍에서 어려움을 겪는 가족에 대한 걱정뿐이다. '나'와 누나, 동생 '분선'은 늘 '배고픔'에 시달린다. '나'와 동생은 공부는 꽤 하면서도 "쌀 한 톨 생기지 않는 일에 목숨을 걸고 산길을 타고 다닌 아버지의 요술"(262쪽)때문에 언제나 배고픔으로 괴로워한다. 나면서부터 "바보 천치"로 태어난 누나의 울음과 어린 동생 분선이의 서러움이 생존의 가장 근원적인 '밥의 문제'로 전경화 되는 것은 현실의 어려움을 드러내는 소설적 장치이다. 날씨가 추워져 저녁의 한기를 느끼는 자연스런 현상도 "배가 고프니 그런 모양"이라고 생각할 정도이다.

아버지가 하는 '그 짓'은 이데올로기를 내면화한 사상운동이지만, 나에게 그것은 언제나 잘 '모르는' 일이다. 그리하여 문면에는 '그 놈의 사상', '그놈의 짓', '그 일', '요술', '빨갱이 짓'으로 대치되고 있다. 아버지의 부재에 임박한 순간에서도 "아버지가 왜 그 일에 적극 나서게 되었는지", "사람들이 모두 쉬쉬하며 두려워하는 그 일에 아버지가 왜 발 벗고 나서서 뛰어들게 됐는지 나는 그 내막을 모른다."(272쪽) '나'는 아버지의 사상운동에 대해서 의문을 제기하지만, 결론은 '모른다'이다. 주위 인물들을 만나면서 점차 '그 일'이 좌익운동이라는 것을 알게 되지만 '모르쇠'로 일관한다. 유식한 이모부조차 함구하고 아버지의 활동에 대한 의미는 여전히 '모르고', 점차 "더 이상 알아서는 안 될 것"이라는 "정당성"만 강화한다. 이는 "이데올로기에 대한 두려움과 공포"[15] 때문이다. 이는 작가의식의 반영이다. 또한 가족을 현실생활에서 책임져야 한다는 '장자'의식에서 출발한 이념의 구체적 반영이기도 하다.16 '나'는 알 수 없는 세상에서 중요한 것은 '이념'이 아닌 '밥'의 문제라고 생각한다. 막연히 아버지의 모습을 거대한 '키 큰 포프라'로 인지하기도 하지만, 나의 내면 의식에서는 이념에서 벗어나 무엇인가 모를 '수수께끼'에 대한 '두려움'에서 벗어나 "집안을 떠맡은 기둥"으로 힘차게 살아가야 한다고 다짐을 한다.

> 서른 일곱으로 <u>연기처럼 사라져 버린 아버지.</u> 이제 내가 죽기 전 영원히 만날 수 없게 된 아버지. 어린 나에게 너무나 큰 <u>수수께끼를 남기고 죽어버린 아버지</u>의 일생을 더듬을 때 나는 알 수 없는 <u>두려움</u> 때문에 사시나무처럼 떤다. 그와 더불어 나는 무엇인가 깨달은 느낌을 가지게 되었다. 그 느낌을 꼬집어 내어 설명할 수는 없었으나, 이를테면 살아가는 데 용기를 가져야 하고 어떤 어려움도 슬픔도 이겨내야 한다는 그런 내용의 것이었다. 모든 것이 <u>안개 속 같은 신기한 세상, 내가 알아야 할 수수께끼가 너무나 많은 이 세상</u>을 건너갈 때, 나는 이제 <u>집안을 떠맡은 기둥</u>으로서 힘차게 버티어 나아가지 않으면 안 된다.(밑줄-필자, 280쪽)

인용문은 이 작품의 결말 부분이다. 밑줄 친 문장에서 알 수 있듯

---

15 김미영, 앞의 논문, 31쪽.
16 이 작품은 작가 김원일의 자전적 체험을 바탕으로 하고 있다는 점은 많이 알려져 있다. 종종 작품의 주인공 '갑해'와 김원일을 동일시하는 경향이 있다. 아버지의 좌익 활동으로 궁핍한 생활을 겪으면서 유·소년기의 결핍된 가정환경에서 벗어날 수 없었던 작가는 가족을 책임져야 한다는 '장남'의 역할이나 의무에서 벗어나지 못했다. 아버지의 부재와 밥의 결핍은 유년의 화자에게 두려움과 공포의 대상이 되었다. 이에 대한 자세한 논의는 다음 논문을 참고하기 바란다.
　권오룡, 「개인의 성장과 역사의 공동체화: 김원일론」, 권오룡 엮음, 『김원일 깊이 읽기』, 문학과지성사, 1991.
　하응백, 「장자(長子)의 소설, 소설의 장자(長子)」, 권오룡 엮음, 위와 같은 책.

이 "안개 속 같"이 "수수께끼가 너무나 많은 세상"에서 "연기처럼 사라진" 아버지의 부재를 인지한다. 나의 의식 성장은 "집안을 떠맡은 기둥"으로 힘차게 살아야 한다는 다짐으로 환치된다. 가족의 장남으로서 생활을 책임져야 한다는 소년의 다짐은 "알 수 없는 두려움"으로부터 벗어나는 것이었다. 현실을 버텨가는 힘은 용기가 필요하다는 것, 어려움이나 슬픔도 이겨내야 한다는 막연함이다. 이는 이데올로기에 대한 두려움과 공포에서 벗어나면서 현실을 든든히 지켜야 한다는 장남의식의 발로이기도 하다.

서술자 '나'(갑해)가 아버지를 중심으로 파악한 세상은 '수수께끼'이고 '모르는' 것이 많은 곳이다. 오직 '배고픔'으로 현실의 고통을 느낄 뿐이다. 이 작품에서 주목해야 할 점은 '나'의 내면 의식의 변화가 '안개 속 같은 세상'처럼 모호하고 구체적이지 못하다는 데 있다. 그저 현실의 안위는 '밥'의 문제로 환치되고 아버지의 행동은 '그 일', '그 짓'으로 미룬다. 물론 경험자아의 눈이 14세 전후의 소년[17]이어서 드러난 담론 형태이지만, 서술자아의 위상으로 볼 때, 작가의 냉철한 현실인식의 부재 또는 역사의식으로부터의 회피 현상이 있기 때문이다. 다음과 같은 묘사를 보면 현실을 그리는 작가의 시선이 이미지화 되거나 간접화 되어 있음을 알 수 있다.

> 나는 보라색을 싫어한다. …(이하 3행 생략)… 보라색은 어쩐지 아버지의 하는 일을 떠올리게 해주고 어머니의 핏멍 든 얼굴을 생각나게 한다. 보라색은 또 말라붙은 피와 같고 깜깜해질 징조를 보이는 빛깔이다. 옅은 보라에서 짙은 보라로, 그래서 야금야금 어둠이 모든 것을 잡

---

[17] 작품의 문면에는 주인공의 나이가 구체적으로 드러나지 않는다. 다만, 동생 분선이가 "내년이면 국민학교 4학년이 된다"는 점, 주인공이 '국민학교' 시절을 회고하는 서술이 있는 점을 감안하면 14세 전후일 것이라고 짐작할 수 있다.

아먹다가 끝내 깜깜한 밤이 온다는 것은 참으로 무섭다. 이 세상에 밤이 없는 곳이 있다면 나는 늘 그곳에서 살고 싶다.(265쪽)

현실의 고통이나 어려움은 '보라색', '어둠'으로 대치되고 있다. 물론 이 보라색의 이미지나 어둠의 상징성은 '아버지의 삶'이다. 아버지 주검을 확인하면서 "아버지의 가슴은 그 무서운 보랏빛"(279쪽)으로 인지하고 있거나 "아버지는 어둠 속에서 총살당할 것"(265쪽)이라는 독백 장면에서 확인할 수 있다. 이는 아버지 부재가 가져오는 현실에 대한 불안감으로 환치되면서 "세상에 밤이 없는 곳이 있다면 나는 늘 그곳에서 살고 싶다"(265쪽)는 데까지 구체화된다. 이렇게 색의 이미지로 현실을 파악하는 것은 전쟁 전(前)의 현실을 객관화하는 리얼리즘 정신의 쇠퇴라고 할 수 있다.

이 작품의 담론 구성은 여타 성장소설의 제재의 모티프와 상호텍스트성이 있다는 점과 간결한 문체로 사건을 진행하여 '나'의 내면의식을 효과적으로 드러내고 있는 점이 주목된다. 우선 전자의 문제는 이미 다른 연구에서 지적하고 있듯이 「흰종이 수염」, 「장마」, 「羊」에서 적용된 모티프를 복합적으로 보여주고 있다.[18] 이는 일반적인 성장소설의 특성을 드러내는 요소의 하나이기도 하다. 이러한 모티프의 차용은 주인공 의식의 성장을 보여주는 데 있어서 중요한 사건

---

18 "「어둠의 혼」은 분단소설 중에서도 대표작이다. 이는 ① 학병으로 징집되었다가 해방 후 귀환한 외팔이 전상자(이 작품에서는 '찬길'의 경우~필자 주)를 다루었다는 점에서, 전쟁 통에 징용 노무자로 나갔다가 오른팔을 잃고 돌아온 아버지를 다룬 「흰종이 수염」과, ② 빨갱이인 아버지를 체포하기 위해 사탕 한 봉지로 '나'를 유인하는 순사를 다루었다는 점에서, 빨갱이 삼촌을 체포하기 위해 초콜릿으로 '나'를 유혹한 형사를 다룬 「장마」와, ③ 아버지 때문에 빚어지는 짜증을 '나'에게 퍼붓는 어머니를 다루었다는 점에서, 역시 그와 유사한 어머니의 모습을 다룬 「羊」과 간텍스트성의 관계에 있다는 점에서 주목된다."(필자가 일부 문장 생략함. 신희교, 「성장소설과 상상력의 빈곤」, 『현대소설연구』 6집, 현대소설학회, 1997, 62쪽)

의 열쇠를 쥐고 있다. 또한 이 작품은 간결한 문장 구성으로 주인공 의식의 변화를 독자에게 각인시키는 데 성공하고 있다.

 (1) 나는 돌아선다. 걷는다. 사립문 곁 꽃밭은 음침하다. 애써 구한 씨를 분선이와 함께 뿌린 꽃밭이다. …(중략)… 그런데 어둠 속에서 꽃밭은 침침하다. 사실 꽃밭만은 밤낮을 가리지 말고 좀 밝았으면 싶다. …(중략)… 나는 대문을 나선다.(268쪽)

 (2) 나는 색시에게 물어본다. 색시는 그래그래 하고 건성으로 대답하며 내 머리를 쓰다듬는다. 손은 붉고 크다. 그러나 어머니의 손보다는 곱다. 분 냄새가 코를 콕 찌른다. 쪼르르 배가 끓는다. 나는 슬그머니 부끄러워진다. 더 이상 있을 수가 없다. 나는 더 이상 참을 수가 없게 배가 고프다.(272-273쪽)

인용문 (1)은 '나'(갑해)가 누나와 동생 분선이 배고프다고 하여 집을 나서 장터에 있는 이모 집으로 어머니를 찾으러 가는 장면 도입 부분이다. 집안에 있는 꽃밭을 보며 '음침'하고 '어둠 속에서 침침한' 모습으로 묘사하면서 '나'의 생활의 어려움을 색채 이미지로 표현하고 있다. 간결한 문장의 전개로 주인공 의식의 상태를 효과적으로 나타내고 있다. 인용문 (2)는 술집을 하는 이모 집에 도착한 '나'가 어머니 소식을 술집 색시에게 묻는 장면이다. 행동의 묘사를 간결한 주어와 서술어만 연결하는 단일한 문장으로 속도감 있게 진행하여 독자에게 사건에 쉽게 참여할 수 있도록 유도하고 있다.
 이 작품은 전술한 바와 같이, 현실을 '배고픔'의 현상으로 묘사하고 있다. 작가는 이러한 점을 강조하기 위해 인물의 이름에 대해서도 의도성을 가지고 명명(命名)을 하고 있다. 이 작품의 주인공 이름은 '갑해'로 표기되었지만, 아버지 이름 '배 용빔'을 감안하면 '배갑해'

이다. 이는 '배고파'와 음성 상징의 유사성을 지니고 있다. 또한 아버지와 마찬가지로 일본에서 대학을 다니다 학병에 끌려 가 외팔이가 되어 돌아온 '찬길' 또한 '찬(차가운) 길'이라는 음운의 유사성으로 "미친 놈의 세상"(271쪽)에 살아가는 '찬길'의 아픔을 대신하고 있다. 이외에도 '판돌이'는 야학당에서 공부를 잘했던 동네 청년인 바, '판이 잘 돌아'라는 의미로 변용될 수 있는 이름으로 명명하고 있다.

III. 결론

 이 논문에서는 성장 소설 양식의 전후소설이 전쟁의 상흔과 현실을 어떠한 방식으로 형상화하고 있는지 살펴보았다. 성장 소설은 개인의 성장 과정과 그 속에서 발생하는 이야기가 서로 결합하기 때문에, 현실 인식의 변화를 포착하기 쉽다. 전후 소설 중에서 성장소설 양식을 택한 작품 중에 「쑈리 킴」, 「乾」, 「어둠의 혼」을 주목하였다. 그 이유는 이 세 작품이 성장소설의 전범을 보여준 우수한 텍스트라는 점과 각각 50년대, 60년대, 70년대 작품으로 그 양식상의 변화를 파악할 수 있는 장점이 있기 때문이다. 논의결과를 요약하면 다음과 같다.

 첫째, 「쑈리 킴」은 미군기지 근처를 주요 배경으로 삼아 매춘부인 '따링 누나'와 사는 '쑈리'라는 소년을 통해 전후의 비정한 사회현실을 폭로하고 있다. 이 작품에서는 전쟁으로 인하여 고아들이 사회에 부유하며 부도덕한 생활을 영위하는 모습을 객관화하는 데 중점을 두고 있다. 현실에 대한 인식 방식은 모호하고 경위를 '모르는' 점을 강조하여 환상적으로 처리하는 한계를 보인다. 초점화자와 서술자의 분리를 통한 효과적인 담론 구성 방식을 보여주는 장점은 있으나, 냉철한 현실인식 태도는 유보되고 있다.

둘째, 「乾」은 전쟁과 폭력적인 세계를 경험한 유년의 기억을 입사식의 성장 양식으로 처리한 작품이다. 이 작품은 경험자아와 서술자아의 거리를 이용하여 '나'의 내면 성장을 추적하고 있다. 개인의 의식 성장의 장치 이면에는 전쟁의 상흔을 그리려는 작가의식이 반영되었다. 파괴된 시가지나 빨치산 시체, 윤간하려는 '무서운 음모'에 참여하는 사건들은 전쟁 때문에 동심이 파괴되고 위악적인 세계로 편입함을 보여주는 환유형식이다.

셋째, 「어둠의 혼」은 아버지의 부재에서 오는 자기 내면의식의 성장을 보여주고 있는 작품이다. 좌익 운동에 빠진 아버지의 주검을 확인하는 외연적 이야기 구조에서 '나'의 현실 인식과 의식의 성장을 탐색하고 있다. 현실은 '배고픔'으로 환치하고 사상이나 이념에 대해서는 '모르쇠'로 일관하여 역사로부터 회피하려는 작가의식을 반영하고 있다. 이러한 이유 때문에 현실에 대한 인식이 이미지화 되거나 간접화된 담론으로 구성되어 있다. 간결한 문체와 인물의 명명법은 주목할 만하다.

참고문헌

권오룡, 「개인의 성장과 역사의 공동체화: 김원일론」, 권오룡 엮음, 『김원일 깊이 읽기』, 문학과지성사, 1991.

김미영, 「김원일의 성장소설과 〈삶의 수수께끼〉 풀기」, 『한국언어문화』 37집, 한국언어문화학회, 2008.

김용재, 『한국소설의 서사론적 탐구』, 평민사, 1993.

나병철, 「전쟁체험과 성장소설」, 『청람어문교육』 33집, 청람어문교육학회, 2006.

박인태, 「자기세계의 구조와 성장의 의미-김승옥론」, 『문창언문논집』, 문창어문학회, 2001.

신희교, 「성장소설과 상상력의 빈곤」, 『현대소설연구』 6호, 1997.

안용희, 「송병수 소설의 유형적 특징과 변모 과정」, 『현대문학이론연구』 제34집, 현대문학이론학회, 2008.

이보영, 『성장소설이란 무엇인가』, 천예원, 1999.

이은애, 「성장소설의 측면에서 본 김승옥의 작품세계」, 『성심어문논집』 26집, 성심어문학회, 2004.

이재선, 『한국현대소설사』, 민음사, 1991.

이창남, 「성장소설의 기호학-김승옥의 성장소설 「건」과 은유, 환유」, 『한국문학이론과 비평』 44집, 한국문학이론과 비평학회, 2009.

차혜영, 「성장소설과 발전이데올로기」, 『상허학보』 12호, 상허학회, 2004.

최애순, 「김승옥 소설의 성장 소설적 의미-「생명연습」, 「건」, 그리고 「무진기행」에 나타난 〈자기세계〉와 관련하여」, 『어문논집』 47집, 민족어문학회, 2003.

최현주, 「한국 현대 성장소설의 서사 시학 연구」, 전남대 박사학위논문, 1999.

하응백, 「장자(長子)의 소설, 소설의 장자(長子)」, 권오룡 엮음, 『김원일 깊이 읽기』, 문학과지성사, 1991.

Chatman, Seymour, *Story and Discourse: Narrative Structure in Fiction and Film*, Ithaca: Cornell Univ. Press, 1978.

Genette, Gerard, *Narrative Discourse: An Essay in Method*, trans. Jane E. Lewin. Ithaca: Cornell Univ. Press, 1980.

Lanser, Susan Sniader, *The Narrative Act: Point of View in Fiction*, Princeton: Princeton Univ. Press, 1981.

Martin, Wallace, *Recent Theories of Narrative*, Ithaca: Cornell Univ. Press, 1986.

Prince, Gerald, *Narratology: The Form and Functioning of Narrative*, Berlin: Mouton, 1982. 최상규 역, 『서사학-서사물의 형식과 기능』, 문학과지성사, 1988.

Rimmon-Kenan, Shlomith, *Narrative Fiction: Contemporary Poetics*, London: Methuen, 1983. 최상규 역, 『소설의 시학』, 문학과지성사, 1985.

Stanzel, F. K., *A Theory of Narrative*, Trans. Charlotte Goedsche. Cambridge: Cambridge Univ. Press, 1984. 김정신 역, 『소설의 이론』, 문학과비평사, 1990.

Todorov, Tzvetan, *The Poetics of Prose*, Ithaca: Cornell Univ. Press, 1971.

제2부

전후소설과 『혼불』의 담론 특성

인공 치하 현실의 구성 방식과 간접화된 담론
- 염상섭의 『취우』

I. 서론

『취우』는 한국전쟁을 소재로 한 최초의 신문연재소설[1]이면서 염상섭 후기 작품의 대표적 장편소설이다. 우리 문학사에서 6.25전쟁은 "현대소설의 발생론적 기원"[2]이라고 평가될 만큼 문학적 상상력의 자장을 일으킨 일대 사건이었다. 전쟁은 "자기 보존의 원리와 도구적 이성"으로 "타자에게 폭력을 행사하는 근대적 계몽의 가장 폭압적"[3] 성격을 지닌다. 전쟁 상황에서 자기 생명의 보존과 기존 생활의 유지는 가장 근원적인 인간의 존재 확인 방식이다. 일상의 삶을 파괴하는 전쟁은 생활 속의 긴장과 공포를 불러일으키는 계기가 되며, 인간존재의 성격을 점검하는 시험대가 되기도 한다. 그러기에 전쟁

---

1 한원영, 『한국 신문연재소설의 사적 연구』, 푸른사상, 2010, 54쪽. 이 작품은 1952년 7월 18일부터 1953년 2월 20일까지 『조선일보』에 연재되었다. 이후 1954년 을유문화사 판 단행본이 발간된다.
2 이재선, 『한국현대소설사』, 민음사, 1991, 81쪽.
3 나병철, 「전쟁체험과 성장소설」, 『청람어문교육』 33집, 청람어문교육학회, 2006, 166쪽.

을 소재로 하는 소설에서는 생활이나 삶의 조건에 대한 탐색을 주요 테제로 삼기 마련이다. 장편소설 『취우』의 창작 배경에도 이러한 점이 작용하고 있다.

이 작품은 "인민군 치하의 서울에서 벌어지는 갖가지 사건들과 전쟁을 겪는"4 인물들의 삶의 궤적을 그리고 있다. 1950년대 전후소설에서 볼 수 없는 인공치하의 서울을 시공간적 배경으로 삼고 있으면서5 장편 소설 『난류』의 속편의 성격을 갖고 있고 『새울림』, 『지평선』 등과 연작 관계6에 있다. 이러한 점 때문에 염상섭 후기 장편소설을 대표하는 작품으로 주목되었다. 이 작품은 전쟁 상황에 있는 한국 사회의 단면을 "가치중립성의 세계"7의 작가의식으로 형상화하고 있다. 대체적으로 기존 연구는 이러한 관점에 근거하여 평가하고 있다.8 『취우』의 서사 구성을 "일상의 논리가 전쟁의 충격을 압도"9하고 있음을 증명하거나, 염상섭 특유의 "간접제시의 원리"로 한국전

---

4 김춘선, 「염상섭의 〈취우〉와 한설야의 〈대동강〉 비교」, 『현대문학의 연구』 38집, 현대문학 연구학회, 2009, 306쪽.

5 이러한 점 때문에, 이 작품은 "한국전쟁을 재현한 소설들 가운데에서도 단연 예외적인 성과"로 평가되고 있다. 이철호, 「반복과 예외, 혹은 불가능한 공동체-『취우』를 중심으로」, 『대동문화연구』 82집, 2013, 103쪽.

6 김종균, 「자아실현과 시대인식」, 『한국근대작가연구』, 삼지원, 1985, 108쪽.

7 김윤식, 『염상섭 연구』, 서울대학교출판부, 1987, 842쪽.

8 대부분의 연구에서는 '가치중립성'의 작가의식이 반영되었음을 전제로 하여 『취우』의 내용이나 인물 구도, 형상화 방식과 역사의식 등을 살피고 있다. 이들 연구는 이 소설의 독자적 특성을 찾는 데 주력하고 있다. 다음 연구들이 대표적이다.

김승환, 「부르조아 리얼리즘과 가치중립성」, 김종균 편, 『염상섭소설연구』, 국학자료원, 1999.

김양선, 「염상섭의 〈취우〉론-욕망의 한시성과 텍스트의 탈이념적 성격을 중심으로」, 『서강어문』 14집, 1998.

유임하, 「세태로서의 분단현실과 중산층의 일상적 세계-염상섭의 해방 이후 단편과 장편 〈취우〉에 나타난 현실인식」, 『한국어문학연구』 31집, 1996.

9 진정석, 「염상섭 문학에 나타난 서사적 정체성 연구」, 서울대 박사학위논문, 2006, 107쪽.

쟁을 "역사로부터 분리된 일상성"10을 그리고 있다는 평가가 그 예이다.

반면에 『취우』의 문학적 성공을 다른 측면에서 접근한 연구도 있다. 이 소설에서 재현된 한국전쟁은 "일상성의 위력에 압도되는 것이 아니라", "가족관계의 재구성", "여성 중심으로 재편될지도 모를 새로운 세계의 갑작스런 도래에 대한 은유적 재현"11이라는 주장이 대표적이다. 또한 "적치하 서울의 특수한 생존의 풍경을 작가의 치밀한 서사적 구성"을 통해 "적치 전후의 선명한 변화를 거시적으로 조망"함으로써 "역사적 상황을 생생하게 다룬 상당히 예외적인 작품"12으로 평가하기도 한다. 분명한 것은 이 작품은 "가족적 상상력의 일상성 속에서 돈을 매개로 하여 이루어지는 인간관계를 추적"13하고 있다는 점이다. 다만, 일상성 속에 담긴 의미가 역사의 도피의식인지 아니면 한국 전쟁의 특수한 상황의 거시적 조망 방식인지는 상세하게 조감할 필요가 있다. 『취우』를 다시 주목한 이유가 바로 여기에 있다.

이 소설은 분명 두 가지 측면에서 주목할 가치가 있다. 하나는 염상섭 문학작품의 전개과정과 특성을 정리하는 작가론 측면에서의 가치이고, 다른 하나는 1950년대 전쟁체험을 소재로 하는 소설의 특성이 이 작품에서는 어떻게 구현되고 있는지 증명하는 텍스트 자체의 가치이다. 전자는 염상섭의 창작방법 논의와 연관되며 후자는 작품의 고유성과 관련된다. 이러한 의미에서 전쟁체험을 소재로 하는 『취우』의 전후소설로서의 보편성과 텍스트로서의 독자성을 아울러

---

10 김종욱, 「염상섭의 〈취우〉에 나타난 일상성에 관한 연구」, 『관악어문연구』 17집, 1992, 153쪽, 156쪽.
11 이철호, 앞의 논문, 121쪽.
12 김영경, 「적치하 서울의 소설적 형상화-염상섭의 『취우』 연구」, 『어문연구』 제49권 제2호, 한국어문교육연구회, 2017, 312쪽, 313쪽.
13 우한용, 「소설 기호론의 구조와 해석-염상섭의 '취우'」, 『한국현대소설구조연구』, 삼지원, 1990, 339쪽.

설명하는 방식을 다시 찾아야 할 것이다.

이를 해결하기 위해서는 먼저 이야기 구조를 정리하고, 구체적 서술 담론의 특성을 살펴 소설의 형상화 방식을 탐색해야 한다. 한 편의 소설은 작가가 만드는 '서술된 이야기'와 독자가 만드는 '보충적 이야기'가 결합되어 하나의 작품으로 완성된다고 하였거니와,[14] 서술 층위가 복잡한 장편소설에서는 그만큼 이야기의 핵심 구조를 가늠하기 어려운 점이 있다. 장편소설의 이야기 구조는 어느 한 관점의 독서법만 허용될 수 없는 다양한 서술 층위가 존재한다. 독자가 채워가는 보충적 이야기는 한국전쟁이라는 사회·역사적 맥락과 닿을 수도 있고, 현재화된 심리 상태일 수도 있다. 그러나 분명한 것은 소설은 서술자가 이끌어가는 언어 세계에 의해 형상화된 텍스트라는 사실이다. 서술자와 인물, 플롯의 관계에서 추출되는 서술 담론의 특성[15]은 이야기 내용의 구체적 실천이면서 소설의 형상화 수준을 가늠하는 기준이 된다.

Ⅱ. 순차적 구성을 통한 인공 치하 현실의 재현

『취우』는 한국전쟁의 독특한 일면인 인공치하의 서울을 배경으로 1950년 6월 28일부터 12월 13일까지 생활의 모습을 전지적 작가 시점으로 그리고 있다. 강순제와 신영식을 중심으로 진행되는 스토리 라인은 겉으로는 애정의 구도를, 안으로는 돈과 연관된 사회의 모습을 중심 서술 대상으로 삼고 있다.[16] 이야기의 구조는 6.25전쟁으로

---

14 F. K. Stanzel(김정신 옮김), 『소설의 이론』, 문학과비평사, 1990, 227-230쪽 참고.
15 서술 담론과 관련된 이론이나 방법론은 김용재, 『한국소설의 서사론적 탐구』, 평민사, 1993, 167-186쪽을 참고하기 바란다.
16 한 연구에서『취우』는 "6개월여의 '적치하 서울'을 시공간적 배경으로 하여 전

피난길에 나선 인물들의 삶을 묘사하는 데서부터 출발하여 9.28 서울 수복 후의 삶과 다시 그해 겨울, 남으로 피난을 떠나는 시간 속에서 구체화된다. 총 20개의 장으로 이뤄진 이 소설은 전쟁 상황 속의 생활의 편린을 '돈'과 '사랑'의 구도 위에서 평면적으로 제시하고 있으며 플롯은 시간의 진행과 함께 순차적으로 구성하고 있다. 6월 28일 피난길의 실패담과 그에 얽힌 인물들의 삶의 양상, 서울 수복 후의 도강에 성공한 피난민과 잔류할 수밖에 없었던 인물들의 만남, 그해 겨울 다시 부산으로 피난길에 오르는 과정이 외부적 시간의 흐름이다. 이 안에서의 구체적 삶은 순제와 영식의 시각으로 보는 전쟁의 상흔과 애정의 갈등이 묘사되며, 생명의 유지와 생활을 영유해나가는 평범한 삶의 모습이 그려지고 있다.

이 소설의 도입부분(1장에서 3장[17])은 한강철교가 폭파된 다음날(6월 28일) 새벽 1시경부터 오후까지 피난에 실패한 인물들이 영식 집으로 피하는 과정을 보여주고 있다. 이 부분에서 주요 인물이 직·간접적으로 모두 소개된다. 한미무역 회장 정필호와 그의 아들이며 전무인 정달영, 딸 명신, 사장 김학수와 그의 애첩이자 비서인 강순제,

---

쟁 이전과는 다른 일탈적 상황에 놓인 중산층 소시민의 '돈'과 '애정'의 욕망 추구라는 프리즘으로 포착하고 있다"고 지적한 바 있다.(김양선, 앞의 논문) 또한 "전쟁의 소용돌이 속에서도 돈과 애정을 둘러싸고 갈등을 일으키는 인간들의 모습"을 그리고 있다고 파악하기도 하였다.(김춘선, 앞의 논문, 310쪽) 이러한 논의는 텍스트의 '탈이념성'이나 '비역사성', '일상성'을 강조하기 위하여 주요 등장인물의 욕망 구조를 탐색하는 데 주안점을 두고 있어 필자의 관점과는 다르다. 이 논문에서는 텍스트의 서사 동력으로서 작동하고 있는 두 축으로 '돈'과 '사랑'을 설정하고, 현실반영의 방식과 소설적 형상화 방식을 살피고자 한다.

17 기존 연구에서도 이 소설을 크게 3부분으로 나눠 이야기 내용을 정리하였다. 1-7장/ 8-15장/ 16-20장(김춘선, 앞의 논문)으로 나누기도 하고, 1-3장/ 4-15장/ 16-20장(김종욱, 앞의 논문), 1-4장/ 5-15장/ 16-20장(김양선, 앞의 논문), 1-3/ 4-16장/ 17-20장(김영경, 앞의 논문)으로 나누기도 하였다. 『취우』는 서울함락과 수복을 중심으로 작품 속 중심인물이 변화하며, 인물들의 지위 및 관계도 함께 변화하는 구성"을 보이고 있기 때문에 김영경의 구분이 가장 타당하다.

과장인 신영식 등이다. 회사 차로 피난길에 오른 김학수 사장과 순제, 영식, 운전수와 보조수인 창길이 표면에 등장한 인물이다. 이들은 철교가 폭파되어 피난에 성공하지 못하고 영식의 집에 기거하게 된다. 간헐적인 시가전으로 생명에 위협을 느끼는 긴박한 상황 속에서도 김학수 사장은 '보스톤 빽'과 '열쇠 꾸러미'를 챙기는 데만 신경을 쓴다.

4장 이후부터 16장까지는 순제와 영식을 중심으로 인공치하 서울 시민들의 모습이 그려지고 있다. 여기에서 주요 사건은 한미무역 회사 임금 지급 문제와 얽힌 일련의 사건과 순제와 그녀의 전남편이자 인민군으로 다시 돌아온 장진의 만남, 〈횡액〉[18]으로 영식이 북한 의용군으로 끌려갔다가 다시 돌아오는 일 등이다. 인공 치하의 서울에서 적색분자로 변질되는 인물들의 모습이나 물가 상승으로 고통 받는 서민들의 모습이 간접화되어 드러나지만, 텍스트 표면에는 순제를 중심으로 생활을 꾸려가는 모습이 주로 서술된다. 순제와 영식의 애정이 점차 깊어지는 과정이 중심 서술대상이 되면서 일상적인 삶의 형상이 묘사된다.

17장 이후부터는 9.28 서울 수복을 맞은 환희와 그 해 겨울 다시 국군 후퇴로 부산으로 떠나는 인물들의 모습이 그려진다. UN군의 인천상륙작전 성공으로 서울은 〈해방의 자취〉처럼 활력을 찾게 된다. 수복을 맞아 정달영이나 영식과 혼담이 오갔던 명신, 미군 종군을 한 종식(김학수 사장 아들)이 돌아와 서울에서 잔류한 인물들과 조우한다. 여기에서는 순제-영식-명신의 애정의 삼각 구도가 극명하게 드러난다. 이들 사랑의 갈등은 해결되지 않은 채 다시 명신의 도움으로 모두 부산으로 피난을 떠나며 결말을 맞는다.

---

[18] 『염상섭 전집』 7권, 민음사, 1987, 156쪽. 제17장의 제목이다. 앞으로 작품 인용은 민음사 판을 기준으로 하며, 쪽수만 표시한다.

이 같은 표면적인 이야기는 서술자의 적정한 통제 아래 '돈'과 '사랑'을 중심으로 인간 삶의 조건을 탐색하고 생활의 편린을 드러내는 데 집중하고 있다. 시간의 흐름은 순차적으로 진행하여 6개월 정도 흐르고 있지만, 텍스트 대부분은 인공치하 3개월에 집중된다. 공간적 배경은 서울의 동네 이름을 구체적으로 제시하여 사실감을 높이고 있다. 즉, 천연동, 혜화동, 재동, 마포, 서빙고 등 실재하는 공간지명을 제시하여 재현의 성격을 강화한다. 순차적 구성이 주는 플롯의 단순함을 '돈'과 '사랑'의 서사 동력을 활용하여 독자에게 긴장감을 유지하고 소설적 형상화에 기여할 수 있게 하고 있다.

1. '돈'의 역학 관계와 생활의 조건

전쟁은 정치적 이념의 대립에서 온 폭력적 충돌이지만, 작중인물들에게 있어서 전쟁 상황은 평상시의 삶을 연장하는 가운데 벌어진 조그만 파문에 불과하다. 중심인물로 등장하는 순제와 영식은 모두 무역회사 내에서 중추적 역할을 하는 인텔리 출신이다. 김학수 사장을 따라서 피난을 하고자 했던 이들이 한강을 건너지 못하고 "독 안에 든 쥐"(17쪽)로 "공포의 도시, 죽음의 거리"(26쪽)에 갇히게 된다. 이들은 "치안과 방비를 잃은 진공(眞空)의 서울"(26쪽)에서 예전과 같은 삶을 유지하기 위해 생활을 정비하게 된다.

서울에서의 일상적 삶의 양상은 인물들에게 있어서는 현상의 유지를 위한 이기적 욕망의 형태로 변질된다. 자본주의 체제의 '돈'은 인간관계의 핵심 중개물이요, 사회적 욕망이다. 김학수 사장이 위험이 도사리는 피난길에서도 자본의 상징인 "보스톤 빽"을 챙기는 데 급급한 일련의 행동이 대표적인 예이다. 김 영감은 "반 양제(洋制)의 으리으리한 저택"을 버리고 영식 집에 머물게 되었을 때도 "오막살이 아랫방 한 간"에서 "묵직한 보스톤 빽을 들어다 놓고 바지 포켓에서 열쇠꾸러미를 꺼내어"(35쪽) 구들장에 숨긴다. 피난길을 동행했던 운전수도 창길의 부상을 걱정하는 것보다 자동차 한 대면 살 수 있다고 믿고 며칠 뒤에는 회사에서 도망치고 만다. 회사 내 회계과장 최종우도 공금을 횡령하여 살 궁리를 한다. 은행 문 닫혔으면 사원들에게 우선 반달 치 월급이라도 주어서 "급한 대루 목이나 축이게"(72쪽)해야 한다는 영식의 말도 혼란스러운 현실 속에서도 돈이 생활의 방편임을 강조한 기표이기도 하다. 회사원들의 월급 쟁의에 얽혀있는 일련의 사건들도 '돈'이 삶의 영속을 위한 최고의 방편임을 드러내준다. '돈'은 삶의 지속을 위한 수단이면서 욕망의 대용물로 기능하고 있다.

(1) 요행이 편히 굶는 사람이 삯일로 대신 나가 준대서 한 번에 이천 원 이천 오백원씩 물고 모면을 하는 것이다. 그것도 대포탄환을 나르다가, 달밤에 모래사장에서 폭격을 맞았다나 한 뒤로는 삼천 원을 준대도 사람을 구하기가 힘들었다. 폭격이 밤낮없이 심해지고 그럴수록 부역이 잦아 가니, 인부값은 나날이 껑청껑청 뛰어오르고 밤참 변또도 이편에서 싸 주어야 나가게 되었다. 장정은 다 끌어 내가고 벼룩의 간 같은 돈을 긁어다가 탄환을 날라가는 것이었다.
…(중략)…
순제는 저번에 시계를 팔아 온 이만 원 돈도 쌀 몇 되 팔고, 하루 걸러큼씩 부역삯전이요 뭐요 하고 흐지부지 다 쓰고, 오늘은 팔깍지나 가지고 나설까 하는 판인데,(200-201쪽)

(2) 석 달 생활을 보장하라고 쫓아다닐 제, 자기 말대로 돈푼 집어 주었더면 후환이 없었는걸…… 하는 생각도 순제는 하여 보았으나, 설사 저희 말대로 당이나 지부에 돈을 주었기로 뺏을 것은 뺏고 우그려 넣지 말라는 법도 없을 거니, 영감만 나무랄 수도 없을 것 같다.(205쪽)

인용문 (1)은 순제가 영식 집을 비롯하여 자신의 집 살림을 꾸려가면서 생활이 점차 어려워지는 모습을 그린 부분이다. 인공 치하 생활이 석 달 가량 되면서 생명을 유지할 쌀이나 음식이 점차 줄게 된다. 더구나 부역도 늘어 힘든 생활을 이어간다. 인부를 사서 대리 부역을 시키는 장면에서 돈은 사회적 책무의 대행으로 기능한다. 시계나 팔찌를 팔아 "쌀 몇 되"를 대치해야 하는 장면은 돈이 생명의 유지와 생활의 방편에서 주요함을 보여준다.

인용문 (2)는 순제와 같은 회사원이었던 임일석이 당과 지부에 협력하면서 "생활 보장"을 핑계로 김학수 사장을 찾아 영식 집에 들른 뒤의 순제의 생각을 서술하는 부분이다. 임일석은 북한 의용군으로 끌려간 영식도 자신들에게 돈을 주었다면 어려움을 당하지도 않았고 지금이라도 쉽게 풀려나올 수 있음을 알린다. 순제는 "형사 끄나블 모양으로"(204) 불쑥 집에 들어와 돈푼을 밝히는 인물들에 대하여 김학수 사장이 돈이 생명보다 더 중하게 여기는 것과 동일하게 생각한다. '돈'이 사회적 욕망의 상징물로 기능하고 있다.

사실 소설 전반부에서 김학수가 영식의 집 구들장에 숨겼던 돈이나 후반부에서 생명의 위협을 느껴 순제의 계략으로 생활 처소를 종식의 처가(김학수 사돈집)로 옮겨 돈을 지키고자 한 행동들은 일신상의 안위나 보위와 거리가 있다. 오직 돈을 지켜야 산다는 삶의 가치관만 부각될 뿐이다. 이 소설의 처음과 중간, 끝부분에서 지속적으로 돈이 인물의 행동이나 마음에 영향을 끼치고 있다. 이야기 전개의 중요 기제가 돈을 중심으로 변화되고 있다. 진정 돈은 생활 속에서 "간접화된 가치의 상징"[19]이다.

또한 이 소설에서는 인물의 관계나 사회적 갈등의 표출을 '돈'을 직간접적으로 내세워 전쟁 상황 속의 생활상을 그리고 있다. 순제와

---

19 우한용, 앞의 책, 329쪽.

영식을 중심인물로 삼으면서 30명이 넘는 인물들은 사실 회사 공동체의 일원이었다. 순제는 한미무역에서 통상 업무를 수행하는 비서요, 영식은 이 회사 과장이다. 정필호 회장과 그의 아들 정달호 전무, 김학수 사장과 그의 아들 종식, 그 외 임일석, 김한이, 은애, 윤만, 창길 등 등장인물의 대부분은 전부 같은 회사 직원으로 연계되어 있다. 순제의 전 남편이자 공산주의자 장진과 그의 친구인 송병규만 제외하면 모든 등장인물은 회사의 공동체에 소속되어 있으며, 여성 인물들도 회사와 관계된 가족, 친지로 엮여 있다. 회사는 경제적 이익을 위한 사회제도의 구체적 양상이다. 자본주의 체제 속의 돈은 회사를 움직이는 주요 매개물이다. 따라서 이들 인물들 간의 관계 형성을 중심으로 하는 플롯의 전개는 '돈'을 통하여 생활의 재현을 보여준 구체적 서사 담론이다.

이처럼 '돈'은 인간 생명의 유지와 생활의 지속을 상징하는 교환 수단이다. 이로써 전쟁 상황 속의 인물들을 경제 활동의 주체로 앞세움으로써 생활의 조건을 탐색했다고 볼 수 있다. 전쟁은 삶의 형태를 크게 바꾸지 않았다. 인공 치하에서도 좌판도 열리고 시장이 형성되었으며, 인간관계도 '돈'으로 유지하고 있음을 보여 준다. 이는 전쟁의 상황을 일상생활 속에서 재현하려는 작가의 형상화 방식에 다름 아니다.

2. '사랑'의 구도 속에 반영된 현실

한편 이 소설을 추동하는 이야기의 또 다른 축은 사랑의 구도이다. 애정의 구도에서 중심 서술대상은 영식-순제-명신의 삼각관계이다. 이중 강순제는 서사의 동력을 갖는 중심인물이다. 순제는 김학수 사장의 애첩이자 비서였다. 하지만 순제는 김학수 영감에 대해 "물질적으로나 생리적으로나 필요에 응해서", "생활의 방편"(36쪽)으로 삼을 뿐 각자의 생활에 구속을 받는 것은 싫어한다. 이러한 순제의 성격은 피난길에 오른 차 안에서의 묘사에서도 구체화된다. 같은 회사 과장인 신영식과 "구경"(39쪽) 삼아 전쟁의 상흔이 있는 동네를 둘러보며 둘 사이에 이전과 다른 애정이 싹튼다. 명신과의 혼담이 오갔던 적이 있었던 영식은 여태껏 순제를 "⟨여자⟩로 대한 일은 없"(56쪽)었지만, 주위 가족들의 생활을 챙기면서 둘은 가까워진다. 영식은 "순제처럼 발랄하고 야무진 여자는 살림의 맛도 알"것이라고 긍정적으로 생각하기 시작한다. 현실적인 문제로 영식의 집에서 살림을 꾸려나가기까지 한 순제는 그 집안 식구들과도 친근해진다.

순제가 영희(영식의 동생)에게 여러 선물을 하는 장면이나 영식의 스웨터를 짜면서 "정신적 만족이 아니라 감각적 유열을 전신에 느"낀다는 서술 등은 사랑의 감정이 깊어졌음을 보여주고 있다. 북한군을 따라 남하했던 전 남편 장진을 만날 때도 그녀는 무심하게 대한다. 장진과 술을 마시면서 옛 추억을 더듬을 때도 순제는 영식과 술을 마셨던 때를 생각하고 만다. 장진이 세상이 바뀌었으니 자기와 함께 국가 일을 같이 하자는 제안을 했을 때에는 "자유를 등지고까지 당신의 아내가 될 수 있을 만큼 자기를 버리고 나설 용기도 없"(119쪽)다는 편지를 전하고 만다.

영식과 순제의 애정 관계를 "전쟁과 연관시켜" 하는 서술들은 "인민군에 의해 점령된 서울의 특수한 상황"[20]을 환유하는 장치이기도 하다. 순제는 장진에게는 경계를 하면서 영식에게 "내 포로"(102쪽)라고 말한다. "법률상 유부녀"(102쪽)라고 당당하게 말했던 순제가

---

[20] 김영경, 앞의 논문, 302쪽. 그 외에도 "전쟁의 메타포를 사용"하여 순제가 영식의 사랑을 확인하고 있다고 보고, "등장인물로 하여금 전쟁과 사랑을 유비적 관계에 놓고 말하도록 함으로써 염상섭은 사랑을 통해 전쟁을, 전쟁을 통해 사랑을 이야기하고 있다."(이철호, 앞의 논문, 115쪽, 116쪽)는 해석을 참고하기 바란다. 여기에서는 기존 연구에서 지적하지 못했던 사례까지 종합하여 정리하였다.

내무서원의 호구조사에서 영식이 "제 내자"라고 둘러대고 배급통장에 순제의 이름을 올리자 "죽을 고비를 넘긴 듯이 눈이 환해"(140쪽)진다. 나중에는 그녀는 "내가 포로지 당신은 무전 승리를 한, 무조건 항복, 무혈 항복을 받은 용장"(55쪽)이라고 말한다. 순제는 자신의 사랑은 '독재'이며 '군령'이고 '명령'이라고 해석한다. 이러한 단어나 비유적 표현들은 둘의 사이가 전쟁 상황 중에 피어나는 사랑임을 반복적으로 환기 시킨다.[21] 이들의 사랑은 여러 삽화를 통해 우연적으로 발전한다. 특히 8장 '피신'부터 11장 '도피행 하루'까지의 생활상 묘사에서 둘의 사랑은 더욱 깊어진다.

이들 사랑의 감정은 〈횡액〉으로 영식이 북한 의용군으로 끌려가는 사건에서 극대화된다. 순제는 본래 "빨갱이라면 송충이보다 소름끼치"(65쪽)지만, 영식을 의용군에서 빼내기 위해 공산주의자인 전 남편 장진을 찾아가는 일도 마다하지 않는다. 영식을 순영(순제의 여동생)의 남편이라고 소개하고 순제도 장진과 일도 같이 할 수 있다는 교환조건을 내걸 생각을 한다. 결국 여러 사정으로 순제의 계획은 실행되지 않았지만, 그만큼 영식에 대한 순제의 애정은 남다름을 알 수 있다. 이 둘의 관계는 순제의 적극적 행동으로 애정이 한층 깊어진다. 영식이 의용군으로 끌려간 뒤로는 "살림을 순제가 도맡아"(193쪽)하게 되었다. 순제는 김학수 영감에게 관계를 정리하며 퇴직금 명목으로 받은 돈도 영식 집을 위해 사용할 정도였다.

이들의 관계는 서울 수복 후 명신과 그의 일행이 서울로 돌아온 뒤 애정의 삼각관계로 형성된다. 〈기적〉(18장 제목)같이 영식이 집

---

[21] 이러한 경향은 영식과 명신의 관계에서도 반복적으로 드러난다. 소설 후반부 텍스트 표면에 직접 등장하는 명신은 영식에 대한 사랑의 감정을 "십년 동안 마음에 뿌리박은 교목"으로 비유하면서, 앞으로 영식을 계속 사랑하고 기다리겠다는 강한 의지를 편지로 전한다. 이 편지에서도 '감투', '용기'와 '전략', '사면초가'로 상황을 표현하면서 "아직 패군의 장"은 아님을 선언한다.(256-257쪽)

으로 돌아온 뒤, 남으로 갔던 명신 식구들도 다시 서울로 오게 된다. 순제와 사랑의 감정을 확인했던 영식이었지만 명신을 싫어하는 것은 아니다. 영식이 경성대학 재학 시 동급생 정달영의 동생으로 인연이 시작된 명신은 "십년의 연륜에서 배어 나와서 호박(琥珀) 빛으로 엉긴 송진 같은"(256쪽) 관계이다. 다만 그녀의 "부모 반대를 무릅쓰고 돌진하기에는 자존심이 허락하질"(154쪽) 않을 뿐이었다. 19장의 제목 '방황의 삼거리'가 암시하고 있듯이 이들의 애정 갈등은 심화된다. 영식-순제-명신의 애정 관계는 국군의 평양 철수 소식으로 다시 부산으로 피난을 떠나면서 미해결 상태로 끝난다.

애정의 구도 속에서 텍스트 대부분의 진행은 순제와 영식의 관계 형성에 초점을 맞춰 진행된다. 명신이 작품 표면에 직접 등장한 것은 서울 수복후의 삶이 묘사되는 18장 이후이다. 이들의 사랑은 사랑의 본질적 탐색이나 인간 조건의 의미로 나아가지 않는다. 그렇다고 통속적인 소재로 활용되는 것도 아니다. 사랑의 감정은 서사 동력을 이끄는 수단으로 기능하고 그 이면의 전쟁 상황 속의 현실을 반영하는 데 서술의 초점이 작용한다. 손님 접대 형식의 목욕 장면이나 술 마시는 장면, 풍속의 묘사에서도 감상벽이나 허위적 오락성으로 기울지 않는다. 작가의 서술 통제는 생활 묘사 속에서 현실의 반영을 찾는 데 집중하는 경향이 있다. 이렇게 전쟁의 상황을 객관적으로 접근하려는 서술 태도 때문에 전쟁 속의 이념이나 가치관은 감춰진 채 인물들의 생활의 편린이 전경화 된다.[22]

---

22 이러한 서술 태도 때문에 "『취우』의 리얼리즘은 전시 서울이라는 시공간 속 삶의 리얼리티를 확보하는 데서 완성된다."는 평가가 가능하다. 배하은, 「전시의 서사, 전후의 윤리」, 『한국현대문학연구』 45집, 한국현대문학연구학회, 2015, 207쪽.

Ⅲ. 현실의 간접적 제시와 서사 담론의 관계

일상인의 생활 감각으로 한국 전쟁의 현상을 조감하고 있는 『취우』는 위에서 살펴본 것처럼 '돈'과 '사랑'의 구조 안에서 서술자의 적절한 통제 아래 현실을 반영하고 있다. 전쟁 상황의 반영은 구호나 이데올로기에 대한 탐색의 방식이 아니라 평범한 생활인의 시각에서 삶의 조건과 생활 속의 인간존재 확인 방식으로 이뤄지고 있다. 전지적 작가의 시점으로 인물과 사건을 통제하고 있는 이 소설은 생활의 묘사를 통한 리얼리티 확보를 위해 다양한 담론 조직 방식을 보여준다.

특히 비유를 통한 묘사 방식은 사건을 객관화하는 소설적 장치로서 기능하고 있다. 이러한 방식은 인공 치하의 서울의 현실을 묘사함에 있어 특정 인물을 초점화자로 설정하고 이를 해석하는 서술자아를 내세움으로써 단순히 풍경 묘사에 그치지 않고, 전쟁 속의 인간 삶의 조건을 탐색하는 수준으로까지 나아갈 수 있게 한다. 또한 서술자 개입이 가장 강하게 부각될 수 있는 인물의 대화나 해석적 서술 담론에서도 전쟁 상황 속의 생활상을 재현하는 데 집중하는 경향이 있다. 이 장에서는 이러한 서술담론의 특성이 작품에 어떻게 작용하고 있는지 살펴봄으로써 소설적 형상화에 어떠한 영향을 주고 있는지 찾고자 한다.

1. 비유를 통한 묘사와 서술자의 개입 효과

이 소설에서는 현실을 조감하고 있는 전지적 서술자가 인물을 일정한 시공간 속에 배치하여 생활의 모습을 드러내는 데 집중하고 있다. 서술자가 인공치하에 있는 서울 시민의 삶을 반영하는 데 초점을 두고 있기 때문에 특정 사건의 조합으로 플롯이 이뤄지지 않고 삽화 형식의 이야기가 연쇄적으로 반복되는 특성을 지닌다. 삶의 반영 방식이 서울 시민들의 현실 생활을 카메라의 눈으로 보고하는 형식을 띠면 소설이 아닌 르포 기사 양식으로 변질될 우려가 있다. 그러기에 작가의 상상력은 '돈'과 '사랑'을 축으로 소설적으로 형상화함으로써 삶의 반영을 객관화하는 데 집중한다. 어느 현상을 묘사함에 있어서도 표면적 의미와 심층적 의미의 차이에서 오는 효과를 노리는 담론 특성 때문에 현실을 간접적인 방법으로 객관화하는 데 성공하고 있다.

이 소설의 제목은 여러모로 상징성을 띤다. '취우'란 갑작스럽게 내린 소나기이다. 이 소설에서 바라보는 전쟁은 삶을 영유해나가는 사람들에게 '갑작스럽게' 들이닥친 소나기와 같다. 소나기라도 이는 곧 그칠 비라는 점이 내재되어 있다. 여기에서 흥미로운 점은 이 소설의 '제목'과 관련 있는 소나기 내리는 장면을 묘사하는 곳은 두 곳에 그친다는 점이다. 하나는 소설 도입부분(인용문 1)이요, 다른 하나는 영식이 의용군으로 끌려갈 때의 모습을 묘사한 부분(인용문 2)이다.

(1) 앞창 유리를 사정없이 촤촤 내려 갈기는 굵다란 빗발에 룸 램프를 끈 컴컴한 자동차 안의 사람들은 멀거니 밖을 내다보고 앉았으나 창에 부딪쳐 튀는 물방울이 안개같이 자욱이 가리어, 보이는 것이라고는 앞차의 빨간 라잇밖에 없다. 좌우 양옆에서 와글거리고 벅적거리던 피난민떼도 절벽같이 캄캄한 속에서는 다만 커단 검은 그림자가 한데 엉켜서 흔들거릴 뿐이요, 그 법석통에 <u>빗소리조차 들리지 않는다.</u>(밑줄-필자, 11쪽)

(2) <u>비가 우둑우둑 듣기 시작하였다.</u> 무엇들을 하느라고 그러는지, 지휘하는 젊은이들은 서류를 들고 갈팡질팡 들락날락만 하더니, 비가

오는 바람에 정신이 났는지, 비로소 다시 대오를 정제하고 번호를 붙이고……공기가 차차 긴장하여졌다. …(중략)… 비가 차차 굵어 갔다. 여자들은 비에 젖은 적삼이 등에 척 붙어서 근실거리는 것도 모르고 제 식구의 얼굴만 치어다보기에 얼이 빠졌다. …(중략)…

비행기 소리가 때를 맞춘 듯이 우루룰 들려온다. 폭탄이나 떨어지지 않을까 하고 잠간 찔끔들 하였다.(밑줄-필자, 189-190쪽)

인용문 (1)에서 "굵다란 빗발"은 현상적으로는 소나기 내리는 장면이지만, 이면에는 포탄 터지는 소리를 암유하여 전쟁의 상황을 묘사함을 알 수 있다. 피난민에게 "빗소리조차 들리지 않는다."는 진술은 우왕좌왕하는 피난민들 모습과 전쟁 상황 속에서 생활의 성격을 간접적으로 상징하는 표지가 되기도 한다. 인용문 (2)에서도 밑줄 친 부분은 의용군으로 끌려가는 장면을 극적으로 표현하는 효과도 있지만, 그 이면에는 인공 치하에서 긴장된 생활을 하는 시민들의 모습을 형상화하는 기표가 되기도 한다. 묘사에 있어서 이러한 이중적 효과는 서술자아와 초점화자의 분리[23]에서 오는 간접화하는 담론 조직방식에서 기인한다. 즉, 대상을 바라보는 초점화자는 현재에 머물고 있지만, 이를 해석 설명하는 서술자는 적 치하 생활상을 정리하는 위치에 있다.

(1) 남대문 편으로 은행 곁에 다니 파출소를 바라보니 뚜껑 없는 관을 세워논 것 같다. 정부가, 국회가 입으로만 사수하고 내버리고 간 서

---

[23] 쥬네트는 서술자의 위치와 기능을 '누가 바라보는가?(Who sees?)'와 '누가 이야기하는가?(Who speaks?)'를 준거로 하여 시점이론을 정리하였다. 전자는 초점화(focalization)의 문제이고 후자는 서술의 정도와 층위의 문제를 지칭하는 것이다. 전자의 주체가 초점화자이며, 후자의 주체가 서술자아이다. 이에 대한 자세한 설명은 김용재, 앞의 책, 177-178쪽 참고.

울에서, 파출소를 사수한 경찰관을 보기란 <u>솔밭에 가서 고기 낚으려기</u><u>다</u>.(29쪽)

(2) 일주일쯤 풍파를 겪는 뒤숭숭한 <u>생활의 거품</u> 속에서 명신이의 그림자가 물방울처럼 파뜩 떠오르다가는 훅 꺼지고 하는 것이었다.(104쪽)

인용문 (1)은 피난에 실패한 영식이 일행들의 피난처를 찾기 위해 새벽녘에 조심스럽게 회사가 있는 남대문 근처를 살펴보는 장면이다. 밑줄 친 "뚜껑 없는 관"은 치안과 경비 능력을 상실한 파출소를 비유하고 있으며, 더구나 경찰관을 보는 것은 "솔밭에 가서 고기"를 찾는 것과 같다고 은유적으로 표현하고 있다. 이러한 비유는 현재의 치안 공백을 지칭하고 있지만, 간접적으로는 한강 철교를 폭파하고 남하한 정부에 대한 비판과 불안한 미래 생활을 암시하기도 한다.[24] 인용문 (2)는 순제가 영식에 대한 호의를 간접적으로 표현하면서 적극적 애정 공세에 영식의 생각을 표현한 부분이다. 여기에서 피난 과정에 얽힌 여러 사건들이 "<u>생활의 거품</u>"으로 요약되어 있으면서 명신에 대한 애정의 정도를 암시하기도 한다.

이렇게 비유를 통한 현상의 극명한 제시와 생활 모습을 간접적으로 제시하는 이중 효과를 노리는 담론 조직방식은 이 소설 곳곳에서 보이는 작가의 전략이기도 하다. 순제의 적극적 애정 공세를 알리는 대목에서도 자신의 감정을 직접 드러내지 않고 영식과의 사랑을 "잔치"에 비유하면서 "설계"도 필요하다고 진술하는 대목(154쪽)은 현재의 감정 뿐 아니라, 앞으로의 영식과 순제의 관계 발전이 있음을 암시하는 표현이기도 하다. 서울 함락 후 불안한 생활을 이어 간 인물

---

[24] 실제로 이후 서술 진행에서 생활의 안정을 찾기 위해 이리저리 뛰는 인물들의 사건이 연쇄적으로 제시된다.

들의 모습을 정리하면서 "무덤 속 같은 까부라진 하루"(214쪽)를 보냈다는 비유나 서울에 잔류한 시민들을 "죄 없는 감옥살이"(215쪽)에 비유한 것도 현재의 상황을 효과적으로 표현한 방식이면서 현실을 간접적으로 비판하는 작가의 의식을 보여주는 대목이기도 한다.

2. 전지적 서술자의 성격과 가치 판단의 유보

이 소설은 관찰자 시각으로 장면을 묘사하여 현실을 재현하는 데 그치지 않고 전지적 성격의 서술자가 해석과 판단의 서술로 장면을 정리하고, 이후 사건을 연쇄적으로 연계시키는 방식을 택하고 있다. 이때 서술자의 태도는 전쟁이나 이에 처한 인물 심리 상태에 대해 직접적인 가치 판단을 유보하는 경향이 있다. 즉, 인물의 대화 속에 의탁하여 간접적으로 제시하는 방법을 택한다. 현상을 제시하고 이에 대한 작가 서술로 요약하거나 평가하는 담론 조직방식이 많이 등장하는 이유는 시간의 흐름 속에서 생활의 재현을 보여준 후 다음 사건을 연계하기 위한 방략이다. 이러한 담론 조직 방식이 드러난 예를 시간의 전환을 보여준 17장 서술 진행에서 살펴보기로 하겠다.

① 감방 속에 들어앉았는 죄수는 온종일 바깥 소리와 눈치에 귀를 기울이는 것으로 마음을 붙이며 지루한 하루를 보내다가 …(중략)… 오늘도 그대로 넘어가고 말았다.
② 달포 동안이나 문 밖을 내다보지도 못하고 갇혀 있던, 얼굴이 하얗게 세인 순철이는, …(중략)… 밝고 보니 9월 27일이다.
③ 어제 낮까지도 폭격과 비행기의 로케트포 폭격은 여전하였으나, 저녁때 한때는 한숨 돌리듯이 뜸하여졌었고, …(이하 42행 생략)…
④ 「아, 기 달게 됐다니까요. 따 쓸려 나갔에요, 아무튼지 종로까진 사람 다녀요. 어 학질 뗐다! 한여름 학질 잘 앓았다! 후우……」

하며 한숨을 쉬고, …(이하 5쪽 분량 생략)…

⑤ 종로 네거리-여기서부터 종각을 중심으로 구리개 쪽과 동대문 편을 향하여 벌판이다. 그대로 벌판이었으면 좋겠는데 창과 천장이 두려 빠진 불에 거슬린 벽만이 우쭉우쭉 서고 기왓장 벽돌 유리조각으로 뒤덮인 길은 발을 내디딜 데가 없다. …(중략)…

⑥ 모든 사람의 입에서는 벅찬 숨을 한데 몰아쉬듯이 어! 허! 하는 큰 숨결이 뿜어 나올 뿐이었다. 그것이 한숨이 아니라 석달 동안 오그라붙었던 사지를 펴며 힘줄이 쭉 뻗어나가고 혈관이 굵어지면서도, 피가 말라서 흥분한 감정과 함께 근육이 뛰놀지를 못하고 핏줄이 다시 까부라지는 때문이었다. 오랫동안의 영양실조와 운동 부족으로 흔희와 환호의 감정 표시도 제대로 못하게 하는 것이었다.

<u>금방 감옥 문밖을 나선 것처럼 사람들의 발밑도 부실하게 비쓸비쓸하였다.</u>(밑줄-필자, 215-221쪽에서 발췌)

인용문은 서울 수복과 함께 서울 시민들의 삶의 변화상을 보여주고 있는 17장 〈해방의 자취〉 첫 부분이다. ①~③까지는 순제의 동생인 '순철'의 시각으로 서울 수복이 곧 다가옴을 알리는 과정의 묘사이며, ④는 태극기를 달게 되었다는 순철의 말을 통해 세상이 다시 바뀌었음을 알리고, 인공치하 3개월간의 생활이 "학질"과 같았다고 비유한 장면이다. ⑤~⑥의 진행은 순제가 폐허처럼 변한 자신의 집을 둘러보고 난 후 그녀의 시각으로 시내의 모습을 묘사한 부분이다.

서사 진행의 방식은 특정 인물의 시각으로 배경을 묘사하면서 작가적 서술을 가미하여 사건을 전경화 한다. 이때 작가적 서술은 현실에 대한 해석이나 판단을 가미한다. 이처럼 작가의 생각이 반영된 현실은 사건의 의미를 구체화하는 데 기여한다. 그러기에 ①과 ②에서 장구한 서술은 인물의 생각인 것처럼 보이지만, 실제로는 전지성을 띤 작가의 의식이 반영된 결과이다. 이를테면, ①에서 인공치하

3개월을 보낸 서울 시민을 "죄 없는 감옥살이"로 평가한 시각은 순철이 아닌 작가와 친연성이 강한 서술자의 시각이다. ⑥까지의 서사 진행에서 작가적 서술은 인물의 시각에 끊임없이 개입하여 해설을 하거나 평가한다. 그리하여 ①에서 서술된 "죄수"의 성격이 ⑥에 이르러 일반화된다. 밑줄 친 부분처럼 사람들의 모습을 "감옥 문 밖을 나선 것"으로 비유할 수 있었다.

이처럼 작가와 인물의 시각이 교차하고 있기 때문에 ②와 ③부분의 진행은 자연스럽게 현실 재현의 성격을 지닌다. 또한 작가적 서술의 해석적 성격이 자연스럽게 '순제'의 시각으로 옮겨올 수 있어서 ④와 ⑤에서 순제가 자신의 집을 들러 여러 생각을 서술하는 것이 가능하게 만든다. 즉, 사건의 연쇄를 인물 시각적 서술과 작가적 서술의 교차를 통해 조합하는 방식을 택하고 있다. 이러한 서술은 독자로 하여금 서사적 현실에 직접 참여하게 하는 유도 장치이기도 하다. 또한 사건의 연쇄를 통해 객관적 현실로 리얼리티를 획득하는 방식이기도 하다.

서술자의 이야기 세계에 대한 적절한 거리 유지는 인물의 성격이나 사건을 형상화할 때 매우 중요하게 작용한다. 특히 인물의 서술자 개입이 직접적으로 드러나는 대화의 장면은 인물 성격의 창조나 사건의 성격을 규정짓는 중요 담론으로 작동할 수도 있다. 이 소설에서는 전쟁의 상황이나 이념에 대해 인물의 대화를 통해 중화시킴으로써 간접적으로 현실을 제시하는 방법을 택하고 있다. 작가의 시점으로 직접적으로 해설하거나 평가하지 않고 인물의 시각을 빌어 간접화하는 방식은 "전쟁과 이념에 대한 가치판단을 회피"[25]하는 작

---

[25] 김종욱, 앞의 논문, 153쪽. 이 논문에서는 작가가 "한국전쟁을 형상화함에 있어서 가장 중심적인 방법으로 채택하고 있는 것은 간접제시의 원리"라고 보고, 이러한 점은 "작가가 전쟁에 의도적인 거리를 가지려는 측면"과 "작가의 이념으로부터의 도피를 드러내는" 방법 때문이라고 평가하고 있다. 이러한 평가는 염상섭의 작가 의식

가의식을 보이고 있다고 비판받기도 한다. 그러나 소설의 시공간적 배경이나 인물의 성격 창조, 서술자와 플롯의 거리 등의 텍스트 내부적 요인을 감안하면 이러한 방식은 오히려 객관화된 현실을 드러낼 수 있는 장치로 기능한다고 볼 수 있다. 서술자가 직접 문면에 나서서 전쟁과 이념을 평가한다면, 작가의 의도가 직접 서술로 표현되어 주관적 성격으로 흐르기 쉽다. 오히려 가치 판단을 유보하거나 인물 대화를 통해 간접화함으로써 현상을 객관화하고 소설의 형상화에도 기여할 수 있다.

흙투성이가 된 구랄만한 국방색 바지 저고리에 목달이 운동화를 신은 꼴은 총을 가졌으니 군인이랄까? 저런 것들에게 국군이 밀리다니, 순제는 발을 구르고 싶었다.
「이거 어디, 전쟁요! 소꿉장난이지」
「그나마, 우리는, 서울 시민은 포로가 된 걸!」
두 남녀는 실소를 하였다.(40쪽)

인용문은 피난에 실패한 영식과 순제가 동네 주위를 살펴보는 가운데 인민군 모습을 본 생각을 대화로 표현한 부분이다. 순제는 전쟁의 정치적 이데올로기나 폭력적 성격을 간과한 채 한갓 "소꿉장난"처럼 여기고 영식은 우리는 "포로"라고 단순하게 생각한다. 두 남녀의 눈에 비친 전쟁의 상흔은 그들의 과거 경험과 연계되어 사실적으로 그려진다. 다만, 직접적인 폐해나 이념의 허상, 인간의 실존적 탐구로까지 이어지지는 않는다. 이러한 점이 오히려 텍스트 내부적 흐름으로 보면 훨씬 자연스럽다. 전쟁을 등장인물의 눈으로 관찰하고 깊이 있는 해석을 하지 않음으로써 생활 속의 전쟁 모습으로 형상화

이나 발표 당시의 창작 배경을 고려하면 일면 타당한 측면이 있다.

하는 계기도 되는 것이다.

이러한 점은 적색분자로 변한 회사 동료인 임일석이나 공산주의자인 장진에 관련된 서술에서도 드러난다. 이들에 대한 평가도 주위 사람들의 대화의 장면이나, 순제의 대화나 편지의 형식으로 드러낸다. 이념에 충실히 매진하는 사건이 텍스트 표면에 등장하지 않고 간접화 되어 해석되고 있다. 현실에 대한 역사 인식이나 이념이 소설 속의 주요 갈등 요소로 작동하지도 않는다.[26] 오히려 이러한 점이 인공치하의 전쟁 상황에 처한 인물들의 생활을 객관적으로 드러내는 데 기여하고 있다.

Ⅳ. 결론

염상섭의 『취우』는 인공 치하의 서울을 시·공간을 배경으로 전쟁 상황에 있는 인물들의 삶을 재현하는 데 성공한 작품이다. 이 논문에서는 그간의 연구 성과를 비판적으로 수용하면서 이야기 구조와 담론의 특성을 밝히고자 하였다. 이러한 접근은 이 작품의 소설적 형상화 정도를 가늠하고 작품 자체의 독자성을 찾고자 하는 선행 작업이기도 하다. 논의 내용을 요약하고 앞으로의 연구 과제를 제시하면 다음과 같다.

20개의 장으로 구성된 이 소설은 전쟁 상황 속의 생활의 편린을 평면적으로 제시하고 있으며, 플롯은 시간의 진행과 함께 순차적으로 구성하고 있다. 이러한 구성 방식에서 중요하게 작용하는 서사

---

[26] 이러한 이유는 "가족적 상상력" 때문이라고 보기도 한다. 즉, "현실에 대한 인식이나 이념이 소설적인 긴장관계를 유지하지 못하는 것은 …(중략)… 내적인 원리가 가족적인 일상성을 바탕으로 하고 있어서 거기 매몰되기 때문"이기도 하다.(우한용, 앞의 논문, 327-327쪽)

기제는 '돈'과 '사랑'이었다. 자본주의 체제의 '돈'은 인간관계의 핵심 중개물이요, 사회적 욕망이다. 이 소설에서 등장인물의 소속이나 관계는 직·간접적으로 '돈'과 연계되어 있다. 주요 인물이 모두 한미무역 회사라는 경제 공동체 안에 있으며 부수적 인물도 이들과 가족이나 친지로 구성되어 있다. '돈'은 인간 생명의 유지와 생활의 지속을 상징하는 교환 수단이다. 이로써 전쟁 상황 속의 인물들을 경제 활동의 전면에 내세워 생활의 조건을 탐색하여 생활을 재현하고자 하였다.

또한 이 소설은 '사랑'의 구도 위에서 현실을 반영하고 있다. 순제-영식-명신의 삼각관계가 드러나고 있지만, 서술의 대부분은 순제-영식의 관계 형성에 초점을 맞추고 있다. 둘의 '사랑'에 대한 감정 변화 추이는 서사 동력으로 작용하고 있으며 이면에서는 생활의 재현이 부각되고 있다. 이들의 사랑은 본질적 탐색이나 인간 조건의 의미로 나아가지는 않는다. 그렇다고 통속적인 재미에 기울지도 않는다. 작가의 서술 통제는 둘의 생활 묘사 속에서 현실의 반영을 찾는 데 집중하는 경향이 있다. 이러한 서술 태도 때문에 전쟁의 상황을 객관적으로 접근하고 사랑의 추이보다 생활의 편린이 전경화 된다.

이 소설의 담론 특성 가운데 주목할 사안은 평범한 생활인의 시각에서 삶의 조건과 생활을 묘사하면서 현실의 이념이나 가치관은 간접적으로 제시한다는 사실이다. 이를 위해 두 가지 측면의 서술 전략이 동원된다. 하나는 비유를 활용한 묘사와 서술 효과이며, 다른 하나는 전지적 서술자의 성격을 적정하게 변형시키고 있다는 점이다. 전자는 특정 인물을 초점화자로 설정하고 이를 해석하는 서술자아를 동시에 내세워 현실의 묘사와 그 때의 인간 삶의 조건이나 의미를 탐색하여 서술의 이중 효과를 보는 방식이다. 후자에서는 현실 묘사와 그에 대한 해석과 판단의 서술을 교차함으로써 이후 사건을 연쇄적으로 연계시키는 방법, 심리나 가치 판단을 인물의 대화 속에 의탁하여 간접적으로 제시하는 방법으로 구체화 된다. 현실에 대한 역사 인식이나 이념이 소설 안에서 중요 갈등요소로 작동하지 않는 이유도 이러한 서술 특성 때문이다.

 이 논문은 소설 텍스트의 내부적 접근으로부터 출발하여 이야기 구조와 담론 조직 방식을 탐색하고 있어서 타 텍스트와의 관계나 사회적·역사적 맥락에서 본 작품의 위상을 파악하지는 못했다. 다만, 그동안 소홀했던 소설의 형상화 방식을 서사 구조와 서술 측면에서 설명했다는 데 의의가 있다고 본다. 이를 바탕으로, 작가론 측면에서는 다른 작품과의 비교 검토가 이뤄져서 염상섭 특유의 창작방법을 일반화하는 작업이 필요하다. 또한 동시대의 다른 작품과의 관련성을 파악하여 전후 소설로서의 문학사적 의의나 가치를 탐구하는 작업이 필요하다.

참고문헌

김윤식, 『염상섭 연구』, 서울대학교출판부, 1987.
김용재, 『한국소설의 서사론적 탐구』, 평민사, 1993.
김승환, 「부르주아 리얼리즘과 가치중립성」, 김종균 편, 『염상섭 소설 연구』, 국학자료원, 1999.
김춘선, 「염상섭의 〈취우〉와 한설야의 〈대동강〉 비교」, 『현대문학의 연구』 38집, 현대문학연구학회, 2009.
김종욱, 「염상섭의 〈취우〉에 나타난 일상성에 관한 연구」, 『관악어문연구』 17집, 1992.
이철호, 「반복과 예외, 혹은 불가능한 공동체-〈취우〉(1953)를 중심으로」, 『대동문화연구』 82집, 2013.
김양선, 「염상섭의 〈취우〉론-욕망의 한시성과 텍스트의 탈이념적 성격을 중심으로」, 『서강어문』 14권, 1998.
배하은, 「전시의 서사, 전후의 윤리-〈난류〉, 〈취우〉, 〈지평선〉 연작에 나타난 염상섭의 한국전쟁 인식 연구」, 『한국현대문학연구』 45집, 한국현대문학회, 2015.
김영경, 「적치하 '서울'의 소설적 형상화-염상섭의 『취우』 연구」, 『어문연구』 제45권 제2호, 한국어문교육연구회, 2017.
우한용, 「소설기호론의 구조와 해석-염상섭의 '취우'」, 『한국현대소설구조 연구』, 삼지원, 1990.
진정석, 「염상섭 문학에 나타난 서사적 정체성 연구」, 서울대 박사학위논문, 2006.
유임하, 「세태로서의 분단현실과 중산층의 일상적 세계-염상섭의 해방이후 단편과 장편 〈취우〉에 나타난 현실인식」, 『한국어문학연구』, 한국어문학연구학회, 1996.
나병철, 「전쟁체험과 성장소설」, 『청람어문교육』 33집, 청람어문교육학회, 2006.
F. K. Stanzel(김정신 옮김), 『소설의 이론』, 문학과비평사, 1990.

현실과 의식의 거리 조정과 시간 운용 담론
― 최인훈의 『광장』

I. 서론

최인훈의 『광장』은, 그의 작품 대부분이 그렇듯이, 현실에 기초를 두고 있으면서도 의식의 흐름기법을 사용하여 주관적이고 추상적인 방법으로 현실을 드러내거나 비판하고 있기 때문에 작품의 의미를 파악하기 어렵다. 자유로운 상상력 속에서 펼쳐지는 현실과 관념의 이중주곡(二重奏曲)은 사실주의를 전통으로 삼는 우리 문학계에서는 "소설문학사상 가장 래디컬한 반역아"[1]로 불리는 단서가 되기까지 했다.

『광장』이 1960년 『새벽』지에 처음 발표된 이후 6번의 개작과정[2]

---

[1] 천이두, 「광장과 밀실」, 『한국소설의 관점』, 문학과지성사, 1980, 219쪽.
[2] 『광장』은 총 7개의 판본이 있다. 이를 구체적으로 나열하면, ①『새벽』지에 발표한 텍스트(1960.11) ② 정향사 단행본(1961.2) ③ 신구문화사 발행〈현대한국문학전집〉16권 (1968.1) ④ 민음사 단행본(1973.8) ⑤ 문학과지성사에서 간행한〈최인훈 전집〉제1권 초판 텍스트(1976.8) ⑥ 문학과지성사 전집 제2판(1989.6) ⑦ 문학과지성사 전집 제3판(1994.8)
이들 중 이 논문에서는 가장 최근의 텍스트인 문학과지성사 전집 제3판을 기준으로 논의할 것이며, 작품 인용은 본문에 쪽수만 표시하기로 한다.

을 거쳐 오늘에 이르기까지 수많은 독자를 확보할 수 있었던 이유는 무엇 때문일까? 무엇이 독자로 하여금 이토록 시대와 역사적 상황이라는 조건을 뛰어넘도록 하는 것일까. 이에 대한 대답은 쉽게 내릴 수 없다.3 단순히 내용적인 측면에만 집중하여 남북한의 현실이 비판적으로 소개되고 전쟁과 이데올로기, 사랑의 문제를 제기하고 있기 때문에 이 작품이 끊임없이 읽히는 문제작이라고 하기에는 너무 피상적이다. 이러한 과제를 해결하는 데는 먼저 텍스트의 자세히 읽기가 전제 된다.4

우리는 이 작품을 읽으면서 지식인 청년 이명준의 운명과 만난다. 남한생활-북한생활-전쟁터와 전쟁포로 생활-중립국행과 죽음이라는 주인공의 운명은 상당히 매력적이다. 이러한 일련의 서사과정 속에 독자는 현실을 해석하는 정신을 만날 수 있다.

『광장』의 서술자는 남북의 현실과 전쟁 등의 객관적인 사실을 묘사하고 보여주는 데 집중하고 있는 것이 아니라, 이러한 현실을 이명준이라는 한 지식인의 내면으로 끌어들여 이명준의 시각에서 현실과

『광장』의 개작과정에 대한 자세한 논의는 다음 연구를 참고하길 바란다.
김욱동, 『광장을 읽는 일곱 가지 방법』, 문학과지성사, 1996, 71-133쪽.
김현, 「사랑의 재확인-「광장」 개작에 대하여」, 『광장/구운몽』, 최인훈전집 1권, 문학과지성사, 1976.
한기, 「「광장」의 원형성, 대화적 역사성, 그리고 현재성」, 『작가세계』, 1990년 봄호.
권봉영, 「개작된 작품의 주제 변동 문제」, 작가연구총서 『최인훈』, 은애, 1979.
3 이제까지의 『광장』 연구도 이러한 물음에 답하는 형식이었다고 할 수 있다. 다양한 연구방법론을 동원하여 이 소설의 주제, 인물, 플롯 등이 분석되었다. 특히 밀실과 광장, 인물의 죽음에 집중하여 내용 파악에 힘을 기울였고, 형식적 접근으로 사변적 특성, 관념성, 상징성 등이 지적되었다. 또한 김욱동은 현대문학연구방법론을 소개하면서 각각의 방법론을 동원하여 『광장』을 집중 연구하여 이 소설의 가치를 한층 드높이는 역할을 하였다. 기타 자세한 기존 연구 소개는 뒤에 첨부한 참고문헌으로 대체하기로 한다.
4 최근 들어 『광장』의 구조적 특성이나 소설 언어에 대한 관심이 한결 고조된 배경에는, 이 소설의 난해성과 문학성 사이의 괴리 문제를 해결하여 이 작품의 우수성을 증명하려는 의도가 있다.

의식의 변주곡을 보여주고 있다. 그러면서 서술자의 심리 서술은 작가의 상상이나 공상에서 나온 것이 아니라, 어디까지나 "땅 위에 끈으로 매어 둔 경험의 풍선처럼, 현실적이고 인간적인 제약을 받는 마음이 보고 느끼는 경험의 세계"[5]에 기초를 두고 있다. 『광장』은 이처럼 현실에 기초를 두고 있으면서도 한 인간의 의식에 초점화된 서술을 함으로써 주인공 이명준의 지리적·심리적 여정을 보여주고 있다. 그러므로 『광장』을 분석하고 해석하는 작업은 이러한 서술상의 전략을 전제하는 데서부터 출발해야 한다.

한 편의 소설을 평가함에 있어 언어의 조직 방법과 담론의 실천 방식을 살피는 것은 구조적인 방법으로 문학성을 살피는 일인 동시에, 소설의 형상화 정도를 가늠하는 척도가 되기도 한다. 특히 『광장』처럼 난해성과 관념성이 지적되면서도 불후의 명작으로 남는 작품은 소설 담론 구성 방식을 분석함으로써, 소설의 영속성과 고전성을 증명하는 단서를 찾을 수 있다. 과거와 현재의 교차 서술 속에서도 사랑과 이데올로기 제시라는 무거운 주제를 무리 없이 소화해낸 담론 구성 방식은 어떠한 것인가. 이 점을 탐구하는 작업은 이 소설의 형상화 정도뿐만 아니라, 작가의 문체적 특성을 규정짓는 지름길이 될 것이다.

II. 현실과 의식의 거리 조정과 심리 서술

『광장』의 서술 구조는 이중 구조의 특징을 보인다. 작가는 '현실 드러내기'(상황의 설정)와 인물의 '의식 드러내기'(심리 서술)라는 두

---

[5] 이태동, 「문학의 인식작용과 야누스의 얼굴」, 작가연구총서 『최인훈』, 은애, 1979, 101쪽.

서술 세계를 서술자와 인물사이의 거리 조정을 통해 형상화하고 있다. 삼인칭 전지적 서술자는 주 인물인 이명준의 의식 속으로 들어가서 동종 서술자의 입장에 서는 한편, 인물의 밖에서 현실을 드러내는 이종 서술자로 기능하기도 한다. 이때 서술자는 현실의 객관적 묘사에 집중하고 있는 것이 아니라, 등장인물의 의식 표현에 더 집중한다. 또한, 현실적 상황과 인물의 행동, 사건 등은 서술자의 목소리가 외부로 향해 있고, 의식 표현 부분에는 서술자의 목소리가 인물의 내부로 향해 있다. 이러한 이중 구조는 이 소설의 기본 유형이라고 할 수 있다.

『광장』의 서술자는 주인공 이명준의 현실 상황과 의식 세계를 충실히 뒤따르면서 이야기를 진행하고 있다. 삼인칭 서술자와 이명준의 목소리는 거의 일치하는 특징을 보여준다. 코온의 용어에 따르면 두 목소리가 일치된 서술(consonance)[6]이며, 주네트의 용어를 빌면 '전이된 디스쿠르'[7]에 해당한다. 즉, 서술자와 인물의 거리가 가까운 것이 특징이다. 이러한 경우는 인물에 초점화가 되기 때문에 인물의 의식이나 심리를 드러내는 데 효과적이다.

『광장』의 서술자는 한편으로는 이명준이 처한 상황과 행동을 객관적으로 요약해 주면서 다른 한편으로는 그의 의식과 심리를 이명준의 시점에서 그대로 전달해 주고 있다. 그러면서 전자의 경우는 화자-초점화자의 서술, 후자의 경우는 인물-초점화자의 서술을 이룬다. 즉, 인물이 처한 상황과 현실은 서술자의 시점으로, 인물의 의식과 심리는 인물의 시점으로 서술한다. 이 두 차원은 서로 거리의 긴

---

[6] D. Cohn, 앞의 책 참고할 것.
[7] 김욱동, 앞의 책, 340쪽. 김욱동은 주네트의 서사론을 소개하고 광장의 서사구조를 분석하였는데, 서사 구조의 특징이나 분석은 이 책을 참고하기 바라며, 여기에서는 상세한 분석은 하지 않고 구조적 특성을 밝히는 데 주력할 것이다. 또한 필자의 논의는 김욱동이 지적하지 못한 것을 중심으로 서술하고자 한다.

장감을 주며 독자에게 전달된다. 『광장』이 현실과 의식의 변증법으로 인간 문제를 다루고 있다[8]고 가정할 때, 현실은 이명준의 과거와 현재의 삶이 제시되고, 의식은 이명준이 삶을 바라보는 인식론적 태도에 의해 결정된다. 또한 현실은 소설의 공간적 시간적 배경, 인물의 행동, 상황으로 나타나고, 의식은 인물의 심리와 마음으로 표현된다. 그러므로 이 작품에서 서술자는 '현실 드러내기'와 '인물의 의식 따라가기'라는 이중적 과제를 안고 있는 셈이다.

이 때 서술자는 현실 또는 상황을 객관적으로 보여주다가, 인물의 의식 안으로 들어가 인물의 시점에 의지하여 심리나 의식을 서술하는 양상을 보인다. 즉, 삼인칭 서술의 심리 서술의 특성을 보여주고 있는 바, 이러한 서술은 서술자와 인물의 거리가 가까워지면, 자꾸 서술된 독백 또는 인용된 독백으로 전이되는 양상을 보이기도 한다. 이 작품에서 현실과 상황에 대한 서술은 간략하게, 인물의 심리나 의식은 비대해져 심리서술이 중심이 되다가 차츰 서술된 독백이나 인용된 독백이 자주 나오는 것도 바로 이 때문이다.

(가) 말이 끝나기 전에 탁, 침이 날아 왔다.
그는 한 손으로 낯을 문지르면서 빙긋 웃었다.
"아첸 스빠시보, 댕큐 베리 마치란 러시아 말일세."
순간 그의 주먹이 태식의 얼굴을 갈겼다. 수갑이 채인 손으로 얼굴을 가리며 쓰러지는 태식을, 발길로 걷어찼다. 태식의 얼굴은 금시 피투성이가 됐다. …(중략)…
ⓐ사람이 사람의 몸을 짓이기는 버릇은 이처럼 몸에서 몸으로 옮아가는 것이구나. 몸의 길. 그는 발을 들어, 마루에 엎어진 태식의 아랫배를 차질렀다. ⓑ 꼭 제몸이 허수아비 놀 듯, 자기와 몸 사이에 짜증스런

---

[8] 이 문제에 대해서는 Ⅳ장에서 구체적으로 다룬다.

겉돎이 있었다. 그 틈새를 없애려고, 쉬지 않고 팔과 다리를 놀렸다.
…(중략)…

갈매기가 보이는 바다로 트인 분지에서 윤애를 애무했을 때도 그는 이랬었다. 쑥이었던 그가 능란한 사랑의 솜씨를 부린 것에 스스로 놀라던 일. 그때처럼, 아무렇지도 않았다. ⓒ나도 끔쩍할 수 있다. 아무렇지도 않다. 히틀러의 고문관들도 이렇게 해낸 것일 테지. 스페인의 종교 재판관들도 이렇게 해낸 것이지. 왕조의 형리들도 이렇게 곤장을 친 것이지. 그리고 윤애가 기다리고 있다. 그녀를 덮치는 것도 아무렇지도 않을 거다.(148-149쪽)

(나) 명준은 일으켰던 몸을 소리없이 눕힌다.
누워 있는 자리가, 그대로 슬며시 가라앉아서, 배 밑창을 뚫고 바닷속으로 내려앉을 것 같은, 어두운 멀미가 그를 잡아끈다. 불일듯하는 목구멍을 식히려고 침대에서 내려 큰 컵으로 물을 따라 마시고 다시 자리로 기어오른다. 굳이 돋우지 않아도, 얼어마신 술기운이 벌써 스며오는지 스르르 눈꺼풀이 감긴다. ⓓ다시 골라잡는다? 다시 골라잡으래도 또 지금 이 자리를 짚겠느냐? ⓔ암 그렇지…… 암.(26쪽)

인용문 (가)는 6.25전쟁 때 이명준이 북한군 정치보위에 근무하면서 서울에서 첩보활동을 했다는 이유로 붙잡혀 온 옛 은인의 외아들이며 친구였던 변태식을 고문하는 장면이다. 인용문 (나)는 중립국행을 택한 이명준이 포로수용선 타고르호에서 동료 박과 중립국 선택에 대해 대화를 나눈 뒤의 생각을 서술한 부분이다. 인용문에서 처음 부분은 객관적인 상황의 설정이며, 이는 인물 외부로 시점이 향해 있고, ⓐ부터 ⓔ까지의 밑줄 친 부분에서는 인물 내부로 시점이 옮겨가면서 인물의 심리를 서술해 주고 있다. 그 중 인용문 (가)의 ⓐ는 서술자의 전지적 입장이지만, ⓑ는 인물의 시점으로 옮아 온

제한적 입장이다. 이러한 심리서술은 ⓒ처럼 서술된 독백으로 옮아 가는 현상을 보인다. 심리서술이 서술자의 시점에 따라 인물의 의식 안으로 좀 더 밀착하는 경우는 인용문 (나)처럼 인용된 독백으로의 전이까지 일어나게 된다. 즉, 인용문 (나)의 ⓓ와 같은 서술된 독백이 좀 더 인물의 의식 안으로 시점이 옮겨 가서 ⓔ같은 인용된 독백 형태를 보여준다.

이러한 서술 방식은 『광장』의 어느 부분에서나 마찬가지이다. 서술자와 인물 사이의 거리 조정을 통해 현실(상황) 드러내기와 인물의 의식 표현하기를 계속하며, 주인공 이명준의 심리적 여정을 보여주고 있는 것이 『광장』의 서술 세계이다. 이를 도표화하면 다음과 같다.

```
                    서술자
                      ↑
    현실 ────────────────────── 의식
 (행동, 배경, 상황)                (심리, 마음)
        (가)         ↓        (나)
                   이명준
```

위 도표에서 볼 수 있는 것처럼, 현실과 의식의 상호관계는 서술자와 인물의 거리 조정에 따라 (가)부분과 (나)부분의 세계가 형상화된다. 이 때, 이야기의 흐름은 (나)가 주도하고, 장면과 상황의 변화는 (가)로부터 출발하게 된다. 그러므로 이 작품은 서술자와 인물의 거리조정에 따라 현실과 의식이라는 이중구조가 동시에 드러나게 되고 심리 서술 위주가 되기 때문에 인물의 인식론적 태도가 주요 관점으로 부각된다. 따라서 서술자와 인물의 거리가 가까워지면 질수록 언어는 관념성과 사변성을 띠게 마련이다. 그러나 그 관념성은 위 표에서 볼 수 있는 것처럼, 어디까지나 현실과 긴밀한 관련을 맺으면서 상상력과 인식작용의 결과물이다.

Ⅲ. 시간의 운용 방식과 서술 전략

1. 현재와 과거의 교차와 연결 방식

『광장』은 총 25장으로 이루어져 있다. 각 장은 짧게는 5문장(제25장), 길게는 25쪽(제14장)까지 다양하다. 형식적 측면에서 장과 장의 구분은 여백이며 제목이나 숫자의 표시도 두지 않고 있다. 내용적 측면에서 장의 구분은 뚜렷한 기준은 없으나 대체적으로 시간의 역전이나 변화에 중심을 두고 있다. 일반적으로 소설에서의 장의 구분은 시간의 연과 행의 구분, 연극의 막과 장의 구분처럼 형식적 내용적 구분을 나타낸다. 장의 구분은 장면의 변화나 시간의 변화, 시점의 변화에 따라 구분하는데, 『광장』의 장의 구분은 시간성에 초점을 두고 있다. 이 작품에서 장의 구분이 이야기 흐름에 어떻게 기여하는지 살펴보고, 기존 연구에서 소홀히 다루었던 현재부분의 서술이 이 소설에서 차지하는 중요성을 살펴보기로 한다. 논의의 편의를 위해 소설 전체의 흐름을 각 작의 장면(공간적 배경 위주), 분량, 시간 순으로 정리하면 다음과 같다.

(1) 타고르호 선상 -6쪽- [현재]
(2) 타고르호 선장실 -5쪽- [현재]
(3) 대학-집 -6쪽- [과거1]
(4) 영미네 집 -7쪽- [과거1]
(5) 이명준 방 -5쪽- [과거1]
(6) 방-정선생 댁 -14쪽- [과거1]
(7) 경인 한길-윤애 집 -3쪽- [과거1]
(8) 집-경찰서 -11쪽- [과거1]
(9) 경찰서-윤애 집 -7쪽- [과거1]

(10) 윤애 집-분지 -10쪽- [과거1]

(11) 인천 목로 술집 -2쪽- [과거1]

(12) 타고르호 선상 -5쪽- [현재(과거 회상)]

(13) 타고흐로 선상 -8쪽- [현재]

(14) 선상-수용소-윤애 집과 분지-선상-만주 꼴호즈 사무실-인천부두 선술집-북조선-야외극장 공사정-병원-꼴호즈 사무실 -25쪽- [현재(과거1, 과거2, 과거3 교차)]

(15) 신문사-집 -15쪽- [과거2]

(16) 노동자 휴양소 -3쪽- [과거2]

(17) 휴양소 -2쪽- [과거2]

(18) 국립극장 무대 뒤 -1쪽- [과거2]

(19) S서 지하실 -10쪽- [과거3]

(20) 낙동강 유역의 어느 동굴 -3쪽- [과거3]

(21) 동굴 -3쪽- [과거3]

(22) 동굴 -5쪽- [과거3]

(23) 타고르호 선상 -24쪽- [현재-과거3으로부터 과거2, 과거1 회상-현재]

(24) 타고르호 선상 -0.3쪽- [현재]

(25) 타고르호 선상 -0.3쪽- [현재]

(*과거1: 남한 생활, 과거2: 북한 생활, 과거3: 전쟁터와 포로수용소 생활)

위에서 볼 수 있는 것처럼 『광장』은 '중립국행을 택한 석방포로 이명준이 부산을 떠나 동지나해를 지나다가 마침내는 자살한다'는 내용이 시간의 순서가 파괴되면서 과거 회상을 중심으로 서술되는 형식을 보이고 있다. 이 소설의 처음과 끝 부분인 (1), (2)장과 (24),

(25)장을 제외하면, 주인공 이명준의 과거 삶이 심리서술과 함께 진행하고 있으므로 현재보다 과거의 생활-남한, 북한, 전쟁터-이 핵심이 되는 이야기로 볼 수 있다. 그러나 이 작품은 단순히 이명준의 남북한 생활과 전쟁터 참가와 중립국행이라는 사실을 객관화하는 데 집중하지 않는다. 다시 말하면 현재가 약화된 소설로 보아서는 안 된다.

물론, 타고르호 선상에서의 사건과 에피소드는 8개장 약 25쪽 분량밖에 되지 않는다. 남한 생활이 9개장 약 80쪽 분량, 북한 생활이 4개장 약 50쪽 분량, 전쟁참여와 포로 생활과 중립국 선택이 4개장에 약 20쪽 분량이고 보면, 현재 서술은 작품의 20%도 차지하지 않는다. 그러나 타고르호의 진행은 한반도에서 멀어져 가는 상황을 간접적으로 상징하고, 이 소설의 절정 단계인 이명준의 죽음이 기술되고 있다는 면에서, 그리고 선상 생활 과정 속에서 이명준의 심리가 과거의 삶과 긴밀히 연결되어 있다는 면에서, 현재의 서술은 매우 중요한 기능을 하고 있다.

실제로 『광장』의 현재 서술부분에서는 '갈매기', '모래', '별', '불' 등 다양한 연상매체를 동원하여 현재와 과거를 잇는 테제로 삼고 있으며, 이명준의 현재의식을 과거의 삶과 밀착시키고 있다. 이 같은 서술 전략은 독자로 하여금 이명준의 항해를 단순히 지리적 여정의 과정으로만 여기지 않도록 하고, 심리적 여정으로 받아들일 수 있도록 하는 데 기여하고 있다. 이 예를 작품 도처에서 쉽게 찾아볼 수 있는 바, 갈매기는 대표적인 매개어이다. 이 작품의 서두에서부터 결말 부분까지 계속하여 반복적으로 제시된 갈매기는 현재와 과거를 무리 없이 연결 짓는 소설적 장치인 동시에 이명준의 심리적 여정을 가능케 하는 매개어이며, 이 소설의 주제에 기여하는 상징어이기도 하다.

(1)장에서 이명준이 누군가 엿보고 있다고 생각하고 뒤돌아보면 사라지는 '허깨비', '얼굴이 없는 눈', (2)장에서 '죽은 뱃사람의 넋'이

라는 선장의 말과 명준이 '마스트에 걸린 흰 댕기'라고 표현한 것은 모두 갈매기이다. 독자에게 이 갈매기의 이미지가 구체화되는 것은 훨씬 뒤인 (23)장에 와서야 해결된다. '무덤을 이기고 온, 못 잊을 고운 각시'(188쪽)였다. 이는 은혜와 딸을 상징하고 있는 것이 분명하지만, 중요한 점은 여기까지 서술 진행에서 갈매기가 계속하여 이명준의 과거와 연결되어 왔다는 사실이다. 이 갈매기는 (10)장 윤애 집에서 머무는 동안에는 '노곤한 그림 한 폭'으로 다시 등장하고, (14)장에서는 '어느 인물의 기척'으로 구체화되기도 하며, 북한 생활이 서술되는 (16), (17), (20), (21), (22)장에서도 은혜와의 사랑을 중심으로 반복적으로 등장하고 있다. 그리하여, 독자는 갈매기의 이미지를 따라 명준의 과거에서부터 현재까지의 심리적 여정에 동행할 수 있는 것이다.

 선상 생활을 보여주는 현재가 과거의 삶과 심리에 긴밀하게 연관되어 있다는 점은 갈매기 외에도 바다, 별, 불의 이미지가 있다. 명준이 홍콩 상륙 문제로 김과 싸움을 한 후 홍콩시가지를 보는 장면에서, 불의 이미지가 조선인 꼴호즈 취재사건과 연결되고 있는 경우도 그 중 한 예이다.

  돌아서서 뒷갑판으로 걸어간다. 난간에 기대어 홍콩을 건너다본다. 이제 아주 밤이다. 불, 불, 불…… 눈길이 닿는 데까지 찬란한 불빛이다.
  …(12행 생략)…
  창에 불이 붙었다.
  만주 특유의 저녁 노을은 갑자기 온 누리가 우람한 불바다에 잠겼는가 싶게 숨막혔다. 명준은 내일 아침 사로 보낼 글을 쓰고 앉았다가, 저도 모르게 소리를 지르면서 만년필을 놓고, 창으로 다가섰다. 하늘 땅이 불바다였다. 서쪽에 몰려 있는 구름은 크낙한 금누렁 유리 덩어리였다. 조선인 꼴호즈 사무실에 이르는 길가에 늘어선 포플러는, 거꾸로 꽂아놓은, 훨훨 타는 빗자루였다.(밑줄-필자, 107-108쪽)

인용문에서 '돌아서서 뒷갑판으로-'에서 '-찬란한 불빛이다'까지의 문장은 명준이 홍콩 시가지를 보는 장면이고, '창에 불이 붙었다-'에서 '-빗자루였다'까지의 문장은「노동신문」기자가 된 명준이 남만주 지방을 취재하러 갔을 때, 조선인 꼴호즈 사무실 안에서 밖을 바라보는 장면이다. 즉, 전자는 현재이고, 후자는 과거이다. 현재와 과거를 '불빛-불'의 이미지로 연결하여 자연스럽게 과거 회상으로 넘어가고 있다. 또한 과거 속에서 밑줄 친 부분에서 알 수 있는 것처럼 미리 예상 서술(prolepsis)을 함으로써 뒤에 서술된 사건을 예고하면서 이야기의 진행에 긴장감을 주고 있다.

독자가 '내일 아침 사로 보낼 글'이 어떤 내용이며 그것이 명준에게 어떠한 일로 다가서게 되는지 알기 위해서는 무려 15쪽 뒤까지 기다려야 한다. 즉, "남만주 R현에 자리 잡은 '조선인 꼴호즈'는, 중국 측이 쌀 증산을 위해서, 만주에 흩어진 조선인들을 좋은 조건으로 모아들인 집단 농장이었다."(122쪽) 이후의 서술에서 비로소 그 비밀을 알게 된다. 이명준이 이 취재 기사 내용 때문에 편집부 기자들로부터 혹독하게 자아비판을 한다는 사실, 북한 사회에 대해 부정적으로 생각하고 있는 점이 그때야 서술되고 있기 때문이다. 이러한 시간 차 때문에 남한에서 북한으로 월북한 이후의 생활과 심리로 자연스럽게 진행될 수 있게 한다. 즉, '잿빛 공화국'에서의 보람 있는 삶을 보지 못하는 명준, 신문사일 때문에 야외극장 짓는 일에 자원봉사 나갔다가 다쳐서 병원 신세를 진 일, 입원 중 무용단 특별위문을 받은 일, 여기에서 은혜를 만난 일 등이 자연스럽게 소개되어, 북한 생활과 명준의 의식세계로 서술 세계가 넘어갈 수 있도록 하는 것이다.

이처럼『광장』의 시간 운용은 전체적으로 보면 '현재 속의 과거'로 되어 있지만, 부분적으로는 시간의 순차적 진행을 보이면서 상황의 변이를 보여주고 있기 때문에, 인물의 지리적·심리적 여정이 독자에게 긴장감을 주며 제시된다고 할 수 있다. 또한 타고르호 선상의 장면은 서술 분량은 적지만, 이 소설에서 중요한 기능을 담당하고 있다고 하겠다. 결국, 현재 장면의 서술은 이명준의 심리적 여정의 결과물로서 이명준이 추구했던 것이 무엇인지 알 수 있게 할 뿐 아니라, 과거와 끊임없이 교통하여 플롯 상의 균형을 유지하는 역할을 하고 있다.

2. 시간의 역전과 예상

『광장』은 시간의 운용 방식에 있어 시간의 역전과 예상을 적절히 사용하여 이야기 진행의 긴장감을 유지하고 있는 것이 특징이다. 공간의 이동 상황을 중심으로 이야기 순서에 따라 정리하면, 주인공 이명준의 과거에서 현재까지의 스토리가 선상 생활-남한 생활-선상 생활-북한 생활-전쟁터-선상 생활-포로생활-선상에서의 자살로의 순서로 진행되고 있어, 시간 순서의 역전과 예상 등이 뒤섞인 양상을 보이고 있다.9 스토리의 순서대로 보면, 앞의 부분에서는 남한 생활이 위주로 되고, 후반부로 갈수록 북한생활-전쟁터-포로생활-중립국행이라는 현재시간과 가까운 사건이 위주로 서술되고 있다. 다만, 각 장의 시간적 간격은 (2) (3)장 사이, (11) (12)장 사이가 가장 멀고 그 외는 시간적 순서에 의해 조직되어 있다. 이러한 시간의 순서 면에서 나타나는 특징은 이야기 구조와 무관하지 않다.

---

9 여기에서 회상(analepses)은 어떤 주어진 순간에서 스토리에서의 시점보다 일찍 일어난 사건을 그 후에 언급하는 것을 지칭하며, 예상(prolepses)은 나중에 일어날 사건을 미리 환기시키거나 서술하는 것으로 구성되는 모든 서사 작업을 지칭한다.

주지하는 바와 같이, 『광장』은 이항 대립적 성격을 갖는 대칭 구조를 근간으로 하고 있다. 이 소설은 이 대칭적 구조를 파악하지 않고서 이야기 내용을 이해할 수 없을 정도로, 대립적 대칭성이 서술의 중요한 테제로 기능하고 있다.[10] 대칭적 성격을 띠는 구조를 간단히 정리하면, 공간적으로는 남한-북한, 한반도-동지나해, 선상 생활-남북한 생활이며, 시간적으로는 과거와 현재, 이명준의 삶과 죽음이 이항 대립적 대칭 구조를 이루고 있다. 또한 등장인물이나 이명준의 의식을 형상화하는 중요 개념으로 남북한의 두 여인인 윤애와 은혜, 이데올로기의 대립을 보여주는 자유민주주의와 공산주의, 현실과 의식을 여실히 드러내는 광장과 밀실 등이 있다.

이와 같은 이항 대립적 대칭 구조를 서술 차원에서 소화하면, 시간의 역전과 예상을 적절히 활용하는 것이 효과적이다. 인물의 행동이나 의식의 변화에서 대립적 상황은 시·공간의 급박한 변화에서 올 수 있고, 시간 순서의 변화가 이전 서술태의 대립성을 나타내기에 적절하기 때문이다. 실제로 이 작품에서 역전과 예상이 작품 중간 부분에서 집중적으로 사용되는데, 이는 전반부가 남한 생활, 후반부가 북한 생활 이후가 되고 있기 때문에, 긴장감을 유지하기 위한 서술 전략이라고 할 수 있다. 따라서 여기서는 이 소설의 중간 부분이면서 남북한 생활이 동시에 서술되는 (14)장의 경우를 주목하기로 한다. 먼저 시간 변화가 있는 부분을 알파벳으로 표기하고 각 부분의 이야기 단위를 선정하여 요약하면 다음과 같다.

(A) 동료 김과 싸운 뒤에 주위에는 아무도 없다는 허전함을 느낀다.
(B) '사람과 짐승이 섞이는 광장' 포로수용소에서 어느 병사의 이야기를 들으며 전쟁터에서의 자신의 행동을 생각한다.

---

[10] 『광장』의 구조 분석에 대하여는 김욱동, 앞의 책, 318-324쪽을 참고할 것.

(C) 명준은 상륙하고 싶으냐는 무라지의 질문에 그렇지 않다고 한다.
(D) 홍콩의 밤거리를 보며 만주 벌판을 떠올린다.
(E) 이북으로 떠나는 밀수선을 터 주던 인천 부두의 선술집을 생각하며, 월북 당시의 사건을 서술한다.
(F) '잿빛공화국'에의 강연 원고 때문에 당 간부에게 문책을 당한다.
(G) 노동신문 분지 편집부 근무를 명령 받는다
(H) '혁명쟁이'가 된 아버지에게 북한 사회에 대한 비판의 말을 한다.
(I) 야외극장 짓는 일에 의용 봉사원으로 나가 일하다가 발을 헛디뎌 다친다.
(J) 병원에 입원 중 특별위문단과의 기념 촬영이 인연이 되어 은혜를 만난다.
(K) 꼴호즈 사무실 안에서 가방 속에서 은혜와 찍은 사진을 바라본다.
(L) 조선인 꼴호즈 취재차 남만주에 간다.
(M) 꼴호즈 사무실에 앉아 은혜를 그려 본다.

위의 내용은 서술된 순서에 의해 나열한 것이다. 이를 스토리 순서(order)대로 다시 정리하면, (E)- (F) - (G) - (H) - (I) - (J) - (L) - (K) - (M) - (B) - (A) - (C) - (D)의 순서로 된다. 그러니까, (E)에서 (M)까지의 북한 생활에 대한 서술은 거의 순차적이지만, (A)에서 (D)까지는 시간의 변화가 심한 편이다. 특히 후자의 경우는 〈현재-과거3-현재-과거2〉로의 진행을 보여 그 뒤의 (E)에서부터의 과거2, 즉 월북과 북한에서의 행동으로 자연스럽게 진행하도록 하고 있다. 그러므로 (D)는 현재와 과거2, 과거3을 동시에 보여줄 수 있는 계기가 된다. 또한 이 (D)는 (L)로의 변이를 통해 과거2의 생활을 긴장감 있게 서술할 수 있도록 한다. 이것은 남만주 '조선인 꼴호즈 사무실' 내의 명준의 시각과 '타고르호 선상'에서 홍콩 밤거리를 보는 명준의 시각이 겹친 결과이다. 특히 (L)의 경우는 과거 속에서 다시 시간 변화를 보여 주기 때문에 '은혜와의 첫 만남'이라는 회상과 '은혜와의 사랑'이라는 예상을 동시에 보여주는 기능을 하고 있다.

  명준은 창에서 떨어져 자리로 돌아와 가방을 들쳤다. 작은 수첩 사이에서 사진 한 장을 꺼내 들여다보았다. 그때 찍은 사진이었다. 붉은 저녁 노을 속에서 사진은 그림 엽서의 화려함을 지니는 것이었다. 사진을 도로 수첩 갈피에 넣은 다음, 다시 펜을 들었으나 얼른 내키지 않았다.
(122쪽)

인용문은, (L)부분에서, 조선인 꼴호즈 취재를 위해 만주에 간 명준이 꼴호즈 사무실 내에서 기사를 쓰면서 사진을 보는 장면이다. 독자는 '사진 한 장을 꺼내 들여다보는' 명준을 통해 (F)에서 (J)까지의 서술이 사진을 보며 회상한 장면이라는 것을 깨닫는다. 그러므로 이 14장 전체는 홍콩 밤거리를 보는 이명준, 조선인 꼴호즈 사무실 창을 통해 밖을 보는 이명준, 은혜와 찍은 사진을 보는 이명준의 시각이 시간의 역전과 예상을 조정하는 구실을 하고 있는 것을 알 수 있다. 따라서 이 작품은 서술 시간의 변화를 통하여 현재와 과거가 자연스럽게 연결되고 있는 동시에 인물의 의식을 긴장감 있게 보여 줄 수 있었던 것이다.

Ⅳ. 현재부분 서술과 매체어의 기능

『광장』의 서사 구조는 주인공 이명준의 남·북한 생활과 전쟁터 참가, 포로수용소 생활과 중립국행의 선택과 자살로 요약된다. 이러한 서사 구조는 단순히 순차적 구성으로 서술되고 있는 것이 아니라, 타고르호 선상에서의 생활 묘사로부터 시작하여 현재와 과거의 교차 서술이 이뤄지고 있는 것이 특징이다. 플롯이 시간의 역전과 예시로써 구성되고 있기 때문에, 현재와 과거의 연계성을 유지하는 전략이 이 작품의 형상화에 큰 영향을 준다. 따라서 이 장에서는 현재부분 서술(선상생활 서술부분)이 과거의 생활과 어떠한 방식으로 연결되고 있는지 주목하기로 한다. 여기에서는 주로 현재부분 서술의 중요성을 부각시키고, 현재와 과거를 잇는 매체어가 작품 내에서 어떠한 기능을 떠맡고 있는지 분석하기로 한다.

1. 현재부분 서술이 갖는 의미

『광장』의 서사 구조는 '(남북한 생활을 하다 인민군으로 전쟁터에 참여한) 이명준이 (포로수용소 생활 후 중립국을 선택하여) (타고르호를 타고 남지나해를 지나다가) 자살한다'라는 문장으로 요약할 수 있다. 이를 핵심적인 사건으로 요약하여 주어와 술어의 단순 결합으로 나타내면, 〈주인공 이명준은 자살했다〉가 될 것이다. 이에 대한 중심 서술은 이 소설의 처음과 끝부분인 (1), (2)장과 (24), (25)장 총 13쪽 분량밖에 되지 않는다. 하지만, 독자는 이 서사 구조의 추이에 관심을 갖는다.

타고르호 선상에서의 사건과 에피소드는 총 8개장 약 25쪽 분량밖에 되지 않는다. 그러나 이 작품은 단순히 이명준의 남북한 생활과 전쟁터 참가, 그리고 중립국행 이후 자살이라는 사실을 객관적으로 서술하고 있는 데 서술자의 시점이 고착되어 있지 않다. 즉, 현재가 약화된 소설로 보아서는 안 된다.[11] 과거 생활의 객관적 제시에 초점

---

11 『광장』의 시간의 운용 방식 면에서 볼 때, 현재 서술은 주제에 직접적 기여를 하는 주요 부분이라고 할 수 있다. 서술 분량 면에서 볼 때, 남한 생활이 9개장 약 80쪽 분량, 북한 생활이 4개장 약 50쪽 분량, 전쟁참여와 포로 생활과 중립국 선택이 4개장 약 20쪽 분량이고 보면, 현재서술은 작품의 20%도 되지 않는다. 그러나 타고르

이 맞춰져 있다기보다, 오히려 상황과 현실에 대한 이명준의 의식에 서술자의 시점이 맞춰져 있다. 이러한 서술 전략을 전제하지 않으면 이 소설은 단순히 이명준의 운명적 삶을 묘사한 것에 지나지 않게 된다.

선상 생활을 묘사하고 있는 현재 부분 서술의 중요성을 증명하기 위해 먼저 현재 부분의 이야기 단위별 주요 내용을 정리하면 다음과 같다.

(1)장-6쪽 분량
① 석방 포로 이명준은 중립국으로 가는 인도배 타고르호를 타고 동지나해를 지난다.
② (배 안에서 선장과의 연락을 도맡은) 명준은 선장과 대화를 하며 과거의 '초라한 삶'을 회고한다.
③ (다음 기착지인 홍콩에서 상륙할 수 있게 해달라는) 동료 박이 다시 택하더라도 중립국에 가겠냐는 물음에 명준은 그러리라 속으로 생각한다.

(2)장-4쪽 분량
① 술을 먹고 깬 저녁 무렵 주방장과 무라지 등 동료들이 하는 카드놀이를 본다.
② (갈매기를 보며) 죽은 뱃사람의 넋이라고 선장이 말한다. 명준은 갑판 어두운 구석을 찾아 눕는다.

호의 진행은 한반도에서 멀어져 가는 상황을 간접적으로 상징하고, 이 소설의 절정 단계인 이명준의 죽음이 기술되고 있다는 면에서, 그리고 선상 생활 과정 속에서 이명준의 심리가 과거의 삶과 긴밀히 연결되어 있다는 면에서 현재의 서술은 매우 중요한 기능을 하고 있다. 『광장』의 소설적 형상화 정도를 가늠하거나 해석할 때, 현재 서술을 간과해서는 안 된다는 점에 대해서는 Ⅱ장에서 자세하게 논의된 바 있다.

(12)장-5쪽 분량

① 밤하늘의 별을 보며 윤애를 떠올린다.

② 동료 박이 홍콩에서 상륙하는 길이 없는지 말을 건다.

(13)장-8쪽 분량

① 석방자들은 갑판 한 구석에 몰려 홍콩의 밤거리를 바라본다.

② 홍콩 상륙 문제로 김과 다툰다.

(14)장-6쪽 분량

① 김과 싸운 일이 꿈속 같다는 생각을 하며, 동지들을 경멸한다.

② (의식에서 깨어 난) 명준은 선장이 동료들을 임시 감금시킨 것을 안다.

③ 상륙하고 싶냐는 무라지 질문에 그러고 싶지 않다고 대답한다.

(23)장-13쪽 분량

① 배가 마카오에 가까워오자 석방자들은 또다시 선장에게 상륙 문제를 상의해보라 하지만, 명준은 이를 무시한다.

② 보초를 서던 늙은 뱃사람이 (캘커타에 가면 술을 사겠다는) 말을 건다. 명준은 갑판으로 간다.

③ 갑판의 나뭇결을 쏠어보면서 은혜의 몸을 떠올린다.

④ 허전함을 느끼면서 갑판 위를 걷는다.

⑤ 자기를 따라 오던 그림자가 있다는 환각에 시달려 양주병을 던진다.

⑥ 갈매기를 총으로 쏘려다가 은혜의 말이 떠오른다.

⑦ (인도에 가면 근사한 미인을 소개하겠다는) 선장의 말을 듣고서도 멍한 눈으로 몸이 풀리는 것을 느낀다.

⑧ 부채를 펴 과거의 삶을 떠올린다.

(24)장-0.5쪽 분량

① 밤중에 (명준이) 행방불명되다.

(25)장-0.2쪽 분량

① 타고르호는 손님 한 사람을 잃은 채 남지나해를 헤치며 나간다.

〈각 장의 표시는 필자가 소설의 여백을 기준으로 임의로 지정함〉

위의 이야기 단위 요약에서 (14)장의 경우만 제외하면, 나머지는 전부 완전한 선상생활 서술이다. (14)장은 현재와 과거가 교차되면서 서술되고 있는데, 그 서술 순서를 보면, 선상-수용소-윤애 집과 분지-선상-만주 꼴호즈 사무실-인천부두 선술집-북조선 생활-야외극장 공사장-병원-꼴호즈 사무실 순으로 되어 있다. 따라서 (2)장과 (12)장 사이는 남한 생활, (14)장을 기점으로 (18)장까지 북한생활, (19)장에서 (22)장은 전쟁터 생활이 집중적으로 서술되고 (23)장에 와서 과거로부터 현재가 정리·서술되면서 이명준의 현재 심리가 집중적으로 서술되고 있다. 이렇게 서사 구조를 정리하면, 현재 부분 서술이 과거와 긴밀히 연관되면서 이명준의 삶과 죽음이 제시되고 있다는 것을 알 수 있다. 이는 현재 부분 서술이『광장』의 핵심 내용이 전개된 요약 부분이라는 점을 나타낸다. 바꿔 말하면, 이 소설의 주제는 현재 부분 서술에서 드러날 수 있는 것이고, 독자는 이 부분에서 이명준의 삶과 운명을 해석하는 정신을 만날 수 있다.

또한 이 소설의 서술 전략은 현실(상황) 드러내기와 인물의 의식 표현하기를 계속하며, 주인공 이명준의 심리적 여정을 보여주고 있는 바, 서술자와 인물 사이의 거리가 현재 부분에서 완전히 일치하여 객관적으로 인물의 의식을 드러내고 있는 점을 감안해야 한다.『광장』의 서술자는 주인공 이명준을 객관적으로 제시하면서 인물의 의식을 드러내고 있는데, 현재 부분 서술에서는 서술자와 인물의 시점이 완전히 일치하여 주인공 이명준의 내부 심리를 드러내고 있는 점이 특징이다. 현재 부분 서술에서 중심이 되는 사건은 자살이다. 이명준의 죽음은 타고르호 선상 생활 처음 묘사 부분부터 예고된 것이었다.

(1)장에서부터 제시된 이명준의 심리 상태는 "먼 옛날 그의 초라한

삶"을 돌아보며, "멍한 느낌"(24쪽)이다. 아무 것도 남은 것 없는 허무감, 멍한 느낌은 인물의 운명을 이미 예고한 서술이라고 할 수 있다. 이명준의 죽음을 예고하는 서두 부분의 서술은 "누워 있는 자리가, 그대로 슬며시 가라앉아서, 배 밑창을 뚫고 바닷속으로 내려앉을 것 같은, 어두운 멀미가 그를 잡아"(26쪽) 끄는 것으로 구체화된다. 사실 이러한 멀미는 실제적인 뱃멀미이겠지만, 자신의 삶을 돌아보는 '실존 연습'이면서 자신을 부정하는 의식의 표현이기도 하다. 사실 독자는 이명준의 멀미 의식으로 표현되는 심리 상태를 훨씬 뒤에 알아차리게 된다.

메슥메슥한 덩어리가 가슴에서 푸들거린다. 그 사람들을 탓하는 마음에서만은 아니다. 그저 메스껍다. 이 느낌 같아서는, 자기, 이명준이란 물건을 울컥 토해버리고 싶다.(97쪽)

인용문은 선상 생활 속에서 동료들과 다툰 후의 심정을 인물의 시점에 의탁하여 서술한 부분이다. (1)장에서 제시된 '멍한' 심리 상태, '어두운 멀미'는 자신을 토해버리고 싶은 심정으로 구체화된다. 이는 이미 자살이라는 행위로 전이되는 매체이기도 하다. 그리하여 "지금은 아무것도 없다"(101쪽)는 허무 의식이 부각되면서 결말 부분의 자살의 행위가 비유적으로 표현된다.

물결과 마음의 사이는, 차츰 가까워진다. 끝내 그의 몸과 물결은 하나가 된다. 그의 몸은 꿈틀거리는 물이랑을 따라, 곤두박질한다. 꼬이고 풀리는 물결 속에 그의 몸뚱어리가 풀려나간다. 그의 몸은 친친 막아놓은 밧줄처럼, 배에 얽힌 대로지만, 스크루의 물거품처럼, 술술 풀려나가서는, 말간 바닷물이 된다. 몸의 세포가 낱낱이 흩어져, 세포 알알이 물방울과 어울려 뛴다. …(중략)… 바다의 아물심은 견줄 데 없이 세다. 그는 상처를 줄 수 없는 불가사리다. <u>그 속에 파묻힌다. 자꾸 몸이 풀린다.</u>(밑줄-필자, 185쪽)

인용문은 인도에 가면 조카를 소개시켜 주겠다는 선장의 말을 듣고서도 명준이 멍한 눈으로 굳어진 채 갑판을 걷다가 바다를 바라보며 느끼는 의식 상태를 서술한 부분이다. 밑줄 친 문장에서 알 수 있듯이 이명준의 몸은 이미 바다 속에 있는 것처럼 표현되고 있다. 물론 실제적인 자살 행위의 묘사는 아니지만, 이미 심리적 죽음의 형태로 나타나고 있다. 몸이 바닷물이 되고, 세포가 물방울과 어울리고 바다 속으로 파묻히는 심리 이동 현상은 이미 죽음의 현상이라고 볼 수 있기 때문이다. 독자는 이미 앞부분에서 예고된 "쑤시는 듯한 두통"(104쪽), "희망의 뱃길, 새 삶의 길이 아닌가, 왜 이렇게 허전한가"(179쪽), "아직도 가시지 않는 아찔한 어질머리"(181쪽)를 느끼는 이명준의 심리 상태가 구체화된 것을 알아차리게 된다.

이처럼, 현재부분 서술은 이 소설의 핵심 이야기 단위인 〈석방포로 이명준이 남지나해를 지나다 자살하다〉를 표현하고 있다고 알 수 있다. 그러면서 그 죽음의 원인이 되는 과거 생활과 끊임없이 교통하면서 주인공의 심리 추이를 그려내고 있다. 또한 『광장』이 인물의 행동과 의식을 인물의 시점에 의탁하여 '전이된 디스쿠르'의 형태를 보이고 있는 서술 형식을 갖는다고 한다면, 인물의 의식 부분이 집약적으로 표현되고 있다는 점에서 소설적 형상화에 매우 중요한 인자로 기능하고 있다고 할 수 있다.

2. 과거 생활의 매체-물과 불의 이미지

현재 부분 서술이 과거의 삶과 긴밀히 연결되면서 주인공의 의식을 표현할 때 비유적·상징적 서술 담론 구성으로 처리하는 것이 주목된다. 구체적 사건과 행동으로서 사실적인 인물을 그려내는 데 초점을 맞추는 것이 아니라, 언어의 이미지화/ 상징화를 통해 '의식 속의 행동', 현실과 의식의 상호 연관성 위에서 인물을 그려내고 있는 것이다. 이 작품에서 상징적인 매개어로 등장하는 것은 크게 두 개의 지배적 이미지에 의해서이다. 물의 이미지는 '빗소리', '바다'로 구체화되고 있으며, 불의 이미지는 '별', '불'로 구체화되고 있다. 여기서는 '바다'와 '별'이 어떠한 방식으로 과거의 생활과 긴밀한 연관성을 유지하는 요소가 되는지 살펴보기로 한다.[12]

타고르호를 타고 동지나해를 지나는 이명준을 그리는 데 있어, 그의 시각에 비친 것은 바다와 별이 대표적인 매개어이다. 이는 현재부분 서술에서 단순히 시간적, 공간적 배경을 나타내는 언어가 아니다. 이명준의 심리를 대신하면서 과거의 삶과 끊임없이 교통하는 수단이기도 하다. 작가는 바다와 별의 이미지를 동원하여 독자로 하여금 이명준의 현재생활 안에서 과거 삶을 돌아볼 수 있게 한다. 따라서 바다나 별은 고도의 서술 전략적 장치인 셈이다.

먼저 '바다'는 남, 북한 생활 속에서 사랑했던 두 여인과 긴밀한 연관성을 지니고 있다. (10)장 남한 생활 서술 부분에서 윤애와 사랑을 갈구한 곳이 인천 부근 바닷가였다. "바다를 내다보다가"(82쪽) 윤애와 사랑을 나눈다. 이때 명준은 바다의 갈매기를 "노곤한 그림 한 폭"(83쪽)으로 생각한다. 또한 (21)장에서 전쟁터에서 만난 은혜를 '원시의 광장'인 동굴에서 만나 사랑을 나눌 때도 "둑을 때리고 부서지는 물결, 먼 바다 소리"(162쪽)을 듣는 것으로 표현된다. 이러한 장면은 곧바로 현재부분 서술과 연결되기 때문에 이명준의 심리에서 '사랑'

---

12 '빗소리'의 상징성과 의미에 대해서는 김욱동의 앞의 책에서 논의된 바 있고, '불'의 이미지가 서술상 어떠한 기능을 맡고 있는지 분석한 것은 Ⅱ장에서 논의된 바 있다.

이 얼마나 크게 다가오는지 독자는 금방 알아차릴 수 있으며, 단순한 과거와의 매개체 역할을 넘어 상징성까지 띤다.

바다가 이명준에게 있어 '사랑'이고, 더 나아가 삶의 현장이라고 볼 수 있는 이유는, 이명준의 운명에 있어 커다란 계기나 중요한 선택에서 늘 '바다'가 등장하기 때문이다. 남한에서 북한으로 갈 때도 바다를 통해 갔으며, 중립국을 가는 것도 바다를 통해 간다. 또, 중립국 선택 시의 내부 심리 서술을 '바다를 마시는 일'과 '한 사발의 물'로 비유하여 표현하는 데서도 잘 나타나 있다. 남북한 쪽 대표의 설득 장면이 끝난 후, 명준은 자신을 "바다의 난파자"로 표현하면서 이 세상을 "바다와 한 잔의 물, 그 사이에 놓인 골짜기와 눈물과 땀과 피. 그것을 셈할 줄 모르는 데 잘못이 있었다."라고 환유하고 있다. 이러한 바다는 결국 결말 부분에서 "그의 몸이 바다가 되어" 죽음을 선택하는 장면에서도 구체화된다.

한편 '별'은 선상 생활 묘사 부분에서 흔히 등장하는 언어이다. 이는 단순히 갑판 위에서 하늘을 본다는 인물의 행동을 묘사하는 데 있지 않다. 별의 이미지는 윤애와의 사랑을 상징한다. 불의 이미지가 은혜와의 사랑을 표현하는 매체어가 된다면, 별은 남한에서의 윤애를 표현하는 매개어이다.

(A) 별이 쏟아지는 밤이다. 아직 달이 있는데 별빛이 그토록 눈부시다.(28쪽)
(B) 별, 별, 별……이다. …(중략)… 그와 윤애는, 그 바닷가 분지에서, 초롱초롱 별이 보이기 시작할 때까지 앉아 있곤 했었다.(89쪽)
(C) 그날 그 푸른 하늘 대신, 부시듯 별이 쏟아지는 밤하늘이 그 위에 있었다.(153쪽)

인용문에서 (A)는 명준이 해도를 보며 선장과 대화를 하는 장면의 시작 부분이다. (B)는 선장과 대화를 마친 후 명준이 윤애와의 일을 떠올리는 장면이다. (C)는 인민군 정치보위원으로 내려 온 명준이 태식을 고문하고 윤애를 겁탈하려 했던 일이 있은 후의 심정을 서술한 부분이다. 선상에서 보는 별은 현재생활의 허망함을 표현하는 수단이기도 하면서, 과거 생활 속의 윤애를 연상하는 매개어이다. 이 소설의 현재부분 서술에서 '별'과 '불'이 연상 매체로 흔히 등장한다. 앞부분에서의 '별'은 남한 생활과 전쟁 속의 서울을 떠올리는 매개어이면서 윤애와의 사랑과 연결되고 있고, 뒷부분에서는 '별'대신 '불'이 등장하여 북한 생활과 은혜와의 사랑과 연관을 맺고 있는 점이 특징이다. 위 인용문에서 확인할 수 있듯이, 윤애와의 사랑과 사건은 '별'로 연계되고 있으며 순간적인 점멸의 상태를 간접적으로 상징하기도 한다.

V. 비유를 통한 인물의 형상화 방식

『광장』은 '현실 드러내기'와 '인물의 의식(또는 심리) 따라가기'라는 이중 구조를 적절하게 거리 조정하면서 담론을 구성하는 방식을 보여주고 있다. 이때, 비유적/ 상징적 언어로 구성된 서술 담론 형태를 보여주기 때문에, 종종 관념성과 사변적인 문체 특성으로 폄하되기도 하는 요인이 된다. 그러나 이 같은 담론 특성은 최인훈 특유의 문체로 새로운 소설 언어의 장(場)을 열어주었다고 변호되어야 마땅하다. 이 장에서는 서술자와 인물의 거리 조정이 어떠한 방식으로 이뤄지고 있으며, 소설 담론 구성에서 매우 중요한 인자인 비유적 표현이 인물의 형상화에 어떠한 기여를 하고 있는지 고찰하고자 한다.

1. 서술자와 인물의 거리 조정

『광장』의 서술자는 삼인칭 전지적인 입장에서 주인공 이명준의 의식 속으로 들어가서 동종 서술자의 입장에 서는 한편, 인물의 밖에서 현실을 드러내는 이종 서술자로 기능하기도 한다. 서술자는 현실의 객관적 묘사보다 등장인물의 의식 표현에 더 집중하는 경향을 보인다. 즉, 이명준의 삶과 현실을 묘사하는 데 집중하고 있는 것이 아니라, 이러한 현실을 이명준이라는 한 지식인의 내면으로 끌어들여 이명준의 시각에서 현실과 의식의 변주곡을 보여주고 있다.

『광장』의 서술자는 주인공 이명준의 현실 상황과 의식 세계를 충실히 뒤따르면서 이야기를 진행하고 있다. 삼인칭 서술자와 이명준의 목소리는 거의 일치하는 특징을 보여준다. 이러한 경우, 서술자와 인물의 거리가 가까운 것이 특징이다. 그러므로 서술자는 주인공에 의탁한 서술을 통하여 인물을 형상화한다.

서술자가 이종서술자로서 인물과 거리가 멀 경우, 전지적인 입장에서 인물에 대한 정보를 제공하거나, 인물의 상황을 서술하고, 반대로 서술자가 동종서술자로서 인물과 거리가 가까운 경우, 인물의 의식 세계 내부를 보여준다. 즉, 서술 담론이 '전이된 디스쿠르'인 경우, 인물의 의식을 보여 주는 데 기능하고, 반대로 서술자가 초점화자가 되는 경우는 주인공이 처한 상황과 행동을 객관적으로 요약 서술하는 기능을 맡고 있다. 이러한 서술 전략이 이 소설의 담론을 구성하는 방식이다.

    (A) 석방 포로 이명준(李明俊)은, 오른편에 곧장 갑판으로 통한 사닥다리를 타고 내려가, 배 뒤쪽 난간에 가서, 거기 기대어 선다.(21쪽)[13]

    (B) 이명준, 자 보람 있는 삶이 끝내 자네 것이 된 거야, 갈빗대가

버그러지도록 벅찬 불안에 살 수 있게 되지 않았나. 하루의 시간이 어두운 무서움으로 짙게 칠해진, 알차게 익은 시간이란 말일세. 자네가 그렇게 조르던 바람이 아닌가.(74쪽)

인용문에서 (A)는 이 소설의 서두에 해당하는 이명준의 선상 생활 묘사 부분이고, (B)는 이명준이 S서 형사실을 다녀 온 후의 심리를 서술한 부분이다. 전자의 서술자는 외적 초점화자로 기능하면서 인물의 상황을 객관적으로 제시하고 있고, 후자의 서술자는 인물에 의탁한 동종 서술자로서 내적 초점화자의 입장에서 주인공의 내부 심리를 서술하고 있다. 특히 후자의 서술 방식은 이 소설에서 흔히 차용되는 기법이다. 이러한 서술 형태는 이명준의 자문 자답형 담론 형태나 서술된 독백 형태, 인용된 독백 형태로 구체화된다. 위 인용문 (B)처럼, 삼인칭 서술자가 인물의 시점으로 전이되는 형태는 이 소설에서 주조를 이루는 담론 조직 방식인 바, 이 경우 추상적 표현이나 비유적 표현을 동원하는 것이 특징이다.

이처럼, 이 소설은 서술자와 인물의 거리를 조정하면서 현실과 의식 세계를 제시하고 있다. 즉, 작가는 서술자와 인물의 거리가 멀게 하여, 상황이나 현실의 객관적 제시나 주인공 내부 심리의 직접적 서술에 할애하고, 인물의 내부 심리를 드러내고자 할 때는 서술자가 인물과의 거리를 가깝게 하여 인물의 시점에 의탁하여 담론을 조직하고 있는 것이다. 특히 후자의 경우, 은유와 환유를 동원하는 것이 특징이다. 그러므로 독자는 객관적 현실을 미리 떠올리면서 인물의 심리를 다각도로 해석할 수 있는 통로를 마련하게 된다.

---

13 이 논문에서 분석 대상으로 삼은 텍스트는 『광장』의 7개의 판본 중 가장 최근에 발표된 문학과지성사 전집 제3판(1994.8)을 기준으로 하며, 작품 인용은 본문에 쪽수만 표시하기로 한다.

2. 은유, 환유적 표현과 인물 성격의 관계

『광장』의 언어 특성은 상징성, 추상성, 관념성으로 요약되는 바, 이는 비유어를 동원하는 담론 조직 방식을 보여주고 있기 때문이다. 특히 작가가 동원한 은유와 환유는 주인공의 삶의 형태를 폭넓게 해석할 수 있게 하는 요인이 된다. 『광장』의 언어는 독자에게 낯설고 새로운 정신을 개입시켜 새로운 세계의 반영을 보여주는 동시에, 인물의 형상화에 크게 기여하고 있는 점이 특징이다. 그렇게 함으로써 작가는 독자로 하여금 주인공의 삶을 깊이 있게 해석할 수 있게 한다.

이 소설에서 주인공 이명준의 성격 창조는 은유와 환유를 활용한 표현의 간접화 방식을 택한 담론 조직 방식이 주를 이룬다. 이러한 간접화 전략은 '관념 철학자의 달걀' 표현 방식과 같은 언어 운용 방식에 응축되어 있다. 이는 정의 형태를 동원한 은유적 표현이면서, 환유에 의한 의미의 확장이라고 할 수 있다. 이명준을 "관념 철학자의 달걀"이라고 규정짓는 외형적 형식은 〈A==B〉 형식을 동원한 은유적 표현이다. 그러면서 다시 그 문장 안에는 이미 철학자 중 '달걀의 부분을 강조하여 밖(현실)을 지향하는 사람이라기보다 내면(근원적 삶)을 지향하는 사람이라는 의미로 전이된다. 이러한 표현은 은유적 형식을 동원하여, 환유로서 의미를 확장하는 방식이다.[14]

---

[14] 은유란 한 사물을 그 자체로 보지 않고 다른 사물의 관점에 입각하여 보는 태도이다. 즉, 은유란 "한 특성을 그 자체로서 언급하지 않고 또 다른 특성의 관점에 입각하여 언급하는 것"을 말한다. 환유는 "추상적이고 무형적인 것을 구체적이고 유형적인 것의 관점에 입각하여 설명하는 것이다. 환유는 일종의 복고화(archaicizing)의 방법이면서 환원의 성격을 지니고 있"다.(K. Burke(김종갑 옮김), 「네 가지 비유법」, 석경징 외, 『현대 서술이론의 흐름』, 솔출판사, 1997, 151-157쪽 참고)

또한 야콥슨에 의하면, 은유는 기호의 유사성(similarity)에 연관을 맺고 있으며, 환유는 기호의 인접성(contiguity)에 연관을 맺고 있다.(로만 야콥슨, 「언어의 두 양상과 실어증의 두 유형」, 신문수 편역, 『문학 속의 언어학』, 문학과지성사, 1989, 92-116쪽 참고)

이처럼 은유와 환유의 상호 연관성을 유지하는 담론 구성을 통해 주인공의 성격을 간접적으로 제시하는 방식은 이 소설 처음부터 동원된 최인훈 특유의 문체라고 할 수 있다. 일례로, (1)장에서 "그 눈", "허깨비", "얼굴 없는 눈"(21쪽) 등 환유적 표현에 대한 비밀은 (2)장에 와서야 갈매기라고 밝혀진다. 이 갈매기가 다시 '죽은 뱃사람의 넋'으로 변용되다가, 이명준의 시점에 오면 "마스트에 걸린 흰 댕기"(30쪽)로 은유화 된다. 이처럼, '환유-대상-은유'의 상호 교차 방식은 이 소설에서 흔히 볼 수 있는 양상이다.
　주인공 이명준의 성격을 나타냄에 있어 비유적 표현을 동원하여 간접화하는 전략은 남한 생활을 서술하는 부분에서 집약적으로 드러난다. 남한 생활 부분을 서술하는 첫 장이 시의 형식을 빌고 있다는 것은 매우 시사적이다. 시의 언어는 은유를 기초로 삼는다. 〈아카시아가 있는 그림〉(31-32쪽)이라는 시에서 볼 수 있듯이 이명준은 삶을 '새싹', '꽃잎', '가지'에 의탁하여 표현하고 있다. 이는 각각 앞에서부터 차례대로 〈멋있는 서막〉, 〈향긋함〉, 〈섬뜩한 것〉으로 전이된다. 그러므로 이명준에게 있어 삶은 처음에는 기대, 설렘으로 가득 찼으나 나중에는 섬뜩한 전율이었다. 실제로 남한에서의 이명준은 '보람 있는 삶'을 기대하고, 책과 사색으로 향긋한 삶을 꿈꾼다. 그러다가 월북한 아버지 문제로 경찰서에 불려감으로써 현실과 자신이 꿈꾸던 삶과 큰 괴리가 있는 "섬뜩한 것"인 줄 뒤늦게 안다.
　이처럼, 이명준의 성격을 창조함에 있어 작가가 동원한 담론은 은유와 환유를 응용한 간접화 방식이다. 은유적 표현을 차용한 정의 형식과 환유를 동원한 의미 확장은 지적 표현의 방식인 동시에, 인물의 성격을 형상화하는 방법이기도 하다.

　　(A) 철학과 3학년이다. 철학과 3학년쯤 되면, 누리와 삶에 대한 그 어떤 그럴싸한 맺음말이 얻어지려니 생각한다. 그러나 지금 곧

이어 겨울방학이 될 3학년 가을, 아무런 맺음말도 가진 것이 없다. 맺음? 맺음말이란 건 무얼 말하는 것일까? …(중략)…
<u>사람이 무엇 때문에 살며, 어떻게 살아야 보람을 가지고 살 수 있는지를 알아야 한다.</u>(33쪽)

(B) 깜빡할 사이에 오는 그런 복받은 짬은 하기는 <u>어떤 마이너스의 마당자리에서 일어나는 꿈</u>일 것이리라. 비록 <u>플러스의 자리</u>래도 좋았다. 쉴새없이 움직이고, 쫓아가고 하더라도, 그와 같이 비치는 <u>단단함 속에 젖어가면서 살 수 있는 삶</u>. 명준이 찾는 삶이다.
(밑줄-필자, 36쪽)

인용문에서 (A)처럼, 인물의 상황을 직접 제시한 부분에서도 밑줄 친 부분처럼, 지적·추상화된 언어를 동원하여 이명준이 '보람된 삶'을 추구하는 인물임을 나타낸다. 그러면서 (B)의 밑줄 친 부분처럼, 은유 형식으로 추상화한다. (B)의 은유 문장은 위 (A)의 문맥이 없으면 모호해지는 환유의 성격도 같이 함유하고 있다. 그러니까 은유가 환유와 함께 작용하여 의미를 확장하고, 독자로 하여금 삶의 형태를 여러모로 짐작할 수 있도록 유도하고 있다.

위와 같은 방식으로 '-는 -이다'의 정의 형식으로서 은유로 표현하는 예는 셀 수 없이 많다. 이명준에게 있어 책은 "삶을 참스럽게 생각하고 간 사람들이 남겨 놓은 것"(35쪽)이요, "고갯마루 말뚝"이다. 여기서 다시 "참을 참스럽게 생각하고 간 사람들"은 "갸륵한 길잡이꾼"으로 변용 확장된다. 물론 지식인을 가리키는 말이다. 책들은 다시 "알몸뚱이를 감싸는 갑옷이나 혹은 살갗"으로 은유화된다.

은유와 환유를 동원한 의미 확장의 예는 형사를 "정치의 광장에서 온 칼잡이"(59쪽)로 표현하는 데서도 잘 나타나 있다. 이러한 환유가 더욱 확장되어 자신이 처한 상황(아버지 때문에 심문을 당하는 일)을 벌레와 개미 관계로 비유하며 표현(68쪽)하거나, "멀리 있던 아버지가 바로 곁에 있"으며, 아버지는 "한 마리 씨벌레의 생산자"라고 비하하는 것이 가능하게 만든다. 이처럼 정의 형식의 문장으로 은유와 환유적 성격을 강화하여 의미 폭을 넓게 하는 방식이 담론조직의 기본 전략으로 작용하고 있다. 철학을 "말의 둔갑으로 재주 놀이하는, 끝없는 오뚜기 놀음", "가난한 옷"으로 은유적 표현을 하거나, "삶이란, 끝가는 데를 모르는 욕정 탓에 괴로운, 애 잘 낳는 여자의 아랫배 같은 것."(86쪽)으로 환유적 표현을 하는 예에서 이러한 점이 잘 나타나 있다.

은유와 환유의 교차 내지 상호 연관성을 유지하는 방식은 여자를 표현하는 방식에 와서 최인훈 문체의 전범을 보여준다. 여자는 "원시 수풀에서 퍼붓던 소나기 속에서 아담의 가슴으로 기어들던 스스럼없는 몸짓에서부터 샹들리에 아래 거짓말투성이 재담에 이르는 오랜 세월에 걸쳐서 그녀들 자신의 몸에 걸친 거짓의 비곗살"(110쪽)로 표현된다. 이는 '여자==거짓의 비곗살'이라는 은유적 표현과 '아담의 가슴으로 기어들던 몸짓'에서 '샹들리에' 즉, 과거부터 현재에 이르기까지의 의미를 지닌 환유적 표현이 동시에 작용하고 있는 문장이다. 또한 자신의 세계를 방으로 환유하여 남한에서 경찰서에 불려갔다 온 뒤나 북에서 자아 비판회에 참석한 뒤 모두 "방문이 무너지는 소리를 듣는다"(70쪽)고 표현하는 것도 마찬가지의 예이다.

어느 언어를 다른 관점에 서서 은유화하는 형식이 지나치면, 지적 유희에 그칠 가능성도 배제할 수 없다. 명준이 댄스 파티와 영화, 피크닉에만 몰두하는 영미의 생활태도에 대해 "그저 리듬을 몸으로 옮기는 재미, 빠름에 취하는 재미, 어떤 데 먹이를 다른 곳에 옮겨놓고 뱃속에 쑤셔넣는 재미, 배우가 자리에서 일어날 때 팔을 얼마쯤 구부리면서 하품하는가를 보는 재미"(33-4쪽)로 표현하거나 "때를 죽이는 길"(41쪽)밖에 없다고 하는 예 등은 지적 유희에 빠진 비유에 속한다.

작가의 은유, 환유를 이용한 담론 조직 방식이 언어의 유희성에 눌려 오히려 인물의 형상화에 방해가 된 언어 형태는 '-은 -이다'의 변용 형태인 '-라는 -' 형태이다. 은유 형식을 동원할 필요가 없는 부분에서 한 단어를 다른 관점에서 다시 제시하는 반복 형태의 표현은 사변적인 언어형이 아닐 수 없다. "생각이라는 화냥년"(39, 41쪽), "걱정이라는 먼지 티끌이 자욱이 서린 공기"(74쪽), "돈이란 돋보기를 가지고 제 삶을 뜯어보질 않았다."(62쪽) 등의 예에서 볼 수 있듯이, 뒤의 보조 표현은 언어의 유희성에 빠진 필요 없는 언어일 뿐이다.

Ⅵ. 결론

최인훈의 『광장』은 전후소설의 백미로서 오늘날까지도 독자의 사랑을 받는 이 시대의 고전이라고 할 수 있다. 이 글은 구조주의 방법으로 서술 특성을 살펴봄으로써 『광장』의 서술 시학을 정리하고자 하였다.

먼저, 이 작품 서두부터 결말까지 줄곧 유지되는 '현실'(상황) 드러내기와 인물의 '의식' 따라가기라는 이중 구조가 어떠한 서술 형태로 형상화되는지 살펴보았다. 그 결과 서술자가 인물과의 거리 조정을 하면서 현실과 의식을 효과적으로 제시하고 있는 바, 심리서술(psycho-narration)이 주로 사용된 서술법이었다. 이러한 심리서술은 서술된 독백 또는 인용된 독백으로 전이되면서, 인물의 인식론적 태도가 주요 관점으로 부각되었다. 따라서 관념성을 띠는 언어가 위주가 되지만, 서술자가 인물과의 거리를 적절히 조정하면서 심리서술을 함으로써 관념 세계가 현실과 긴밀한 연관을 유지할 수 있도록 하였다.

둘째, 이 소설 전체의 흐름은 현재 서술로부터 출발하여 과거의 삶과 의식이 교차하면서 서술되는 시간 운용 방식을 택하고 있었기 때문에, 현재와 과거가 어떠한 방법으로 연결되고 어떠한 서술 전략으로 주인공의 지리적·심리적 여정을 긴장감 있게 드러내는지 살펴보았다. 그 결과 이 작품에서 대부분을 차지하는 과거 서술 못지 않게 현재서술이 매우 중요한 기능을 하고 있다는 것을 밝혔다. 이 현재 서술은 작품의 20%의 분량도 되지 않지만, 인물의 의식을 드러내는 데 결정적 역할을 하며, 매체어의 활용, 독특한 시간 운용을 통하여 과거의 삶과 긴밀히 연결시키고 있었다. 또한 시간의 역전과 예상을 소설 중간 부분에서 집중적으로 활용하여 플롯상의 균형 뿐 아니라, 주인공 이명준의 심리적 여정을 효율적으로 드러내면서 주제 전달에 기여하고 있다는 점을 알았다.

셋째, 『광장』의 서술자는 주로 인물의 의식 속으로 들어가 동종 서술자로서 기능하여 인물에 의탁한 전이된 서술 담론 형태, 자문자답 형식의 담론 형태, 서술된 독백 형태, 인용된 독백 형태가 자주 등장한다. 이 때 추상화/비유적으로 처리된 언어 운용 양상을 보임으로써 인물의 성격을 폭넓게 해석하는 계기를 마련하는 것이 특징이다.

넷째, 인물 성격의 창조는 은유와 환유의 상호 연관성을 유지하는 담론 구성을 통해 간접적으로 제시하는 방식을 택하고 있다. 이러한 담론 조직 방식은 주인공의 삶의 형태를 다각도로 바라볼 수 있는 점, 인물의 형상화에 효율적으로 작용하는 점이 돋보이나, 지나칠 경우, 언어의 지적 유희에 머물고 만 경우도 있었다.

『광장』은 영원하다. 이명준의 죽음이 던져주는 화두를 해결하는 과정은 이 작품을 읽는 즐거움이 될 수 있다. 또한 이명준의 운명과 은유와 환유의 언어로 조직된 서술 사이에서 미적 즐거움을 만끽할 수 있다. 이제는 『광장』에서 보인 '문학성'의 발현 이유를 좀 더 구체적으로 밝히는 것이 과제이다. 이에 대한 분명한 해결이 관념과 사변, 난해성 같은 어휘가 새로운 소설 창작의 원리로 제시될 수 있기 때문이다.

참고문헌

최인훈, 『광장/구운몽』(최인훈전집 1), 문학과지성사, 1994(3판).
최인훈, 『문학과 이데올로기』(최인훈전집 12), 문학과지성사, 1994(재판).

일반논문

구창환, 「자유와 혁명의 명암」, 『한국소설의 문제작』, 일념, 1985.
김병욱, 「한국 현대소설에 투영된 역사의식」, 『창작과비평』, 1973년 봄호.
김병익, 「분단의식의 문학적 전개」, 『문학과지성』, 1979년 봄호.
김상태, 「최인훈의 「광장」-익사한 잠수부의 증언」, 『문학사상』, 1984년 8월호.
김영화, 「분단상황과 문학」, 『현곡 양중해 박사 화갑 기념 논총』, 간행위원회, 1987.
김용재, 「「광장」의 서술 특성 연구(1)」, 『현대문학이론연구』 6집, 현대문학이론학회, 1996.
_____, 「「광장」의 담론 특성 연구」, 『현대문학이론연구』 10집, 현대문학이론학회, 1998.
김 현, 「사랑의 재확인-「광장」의 개작에 대하여」, 『광장/구운몽』(최인훈전집 1), 문학과지성사, 1994.
서윤석, 「「광장」의 심리학적 고찰」, 『어문학연구』 4집, 어문학연구회, 1984.
송상일, 「소설의 현상-최인훈의 『광장』 연구」, 『현대문학』, 1981년 7월호.
신형기, 「「광장」의 구조 분석」, 『연세어문학』 12집, 연세대 국어국문학과, 1981.
염무웅, 「관념의 모험」, 『한국문학의 반성』, 민음사, 1976.
양순아, 「최인훈의 「광장」 연구」, 전북대 교육대학원 석사학위논문, 1994.
유학영, 「1950년대 한국 소설 연구」, 성균관대 박사학위논문, 1987.
이기윤, 「1950년대 한국소설의 전쟁체험 연구」, 인하대 박사학위논문, 1989.
이동하, 「최인훈의 「광장」에 대한 재고찰」, 『한국문학』, 1986년 1월호.
이 순, 「상황에서 괴리된 참여문학의 오류」, 『연세어문학』 4집, 연세대 국어국문학과, 1973.

_____, 「최인훈론」, 『연세어문학』 5집, 연세대 국어국문학과, 1974.

이창동, 「최인훈의 최근 생각들」, 『작가세계』, 1990년 봄호.

정과리, 「자아와 세계의 대립적 인식」, 『문학과지성』, 1980년 여름호.

채호석, 「최인훈론-「광장」의 창작방법에 대한 비판적 검토」, 『한국현대작가연구』, 민음사, 1989.

최인훈·김현, 「대담-변동하는 시대의 예술가의 탐구」, 『신동아』, 1981년 9월호.

한 기, 「「광장」의 원형성, 대화적 역사성, 그리고 현재성」, 『작가세계』, 1990년 봄호.

한혜경, 「「광장」의 서사구조 분석」, 『이화어문논집』, 이화여대 한국어문학연구소, 1986.

황순재, 「최인훈 소설의 환상 기법 양상과 표현적 효과」, 『문학과비평』, 1989년 겨울호.

단행본

김병익·김현 공편, 작가연구총서 『최인훈』, 은애, 1979.

조정래·나병철, 『소설이란 무엇인가』, 평민사, 1992.

김욱동, 『대화적 상상력』, 문학과지성사, 1988.

_____, 『'광장'을 읽는 일곱 가지 방법』, 문학과지성사, 1996.

김천혜, 『소설구조의 이론』, 문학과지성사, 1991.

권택영, 『소설을 어떻게 읽을 것인가』, 동서문화사, 1992.

김화영 편역, 『현대소설론』, 문학사상사, 1990.

김용재, 『한국소설의 서사론적 탐구』, 평민사, 1993.

신경득, 『한국전후소설연구』, 일지사, 1983.

우한용, 『한국 현대소설 구조 연구』, 삼지원, 1990.

Bal, Mieke, *Narratology: Introduction to the Theory of Narrative*. Trans. Christine van Boheemen. Toronto: Univ. of Toronto Press, 1985.

Booth, Wayne. C., *The Rhetoric of Fiction*, The Univ. of Chicago Press, 1961. 최상규 역, 『소설의 수사학』, 새문사, 1985.

Chatman, Seymour, *Story and Discourse: Narrative Structure in Fiction and Film*. Ithaca: Cornell Univ. Press, 1978.

Cohn, Dorrit., *Transparent Minds:Narrative Modes for Presenting Consciousness in Fiction*, Princeton Univ. Press, 1978.

Genette, Gerard, *Narrative Discourse: An Essay in Method*, trans. Jane E. Lewin. Ithaca: Cornell Univ. Press, 1980.

Greimas, A.J, Semiotics and Language: An Analytical Dictionary, Trans. Larry Crist et al. Bloomongton: Indiana Univ. Press, 1982.

Jakoson, Roman, "Closing Statement:Linguistics and Poetics." in Thomas A. Sebeok, ed., *Style in Language*, pp.350-77. New York: Wiley, 1960.

Kermode, Frank, *The Sense of an Ending*, New York: Oxford Univ. Press, 1967.

Lanser, Susan Sniader, *The Narrative Act: Point of View in Fiction*, Princeton: Princeton Univ. Press, 1981.

Martin, Wallace, *Recent Theories of Narrative*, Ithaca: Cornell Univ. Press, 1986.

Prince, Gerald, *Narratology: The Form and Functioning of Narrative*, Berlin: Mouton, 1982. 최상규 역, 『서사학-서사물의 형식과 기능』, 문학과지성사, 1988.

Rimmon-Kenan, Shlomith, *Narrative Fiction: Contemporary Poetics*, London: Methuen, 1983. 최상규 역, 『소설의 시학』, 문학과지성사, 1985.

Scholes, Robert & Kellog, Robert, *The Nature of Narrative*, New York: Oxford Univ. Press, 1966.

Singer, Alan, *A Metaphorics of Fiction*, A Florida Univ. Book, 1983.

Stanzel, F. K., *A Theory of Narrative*, Trans. Charlotte Goedsche. Cambridge: Cambridge Univ. Press, 1984. 김정신 역, 『소설의 이론』, 문학과비평

사, 1990.

Todorov, Tzvetan, *The Poetics of Prose*, Ithaca: Cornell Univ. Press, 1971.

Wright, Austin, *The Formal Principle in the Novel,* Ithaca: Cornell Univ. Press, 1982.

Wright, Austin M., *The Formal Principle in the Novel*, Cornell Univ. Press, 1982.

전통적 이야기 서술방식의 현대적 변용 양상(1)
- 최명희의 『혼불』

I. 서론

이 논문의 목적은 최명희의 장편소설 『혼불』의 여러 판본 중 〈83년판〉에 대한 이야기 구조를 정리하고, 담론 특성을 밝히는 데 있다. 장편 대서사시라고 할 수 있는 『혼불』은 〈동아 연재〉본과 〈83년판〉, 〈90년판〉, 〈96년판〉 등 4개의 판본이 존재한다. 이 중, 가장 잘 알려진 판본은 〈96년판 한길사 본〉이다. 총 10권으로 구성된 이 소설은 "전통적 서사가 오늘의 역사를 만나서 이룩한 최절정"[1]의 작품이요, "교감의 미학"과 "전승 담론"[2]으로 민족문화의 정수를 보여주었다고 예찬을 받고 있다.

『혼불』은 원래 1981년 〈동아일보〉창간 60주년 기념 장편소설 공모에 당선작으로 발표되면서 일약 문학 평론계의 주목을 받기 시작했다.[3] 〈동아일보〉 지면을 통해 총 259회(1981.6.1-1982.3.31) 동안

---

[1] 김열규, 『혼불』 2권의 표지에 첨부된 해설 중에서 발췌함.
[2] 장일구, 『혼불 읽기 문화 읽기』, 한길사, 1999, 253쪽.
[3] 최명희는 1980년 〈중앙일보〉 신춘문예에서 「쓰러지는 빛」이 당선되어 문단에 등단하였다. 이듬해인 1981년 5월 〈동아일보〉 창간 60주년 기념 장편소설 공모에서

연재되었던 이 작품은 1983년 동아일보사에 의해 단행본으로 출간되었다.4 이후 1988년 9월부터 〈신동아〉를 통해 연재된 『혼불 2』 1-4부는 1995년 10월까지 7년 2개월 동안 84회에 걸쳐 게재되었다. 이러한 작품이 1990년 한길사에 의해 동아일보 발표작과 〈신동아〉 연재 중 앞부분을 포함하여 『혼불』 1, 2부 전 4권으로 발간되었다가, 1996년 한길사를 통해 1-5부 전체를 10권으로 간행하기에 이른다. 따라서 이 소설의 완결본은 〈96년 한길사 판(전10권)〉이라고 할 수 있다. 불행하게도 최명희는 6-7부 집필 포부를 밝힌 지 얼마 후인 1998년 타계하였다. 이후 『혼불』에 대한 문학적 성격이 집중적으로 조명받기에 이른다.

이러한 배경 때문에, 이 소설은 미완이라는 딱지를 떼지 못하면서도, 한 편의 완결성을 지닌 작품이라는 주장도 늘 함께 하고 있었다. 작가의 말에 기대어 미완이라는 판단을 한다는 점은 가능하기도 하겠지만, 서사의 진행과정이나 미적 특성, 인물의 지향점 등을 종합하여 보면, 1부에서부터 5부까지 진행된 서사 구조 그 자체에는 미적 완결성이 존재하고 있다고 보아야 옳다.5 이 논문에서는 이러한 점

「魂불」이 당선되면서 문단에 주목을 받기 시작했다. 이 작품은 공모 당시에는 '지맥(地脈)'으로 응모하였는데, 당선작으로 발표되면서 동아일보사와 협의하여 장의 제목 중 하나였던 '魂불'로 개명하였다.(동아일보 수상작 발표 당시의 제목 변경에 대한 자세한 내용은 김병용, 「최명희 소설 연구」, 전북대 박사학위논문, 2004, 2-3쪽 참고) 따라서 『혼불』은 최명희 작품 세계의 본류이면서 그의 전부라고 해도 과언이 아니다.

4 이 단행본을 이 논문에서는 〈83년판〉이라고 명명하였다. 단행본으로 발간된 장편소설 『魂불』은 그 자체로서 하나의 완결된 작품으로 평가되기에 충분하다.

5 혼불에 대한 미적 완결성에 대한 회의적 시각은 김윤식(1999)과 황국명(1999)의 논의에서 발견된다. 최명희 서거 1주기를 맞아 현대문학이론학회와 전북대 전라문화연구소에서 공동 주최했던 학술세미나가 열렸는데, 이 둘의 논문에서는 "산문형식으로서 미달"(김윤식)이라거나, 서사의 3대 축 즉, "종부 3대의 축, 애정의 축, 정치의 축"이 모두 서사를 밀고 갈만한 추진력이 부족하여 "서사 가능성이 희석화"되어 있으며, "이러한 서사 가능성의 희석화에는 시간의 힘에 대항하고 상황의 질적 변화를 부정하려는 정치적 환상이 작용"한다(이상은 황국명의 논의)고 평가하고 있다. 이러한

을 전제로 『혼불』 1부를 중심으로 이야기 구조와 담론 특성을 살펴보고자 한다. 1부만을 대상으로 소설 미학적 접근을 하려는 이유는 이 소설의 특성이 1부에서 완결성을 지닌 핵심 텍스트이고, 이후의 2-5부는 1부의 파생적 텍스트라고 할 수 있기 때문이다.[6]

『혼불』의 담론 특성을 찾는 데 유용한 텍스트는 〈83년판〉을 대상으로 그 구조와 미적 특성을 정리하는 선행 작업이 필요하다. 그 이유는 앞에서 논의한 바처럼 장편 서사물 『혼불』 1부-5부의 서사 진행의 핵심은 1부에 있기 때문이다. 이 1부의 저본(底本)은 〈83년판〉이다. 또한 이 〈83년판〉은 당시 하나의 장편소설로 발표된 단독 텍스트의 성격도 지니고 있다.

논의는 근대소설의 발생론적 측면이나 서구 이론에 기댄 소설의 구조적 완결성에 지나치게 경도되어 인상 비평적 측면에서 자기주장을 하고 있어, 그 타당성이 결여되고 있다. 오히려 『혼불』 전 10권의 서사 진행은 열려진 플롯 형식을 통한 서사 가능성의 확산, 서사의 지연과 반복은 한국적 이야기 방식의 한 형식으로 평가될 수 있다.(김용재의 황국명 논의에 대한 토론문 참고, 현대문학이론학회 『학술자료집』, 1999) 서사 양식은 항상 열려진 장르라는 점에서 접근할 필요가 있으며, 플롯의 완성 또한 인물의 탄생에서 죽음을 완벽하게 재현하는 데서 출발하는 것도 아니다. 이 소설에서는 분명히 일제하 남원 매안 마을이라는 시·공간의 제시를 통해 시민 군상들의 속물성과 애환을 생동감 있게 전달하고 있으면서 전통적 정신의 현대적 재현이라는 작가 의식을 작가 특유의 서술방식으로 제시하고 있다고 옹호되어야 마땅하다.

[6] 김병용은 최명희의 작품세계를 『혼불』을 중심으로 상세하게 분석하면서 결론적으로 "『혼불』 1부는 완결된 텍스트로 작품 전체의 코어(core)에 해당"하며, "2-5부는 1부에 대한 메타 서사(meta-narrative)이고, 2-5부는 서사 핵인 1부에 대한 재창조와 재해석의 결과"라고 보고 있다. 이러한 지적은 1부의 서사 진행이 강모와 효원의 혼례에서 시작하여 청암부인의 죽음으로 끝나며 2부 처음 부분의 4장 '돌아오라 혼백이여'는 다시 청암부인의 혼백이 효원에게 전이되어 서사가 확산, 재생산되고 있고, 춘복과 강실의 결합, 강태와 강모의 만주행도 1장의 확산 이야기에 해당하는 것이어서 매우 타당한 지적이다.

Ⅱ. 운명의 서사와 제의 형식

「혼불」은 중심 플롯에 수많은 삽화가 제시되고 있는 점이 특징이다. 인물과 사건의 시간적 전개, 즉 이야기한 시간과 이야기된 시간의 관계를 보면 이야기된 시간보다 이야기한 시간이 훨씬 길다. 이러한 점은 인물의 형상화에 집중하기보다 삽화의 전개가 상당한 정도의 분량을 차지하고 있다고 판단할 수 있는 근거가 된다. 〈83년판 혼불〉에서는 삽화가 '제의의 형식' 또는 '이니시에이션 스토리 구조'로 되어 있다. 통과 의례적 화소가 삽화의 중점에 놓이면서 주된 인물들의 삶의 양상과 사건의 전개가 이뤄지고 있다. 강모와 효원의 혼례라는 이니시에이션 도입에서부터 청암부인의 죽음이라는 결말 상태의 의례에 이르기까지 통과의례를 중심으로 서사 구조를 이루고 있는 점이 특징이다.

「혼불」의 배경은 시간적으로는 일제 강점기 시절이고, 공간적으로는 남원 매안 마을을 중심으로 되어 있다. 시대가 과도기적 성격을 지니고 있기에 등장인물의 성격도 완결성 부족 내지는 충족되지 않은 결핍형 인간형이 많이 등장한다. 운명과 시대의 방황 속에서 '핏줄'과 '양반과 상민'이라는 의식 구조 위에 방황하거나 소멸되고 부유하는 인간의 모습으로 그려진다. 이러한 결핍과 부유의 인물형상은 서사 구조상에서 통과의례의 과정과 운명의 수용 구조로 되어 있다.

총 18장으로 짜여 있는 『혼불』의 서사 진행은 '혼례'와 '죽음'의 과정으로 요약된다. 각 장별 제목을 살펴보면 이를 쉽게 확인할 수 있는 바, 이를 나열하면 다음과 같다. 1장 '청사등롱'은 강모와 효원의 혼례 과정이 묘사된다. 2장 '백초를 다 심어도'는 신방 풍경과 합궁 실패가 중심 서사가 된다. 3장 '심정이 연두로 물들은들'에서는 강실과 강모의 어린 시절과 연모 사연이 소개된다. 4장 '사월령'에서는 청암부인의 위상과 재행 가지 않는 강모가 소개된다. 5장 '암담한 일요일'에서는 만주 사변의 발발 배경을 소개하면서 강모가 동경 유학을 권유받는 이유가 전개된다. 6장 '청등자수'에서는 공방을 지키는 효원이, 7장 '흔들리는 바람'에서는 효원의 흡월정 의식과 율촌댁의 등장, 8장 '바람닫이'에서는 창씨개명 압박과 청암부인의 효원에 대한 교육, 이기채가 강모의 동경 유학 청원에 화를 내는 장면이 등장한다.

9장에서부터 18장의 전개는 주로 청암부인-효원으로 이어지는 여성 주인공과 옹구네, 춘복 등의 거멍굴 사람들, 또 이를 둘러싼 인월댁, 강태, 강모, 율촌댁 등의 부수적 인물의 삶의 양상이 전개된다. 강모와 오유끼의 애정과 그에 연관된 사건들, 춘복의 강실에 대한 관심, 사회주의자 강태의 만주행 결심, 청암 부인의 죽음과 매안 마을 사람들의 분위기가 묘사되고 있다. 이렇게 본다면 「혼불」의 전개는 청암부인으로부터 효원으로 이어지는 가계의 정신사이면서 강모와 효원의 새 시대에 거는 기대로 정리할 수 있다. 장별 주요 서사 내용과 인물을 정리하면 다음과 같다.

장별	장 제목	주요 서사 내용	등장인물	비고
1	청사등롱(青紗燈籠)	강모와 효원의 초례청 풍경	신랑, 신부, 허담(신부 효원의 부)	
2	백초(百草)를 다 심어도	첫날밤 합방 실패공방, 강모의 강실에 대한 연모	강모, 강실, 효원	
3	심정(心情)이 연두(軟頭)로 물들은들	연날리기 시합 묘사, 강모와 강실의 어린 시절 회상, 강모와 강실의 만남(세배길)과 연모의 정	강모, 강실, 이기채와 율촌댁, 기표, 기응, 안서방네	
4	사월령(四月令)	두레를 서두르는 거멍굴 사람들, 강모가 재행을 가지 않는 것에 대한 주위의 반응, 청암부인의 신행 회상과 소개	청암부인, 옹구네, 평순네, 춘복을 비롯한 거멍굴 사람들	
5	암담한 일요일(日曜日)	전주에서 학생 생활하는 강모의 우울한 심정(음악도로서의 꿈, 일	강모, 강태, 청암부인	

		제 하 현실 등), 청암부인의 저수지 축성 회상, 강모에게 신부 신행을 오도록 권하는 청암부인		
6	청등자수(靑燈自守)	묵신행을 한 효원 (폐백)	강모, 효원	
7	흔들리는 바람	창씨개명을 두고 이씨 문중에서 논의, 청암부인 시부의 결혼과 관련한 사건들 회상, 율촌댁이 효원의 바느질 솜씨를 탓함, 효원의 흡월정	청암부인, 효원, 율촌댁	
8	바람닫이	일본의 공출제도에 시달리는 농민, 일본유학을 원하는 강모와 이를 반대하는 기채	강모, 기채	
9	출가외인(出嫁外人)	효원의 친정 소식과 효원의 그리움	효원, 허담	
10	베틀가(歌)	인월댁의 베틀 짜는 모습과 그녀의 인생 소개, 가뭄으로 청호저수지가 마르자 물고기를 잡는 사람들, 청암부인의 실섭	인월댁, 옹구네, 공배네, 평순네	
11	그물과 구름	창씨개명을 하기로 했다는 이기채의 말에 청암부인은 회한에 잠김, 계산과 집념의 기표, 강모의 심정	이기채, 기표, 강모	
12	망혼제(亡魂祭)	강수의 죽음과 망혼제	동녘골댁, 강수	
13	어둠의 사슬	부청직원이 된 강모가 공금유용하여 기생 오유끼를 빼옴(파면)	강모	
14	나의 넋이 너에게 묻어	효원 아들 철재 출산, 청암부인과 보쌈 마님 김씨 부인의 옛날 일 회상	강모, 효원, 청암부인, 김씨부인	
15	가슴애피	강실의 강모를 사모하는 마음, 춘복과 공배는 강모의 요릿집 기생 첩 사건과 공금횡령, 파면을 얘기함	기웅과 오류골댁(강실 모친), 기표와 율촌댁(강모 모친), 춘복	
16	암운(暗雲)	고리로 농지를 빼앗긴 과부 쇠여울네 이야기, 춘복의 강실 생각	쇠여울네, 춘복, 옹구네 등	
17	떠나는 사람들	사회주의자 강태 이야기, 만주행을 결심한 강태, 강모는 오유끼에게 떠나라고 함.	강태, 강모	

| 18 | 젖은 옷 소매 | 청암부인의 죽음, 인월댁의 애상 | 청암부인, 인월댁, 효원 | |

이와 같이 서사의 진행과정을 정리한다면, 여기에는 크게 전통적 삶의 양식 속에 운명적으로 살아가는 종가 집 여성의 삶의 모습, 강모-강실-효원-오유끼-춘복 등의 애정의 진행과정, 거멍굴 사람들의 생활상과 일제하의 현실에 부유하는 매안종가의 모습이 이야기를 끌고 가는 모티프를 담당하고 있다고 볼 수 있다. 이를 논의의 편의상 종가 여성의 삶, 애정의 서사, 현실반영의 축으로 요약한다면, 이 중에서 중심 서사에 놓인 것은 바로 첫 번째의 남원 매안의 종가 여성의 삶이다. 청암부인과 율촌댁, 효원으로 이어지는 종부의 삶은 전통적 의식 속에서 가계를 꾸려가는 여성들의 운명을 여실하게 보여주고 있다. 문중의 대소사를 꾸려가는 청암부인, 그의 며느리 율촌댁과 "아녀자다운 오밀조밀함보다는 기상과 도량이 있어"(131쪽) 보이는 효원은 종가댁 종부라는 운명 속에서 살아가는 존재로 형상화되고 있다.

소복을 입고 신행을 온 청암부인은 종가의 며느리로서 지켜야 할 도리, 즉 자손들의 결혼과 종가의 대를 잇기, 저수지 축성과 농토 확장을 통한 문중 살림을 이끄는 담대한 여인으로 그려진다. 2대 종부라 할 수 있는 기채의 부인인 율촌댁은 '꽃각시'처럼 단아하고 차분한 심성을 지닌 인물로 딸만 낳다가 늦게 강모를 보게 된다. 3대 종부인 강모의 처 효원은 남편으로부터 사랑을 받지 못하지만 청암부인처럼 담대하고 여유 있는 모습으로 종가의 '용마루'를 지킨다. 이들 여성의 삶은 자신의 의지나 개성에 의해 결정되는 것이 아니라, 전통의 무게에 이끌리는 모습으로 종가집 며느리로서 지녀야 할 운명에 순응하고 있다. 이러한 점은 일찍 과부가 되었어도 이씨 문중에 남아 핏줄을 이어야 한다는 마음으로 사는 모습-예로써, 효원의 흡월정 의식, 양자를 들인 청암 부인 등-이 부각되는 데에서 알 수 있다. 이들의 삶의 애환은 인월댁의 묘사에서 압축적으로 나타나고 있다.

 인월댁은 기진한듯 눈을 감는다.
 ① 청호 저수지의 물이 마르다 마르다 못하여 뻘을 드러내고 있는 모습이 선하게 보인다.
 내장을 드러내고 있는 셈이었다.(이하 21행 생략)
 그 몹쓸 소리.
 컴컴하게 핏속으로 잦아드는 소쩍새의 울음소리에 홀린듯이 앉아서 몇 해 봄을 그렇게 그네는 쓰라리게 넘겼었는지.
 내가 아무려면 소쩍새만한 한이 없으랴.(이하 54행 생략)
 ② 그때 청암부인의 나이 서른일곱, 인월댁은 열아홉이었다.
 아랫몰의 개울가에 세워진 인월댁의 초가 토담 옆에는 각시복숭아 나무 한 그루가 애잔하게 서 있었다.
 그 개울을 경계로 저쪽은 거멍굴이었고 이쪽은 문중의 마을이었다.
 ③ 열매도 탐스럽게 맺지 못할 각시 복숭아의 꽃잎은 무엇하러 그렇게 진분홍으로 고울 일이 있었던가.(밑줄-필자, 228-230쪽)

인용문은 청암부인이 실섭을 했다는 소식을 듣고 인월댁이 젊은 날을 회상하는 장면이다. ①에서는 가뭄으로 청호 저수지가 마른 모습을 객관적으로 보여주고 있으면서, 그 이면에는 종가댁의 위기와 청암 부인의 쇠락의 상태를 상징하고 있기도 하다. ②는 소복 입고 시집을 온 청암부인과 남편 기서의 역마살에 첫날밤부터 소박을 맞고 홀로 사는 인월댁을 두 사람의 대화 장면으로 설명한 후 장면의 전환을 꾀하는 서술이다. 밑줄 친 ③은 인월댁의 소회를 상징하는 매개체로써 감정이입의 산물로 각시 복숭아를 제시하고 있는데, 이는 자식을 두지 못하여 대를 잇지 못한다는 의식을 드러낸 장치이기도 하다. 인월댁의 원한이 담긴 삶과 종가 며느리로서 개인의 욕망을 포기하고 살아야 하는 모습은 종부 3대의 모습을 상징적으로 보여주고 있다. 이는 운명의 서사이며, 전통의식에 이끌려가는 삶의 양상이다.

운명의 서사를 정적인 플롯에서 동적인 플롯으로 진행하게 하는 요소는 강모를 중심으로 전개되는 애정의 관계 축과 거멍굴 사람들의 대화나 작가 서술로 설명되는 현실 반영의 축이다. 전자는 종가에서 대를 이어야 하는 강모가 애정 문제로 내외적 갈등을 일으키는 상황이 서사의 진행을 돕고 있으며, 후자는 만주 사변 이후 창씨개명과 동원령에 시달리는 매안 마을 사람들의 모습을 통해 중심 서사인 종부 3대의 삶의 변화상에 역동성을 제공한다. 이렇게 『혼불』은 일제 하 현실이라는 외부적 변화상과 애정의 구도라는 개인의 욕망 두 축을 연계시키면서 종부로서의 삶의 모습을 운명의 서사 양식으로 그려나가고 있다.

Ⅲ. 한국적 이야기 서술의 재현 방식

이 소설의 이야기 구조가 제의의 형식을 통하여 종부(宗婦)의 운명적 삶을 보여주고 있다면, 이를 이끄는 담론의 힘은 한국적인 이야기 서술방식에 있다. 한국적인 이야기 방식이란 한국의 전통적 서술 양식인 작가 서술의 과도한 힘, 엮음의 문장 전개, 굿이나 판소리의 마당처럼 독자를 이끄는 묘사나 설명을 지칭한다. 현대 소설의 이론은 서구적 구조 이론이 지배적이다. 근대 이후 소설은 완결성을 지닌 플롯이나 개성적 인물의 형상화, 객관적인 묘사와 주관적 설명의 조정, 배경의 사실성을 통해 '믿을 수 있는' 이야기, 리얼리티를 획득한 이야기를 지향한다. 이러한 관점에서 이 작품을 대하면 뚜렷한 주제 의식이 없다거나, 소재주의에 경도되어 전통의식을 재현했다거나, 미완의 작품이라는 평가를 내리기 십상이다. 이 작품을 읽어가는 방식은 장별로 끊어 읽는다든지 어느 인물을 좇아 읽어 가면 안 된다. 인물과 사건, 배경의 연계성과 리얼리즘 의식으로 구조화하는 데 익숙한 독자는 초례청의 장면을 상세하게 묘사하고 있는 첫 장부터 당혹하기 쉽다.

잠정적인 결론이지만,『혼불』의 담론 조직의 방식은 '한국적 이야기 방식'으로 서술하고 있는데서 찾을 수 있다. 이러한 지적은 여러 면에서 증명할 수 있다. 여기에서는 다른 소설에서 볼 수 없는 서술 특징으로 드러나는 세 측면에 대하여 논의하기로 한다. 첫째, 신문이나 잡지의 기사 내용을 전사하는 방식이나 한 장(章)을 편지로 그대로 옮겨 적는 형식이다. 이러한 담론 조직이 플롯과 어떻게 연계되며 한국의 전통적 이야기 방식과 어떤 관계가 있는지 살펴본다. 둘째, 잊혀가는 전통 의식이나 사고방식을 장구한 서술로 상세하게 재현하는 서술 방식이 인물의 형상화에 어떤 영향을 주는지 살핀다. 여기에서는 문장의 엮음을 통한 서술의 방식이 전통적 이야기 방식과 어떻게 연계되는지 논의한다. 셋째, 작가의 설명 서술이 갖는 의미이다. 작가의 분신과 같은 서술자가 문면에 나와 이야기에 적극적으로 개입하는 것은 전통적 이야기 방식의 하나이다. 이 작품에서 설명 서술은 어떤 위상을 지니는지 살핀다.

1. 사실의 전사(轉寫)와 플롯의 관계

『혼불』의 서술자는 전지적 작가 시점에 의탁하면서, 사건의 배경이나 전환이 필요한 부분에서 신문이나 잡지의 내용을 당시의 언어 그대로 전사하는 특징을 보여준다. 이러한 현상은 일반 소설에서 볼 수 없는 점이다. 포스트모더니즘 소설에서 형식의 파괴를 위해 의도적으로 광고나 음식 메뉴를 그대로 옮겨 적는 경우도 있지만, 플롯의 전개에서 이를 활용하는 경우는 없다. 소설의 배경을 묘사하는 데 있어 당시 언어를 그대로 보여주어 사실성을 부각시키면서 사건 전개나 인물의 형상화에 적정히 이용하고 있다.

◇ 愛國金字塔(애국금자탑)
-銃後의 半島獻金三百萬圓(총후 반도헌금 삼백만원)
北支事變(북지사변)이 勃發(발발)한 以來(이래) 軍(군)을 爲始(위시)하야 各方面(각방면)에 殺到(쇄도)하는 國防獻金(국방헌금) 恤兵慰問金(휼병위문금)은 莫大(막대)한 金額(금액)에 達(달)하고 잇는데 …(이하 16행 생략)

◇ 愛國機(애국기)「水原號(수원호)」
京畿道水原郡(경기도수원군)에서는 梁聖寬氏外三名(양성관씨외 삼명)의 發起(발기)에 依(의)하야「愛國機水原號」(애국기 수언호)의 獻納運動(헌납운동)을 이르키고 잇는데 …(이하 5행 생략)

◇경기도서만 백만원
事變勃發以來(사변발발이래) 京畿道(경기도)와 管內(관내)의 府郡 警察署(부군 경찰서)를 通(통)하야 道民(도민)으로부터 獻納(헌납)된 愛國機關銃(애국기관총), 防空器材費(방공기재비)와 皇軍慰問金(황군위문금)은 合計百四萬-千圓(합계 백사만일천원)에 達(달)하엿다.

將兵(장병)을 울닌 女學生(여학생)의 便紙(편지)
-日支事變(일지사변)과 半島(반도)의 赤誠記(적성기)(-)
…(이하 66행 생략)

황국신민(皇國臣民)의 서(誓)
…(이하 6행 생략)

강모는 책장을 덮었다.
탁 소리가 나게 덮은 책을 방구석으로 던져버리고, 앉은 자리에서 그대로 미끄러지듯 드러누웠다.
…(이하 8행 생략)
……우울한 시대, 우울한 인생.
강모는 저도 모르게 속으로 중얼거린다.
낮은 구름이 비를 머금은 것처럼 축축하고 무겁게 강모에게 덮여오는 것을 느낀다.(81-85쪽)

인용문은 5장 '암담한 일요일'의 첫 부분이다. 전주에서 고보(高普)를 다니는 강모가 하숙집에서 일요일에 우울한 심정을 토로한다. 1장에서부터 4장의 진행이 남원 매안 마을을 중심으로 전개되고 있다면, 이 장에서부터는 전주로 배경을 옮겨 온다. 또한 4장까지의 중심 서사가 강모-효원의 결혼과 합방 실패에 중심을 두고 있다면, 5장부터는 강모의 내적 갈등과 종가 댁의 위기 등이 서술된다. 이렇게 본다면, 인용문의 사실의 전사는 단순히 시대의 배경을 상세하게 드러내기 위한 전략으로만 볼 수 없다. 암담한 현실의 모습을 당시의 신문이나 잡지에서 그대로 옮겨 적으면서 현실의 어두움 못지않게 종가에서도 암울한 분위기가 싹트고 있음을 간접적으로 시사해 주고 있다.

이렇게 당시 언어를 그대로 살려 보고(報告)하고 있는 서술 양식은 옛이야기 전통에서 흔히 볼 수 있는 다른 이의 말을 흉내 내기를 하며 사실성을 고조시키는 경우와 흡사하다. 구술(口述)을 통한 이야기 전개에서 강담사(講談士)나 전기수(傳奇叟)가 인물의 대화를 특성에 맞게 입심 좋게 흉내를 내며 사실감을 획득하는 경우, 사건의 전개는 멈추고 분위기와 어조가 강조된다. 사건의 지연은 곧 현상의 확대로 이어지며 뒤에 이어지는 이야기에 대한 궁금증을 고조시키는 장치가 되기도 한다. 이러한 '옮겨 적기' 형식은 이 소설 곳곳에서 발견되는 서술 방식이다.

음악선생이 일본 유학을 얘기하며 강모에게 한 권의 음악책을 건넨 장면에서 그 책의 표지의 그림 묘사나 책장을 넘길 때마다 상세하게 옮겨 적는 서술, 강모가 한숨을 내쉬며 "가문의 피가 서로 상충하는 소리"처럼 느끼는 장면, 동경음악학교 입학안내문을 그대로 전사하는 부분(89-90쪽)도 마찬가지이다. 독자는 이러한 사실을 그대로 접하면서 강모의 심정을 이해하면서도 한편으로는 당시의 시대 분위기도 동감하게 된다.

이러한 특징이 그대로 반복되는 경우는 12장 '망혼제' 첫 부분이다. 근친 사랑에 빠져 상사병으로 죽은 강수(동녘골댁 아들)를 위해 사혼(死婚)제를 올리는 마당에서 당골네가 흐느끼며 읊는 "육갑해원경"을 그대로 전사하거나(262-264쪽) 동녘골댁의 하소연을 그대로 재생하는 대화 서술, "부정경"을 그대로 옮겨 적는 행위(277쪽)는 그 서술 효과가 조금씩 다르지만, 시간의 지연을 통하여 제의 마당의 분위기를 살리는 구술 전통과 연계가 되는 서술 방식이다. '사실의 전사' 방식의 변용 형식으로 유서나 편지를 옮겨 적는 서술방식도 예로 들 수 있다.

편지의 형식으로 하나의 장을 구성한 경우는 9장 '출가외인' 부분(205-209쪽)이다. 여기에서는 효원의 부친인 허담의 편지와 모친의 편지, 효원의 답장으로 이뤄져 있다. 고어투와 한자어 중심으로 이뤄진 이 편지는 시대를 반영한 문체로 사실의 전달과 인물의 심정을 직접적으로 보여주는 기능을 하고 있다. 서간 문체는 자기 고백적이고 자신의 심정을 노출하는 데 용이하며 자서전 형식과 통한다. 여기에서 편지는 사건의 흐름을 예비하거나 플롯 전개에 결정적 매개체 역할을 하는 것은 아니다. 인물의 심정을 드러내는 장치이면서 극적 분위기를 고조시키는 역할을 하고 있다.

편지는 발신자가 수신인을 전제하고 그에 대한 화답도 있을 가능성을 열고 있는 서술 양식이라고 한다면, 유서는 일방통행적인 발신자의 발언으로 종료하는 특징을 지니고 있어 그 서술 효과는 매우 강력하다. 청암부인이 선대 할머니 한 분의 정절을 회상하면서 그 분의 유서를 펼치는 대목이 있다. 이 부분은 청암부인 자신의 운명적 삶의 모습이 간접적으로 강화되는 효과를 보여주고 있다. 여기에서 유서의 내용이 그대로 전사되고 있는 바(152-156쪽), 유서의 일방통행적 성격으로 말미암아 청암부인의 한과 운명적 삶이 더욱 강화되는 효과를 보여주고 있다.

2. 전통적 서술방식의 재현

1) 문장의 '엮음' 형식과 플롯의 전개

한국의 전통적인 이야기 서술방식 중 가장 주목되는 문체상의 특징은 '엮음' 형식의 문체 채용이다. 구술(口述)적 성격이 강한 어조로 이야기를 전달하는 옛이야기 전달 방식은 판소리의 마당이나 전문적 이야기꾼인 강담사나 전기수의 이야기 전달방식에서 볼 수 있다. 구어의 세계에서는 현장성과 직접 소통의 특징을 지니고 있기 때문에 이야기의 어느 한 부분을 확장하는 방법이 필요하다. 그 구체적 방식은 산문이라 할지라도 리듬을 중시하는 구연(口演) 방식7이 기초

---

7 옛이야기의 전통적 서술방식이 현대소설에 어떻게 변용되고 있는지에 대하여는 김용재, 『한국소설의 서사론적 탐구』, 평민사, 1993, 195-205쪽 참고. 여기에서는 구어

가 된다. 이러한 리듬은 언술층위의 반복, 끝소리 말 이어가기, 의성어나 의태어의 반복, 비유의 층위의 변화, 속담이나 격언의 삽입의 '엮음'으로 나타나는 것이 일반적이다.

『혼불』에서 이야기 마당의 이야기꾼의 언술방식처럼, 문장을 엮어가며 리듬감을 주면서 묘사하는 방식은 여러 측면에서 드러난다. 이러한 장면은 시간의 지연 또는 정지를 통해 현상의 확장이 되는 경우가 대부분이며, 인물의 심리나 행동을 생동감 있게 전달하는 효과를 준다. 서술자가 구연하는 서술 방식은 흔히 산문에서 볼 수 없는 리듬감을 바탕에 깔고 있어서 독자를 텍스트 층위에 끌어들이는 역할을 한다. 즉, 이야기꾼과 청자가 한 마당에 있는 것과 같은 효과를 준다. 현대소설의 서술이 설명과 묘사, 대화로 사실감을 고조시키는 데 초점을 두는 방향으로 시학을 정립하였다고 한다면, 이 작품에서는 일반적인 산문 시학을 넘어 한국적인 서술방식이 무엇인지 보여주는 사례가 많이 등장한다. 그 예를 보면 다음과 같다.

(가) 강모는 홀로 아지랑이와 햇살 속에 서서 이상하게 숨이 막히고 고적했다. 햇살에 어깨가 무거웠다.
핏줄이 짓눌린다.
햇살에 짓눌린 핏줄이 석류 벌어지듯 쩌억 소리를 낸다.
……강실아……
그는 자기도 모르게 손을 내밀었다.
밭둑머리 저 쪽에서 연분홍 빛깔이 팔락 나부끼는 것이 보였다.
……강실아……
강모는 그게 강실이인 것을 금방 온몸으로 느낄 수가 있었다. …(이

적 전통의 의미를 채만식 소설을 예로 들어 상세하게 분석하고 있다. 현대 서술시학적 의미에서 한국적인 이야기 방식이 어떠한 방식으로 구현되고 있는지 분석하고 있다.

하 4행 생략)

  ……강실아……

  그러나 목소리가 되어 나오지 않았다. (이하 3행 생략)

  ……이리 와, 강실아

  여전히 햇살은 두꺼운 장벽처럼 흔들리지도 않고, 강실의 <u>연분홍 옷자락은 그만한 자리에서 보일듯 말듯 나부끼고만 있다.</u>

  ……나 좀 보아

  …(이하 6행 생략)

  ……나 좀 보아(밑줄-필자, 27-28쪽)

  (나) <u>논갈기, 가래질, 설질, 못자리하기, 볍씨치기, 거름주기, 피고르기, 모찌기, 모심기, 콩심기, 논김매기, 풀하기, 볍기, 볏단주워묶기, 굉이기, 타작, 방아찧기, 새끼꼬기, 가마니치기</u> 등이 있는대로 흉내내며 농악대의 쾌자 자락이 휘날릴 때, 열 두발 상모가 푸른 하늘에 그리던 갖가지의 하얀 무늬는 또 얼마나 경쾌하고 절묘하였던가.

  거기다가 여장을 한 무동들이 다섯이나 나와서, 그만 복장을 쥐어 잡고 웃게 하였던 것이다.

  그들은, <u>쪼개기, 삼삼기, 삼뭉치기, 물레질, 돌개질(감는 것), 익히기, 돌개질(푸는 것), 날기, 베매기, 짜기, 빨래하기</u> 등등의 시늉을 감치게도 잘 해내어, 보고 있던 아낙들은 눈귀에 질금질금 눈물이 번질 지경이었다.(밑줄-필자, 77쪽)

  (다) 강모의 가슴 밑바닥에서 우욱 설움과 비애가 치밀어 올라왔다.

  남치마에 옥색 저고리를 입고 꽃자주빛 옷고름을 달아 입던 청암부인의 모습이 눈에 비칠듯 <u>생생하여 더욱 서러웠다.</u>

  그보다는 이미 노인만큼이나 쇠잔해버린 <u>자신의 젊음이</u> 서러웠다.

  겹겹으로 두르고, 싸고, 가리운 사람들의 <u>무게가 겨웠다.</u>

그리고 그 무게를 어쩌지 못하는 자신의 무기력이 서러웠다.
청암부인이 그렇게도 자신을 짓누르는 존재였던가. 가장 무거운 그 무게가 힘없이 가벼워져 버린 헐렁한 자리에 강모는 목이 메었다. …
(이하 4행 생략)

터져라. 차라리 터져버려라. 창자든지 심장이든지 핏줄이든지 힘대로 터져 나가 나를 파멸시켜라.(밑줄-필자, 332쪽)

인용문 (가)는 강모가 매안 아랫몰 밭둑머리에 서서 오류골을 보며 사촌 누이 강실을 그리워하는 부분이다. 밑줄 친 부분에서 볼 수 있듯이 의성어와 의태어를 사용하여 문장을 엮는 문체를 보여주고 있으면서, 동시에 묘사 이후 "……강실아 …", "이리 와, 강실아", "……나 좀 보아"를 문장 전개 사이사이 삽입함으로써 리듬감을 획득한다. 이러한 서술 문체는 강모의 내적 심경에 독자가 빠져들 수 있도록 하는 효과를 준다.

인용문 (나)는 두레의 장면 묘사이다. 농사일을 하는 모습을 "ㅣ" 모음으로 끝나게 나열하는 방식이나, 무동들의 춤사위를 열거하는 방식도 구연의 서술방식이라고 할 수 있다. 마치 판소리의 자진모리 장단에 맞춘 문장과 같다. 이러한 서술은 독자를 하나의 마당으로 유인하는 효과를 지닌다.

인용문 (다)는 강모가 병석에 누워있는 청암부인을 만나는 장면이다. 밑줄 친 부분의 연쇄 과정에서 드러나듯이, "더욱 서러웠다."-"젊음이 서러웠다."-"무게가 겨웠다."-"무기력이 서러웠다."로 연계되면서 모음의 유사성으로 산문에 리듬감을 준다. 또한 "터져라, 차라리 터져버려라-터져 나가 나를 파멸시켜라"의 문장을 엮어 강모의 심정을 점층적으로 강하게 드러내 보인다.

2) 작가적 설명 서술과 이야기의 전달

『혼불』에서 흔히 볼 수 있는 서술방식은 묘사의 치밀성과 작가의 설명적 서술이다. 여기에서는 한국의 전통적 이야기 방식의 변용 양상을 보기 위해 후자의 경우를 논하고자 한다. 이 작품에서는 작가 전지적 시점으로 사실이나 현상, 전통적 관념이나 의례 요소를 직접적으로 상세히 설명하는 부분이 많다. 이야기를 전달하는 서술자는 중개성(mediacy)이 강한 디에게시스의 세계, 설명적 서술로 전후 사건의 연계를 떠나 장구한 설명을 하는 경우가 있다. 이는 인물의 형상화나 플롯의 전개의 필수적 요소는 아니지만, 그에 맞는 분위기를 조성하는 데 도움을 주고 있다.

(가) 기러기는 우(羽:鳥類), 모(毛:獸), 린(鱗:魚族) 중에서 유신(有信)을 천성으로 지키는 새라 하던가.
그들은 겨울철에는 남쪽으로 여름철에는 북쪽으로 철을 따라 다니는 수양조(隨陽鳥)이다.
또한 한 번 서로 맺어진 한 쌍은 서로 헤어지지 않고 똑같이 살며, 무슨 일이 있더라도 결코 다른 새와 다시 만나지 않는다.
깨끗하고 아름다운 정절(貞節)이 아닌가.
그리고 저 말 없는 천상(天上)을 운행하는 북두구진(北斗九辰) 중에서 자미성군(紫薇聖君)이야말로 이 인간세계의 수복(壽福)을 주관하는 천관일진대, 생민지혼(生民之婚) 만복지원(萬福之願)이니, 혼인이란 바로 이 자미성군이 마련해준 커다란 은덕이 아니랴.(21-22쪽)

(나) 자기의 근본을 팽개치고 버릴 수 있는 사람이란, 이미 선비는 아니요, 천한 불상놈이나 다름 없으며, 스스로 버린 것이 아니라 고향으로부터 버림을 받았다 하면, 그것은 말할 것도 없이 사람으로서는 할

수 없고 해서도 안 되는 금수(禽獸)와 같은 일을 저질렀을 때에 쫓겨난 것이 아니겠느냐 하였다.

덕석말이를 당하지 않고서야 웬만한 일로 파문(破門)에 이를 리가 없다고 생각하는 것이었다.

그러니, 일문에서 당하는 파문은, 한 사람의 사람다운 삶을 박탈 당하는 것이나 다름이 없었다.

물론 홍수나 천재지변으로 고향을 떠났다 하더라도 대우는 마찬가지였다.

그래서 매안으로 흘러들어 온 타성들은, 지나간 시절에 대하여 함구한 채, 묵묵히 천역(賤役)을 감당하며 살고 있었다.(69쪽)

(다) 그러나 복록이 무궁한 사람에게는 길성(吉星)이 비친다. 한 평생의 부귀공명을 예언해주는 그 별은 누구의 머리 위에 뜨는 것이랴.

겁살(劫殺), 재살(災殺), 천살(天殺), 지살(地殺), 연살(年殺), 월살(月殺), 망신살(亡身殺), 장성(將星), 반안살(攀鞍殺,) 역마살(驛馬殺), 육해살(六害殺) 화개살(華蓋殺).

인간의 생애에 재앙과 액운은 많기도 하다. …(이하 9행 생략)

삼재(三災)는, 세상을 괴멸하는 큰 재난으로, 화재(火災), 수재(水災), 풍재(風災)를 말한다. 그뿐 아니라, 도병재(刀兵災)와 질역재(疾疫災), 기근재(饑饉災)도 이에 속하여, 참으로 불길하기 짝이 없는 운성(運星)이 머리 위에 비치는 것이다. …(이하 6행 생략)

거기다가 팔난(八難)이라면, 여덟 가지의 재난을 이름이니, 곧 배고픔과 모진 추위, 심한 더위, 성난 불길, 큰 물, 병란(兵亂), 목마름, 그리고 칼로 인한 재앙을 말한다.(303쪽)

인용문 (가)는 강모와 효원의 초례청 장면을 묘사한 일부분이다. 강모가 장인인 허 담에게 기러기를 건네는 장면에서 서술자는 장황하게 혼례에서 기러기를 바치는 의식이 왜 나왔는지 설명하고 있다. 민속 백과사전을 보는 것 같이 상세하게 설명하는 방식은 전지적 권위를 지닌 부감(俯瞰)적인 서술자가 극의 앞에서 해설하는 방식과 같다. 이러한 방식은 옛이야기 전통의 한 형태이다.

　인용문 (나)는 매안 마을에 이씨 문중 외에 타성(他姓)들이 많이 살면서 일촌(-村)을 이루었다는 서술 이후에 문중과 타성 사이의 관계에 대한 전통적 가치관을 설명하고 있는 부분이다. 타성들은 "자기의 근본"을 잃은 사람으로서 천한 일도 마다하지 않고 마을에 적응하며 살아야 하는 상황을 설명하고 있다. 이러한 서술 방식은 이야기의 전달에서 청중이 이해가 되지 않는 부분이 있으면 이야기 전개를 중단하고, 그 내용을 상세하게 구술하는 전기수의 이야기 방식과 비슷한 형식이다. 이처럼 옛이야기 전통의 구연 방식을 현대 산문에서 변용하여 재창조하고 있다.

　인용문 (다)는 강모가 오유끼를 만나러 가는 장면 이후의 서술이다. 오유끼는 강모가 효원과 강실의 애정관계에서 허전함을 채운 기생첩이었다. 여기에서 서술자는 미리 인간의 운수에서 부귀공명을 얘기할 때 피해야 하는 악운인 살(煞,) 삼재(三災), 팔난(八難)에 대해 상세하게 설명한다. 그러한 다음, 율촌댁이 강모에게 했던 "삼재가 들어와 있는데다가 망신살이 끼었"다는 음성이 쨍쨍하게 울리는 것으로 묘사하고 있다. 이러한 방식은 인용문 (1)의 경우와 마찬가지 성격을 지니고 있다. 다만, 서술의 순서만 뒤바뀐 셈이다. 또한 앞으로 일어날 일에 대한 복선의 플롯 역할도 하고 있다. 이렇듯 작가의 권위가 강하게 발휘하면서 직접 설명하는 방식은 이야기의 전개 과정을 독자가 쉽게 참여할 수 있는 통로 역할을 한다. 또한 인물의 형상화에 기여하는 어조로써 기능하거나 서술의 분위기를 바꾸는 기능을 한다. 이러한 예는 식처곡부의 행실에 대해 자세하게 설명하는 부분(178쪽)이나 부부의 궁합에 대해 설명하는 부분(304-305쪽), 사주 풀이를 하는 부분(306쪽)에서도 발견된다.

Ⅳ. 결론

『혼불』은 제의 형식을 통하여 종부의 운명적 삶을 그리고 있다. 종가 여성의 삶은 애정의 서사 구조와 현실 반영의 이야기 전개를 긴장 관계로 삼아 형상화 된다. 구체적으로 살펴보면, 첫째의 서사는 전통적 삶의 양식 속에 운명적으로 살아가는 종가 여성의 삶의 모습이다. 둘째의 서사는 강모-강실-효원-오유끼-춘복 등의 애정의 모티프이며, 셋째의 서사는 거멍굴 사람들의 생활상과 일제 하 현실에서 부유하는 종가댁 사람들의 모습이다. 이렇게 이 작품은 일제 하 현실이라는 외부적 변화상과 애정의 구도라는 개인의 욕망 두 축을 연계시키면서 종부로서 운명에 순응하면서 살아가는 모습을 그려나가고 있다.

이러한 이야기를 끌고 나가는 담론의 힘은 전통적인 한국적 이야기 방식의 채용에 있다. 한국적 이야기 방식이란 우리의 전통적인 서술양식인 전지적 작가 서술의 개입, '엮음'의 문장 전개로 리듬감을 얻는 산문 문체, 굿이나 판소리의 마당처럼 독자를 이끄는 묘사나 설명 방식을 말한다. 한국적 이야기 서술의 재현 방식을 정리하면 다음과 같다.

첫째, 서술자가 전지적 시점으로 신문이나 잡지의 내용을 그대로 전사(轉寫)함으로써 플롯 전개에 활용한다. 소설의 배경을 묘사하는 데 있어 당시 언어를 그대로 보여주어 사실성을 부각시키는 동시에 사건 전개나 인물의 형상화에 적정히 이용하고 있다. 이러한 옮겨 적기 서술 방식은 옛이야기 전달방식에서 흔히 볼 수 있는 것처럼, 구술(口述)을 통한 이야기 전개에서 강담사나 전기수가 인물의 대화를 특성에 맞게 흉내 내며 사실감을 획득하는 경우와 비슷하다. 이때 사건의 전개는 지연되고 분위기와 어조가 강조된다.

둘째, '엮음' 형식의 문체 특성을 보인다. 이러한 방식은 옛이야기의 구연(口演) 방식을 현대적으로 변용한 경우이다. 이러한 문체는 언술층위의 반복, 끝소리 말 이어가기, 의성어나 의태어의 반복, 비유 층위의 변화, 속담이나 격언의 삽입으로 산문 리듬을 획득한다.

셋째, 전지적인 서술자가 문면에 직접 나서서 사실이나 현상, 전통 관념이나 의례 형식을 직접적으로 상세히 설명하여 이야기 전달에 효율성을 보인다. 작가의 직접적 설명은 플롯의 복선 기능도 하면서 인물의 형상화에 기여하거나 서술의 분위기를 바꾸는 기능도 한다. 이러한 서술 방식은 앞으로 일어날 사건 또는 인물 행동에 대하여 미리 설명해 줌으로써 작품의 마당에 독자가 쉽게 참여할 수 있도록 하는 효과를 준다.

이 논문에서 강조하고 있는 한국적 이야기 방식의 현대적 변용 측면은 앞으로 다양한 방법론을 동원하여 점검할 필요가 있다. 플롯 전개에서 각 장의 독립성과 연계성을 어떠한 방식으로 서술하고 있는지, 각 인물에 대한 형상화 방식은 어떠한 서술 특성을 지니고 있는지 상세히 검증되어야 한다. 또한 판소리나 굿의 마당 형식과 소설의 형식 사이의 관계도 면밀히 검토되어야 한다. 무엇보다『혼불』의 작가 의식이 어떠한 담론 형식으로 구현되고 있는지 살펴봄으로써 한국적 이야기 방식이 주제의 전달에 어떤 역할을 하는지 규명할 필요가 있다.

참고문헌

강은해, 「한국민속의 전통과 현대소설」, 『한국학논집』 18집, 계명대 한국학연구원, 1991.
김병용, 「최명희 소설 연구」, 전북대 박사학위논문, 2004.
김용재, 『한국소설의 서사론적 탐구』, 평민사, 1993.
김경원, 「근원에 대한 그리움으로 타는 작업」, 『실천문학』 여름호, 1997.
김복순, 「대모신의 정체성 찾기와 여성적 글쓰기-페미니즘 시각으로 본 혼불」, 전라문화연구소, 『혼불의 문학세계』, 2001.
김열규, 「「혼불」의 생태비평」, 『현대문학이론연구』 12집, 현대문학이론학회, 1999.
김정자, 「규방문화로 본 최명희의 「혼불」」, 『혼불과 전통문화』, 혼불기념사업회, 2002.
김헌선, 「「혼불」에 나타난 민속신앙적 면모」, 『혼불과 전통문화』, 혼불기념사업회, 2002.
박현선, 「최명희 소설 연구」, 경원대 박사학위논문, 2002.
서정섭, 「혼불의 서사 구성과 언어 책략 연구」, 『현대문학이론연구』 21집, 현대문학이론학회, 2004.
우한용, 「혼불을 보는 시각과 해석의 지평」, 『혼불의 문학 세계』, 전라문화연구소, 2001.
이덕화, 「가부장적 의식과 여성」, 『혼불의 문학세계』, 전라문화연구소, 2001.
이명희, 「얼을 새기는 언어, 그 속에 꽃핀 민족혼의 바다」, 『우리시대의 소설, 우리 시대의 작가』, 계몽사, 1997.
이윤영, 「「혼불」론: 인물 유형과 갈등 구조 연구」, 『한국언어문학』 44집, 한국언어문학회, 2000.
이혜경, 「현대 한국 가족사소설 연구」, 충남대 박사학위논문, 1999.
이희경, 「죽음으로 이루어낸 의지의 작가, 최명희의 삶과 문학」, 『한국여성의 삶과 활동-전북 지역』, 신아출판사, 2001.

장일구, 「전승의 담론, 교감의 미학」, 조선일보 신춘문예 당선작(1999.1.1), 『혼불과 전통문화』 재수록본, 2002.

_____, 「혼불의 시점, 그 역학」, 『한국문학이론과 비평』, 한국문학이론과비평학회, 1998.

_____, 「「혼불」 서사 구성의 역학」, 『혼불의 문학세계』, 전라문화연구소, 2001.

_____, 『혼불 읽기, 문화 읽기』, 한길사, 1999.

_____, 『혼불의 언어』, 한길사, 2003.

황국명, 「「혼불」의 서술방식 시론」, 『현대문학이론연구』 12집, 현대문학이론학회, 1999.

_____, 「「혼불」의 구술문화적 특성」, 『혼불과 전통문화』, 혼불기념사업회, 2002.

Booth, Wayne. C., *The Rhetoric of Fiction*, The Univ. of Chicago Press, 1961. 최상규 역, 『소설의 수사학』, 새문사, 1985.

Chatman, Seymour, *Story and Discourse: Narrative Structure in Fiction and Film*, Ithaca: Cornell Univ. Press, 1978.

Cohn, Dorrit., *Transparent Minds: Narrative Modes for Presenting Consciousness in Fiction*, Princeton Univ. Press, 1978.

Genette, Gerard, *Narrative Discourse: An Essay in Method*, trans. Jane E. Lewin. Ithaca: Cornell Univ. Press, 1980.

Lanser, Susan Sniader, *The Narrative Act: Point of View in Fiction*, Princeton: Princeton Univ. Press, 1981.

Martin, Wallace, *Recent Theories of Narrative*, Ithaca: Cornell Univ. Press, 1986.

Prince, Gerald, *Narratology: The Form and Functioning of Narrative*, Berlin: Mouton, 1982. 최상규 역, 『서사학-서사물의 형식과 기능』, 문학과지

성사, 1988.

Rimmon-Kenan, Shlomith, *Narrative Fiction: Contemporary Poetics*, London: Methuen, 1983. 최상규 역, 『소설의 시학』, 문학과지성사, 1985.

Scholes, Robert & Kellog, Robert, *The Nature of Narrative*, New York: Oxford Univ. Press, 1966.

Stanzel, F. K., *A Theory of Narrative*, Trans. Charlotte Goedsche. Cambridge: Cambridge Univ. Press, 1984. 김정신 역, 『소설의 이론』, 문학과비평사, 1990.

Todorov, Tzvetan, *The Poetics of Prose*, Ithaca: Cornell Univ. Press, 1971.

전통적 이야기 서술방식의 현대적 변용 양상(2)
- 최명희의 『혼불』

I. 서론

이 논문의 목적은 한국의 전통적 이야기 서술방식이 현대소설에서 어떻게 변용 창조되어 재현되고 있는지 장편소설 『혼불』을 중심으로 분석하는 데 있다. 전통적 이야기 서술방식의 구체적 양상은 작가 서술의 과도한 힘 또는 부감적 서술자의 등장, 구술성이 강조된 '엮음'의 문장 전개 방식, 굿이나 판소리 마당에서 흔히 볼 수 있는 독자를 서술세계 안으로 끌어들이는 묘사나 설명으로 요약된다.[1]

총 5부, 10권의 연작으로 구성된 『혼불』은 "각양의 삶에서 취하여 각색한 이야기와 전승을 통해서 익숙해진 문화에서 취하여 변주한 이야기를 제재 삼아 장대한 서사"[2]를 이룬 작품이면서, "한국적인 창작방법을 이상적으로 실현해 보인 민족문학의 전범"[3]으로 예찬 받고

---

[1] 김용재, 『한국소설의 서사론적 탐구』, 평민사, 195-207쪽 논의 참고.
[2] 장일구, 「〈혼불〉의 문화 담론적 자질과 저자성 역학」, 혼불기념사업회 편, 『혼불, 그 천의 얼굴 1』, 태학사, 2011, 14쪽.
[3] 이명재, 「〈혼불〉의 소설미학적 특질」, 『현대문학이론연구』 12집, 현대문학이론학회, 1999, 94쪽.

있다. 이러한 평가 이면에는 역사-민족지적 성격의 텍스트가 산재해 있으면서도 감각적이고 서정적인 언어로 한국적인 소설 창작방법을 보였다는 연구자들의 동의가 있다.4 『혼불』의 서술 방식이나 담론 구성 방식을 살필 때에는 우리의 전통적인 이야기 방식, 즉 가장 한국적인 전통 소재에 구술 서사의 특성을 살려 한국적인 창작법이 개입되어 있는 점5에 주목할 필요가 있다. 『혼불』은 중심 서사에 수많은 기생 텍스트를 삽입하면서 시간의 단절과 지연 형식으로 인물의 운명적 삶에 초점을 맞추고 있다. 이 작품의 서사 진행은 전통적 삶의 양식 속에 운명적으로 살아가는 종가 집 여성의 삶의 모습, 강모-강실-효원-오유끼-춘복 등의 애정 서사, 거멍굴 사람들의 생활상과 일제하의 현실에 부유하는 매안 종가의 모습이 중심축으로 기능하고 있다.6 이러한 서사의 축은 인물의 운명에 초점을 맞추고 있으며 동

---

4 이와 같은 시각을 대표하는 연구로 다음과 같은 논문이 주목된다.
김열규, 「〈혼불〉의 생태비평」, 『현대문학이론연구』 12집, 현대문학이론학회, 1999.
장일구, 『혼불읽기 문화읽기』, 한길사, 1999.
황국명, 「〈혼불〉의 서술방식」, 전라문화연구소 편, 『혼불의 문학세계』, 소명출판, 2001.
임환모, 「〈혼불〉의 텍스트성과 서사 전략」, 『현대문학이론연구』 20집, 현대문학이론학회, 2003.
5 김용재, 「〈혼불〉의 이야기 구조와 담론 특성」, 『초등교육연구』 20집 1호, 전주교대 초등교육연구원, 2009.
6 이 작품의 이야기를 진행하는 세 요소는 종가 여성의 삶, 애정의 서사, 현실반영의 축으로 요약된다. 황국명은 이를 종부 3대의 축, 애정의 축, 정치의 축으로 나누고 이들 모두 서사의 추동력을 잃어 "서사가능성이 희석화"되어 있다고 비판하고 있다. (황국명, 「『혼불』의 서술방식 시론」, 『현대문학이론연구』 12집, 현대문학이론학회, 1999) 필자는 '정치의 축'이 함축하는 의미가 역사, 이념을 포함하는 의도가 바탕에 있어서 소설미학을 밝히는 작업에서는 부적절한 용어여서 '현실반영의 축'이 적정하다고 보았다.(이에 대한 자세한 논의는 김용재의 황국명 논문에 대한 토론문 참고(현대문학이론학회 『학술자료집』(1999))
이 중에서 중심 서사에 놓인 것은 남원 매안 종가 여성의 삶이다. 청암부인과 율촌댁, 효원으로 이어지는 종부의 삶은 전통 의식 속에 가계를 꾸려가는 여성들의 운명에 초점을 맞추고 있다. '운명의 서사'라고 할 수 있는 종부의 삶은 서사성이 약화된 정적 플롯이라면, 동적 플롯으로 서사를 진행하는 힘은 강모를 중심으로 전개되는 애

적 플롯을 제공할 때에는 전통적 서술방식으로 서사를 이끌면서 독자를 이야기판에 참여하게 하는 효과를 보이고 있다.

전통적 서사에서 흔히 볼 수 있는 구술세계와 구연(口演)방식, 엮음의 문장, 사실의 직접 보고(報告), 직관과 감성의 언어 활용 등으로 『혼불』의 서사는 서술자와 독자가 한 무대에 있게 하는 효과를 나타내고 있다. 따라서 이 논문에서는 『혼불』에서 보이는 다양한 서술방식 중에서 전통적 서술방식을 채용한 부분을 찾고, 이들이 갖는 서술 의미를 밝혀내고자 한다. 이 논문에서는 『혼불』 1부를 중심 텍스트로 삼아 논의를 진행하고자 한다. 그 이유는 장편서사물인 이 작품의 서사 진행의 핵심이나 서술 특성이 1부에 집중되어 있기 때문이다.7

정의 관계 축과 거멍굴 사람들의 대화나 작가 서술로 설명되는 현실반영의 축이다. 이처럼, 『혼불』은 일제하 현실이라는 외부적 변화상과 애정의 구도라는 개인의 욕망 두 축을 연계시키면서 종부로서의 삶의 모습을 '운명의 서사' 형식으로 그려나가고 있다.(이야기 구조의 전반적 특성에 대한 자세한 논의는 김용재, 앞의 논문, 2-6쪽 논의 참고.)

7 김병용은 『혼불』을 해석학적 시각으로 분석하면서 결론적으로 "『혼불』 1부는 완결된 텍스트로 작품 전체의 코어(core)에 해당하"며, "2-5부는 1부에 대한 메타 서사(meta-narrative)이고, 서사 핵인 1부에 대한 재창조와 재해석의 결과"라고 보고 있다.(김병용, 「최명희 소설 연구」, 전북대 박사학위논문, 2004) 또한 이 1부는 한길사 발행 『혼불』(1996년판, 전10권)의 저본(底本)이라고 볼 수 있는 『魂불』(1983년 동아일보사 간행본)의 서사 진행과 같아서 하나의 완결된 텍스트로도 볼 수 있다. 서술 방식이나 형식, 문체적 특징도 이 1부에 보이는 특성이 2-5부 진행에서도 반복되고 있어 1부의 상세한 분석이 이 작품의 서술방식을 규정짓는 가늠자가 된다.

이 논문은 필자의 앞의 논문(2009)의 후속작업의 성격을 지니고 있다. 김용재(2009)에서는 『혼불』의 이야기 구조를 정리한 후, 한국적 이야기 서술의 재현방식을 첫째, 사실의 전사(轉寫)는 구술을 통한 이야기 전개의 변용형태이면서 인물이나 플롯에 영향을 주는 요소라는 점, 둘째, 문장의 '엮음' 형식을 차용하여 현장성이나 직접 소통을 강조하는 구연(口演)형식을 변용하고 있다는 점, 셋째, 작가적 설명이나 서술이 독자 유인효과를 발휘하는 점을 제시하였다.

Ⅱ. 전통적 서술방식의 소설적 형상화

우리 고유의 이야기 전달 방식은 기본적으로 작가적 개입이나 작가의 목소리가 서술 내에 참여하는 방식으로 이야기 내용을 독자에게 직접 전달하는 구조를 지닌다. 근대 소설론에서는 작가의 개입이나 설명적 권위를 지니는 서술자의 서술은 문학적 리얼리티를 감소시키는 것으로 취급받아 왔다. 즉, 소설의 사실성 획득을 위해서는 이야기하기(telling) 의식보다는 보여주기(showing) 방식이 인과적 사건 전개에 타당한 진술방식이라고 인식되었다. 그러나 사건의 연쇄, 인물성격의 변화, 현실 인식과 소설적 기법 사이의 관계에서 오히려 이야기를 직접 전달하는 방식이 새로운 효과를 창출하는 창작방법으로 기능할 수도 있다. 이러한 의식의 대표적인 작가가 채만식의 소설에서 확인된 바 있다.

채만식의 '소설 쓰기'의 기본 시학은 서술자의 '이야기하기' 정신에 있다. 이 '이야기하기' 창작 정신이 설명적 진술을 바탕으로 구어의 세계로 환치하면서 구체화하는 특성을 보였다. 일찍이 채만식은 '조선 문학적인 것'과 '중기교론(重技巧論)'을 강조한 바 있었다.[8] 그는 여러 형식의 소설이 외국문학 이론을 바탕으로 소개되고 그에 따라 평가하는 당시의 문학풍토에 불만을 표하면서 '조선적인 것'을 늘 강조해 왔다. 여기에서 조선적인 것은 전통적인 정서나 전통 소재가 아니라, 조선의 현실을 소재로 취해서 적절히 우리식으로 승화시킨

---

8 채만식은 그의 평론 '모방에서 창조로'(『채만식 문학전집』 10권, 163쪽)에서 "조선의 문학도 참으로 '조선문학'이자면 조선적인 독자 독특한 성격과 색채를 가진 문학적 개성을 체득하여야만 하고 그리함으로써 비로소 세계문학과 오(伍)하여 자기를 내세우되 굽힘이 없게 되는 것이다."라고 주장하였다. 또한 '소설을 잘 씁시다-創作界에의 提唱'에서는 "예술적으로 형상화시키는 소임은 그의 예술가적인 솜씨, 기교에 달려 있다고 하여 '중기교론'을 내세우고 있다.

문학적 개성을 뜻한다. 우리만의 독특한 방식은 그가 강조했던 '조선문학'의 개성과 색채, 예술적 기교를 뜻한다. 결국 그의 창작방법은 우리의 의식에 맞닿는 '한국적이고 전통적인 이야기 방식'을 찾는 작업이었다. 이러한 정신의 결과가 "설명적 권위를 지닌 서술자를 전면에 내세워 현실에 대한 이야기를 들려주는 이야기 방식"을 소설 창작의 기본 시학으로 정립되었다. 이의 구체적 발현 양상은 구술방식을 택하면서, '구연(口演)'의 방식과 '엮음' 문장으로 판을 형성하여 독자를 소설세계에 유인하여 직접적으로 이야기를 전달하면서 산문적 리듬감을 획득하는 '이야기꾼' 의식이었다.9

전통적인 이야기꾼인 강담사(講談士)나 전기수(傳奇叟) 같이 현장감과 사실감을 살려 이야기를 전달하는 방식은 부감적이고 설명적 권위(diegetic authority)를 지닌 서술자의 강력한 이야기 통제가 기본 틀을 이룬다. 또한 서술자는 독자의 상상력을 하나의 판으로 끌어들이기 위해 스토리 전개보다 시간의 정지나 지연, 삽화를 통해 분위기를 형성하거나 구어의 리듬을 살리면서 사건을 생동감 있게 전달하는 특징을 보인다. 구어의 세계에서는 현장성과 직접 소통을 중요하게 여기기 때문에 이야기의 어느 한 부분을 확장하는 경우가 많다. 그 구체적 방법은 산문이라 할지라도 리듬을 중시하면서 감성에 호소하는 구연(口演)방식이 기초가 된다. 이러한 리듬감은 언술층위의 반복, 끝소리 말 이어가기, 같은 어휘의 반복과 변이, 비유의 층위 변화, 의성어나 의태어를 통한 리듬감 획득, 속담이나 격언의 삽입으로 문장을 '엮어가는' 방식으로 구체화된다.

전통적인 서술방식이 현대소설에서 변용을 이룰 때 문장 수준에

---

9 채만식의 서술시학이 전통적인 이야기방식을 변용하고 있다는 점에 대해서는 김용재, 「채만식 소설의 서술시학-'이야기하기의 힘'」, 『한국소설의 서사론적 탐구』, 평민사, 1993, 187-207쪽 논의를 참고할 것.

서 가장 주목되는 점은 '엮음' 문장을 통한 산문 리듬의 획득이나 직관이나 감성에 의존하는 묘사이다. 최명희의 경우에서도 채만식에서 보인 우리 식의 문장 구성방식에 고민했던 흔적이 많이 발견된다. 『혼불』에서 흔히 볼 수 있는 시간의 지연이나 정지, 장면의 확산과 상세한 묘사, 이야기 전개와 관계없이 보이는 이야기의 삽입이 인물의 형상화나 플롯에 색다른 영향을 주고 있는 점을 예사롭게 보아서는 안 된다.

가장 한국적인 말의 씨앗으로 춘향전이나 심청전 같은 <u>우리식 고유의 이야기 형태를 살리면서</u> 서구 전래품이 아닌 <u>이 땅의 서술방식을 소설로 형상화하여</u>, 기승전결의 줄거리 위주가 아니라, 낱낱이 단위 자체로서도 충분히 독립된 작품을 이룰 수 있는 각 장, 각 문장, 각 낱말을 나는 쓰고 싶었다.10(밑줄-필자)

인용문에서 확인할 수 있듯이, 작가가 "우리식 고유의 이야기 형태"와 "이 땅의 서술방식을 소설로 형상화"하는 데 관심을 가졌다는 것은 전통적 서술방식을 변용하여 예술적으로 승화된 소설세계를 구축해보겠다는 의지로 읽힌다. 따라서 『혼불』의 서술 특징을 정리하고자 할 때 전통적 서술방식을 염두에 두어야 하는 이유는 구술세계를 근간으로 하는 창작방법의 시도와 연계된다. 또한 이러한 특징은 지역 문화적 특성과 궤를 같이 한다는 측면도 무시할 수 없다. 다음과 같은 지적을 주목할 필요가 있다.

이러한 성향은 논리나 이성 중심의 학문보다는, 감성이나 직관 중심

---

10 최명희, 「〈혼불〉은 나의 온 존재를 요구했습니다」, 『리브로』 제27호, 한길사, 1996.12, 18쪽.

의 예술창조에 적합한 글쓰기 전통과 연결되어 있다.

이야기의 흐름이 집중되지 않고 분산된 점, 같은 의미를 지닌 낱말의 다양한 쓰임새, 뚜렷한 구성의 줄기가 없고 실가지로 흩어진 점, …(중략)… 서정적이고 감각적인 언어의 빈번한 출현, …(중략)… 과거와 현재 사이에서의 서성거림, 삽화/설화의 도입, 지연과 정체를 거듭하는 서사 진행, 민속지적 사실기술과 자기애적인 연민 등이 『혼불』의 특징을 이룬다. 산문장르의 경계 지우기, 서사 문법의 체제에 대한 저항의 흔적을 드러낸 이 소설은 …(중략)… 산문예술-서사양식으로 풀어낸다. 서사규범의 원칙과 권위에 반발함으로써 도달하게 되는 논리와 이성을 초월한 직관과 감성, 암시와 함축, 그리고 시성(詩性)을 지향하는 글쓰기 때문에 그것이 가능하다.[11]

『혼불』에서 볼 수 있는 장황한 묘사나 서사 진행을 지체시키는 "변칙적인 문체"는 서사 문법의 일탈을 통한 운문지향의 글쓰기 방식이라는 호남문학의 특성과 연계된다. 채만식과 최명희, 이문구를 예를 든 위 인용문에서 시사 받을 수 있는 점은 지역 문화적 특성 뿐 아니라, 전통적인 구술 현장처럼, 산문에서의 리듬감을 획득하는 묘사나 설명방식을 창작방법으로 삼는다는 점이다.

전통적인 이야기방식의 현대적 변용은 첫째, 이야기판의 소통구조에 독자를 유인하는 서술자 의식이 개입된다는 점, 둘째, 산문적인 리듬감을 획득하는 서술을 통해 구연 형식을 취택한다는 점, 셋째, '엮음' 문장을 활용하여 구술성을 강조하고 이성이나 논리의 언어보다 직관과 감성의 언어로 묘사한다는 점이 있다. 이들은 모두 서술자가 독자에게 직접 말을 건네는 '이야기하기' 의식의 산물이기도 하다.

---

11 전정구, 「호남 지역 문학작품에 나타난 글쓰기의 특징」, 『현대문학이론연구』 26집, 현대문학이론학회, 2005, 265-266쪽.

Ⅲ. 전통적 이야기 서술방식의 변용과 효과

1. 구술문화 전통의 판의 형성과 서술의 문제

우리 서사 문학의 전통과 맥락을 고려할 때, 판소리 문학 내지 판소리계 소설은 "숙련된 구연(口演) 양식"[12]이 문자화되면서 발달한 형식이라고 할 수 있다. 판소리는 창과 아니리, 발림으로 이뤄지는 연행구조를 지니고 있는 바, 연행상의 중요 인자는 서사가 추동력을 발휘하고 있다는 점이다. 판소리는 그 용어에서 알 수 있듯이 음악적 요소도 개입되어 있지만, 그 바탕은 어디까지나 서사성에 있다. 서사의 소통 측면에서 보면, 구연의 바탕에 있는 이야기판에 연행자와 청자가 함께하고 있다. 이야기판은 소설의 서술세계에 빗대면 서술자(또는 내포작가)와 독자 사이의 소통 현장이라고 볼 수 있다.

『혼불』에서는 서술자가 이야기판을 스스로 구성하면서 마치 판소리 창자(唱者)가 독자에게 직접 말을 건네는 방식으로 소통의 직접성을 구현하여 생동감 있는 이야기 세계에 몰입하도록 유도하는 장치를 많이 활용한다. 그 양상은 조금씩 차이는 있지만, 대체적으로 세 가지 양상으로 드러난다.

(1) 밤낮없이 흙밭에서 뒹굴고, 험한 잡일에 식구의 연명을 걸고 있자니, 손톱 발톱을 깎지 않아도 자랄 틈이 없는데, 의복인들 제때에 빨아 입고 지어 입을 수 있으며 간수할 수 있었을까. 그저 몸에 꿰고 나가면 석 달 열흘이 지나도 철이 바꾸기 전에는 누더기가 다 되도록 갈아입지 못하는 것이 보통이었을 것이다.
거기다가, 어떻게 흰 무명옷으로 떨쳐입을 수 있으리요.

---
12 김현주, 『판소리 담화 분석』, 좋은날, 1998, 228쪽.

거명물 들이 다섯새 무명 치마폭을, 그나마도 '거들치마'라 하여 몽당 치맛자락을 무릎까지 바짝 치켜 올려 입어야 했으니, 때묻은 고쟁이 속옷이 덜름 바깥으로 드러나 보이기 예사였다.(밑줄-필자, 1권, 102쪽)13

(2) 돌아누워 뒤척이던 사람들은 아예 일어나 앉고, 하릴없이 마음을 조이며 등잔불 아래 앉아 있던 사람은 방문을 비긋이 열고 바깥을 내다본다. 풍지가 더르르 우는데, 바깥은 오직 캄캄할 뿐이다. 일년 중에 밤이 제일 길다는 동지를 바로 앞둔 하늘에는 숨은 달빛조차 비치지 않는다. 어둠과 합세한 두터운 구름이 금방 내려앉을 것처럼 무겁게 웅크리며 하늘 한 자락을 물고 있다.(밑줄-필자, 3권, 114쪽)

인용문 (1)은 반촌의 그늘에서 살아 온 옹구네, 평순네 등의 거명굴(黑谷)사람들의 형편을 서술하고 있는 부분이다. 가난과 힘든 노동, 구차한 의복으로 살아가는 상민들의 모습을 마치 민요의 타령조를 현대문으로 번역한 것 같은 묘사로 서술세계를 형성하고 있다. "새벽 질삼 질기는 년, 사발옷만 입고 간다"는 민요에서 사발옷은 '거들치마'나 '두루치'같은 폭도 좁고 길이도 짧은 옷을 지칭하는데, 사발만큼 작은 옷이라는 과장이 들어있지만 역으로 가난과 한이 강조되어 표현되고 있다. 이 장면은 "죽고 살고 엎어져서 논 매고 밭 매도 이년의 목구녁에는 보리죽이 닥상이고(마땅하고), 손톱 발톱 다 모지라지게 베를 짜도, 내 평생에 얻어입는 것은 요 사발만헌 두루치 한 쪼각이여"라는 옹구네의 한숨과 연계되면서 거명굴 여인의 힘든 삶을 현재화하는 데 성공하고 있다. 여기에 밑줄 친 "밤낮없이~있었을까"에서 볼 수 있듯이 비교와 대조를 통하여 힘든 현실을 강조하

---

13 최명희, 『혼불』 1-10권, 한길사, 1996. 앞으로 작품을 인용하는 경우, 권수와 쪽수만 표시함.

고 운율을 넣어 리듬감 있게 산문 문장을 진행시킴으로써 독자를 한마당으로 이끄는 효과를 보여주고 있다.

인용문 (2)는 청암부인의 죽음을 예고하는 서술로 거명굴 사람들의 어두운 분위기를 묘사하고 있는 부분이다. 인물의 행동, 문풍지의 떨림, 어두운 구름이 깔리는 풍광 묘사가 청암부인의 혼백이 떠도는 것처럼 분위기를 고조시키고 있다. '비긋이 열고', '더르르 우는데', '무겁게 웅크리며'에서 확인할 수 있듯이 의성어, 의태어 등을 활용하여 산문에 리듬감을 부여하면서 서사 상황을 집중화하는 경향을 보이고 있다. 이는 판소리 사설 문체로 분위기를 묘사하는 방식이기도 하다. 이외에도 인물의 대화 장면을 판소리 사설 형식을 현대적으로 변용하여 인물 성격과 사건을 형상화하는 방식을 택하기도 한다.

(1) "제엔장헐 놈의 시상, 다 똑같은 사람으로 났는디, 쌔 빠지게 일하는 놈은 죽어라 일만 허고, 할랑할랑 부채 들고 대청마루에 책상다리 앉었는 양반은 가만히 앉은 자리에서 눈만 몇 번 깜짝이면 몇 천 석이니 먼 놈의 시상이 이렁가아. 생각을 숫제 안해 부러야제, 생각만 조게 허면 기양 속이 뒤집어징게……."(1권, 112쪽)

(2) "그런 소리 말어. 썩어 죽으면 흙 되는 노무 인생. 수절한다고 누가 열녀문을 세워 준다등가? 그것 다 속절없는 짓이라고. 나 같은 상년의 팔짜에 과부된 것만도 원통헌디, 거그다가 소복 단장허고 그림자맹이로 앉어서 지낼 수도 없는 것을, 무신 수로 뽄 냄서 산당가아? 수절 열녀. 그거 다 양반들이 매급시 뽄 내니라고 그러능 거이여.(…하략)"(2권, 26쪽)

(3) "대장부로 태어나서 일세를 풍미하는 것은 그만두고라도 내가 나이 마흔 여섯이라 오십을 바라보는 이 마당에, 공명(功名)을 떨친 것

도 아니요, 그렇다고 바라지게 가세를 일으킨 것도 아니고. 참 무슨 학문에 몰두하여 대성한 바도 없으니, 유야무야(有耶無耶) 한평생이 허둥하기 짝 없는 일인데, 무엇으로 이 세상에 왔다 갔다는 점을 찍으리. 그것도 명맥이 끊기다시피 된 종가에 종손으로 들어와서 제 노릇을 제대로 못하고 있는 것을 생각하면, 어찌 나라고 생각이 없고 중정(中情)이 없겠는가……?(…하략)(2권, 76-77쪽)

인용문 (1)은 두레를 서두르면서 모내기를 하는 장면에서 일이나 서둘러 하자는 공배의 말에 춘복의 한탄을 직접 대화형식으로 제시한 부분이다. 인용문 (2)는 가뭄으로 청호저수지가 마르자 물고기를 잡는 사람들 모습을 형상화한 부분에서 옹구네가 과부된 신세를 탄식하는 대화문이다. 인용문 (3)은 창씨개명을 하겠다는 이기채의 말에 청암부인은 회한에 잠기고, 기표가 종가의 삶에 비판적 태도를 보이자 기채가 그에 대해 화답하는 장면이다.

이들 대화문은 구연 방식의 변용이 특징적이다. 실제적인 인물의 대화를 그대로 전사(轉寫)하거나 사실적으로 재생했다기보다 작가적 서술이 의도적으로 개입된 대화 형태를 보이고 있다. 인물의 대화에서 이들의 말은 어휘 선택이나 형식, 대화의 길이 면에서 실재와는 괴리가 있다. 오히려 (1)은 춘복의 현실 비판적 태도나 성격을 부각시키는 서술이며, (2)는 과부의 삶에 대한 비애보다 옹구네의 의식 세계나 종가 여성에게 보이는 비판적 태도가 예고되어 있는 서술이다. (3)은 기채의 규범적인 태도나 종손으로서의 책무나 체면을 중시하는 모습을 알 수 있게 해 준다. 또한 (1)과 (2)는 사투리로, (3)은 정제된 표준어를 사용함으로써 인물 성격 형성에 기여하고 있다.

이들 대화문은 전통적 이야기판에서 청자가 그들의 입장이 되어서 소리를 하는 외적 형식을 보여주면서 실제적으로는 인물의 성격이나 사건의 전개를 예고하는 수단으로, 또는 서사 진행의 전개에 도움이 되는 대화로 이용하는 방식과 닮아 있다. 즉, 외적으로는 대화의 재현으로 보이지만, 실질적으로는 서술자가 인물 형상화나 사건의 전개에 이용하려는 서술자의 목소리가 내재되어 있는 셈이다.

또한, 이러한 판소리 형식의 차용에서 흔히 볼 수 있는 문장 형식은 음이나 단어의 유사성을 이용하여 산문에 리듬을 형성하면서 사건이나 분위기를 고조시키는 경우도 흔하다.

(1) 논갈기를 필두로 가래질·써래질에 못자리하기·볍씨치기·거름주기·피고르기·모찌기·모심기, 그리고 콩심기며 논김매기·풀하기·벼베기·볏단 주워묶기·굉이기·타작, 거기다가 흥겨운 방아찧기·새끼꼬기·가마니치기 등을 있는 대로 흉내내며 농악대의 쾌자 자락이 휘날릴 때, 열두 발 상모가 푸른 하늘에 그리던 갖가지의 하얀 무늬는 또 얼마나 경쾌하고 절묘하였던가.(1권, 116-7쪽)

(2) 그저 저희끼리 손을 비비며 놀고 있는 <u>자잘하고 맑은 소리</u>, 강 건너 강골 이씨네가 살고 있는 마을에서 이쪽 대실로 마실 나온 <u>바람이 잠시 머무는 소리</u>, 어디 먼 타지에서 불어와 그대로 지나가는 <u>낯선 소리</u>, 그러다가도 허리가 휘어질 만큼 성이 나서 잎사귀 낱낱의 푸른 날을 번뜩이며 <u>몸을 솟구치는 소리</u>, 그런가 하면 아무 뜻 없이 심심하여 <u>제 이파리나 흔들어 보는 소리</u>, 그리고 달도 없는 깊은 밤 제 몸 속의 적막을 퉁소 삼아 불어 내는 <u>한숨 소리</u>, 그 소리에 섞여 별의 무리가 우수수 <u>대밭에 떨어지는 소리</u>까지라도 얼마든지 들어 낼 수가 있었다. 그러나 오늘은 아무도 그 대바람 소리에 마음을 쓰는 사람은 없었다. 마을에 큰일이 있기 때문이었다.(밑줄-필자, 1권, 12쪽)

인용문 (1)은 두레의 장면을 묘사한 부분이다. 두레는 서로 개인마다 품을 맞바꾸는 '품앗이'와 달리 마을 공동체 전체가 참여하는 농사 축제라고 할 수 있다. 농악과 농무로 분위기를 고조시킨 다음 모두가 모여 자타 소유를 구분하지 않고 공동으로 마을의 농사일을 한다. 인용문에서 확인할 수 있듯이, 모음의 유사성을 활용한 단어의 나열로 산문에 리듬감을 부여하고 있다. '~기'의 나열은 농사의 노동 행위를 나열한 것이지만 그 이면에는 농악대의 쾌자 가락에 경쾌하고 즐거운 마을사람들의 분위기를 묘사하는 데 초점이 맞춰져 있다.

  인용문 (2)는 강모와 효원의 혼례를 앞둔 분위기를 묘사한 부분이다. 대바람 소리를 구체화하여 여러 형상으로 비유하고 있는 점이 돋보인다. '소리'의 변주를 통해 대실 마을의 분위기를 묘사하고 있으면서 서정적인 문체가 돋보이는 부분이다. 여기에서 주목되는 것은 여러 소리로 엮어가는 문장의 변이뿐 아니라, 이 소리의 내면에는 앞으로 전개되는 인물이나 사건의 형상을 예고하는 면도 있다는 점이다. 놀이와 웃음으로 대사를 맞는 마을 분위기에서부터 효원의 형상이나 강모, 강실의 심정, 인월댁이나 기채의 모습을 떠올릴 수 있는 묘사도 있다. 독자는 이러한 소리가 인물과 사건에 연계되는 구체적 상황을 1부 전개의 중간 중간에 확인할 수 있게 된다.

2. 비유를 활용한 묘사와 독자 유인의 장

  한국의 전통적인 이야기 서술방식 중 가장 주목되는 문체상의 특징은 '엮음' 문장의 구성이다. 엮음 문장이란 산문적인 리듬감을 형성하면서 구연의 언술방식을 택하는 것으로, 동일 의미의 언술층위의 반복, 끝소리 이어가기 형태, 의성어나 의태어의 반복적 활용, 비유 층위의 유사성 활용 등의 방법이 있다. 몇 가지 사례를 들면 다음과 같다. 강모가 매안 아랫마을 밭둑머리에 서서 오류골을 보며 강실을 그리워하는 부분을 묘사할 때, "……강실아…", "이리 와, 강실아", "……나 좀 보아"를 삽입하면서 강모의 내적 심경을 점층적으로 강화시킨다. 강모가 병석에 있는 청암부인을 만나는 장면에서도 "서러웠다", "무게가 겨웠다.", "무기력이 서러웠다."로 변이되는 표현을 쓰면서 설움과 비애감을 강화시킨다. 이러한 방식은 작품 곳곳에서 흔히 발견되는 문체상의 특징이다. 이러한 점은 시간의 정지와 묘사의 확장을 통해 독자를 장면에 참여시키면서 서사 분위기를 이끄는 방식이기도 하다.

인물의 행동 묘사나 상황의 설명, 사건의 분위기는 비유를 통해 구체화되는 경우가 많다. 전통적 이야기꾼의 입담은 적절한 비유를 통해 청자의 감성을 조정하는 경우가 많은데, 이러한 변이 현상이 서사담론에서는 직유나 은유, 환유의 표현으로 구체화된다. 이러한 비유 표현은 독자에게 서사의 장에 참여를 유인하는 효과를 주고 있다.

(1) 뙤약볕이 <u>정수리에 놋젓가락을 꽂는</u> 오뉴월 염천의 한낮. …(중략)… 그네의 낯빛은 창호지 같았다.(2권, 214쪽)

(2) 달구어진 햇볕에서 훅 <u>놋쇠 냄새가 난다</u>.(1권, 259쪽)

(3) 그 햇빛은 <u>조청처럼 무겁다</u>. (…) 꽃잎의 입술과 대궁이 허옇게 말라들어 <u>미농지로 만든 조화같이</u> 변한다.(1권, 308쪽)

(4) <u>무거운 햇살이 조청같이 눅진하여</u> 한 걸음도 옮길 수 없게 하더니, 이제는 어둠이 무거워 손조차도 둘 수가 없다.(2권, 144쪽)

인용문은 햇볕을 전통적 소재인 '놋쇠'나 '조청'으로 비유하여 인물의 처지나 상황, 배경 묘사에 독자의 참여를 유도하고 있다. 인용문 (1)은 청암부인이 기채의 부축을 받으며 청호를 둘러보는 장면이고, 인용문 (2)는 여름에 농사일을 준비하는 거명굴 사람들의 묘사 장면이다. 인용문 (3)은 강모의 심경을 대변하고 있는 부분이고, 인용문 (4)는 강실이 강모를 그리워하는 장면이다. 감각적이고 민속적인 어휘의 동원으로 염천의 뜨거운 날을 '정수리에 놋젓가락을 꽂는'다거나 '놋쇠 냄새가 난다'고 적절히 비유하고, 무겁고 허전한 기분을 '조청'이나 '미농지로 만든 조화'로 비유하여 독자가 인물의 심경과 동일시하게 하는 효과를 준다.

(1) 눈을 지그시 내리뜨고 무슨 <u>갑옷에 싸인 사람처럼</u> 꼼짝도 하지 않는다.(1권, 31쪽)

(2) 숨이 막히고 고적했다. 그 고적이 <u>우무같이 엉기어</u> 내려앉는 햇살에 어깨가 무거웠다.(1권, 47쪽)

(3) 강실이는 어둠을 밀치고 일어나 앉는다. 마치 그대로 누워 있으면 자신을 누르고 있는 어둠이, 그대로 <u>맷돌짝이 되고, 바윗덩이가 되어</u> 짓눌러 버릴 것만 같은 숨가쁜 심정 때문이었다.(2권, 312쪽)

(4) <u>절구에 짓찧은 손가락의 살점처럼</u> 이미 피멍이 든 채로 떨어져 나간 사람과의 인연을, 이리저리 기워 맞추어 다시 이어 보려 하여도 하릴없는 희롱에 불과하게 되나니.(2권 313쪽)

인용문 (1)은 신방에 앉아있는 효원의 모습을 표현한 부분이고, 인용문 (2)는 혼례 후에도 강실을 잊지 못하는 강모의 심경을 표현하고 있다. 인용문 (3), (4)는 강모를 연모하는 강실의 심정을 묘사한 부분이다. 이들 비유적 표현은 '갑옷', '우무', '맷돌짝', '절구'같은 전통적인 민속생활에서 취택한 어휘로 인물의 심경을 절묘하게 연계시키고 있다. 이러한 표현은 독자에게 서사의 진행보다 서사 상황 속의 배경이나 인물의 장면에 집중할 수 있게 하는 역할을 한다.

이외에도, 서사의 시간적·공간적 배경과 어울리면서 인물의 심리를 대변할 수 있는 묘사가 작품 분위기와 어울리는 감성적인 비유어를 쓰는 사례는 수없이 많이 발견된다.14 효원의 공방으로 걱정하는 율촌댁이 "침묵이 저울추보다 무겁게 처지자"(1권, 253쪽) 강모를 낮은 소리로 채근하고, 바이얼린 공부를 하고 싶다는 강모의 말에 화가 난 기채의 모습은 "그의 신경가닥과 힘줄들은 당길 대로 당겨진 활 시위처럼 푸르르 떨린다."(1권, 300쪽)로 묘사하고 있다. 율촌댁이 시집왔을 때의 심정은 "집은 마치 벗어 놓고 온 신발처럼 봄밤의 어둠을 쓸어 안고"(2권, 37쪽) 있었다. 종가를 대표하는 인물인 청암부인은 "서릿발 같은 기상"으로, 그의 아들 기채는 "놋재떨이 같은 강단"(1권, 67쪽)으로 비유한다. 종가의 책무에 짓눌리는 강모가 자유로움을 그리며 강실의 입장과 비교하는 장면에서도 이씨 종가는 "네모 반듯한 바둑판"이요, 암키와와 수키와가 꼭 맞물려 있는 "그물"같이 여기고, 강실이 살고 있는 둥그런 초가지붕은 "감싸고 덮어주는 너울"(2권, 101쪽)로 대비시키고 있다.

Ⅳ. 결론

『혼불』은 제의 형식을 통하여 종부의 운명적 삶을 그려낸 대하예술소설이다. 이 작품이 작가의 말대로 "우리식 고유의 이야기 형태를 살리면서" 한국적인 서술방식을 소설로 형상화한 수작이라고 한

---

14 이러한 점은 "인물로 상정된 대상 사물과 서술자 사이의 교감이 일구어 낸 그 서술상황에서 독자의 느낌 또한 이끌리기" 쉽게 되는 데 기여한다. 이른바 "감입(感入)이 활성화된 상황"으로 변형된다. 장일구, 「『혼불』의 시점, 그 역학」, 『한국문학이론과 비평』 3집, 1998, 556쪽.

다면, 전통적 이야기방식이 어떻게 변용 창조되고 있는지 구체적으로 증명할 필요가 있다. 구비문학의 전통에서 흔히 볼 수 있듯이 전통적인 이야기 방식은 설명적 권위를 지닌 서술자가 이야기를 주도하면서 구연의 언술형태와 '엮음'의 문장을 보인다. 또한 굿이나 판소리 마당에서 볼 수 있듯이 독자를 서술세계 안으로 유인하는 직관과 감성의 언어로 묘사하는 방식을 택한다. 이 논문에서는 구술문화 전통의 판을 어떠한 방식으로 서술 차원에서 형성하고 있는지, 그리고 비유를 통한 묘사가 갖는 독자유인 효과에 대해 중점적으로 살펴보았다.

이 작품은 서술자가 이야기판을 스스로 구성하면서 마치 판소리 창자가 독자에게 직접 말을 건네는 방식으로 소통의 직접성을 구현하는 구성을 보인다. 그 양상은 첫째, 판소리 사설형식을 변용하여 비교와 대조를 통한 산문리듬감을 획득하여 인물의 성격과 사건을 형상화하는 방식을 택한다. 둘째, 대화문의 경우, 구연 방식에 작가의 목소리를 참여시켜 이중효과를 보이고 있다. 외적으로는 대화의 재현이지만, 내적으로는 인물 형상화나 사건의 전개와 연관을 지어 서술자의 목소리가 내재되어 있다. 셋째, 음이나 단어의 유사성을 활용하여 산문에 리듬을 형성하면서 서사 속의 인물의 상황이나 사건 분위기를 고조시키고 있다.

인물의 행동 묘사나 상황의 설명을 적절한 비유를 통해 독자의 감성을 조정하는 경우가 많다. 이러한 비유 표현은 독자를 서사의 장에 참여케 하는 유인효과를 주면서 소통의 직접성에 기여하고 있다. 감각적이고 민속적인 어휘의 동원으로 배경이나 인물의 심리 상태를 빗대어 표현함으로써 독자와 인물 사이의 간격을 가깝게 유도하는 전략으로 삼고 있다.

전통적 이야기 서술방식이 현대적으로 변용하여 우리식의 이야기 구성을 창조한다는 작가 의식은 텍스트 상에서는 중심 서사에 수많은 기생텍스트를 삽입하는 현상으로 드러나기도 한다. 이 작품이 시간의 단절과 지연 형태가 많고 수많은 전승담론이나 풍속을 기생텍스트로 제시한 이유가 바로 여기에 있다. 이러한 소설의 독법은 달라야 한다. 사건의 추이나 결말에 집중하기보다 인물의 상황과 사건의 분위기, 작가의 세계의 인식 태도에 중점을 두고 단위별로 이해하는 것이 필요하다.

『혼불』을 읽는 즐거움은 인물의 운명이나 사건의 연쇄에 있지 않다. 오히려 인물이나 사건이 묘사나 설명을 통해 구현되는 형상이나 감각과 직관에 의지하는 구술담론의 역학에 있다. 서술자가 직접 나서서 안내하는 이야기판에서 비유적 표현이 텍스트 안에서 어떠한 기능을 하고 있는지 감지하면서 이야기의 상황을 상상하는 태도가 서사의 진행을 재구할 수 있는 힘이다.

『혼불』의 서사성과 담론구성 방식이 어떻게 연계되는지 구체적으로 살피는 일이 차후 과제이다. 플롯과 기생텍스트의 연계문제, 인물의 형상화와 구술담론 사이의 관계, 장구한 옛이야기를 차용하여 설명적 진술을 하는 경우에서 중심 서사의 기능을 파악해야 한다. 이러한 작업은 현대소설의 새로운 창작법의 실험으로, 또는 『혼불』의 문학적 보편성과 특수성을 점검하는 통로가 될 것이다.

참고문헌

김병용, 「최명희 소설 연구」, 전북대 박사학위논문, 2004.
김용재, 『한국소설의 서사론적 탐구』, 평민사, 1993.
_____, 「「혼불」의 이야기 구조와 담론 특성」, 『초등교육연구』 20집 1호, 전주교대 초등교육연구원, 2009.
김복순, 「대모신의 정체성 찾기와 여성적 글쓰기-페미니즘 시각으로 본 혼불」」, 『혼불의 문학세계』, 전라문화연구소, 2001.
김열규, 「「혼불」의 생태비평」」, 『현대문학이론연구』 12집, 현대문학이론학회, 1999.
김헌선, 「「혼불」에 나타난 민속신앙적 면모」, 『혼불과 전통문화』, 혼불기념사업회, 2002.
김현주, 『판소리 담화 분석』, 좋은날, 1998.
박현선, 「최명희 소설 연구」, 경원대 박사학위논문, 2002.
서정섭, 「혼불의 서사 구성과 언어 책략 연구」, 『현대문학이론연구』 21집, 현대문학이론학회, 2004.
우한용, 「혼불을 보는 시각과 해석의 지평」, 『혼불의 문학 세계』, 전라문화연구소, 2001.
이덕화, 「가부장적 의식과 여성」, 『혼불의 문학세계』, 전라문화연구소, 2001.
임환모, 「『혼불』의 텍스트성과 서사 전략」, 『현대문학이론연구』 20집, 현대문학이론학회, 2003.
장일구, 「전승의 담론, 교감의 미학」, 조선일보 신춘문예 당선작(1999.1.1), 『혼불과 전통문화』 재수록본, 2002.
_____, 「혼불의 시점, 그 역학」, 『한국문학이론과 비평』, 한국문학이론과비평학회, 1998.
_____, 「「혼불」 서사 구성의 역학」, 『혼불의 문학세계』, 전라문화연구소, 2001.
_____, 『혼불 읽기, 문화 읽기』, 한길사, 1999.

_____, 『혼불의 언어』, 한길사, 2003.

전정구, 「호남 지역 문학작품에 나타난 글쓰기의 특징」, 『현대문학이론연구』 21집, 현대문학이론학회, 2005.

최명희, 「「혼불」은 나의 온 존재를 요구했습니다」, 『리브로』 제27호, 한길사, 1996.

황국명, 「「혼불」의 서술방식 시론」, 『현대문학이론연구』 12집, 현대문학이론학회, 1999.

_____, 「「혼불」의 구술문화적 특성」, 『혼불과 전통문화』, 전라문화연구소, 2002.

Booth, Wayne. C., *The Rhetoric of Fiction*, The Univ. of Chicago Press, 1961. 최상규 역, 『소설의 수사학』, 새문사, 1985.

Genette, Gerard, *Narrative Discourse: An Essay in Method*, trans. Jane E. Lewin. Ithaca: Cornell Univ. Press, 1980.

Lanser, Susan Sniader, *The Narrative Act: Point of View in Fiction*, Princeton: Princeton Univ. Press, 1981.

Martin, Wallace, *Recent Theories of Narrative*, Ithaca: Cornell Univ. Press, 1986.

Prince, Gerald, *Narratology: The Form and Functioning of Narrative*, Berlin: Mouton, 1982. 최상규 역, 『서사학-서사물의 형식과 기능』, 문학과지성사, 1988.

Rimmon-Kenan, Shlomith, *Narrative Fiction: Contemporary Poetics*, London: Methuen, 1983. 최상규 역, 『소설의 시학』, 문학과지성사, 1985.

Scholes, Robert & Kellog, Robert, *The Nature of Narrative*, New York: Oxford Univ. Press, 1966.

Stanzel, F. K., *A Theory of Narrative*, Trans. Charlotte Goedsche. Cambridge: Cambridge Univ. Press, 1984. 김정신 역, 『소설의 이론』, 문학과비평사, 1990.

제3부

문학교육의 지평

다문화 시대의 서사 교육 시론
– 『영원한 이방인』을 중심으로

Ⅰ. 서론

우리나라는 급속하게 다문화 사회로 편입되어 가고 있다.[1] 국제결혼의 증가와 외국인 노동자의 이입으로 사회와 학교에서는 인종이나 민족적 다양성이 심화된 형편이다. 다문화 가정 자녀의 증가로

---

[1] 다문화 사회란 "언어, 종교, 관습, 가치관, 국적, 인종, 민족 등 다양한 문화적 배경을 지닌 이민자 등이 사회 구성원으로 참여하여 이루어진 사회"(장지표, 「다문화사회 통합 프로그램 이수제」, 『다문화통합 사회프로그램 구축 방안 마련을 위한 공청회 자료집』, 2008, 1-2쪽)라고 정의할 수 있다. 2007년 통계 자료를 보면, 우리나라에 체류하고 있는 외국인 수는 100만 명을 넘었다. 전체 인구의 2.2%에 해당하는 규모이다. 초, 중, 고교에 재학 중인 다문화 가정 학생 수는 2006년 7,998명에서 2008년 18,778명으로 2배 이상으로 늘었다. 2010년 초에 발표한 보건사회연구원의 자료에 따르면, 2050년이 되면 국제결혼 다문화가정 자녀의 수는 우리나라 영아의 33.2%, 3-5세 유아의 19.2%, 초등학생의 15.3%, 중학생의 12%, 고등학생의 10.1%, 대학생의 7.5%를 차지하게 될 것이라는 예측을 내놓고 있다.(강중민, 「대한민국의 급속한 다문화화와 다문화교육」, 『새교육』, 한국교원신문사, 2007, 18-19쪽) 이러한 통계자료를 보면 우리나라는 이미 다문화 사회로 진입하였음을 보여준다. 다문화 사회 진입에 대한 정책적 접근에 대한 연구는 김미나, 「다문화교육정책의 추진 체계 및 정책 기제 연구: 행위 주체별 정책 목표와 수단을 중심으로」, 『다문화사회연구』 2권 2호, 2009.를 참고하기 바람.

인하여 교육계에서는 크게 두 가지 방향으로 변화하는 사회에 대응하고 있다. 하나는 다문화 가정의 부모와 자녀에 대한 지원이요, 다른 하나는 다문화 교육의 교육과정 마련과 실천이다. 전자에 대한 관심은 주로 학부모를 대상으로 하는 한국어, 한국 문화교육이나 다문화 가정 자녀를 대상으로 하는 학습 지원 형식으로 이뤄지고 있다. 후자의 경우에는 제도권 교육에서 다문화 이해 교육과 그 실천으로 요약된다.

교육의 실천은 목적과 대상, 내용을 구체적으로 선정하는 데서부터 출발한다. 교육의 목적은 사회 변화에 능동적으로 대응하면서 개인의 사회 적응과 발전을 안내하는 방향으로 설정된다. 교육 대상은 교사와 학생의 상호성에 근간하며, 교육의 내용은 대상과 목적에 맞는 이론과 그 실천으로 선정된다. 문학문화 창조를 목표로 하는 문학교육은 다문화 교육의 제재나 내용의 선정에서 매우 중요한 변인으로 작용한다. 왜냐하면, 문학은 변화하는 시대의 가치와 인식의 내용을 개별화되고 내면화된 감동으로 이끌어 주어 사회의 변화에 능동적으로 대처할 수 있는 문학능력을 길러줄 수 있기 때문이다.[2] 따라서 이 논문에서는 문학교육을 통한 다문화 교육에 초점을 맞추고자 한다. 특히 서사 문학은 개인과 사회의 모습을 가장 리얼하게 보

---

[2] 문학교육의 실천에서 서정문학에 비해 서사문학이 문화 창조 교육에서 중심적 역할을 하는 이유는 다음과 같이 정리할 수 있다. 첫째, 서사는 우리의 삶의 과정을 그대로 보여주는 동시에 세계 인식의 구체적 표상이기 때문이다. 둘째, 서사의 소통 구조 자체가 교육 효과를 올리기에 적절하다는 데 있다. 셋째, 서사가 인간의 삶과 문화의 다양성을 인지하는 데 유리하다는 점이다. 넷째, 자아와 세계의 발견과 이를 재구성할 수 있는 능력을 기르는 데 유리하다. 특히 자아 정체성 찾기, 세계의 발견과 탐구에 유리하고 바람직한 가치관과 윤리의식을 함양하고 자신의 존재가치를 정립할 계기를 마련해 준다.
서사 문화 창조를 지향하는 문학교육의 역할이나 가치, 그에 대한 구체적 접근 방식에 대하여는 김용재, 「서사 문화 창조를 지향하는 문학교육방법 시론」, 『한국초등국어교육』 23호, 2003.을 참고할 것.

여주는 장르이다. 이 논문에서 서사 문학교육에 관심을 두는 이유가 바로 여기에 있다.

다문화주의는 1970년대 이후 동화주의와 문화상대주의의 한계를 극복하기 위한 이론으로 대두하였다. 캐나다와 호주 등 이민 국가와 외국인 노동자들이 증가한 유럽의 각국에서 정치적 필요에 부합하였기에 이 이론은 새로운 문화주의로 떠오르게 되었다. 다문화주의 정책은 크게 용광로 정책과 샐러드볼 정책으로 구분되어 상징화된다. 주류문화와 주변문화를 경계하는 요소를 설정하고 주류사회의 편입이나 적응을 강제하는 것이 전자의 입장이라면, 각자의 소수 문화를 인정하고 주류 문화를 중심으로 주변문화를 수용하고 포용한다면 각각의 문화가 그 사회에서 적정한 기능을 수행할 수 있다고 믿는 것이 후자의 입장이다.

다문화 교육 도입 초기에는 기존 주류문화의 적응을 목표로 하여 새 인종이나 민족에게 언어와 문화 적응을 하는 데 적절한 교육내용을 선정하는 데 초점을 맞추었다. 하지만 오늘날에는 각각의 샐러드가 모여 서로 어울리며 새로운 맛을 낸다는 샐러드볼처럼, 기존의 주류문화 속에 있는 자를 대상으로 하는 교육도 포함하기에 이르렀다. 현재 우리나라에서는 후자의 입장에서 새 교육과정을 마련하고 다른 국가 출신에게 우리의 언어나 문화를 강제하지 않고 타국의 문화를 포괄적으로 수용하는 자세를 취하고 있다. 최근의 다문화 교육은 성별, 계층에 따라 범위가 넓어지고 있으며, 특히 주류 계층에게 다문화사회를 이해시킴으로써 인종적 배타성을 지양하고 다양한 문화에 대한 공존과 존중의 시각을 교육시키고자 한다.

이 논문에서는 이러한 시각에 입각하여 서사 교육 방법을 제안하고자 한다. 소설 문학을 중심으로 하는 서사 양식은 인물과 사건, 배경을 통하여 삶의 모습을 재현하고 새 가치관을 보여주기도 한다. 서사의 플롯은 인간의 삶의 양식과 동일 구조에 놓여있어서 쉽게 가치의 동일화를 불러온다. 한 인물의 운명과 사건의 추이 속에서 독자는 동조와 심리적 격리를 느끼면서 내면화된 감동을 받는다. 서사 문학작품이 다문화 교육에서 중심제재로 설정될 수 있는 이유가 바로 여기에 있다.

논의 순서는 다음과 같다. 우선 Ⅱ장에서 다문화 이해 교육의 방향을 설정한 후 Ⅲ장에서는 이창래의 『영원한 이방인』(원제: *Native Speaker*)을 소재로 하여 다문화 교육의 요소를 추출해 본다. 이 작품은 다문화 사회인 미국에서 한국계 미국인으로 살아가는 '나'(헨리)가 자기 정체성을 찾아 나가는 과정을 그리고 있다. 그렇기 때문에 이 작품은 다문화 사회로 편입된 한국 사회에서 하나의 환유 또는 제유(提喩)형식으로 읽어낼 수 있기도 하다. 이러한 논의는 결국 다문화 이해 교육의 한 사례를 서사 교육에서 찾고자 하는 시론의 성격을 띤다.

Ⅱ. 다문화 이해 교육과 서사 문학

다문화 교육에 대한 대략적인 목표나 내용, 성격을 규정짓는 데는 여러 가지 개념 규정이 선행되어야 한다. 다문화 교육을 이주자의 사회 적응이나 다양한 문화의 수용으로 한정 짓기보다, 근본적인 해결 방안으로 주류 문화의 성격 규정, 공통교육의 내용 선정, 이주자뿐 아니라 주류문화 편성자의 다문화 이해 교육 등을 점검할 필요가 있다. 또한 각 교과별로 다문화 이해교육의 성격과 목표, 내용과 방법을 천착하는 일이 선행되어야 한다. 다문화 교육의 유형은 '소수자 적응교육', '소수자 정체성 교육', '상호 이해 증진 교육'으로 구분할 수 있다.[3] 소수자 적응교육은 기존 주류 사회가 새로운 이주자를 받아들이는 첫 단계에서 '사회 통합'을 위해 가장 보편적으로 행해지는 일종의 동화(同化)주의 관점이 작용한 태도이다. 소수자 정체성 교육은 다문화 사회를 구성하는 여러 소수자 집단들의 고유 문화적 정체성을 어떻게 하면 유지할 수 있을지 관심을 기울이는 태도이다. 반면에 '상호이해 증진 교육'은 다문화 사회에서 주류 문화의 일반인이나 소수 문화의 이주민 모두를 대상으로 하며, 차별과 편견의 극복을 핵심과제로 삼는 태도이다.

'상호 이해 증진'을 목표로 공통 교육의 방향을 설정하였다면, 각 교과별로 다문화 이해교육의 내용을 선정하고 그 방법론을 마련하는 일이 병행되어야 한다. 최근 국어교육계에서 다문화 교육에 대한 대략적인 방향 설정을 위해 노력하는 일련의 연구들은 이러한 요구를 수용한 결과이기도 하다.[4] 문학 제재를 활용하여 다문화 이해 교육을 하려는 노력은 이와 같은 개별 교과의 다문화 교육방안 탐색의 한 방향이기도 하다. 문학문화 창조에 목표를 둔 문학 교과에서 다문화 교육의 실천을 위해서는 '문화적 문식성'(cultural literacy)을 갖춰 단순한 문학지식의 습득이나 가치 교육의 도구에 머물지 않고 주체성 교육, 문화 교육적 가치를 추구하는 진정한 문화 교육 교과로

---

[3] 이에 대한 논의는 황규호·양영자, 「한국 다문화교육 내용선정의 쟁점과 과제」, 『교육과정 연구』 26권 2호, 2008, 65-68쪽의 내용을 참고하기 바람. 여기에서 필자들은 다문화 교육의 쟁점으로 일반교육과의 관계 규정 방식에 따른 쟁점, 유사개념과의 관계 규정방식에 따른 쟁점, 다문화교육의 유형 구분에 따른 쟁점으로 나눠서 논의하고 있다.

[4] 최근 국제한국어문화학회에서 개최한 2011년 춘계학술대회(『다문화 시대의 학교 교육』)는 이러한 노력의 결정체라고 볼 수 있다. 여기에서 국어교육학자들은 국어교육이 문화 다원론적 관점을 수용할 필요가 있다는 점, 다문화 교육의 대상 학생은 다문화 가정 학생에 한정하지 않고 일반 학생도 함께 고려해야 한다는 점, 국어교육에서 길러주어야 할 능력에 대해서는 언어 능력과 문화적 문식성이 고려되어야 한다는 점, 다문화 사회에서 국어는 "개인적 소용을 넘어서 다양한 문화들의 소통과 교류·협력의 도구"로 규정되어야 한다는 점에 대체적으로 동의하고 있다.(국어교육의 방향에 대해서는 송현정, 「다문화 사회의 국어교육 변화 방향 탐색」, 『다문화 사회의 학교 교육』, 2011, 128-130쪽 참고)

방향을 잡아야 한다.5 서사 문화 창조를 지향하는 문학교육에서 문화론적 관점을 도입하는 이유도 여기에 있다.6 서사는 인간 삶의 과정을 그대로 보여주는 동시에 세계 인식의 구체적 표상이다. 그렇기 때문에 서사는 인간의 삶과 문화의 다양성을 인지하는 데 결정적 자료가 되며, 자아와 세계의 발견과 이를 재구성하는 능력을 기르는 데 유용하다.

다문화교육을 위한 문학 제재의 선정은 여러 가지 면을 고려할 필요가 있다. 단순히 반편견 교육, 국제이해 교육, 타문화 이해 교육으로 한정 지어 단편적인 도구로 활용하면 진정한 상호이해 증진 교육으로 나아가지 못한다. 교육의 대상이 이주자 뿐 아니라 일반 학생을 포함한다는 가정 하에 교육대상자 모두의 주체의 형성, 정체성 회복에 도움을 주는 내용을 선정할 필요가 있다. 교육의 방법도 텍스트의 해독과정이나 이해 수준에서 머무는 것이 아니라 사회공동체 문화와 연관시키면서 종국에는 '가능한 세계'의 탐색으로 나아가야 한다. 서사 교육에서 실천할 수 있는 범주는 서사 텍스트의 이해를 바탕으로 자기 경험과 연관 시키고 이를 사회 공동체와 연관시켜 가능한 세계의 탐색 또는 새로운 세계의 인식의 단계로 진전시켜야 한다. 교육 활동적 측면에서 보면 사실적 사고를 바탕으로 확산적 사고, 대응적 사고, 창조적 사고의 과정으로 진행하는 형식을 띤다.7

---

5 문화적 문식성이란 개인이 사회나 문화의 소통에 참여할 때 기본적으로 갖추어야 하는 문화 지식 또는 그 능력을 말한다. 문화적 문식성에 대한 개념과 국어교육의 시사점에 대하여는 박인기, 「문화적 문식성의 국어교육적 재개념화」, 『국어교육학연구』 15집, 국어교육학회, 2002.와 같은 저자의 「학교교육과 다문화교육의 커리큘럼 상호성」, 『다문화 사회의 학교 교육』, 국제한국어문학회, 2011.을 참고하기 바람.
6 서사 문화 창조를 지향하는 문학교육의 필요성과 의의, 방법 등에 대한 자세한 논의는 김용재의 앞의 논문을 참고하기 바람.
7 여기에서는 문화 창조를 지향하는 서사 교육방법을 개략적으로 제시하였다. 서사 교육의 방법은 서사의 소통 구조에 바탕을 둔 내용 범주와 문화기호학적 실천 범주를 고려하여 체계화하는 것이 바람직하다. 자세한 내용은 김용재의 같은 논문을 참

Ⅲ. 다문화 이해 교육 요소 탐색

이 논문에서 다문화 이해 교육의 제재로 선정한 이창래의 『영원한 이방인』은 탐정 소설적 구조와 기법을 동원하여[8] "새로운 '자아 찾기'의 주제의식"[9]을 "서구 지배담론의 폭정을 극복하는 탈식민적"[10] 관점으로 표현한 작품이다. 이창래는 1965년 서울에서 태어나 3살 때 정신과 의사인 아버지를 따라 미국으로 이주한 1.5세대 한국계 미국 작가이다. 처녀작 『영원한 이방인』(Native Speaker)을 1995년에 발표한 후, 『제스처 인생』(A Gesture Life)(1999), 『가족』(Aloft)(2004)을 발표하면서 미국 내에서 문학적, 대중적 성공을 거두고 미국문단의 중견작가로 자리 잡았다.[11] 『영원한 이방인』은 원제인 Native Speaker에서 유추해 볼 수 있듯이 한국계 미국인인 헨리가 미국 사회에서 자기 정체성을 찾아가는 형식으로 구성된 장편소설이다.[12]

이 소설은 주인공 '나'(헨리 박, 한국명 박병호)가 한국계 미국인으로 미국에서 살아가면서 겪는 갈등을 보여주면서 자아 정체성 찾기

고하기 바람.
8 유선모, 「1990년대의 한국계 미국인 작가들의 경향」, 『한국계 미국 작가론』, 신아사, 2004, 163쪽.
9 조규익, 「바벨탑에서의 자아 찾기」, 『어문연구』 제34권 2호, 어문교육연구학회, 2006, 177쪽.
10 방정민, 「이창래 소설, 『네이티브 스피커(Native Speaker)』연구」, 『비교문학』 제48집, 2009, 151쪽.
11 한국어 번역판은 정영목 옮김, 『영원한 이방인』, 나무와 숲, 2003; 정영목 옮김, 『제스처 라이프』 1권, 2권, 랜덤하우스중앙, 2005; 정영문 옮김, 『가족』 1, 2, 랜덤하우스중앙, 2006,이 있다. 처녀작 『영원한 이방인』은 반즈 앤드 노블스 신인작가상, 헤밍웨이 재단상, 펜문학상 등 크고 작은 문학상 6개를 수상하면서 1990년대 후반 이창래는 미국문단에서 가장 주목 받는 신인작가로 떠올랐다. 현재는 프린스턴 대학 창작과정 교수로 재직 중이다.
12 앞으로의 논의는 정영목 옮김(2003) 판을 텍스트로 한다. 이 작품은 565쪽의 긴 분량의 장편소설이다. 작품을 인용하는 경우, 이 책을 기준으로 하며 쪽수만 표시한다.

를 중심 플롯으로 삼고 있다. 헨리는 영국 여자인 릴리아와 결혼하여 아들 밋을 두고 있고, 미국인 데니스 호글랜드가 경영하는 사설 탐정소에서 일하면서 한인 출신 정치인인 존 강의 뒷조사를 한다. 주류 사회의 편입과 원어민 같은 언어구사로 완전한 뉴요커가 되고 싶은 헨리의 자의식은 부모의 삶과 현재의 자신의 삶 속에서 내적 갈등을 일으키며, 진정한 미국인, 세계 시민의 모습을 찾고자 한다. 이 작품은 헨리의 고백 형식을 토대로 디아스포라의 현주소, 또는 이주자의 정체성 찾기 과정을 형상화 하고 있다. 이 작품의 갈등 요소의 핵심은 크게 '언어'문제와 '문화'적 갈등 문제로 구분할 수 있다. 이 두 요소는 전체적으로 다문화 사회 주체로서의 '자기 정체성'찾기에 수렴된다.

1. 원어민의 의미와 언어 문제

『영원한 이방인』은 '나'(헨리)의 아내인 릴리아가 '나'의 일로 잠시 자신을 떠난 후의 회고담으로부터 시작된다. 플롯은 릴리아가 작성한 목록13의 의미를 추적하며 '나'의 성격과 사건을 추정하도록 구성되기 때문에 독자는 '나'의 고백과 사건의 진전을 탐색한다. 목록을 통해 독자는 이미 주인공이 미국 사회의 백인이 아니라는 점을 짐작하며, 그가 하는 일이나 여러 사건과 상황을 추측하며 주인공의 성격을 추정하게 된다. 이러한 수수께끼 제시와 그 해결의 구조는 플롯을 이끌어가는 힘으로 작용하면서 읽는 즐거움까지 주고 있다.[14]

---

13 아내인 릴리아가 '나'를 떠나면서 작성한 '나'에 대한 목록은 다음과 같다. 당신은 숨기는 게 많아/ 인생에서는 B+짜리 학생/ 무엇보다 먼저 바그너와 스트라우스를 흥얼거리는 사람/ 불법 외인/ 정서적 외인/ 장르광(狂)/ 황화(黃禍): 신미국인/ 침대에서는 훌륭함/ 과대평가되고 있음/ 파파 보이/ 감상주의자/ 반낭만주의자/ --분석가(빈 칸은 스스로 채우도록)/ 추종자/ 반역자/ 첩자 (25쪽)

'나'는 진정한 미국인이 되기 위해서는 완벽한 원어민 영어를 구사하는 것으로부터 출발한다고 믿었다. 한국계 미국인인 그가 황인종의 얼굴을 하고도 유창하게 영어를 구사하므로 아시아계 미국인 뿐 아니라, 백인 미국인마저 놀란다. 그 놀라움은 원어민'처럼' 영어를 구사하는 그의 능력에 대한 의아함으로부터 시작된다. 즉, 그 놀라움은 황인종이 어떻게 영어를 잘하는지에 대한 의구심에서 비롯된 것이지 원어민으로 인정해서가 아니다. 원어민은 모국어를 사용하기에 언어의 선택이나 발음, 문법을 의식을 하지 않고 무의식적으로 자기 생각을 전달할 뿐이다. '나'는 유창한 영어를 구사하지만 무척 "의식을 하면서" 언어사용을 하는 "영어에 능통한 미국 사회 내의 외국인"[15]일 뿐이다.

헨리가 동화하고자 한 WASP[16]의 세계에 들어서기 위해서는 의사소통의 매개물일 뿐 아니라 문화나 이념을 대변하는 언어의 습득이 우선이다. 백인중심의 미국이 언어를 통해 "국가라는 하나의 동질적이고 이데아적인 '상상의 공동체'를 창조"[17]하면서 주류 사회를 편성하기 때문에, 외국인이나 타국 출신 미국인에게는 넘어설 수 없는 거대한 탑 아래에서 동화되려고 힘겨운 싸움을 한다. '나'는 이러한 현상을 '바벨탑'으로 인지하면서 자신의 삶 속에서 구체적으로 표현하고 있다.

나는 아이들을 보면서 계속 로물루스와 레무스(고대 로마의 건설자-

---

14 이러한 구조는 작가 특유의 수려한 문체와 어울려 읽는 즐거움을 주고 있어 대중적 성공도 거두었다고 판단된다.
15 이혜경, 「이창래의 *Native Speaker*에 나타난 정체성 위기와 인간관계 회복 연구」, 한국교원대 석사학위논문, 2006, 11쪽.
16 앵글로 색슨계 인종의 백인 신교도. 미국 주류문화의 특권층을 형성하고 있다.
17 박수정, 「이창래 소설의 백인성의 신화와 해체」, 부산대 박사학위논문, 2010, 16-17쪽.

옮긴이) 생각을 한다. 고집 센 아이들. 지금 그 아이들이 그들의 웅장한 도시 로마와 그 시민들을 보면 무슨 이야기를 할까? 전성기의 로마인들은 그들이 정복한 사람들 사이에 들어가 살았다. 외부의 민족들을 사절, 연인, 병사, 노예로 도시에 데려왔다. 이 사람들은 토착의 양념과 직물, 의식, 전염병을 가져왔다. 그리고 <u>언어도, 고대 로마는 최초의 진정한 바벨이었다. 뉴욕 시가 두 번째임에 틀림없다. 또 그 마지막이 로스앤젤레스가 될 것이라는 데 의심의 여지가 없다.</u> 그럼에도 이 눈부신 곳으로 새로 들어가는 사람들은 반드시 제1라틴어를 배워야 한다. 낡은 혀를 누르고 입술을 느슨하게 풀어라. 들어라, 미국 도시의 기침과 외침을.(밑줄-필자, 392쪽)

인용문은 '나'가 언어교정 수업을 하고 있는 아내 릴리아의 교실에서 언어수업을 받는 아시아계와 남미계 아이들을 보면서 생각하고 있는 장면이다. 어린 시절 방과 후에 언어 보충교육을 받던 '나'의 경험을 떠올리며 원어민의 언어는 하나의 거대한 '바벨탑'이라고 생각한다. '나'는 미국에서 어린 시절을 보내고 정규 교육을 받았기 때문에 어쩌면 원어민과 가까운 영어를 구사하고 있음이 분명하다. 하지만, 이민자나 그 자녀들에게는 미국 주류 문화사회 속에 완전히 소속되어 진정한 미국인의 정체성을 주장하기에는 태생적으로 힘들다. '나'는 인간관계에서나 사회생활에서 언제나 타인이 어떻게 자신의 영어 발음을 인식하고 있는지 신경을 많이 쓴다. 아내인 릴리아와 대화 장면에서 이러한 현상은 더욱 구체화된다.

(1) "얼굴도 방정식의 한 부분이기는 하지만, 내가 생각하는 것은 좀 달라요. 자기 얘기에 귀를 기울이고 있다는 거예요. 나더러 맞추어 보라고 한다면, 원어민이 아니라는 쪽에 걸겠어요. 아무 말이나 해보세요."

"무슨 말을요?"

"내 이름을 말해 보세요."

"릴리아."내가 말했다. "릴리아."

"들었죠? 릴-야 하고 아주 의식적으로 말을 했어요. 안 그러려고 하지만, 모음 소리를 귀여겨 듣고 있었던 거예요. 아주 신경을 쓰는 거죠."(36쪽)

(2) 나는 늘 말을 하다 잘못을 저지르곤 한다. 나는 낯선 사람들 앞에서 더듬거리던 어머니와 아버지를 기억한다. 릴리아는 말을 하는 어떤 정신적 통로들이 있는데, 그것은 절대 배울 수가 없는 것이라고 한다. 나는 지금도 가끔 little 대신 riddle이라고 말하고, vent 대신 bent라고 말한다. 물론 악센트가 전혀 어색하지 않기 때문에 옆에 있는 사람은 내가 순간적으로 생각의 흐름을 놓쳤다고 생각한다. …(중략)… 유치원에서 아이들은 나를 '공깃돌 입'이라고 부르곤 했다. 내 묶인 혀가 올바른 방향으로 움직이려고 비틀리는 바람에 잡음이 뒤섞인 듯한 목소리가 나왔기 때문이다.(387-388쪽)

인용문 (1)은 '나'와 아내 릴리아와의 연애 시절 장면을 묘사한 부분이다. 둘은 릴리아가 일하는 구호기관 사무실 옆 벤치에 앉아 '혼합어'[18]가 난무하는 가운데 이민자들의 삶에 대해 대화하면서 서로를 알아가고 있었다. 릴리아는 헨리가 원어민이 아니라는 것을 피부 색뿐만 아니라 언어사용에서도 찾고 있다. "의식적으로 말을 하"는 헨리의 모습을 지적한다.[19] 인용문 (2)는 영어로 말하는 자신의 모습에

---

[18] 남미계 미국인들이 영어가 아닌 자신의 모국어로 말하고 있는 모습을 릴리아가 혼합어라고 표현한다는 점을 '나'의 시각에서 옮긴 내용이다.

[19] 릴리아가 작성한 '나'에 대한 목록을 보다가 우연히 침대 밑에 있는 종이조각을 발견하게 되는데, 거기에는 '언어를 엉터리로 말하는 사람'이라고 쓰여 있었다.

서 태생적 한계를 인지하고 있는 부분이다. 영어에 힘들어하는 부모, 자신은 유창한 영어를 쓰고 있다고 생각하는데 의식하지 않으면 발음이 정확하지 못하는 모습이나 어린 시절 영어 때문에 놀림을 당했던 일을 회상하고 있다. 미국 이주민 1.5세대가 갖는 한계가 극명하게 나타나고 있다. 이를 통해 진정한 미국인이 되기 위해서는 언어가 중심 역할을 한다는 점을 강조하고 있다.

언어는 단순한 의사소통의 도구가 아니다. 문화와 인종, 이념의 코드가 언어에 내포되어 있다. 이주민 입장에서 영어는 신세계의 바벨탑이기도 하지만, 권력과 문화의 상징성이 되기도 한다. 헨리의 아버지는 단돈 200달러와 "영어 몇 마디"를 가지고 미국 땅에 건너와 청과상을 하여 성공한 사람이다. 그의 아버지는 살기 위해 장시간의 노동도 마다하지 않았고, 가게에서 손님들에게 물건을 팔 수 있을 정도의 영어밖에 구사하지 못했지만 경제적 성공을 이뤄 미국사회에 적응하였다. 아버지는 집에서는 한국어를 사용하지만, 유독 '나'에게는 영어로 말한다. 아버지에게 있어 '영어'는 미국 사회의 한 일원으로서의 적응을 상징적으로 보여주는 기호이며, 가정 내의 권력이기도 했다. 어머니와의 말다툼에서 한국어로 하다가 가부장적 권위를 드러내고 싶을 때는 어머니가 알 수 없는 영어로 강렬하게 말을 퍼붓기까지 했다. 어머니의 묵언은 곧 아버지의 말과 행동의 수긍으로, 아버지의 권위를 수용하는 모습이기도 했다. 미국사회로 이주한 한국계 미국인에게 있어서 언어는 이처럼 거대한 바벨탑이요, 권력이요 힘이었다.

(1) 내가 1학년 때, 우리 집과 우리 언어라는 사적인 영역을 떠난 최초의 시기의 일이었다. 나는 영어가 우리 한국어의 한 변형에 불과하다고 생각했다. 마치 다른 종류의 외투를 입는 것과 같다고 생각했다. … (중략)… 내가 처음으로 대마초를 피운 뒤에 아버지가 나를 노려보며

하던 말이 기억난다. 네 눈이 온통 *이끌렸구나*(led, 빨갛다는 뜻의 red 를 잘못 발음한 것-옮긴이). 나는 그 말을 듣고 내 방으로 가서 눈물이 나오도록 웃어젖혔다.(387쪽)

(2) 사실 일반적인 백인 아이들을 위축시킬만한 적당한 말은 없다. 이야기는 어떤 식으로든 그 애들한테 유리한 쪽으로 흘러간다. 언어에는 방패가 있고, 우리로서는 공평하게 싸울 수단이 없다.(403쪽)

인용문 (1)은 '나'가 어렸을 때 가졌던 영어에 대한 강박관념과 권위 있는 아버지가 엉터리 영어로 자신을 혼냈던 아픈 기억을 하는 장면이다. 인용문 (2)는 원어민이 아닌 이주자들이 일상생활에서 흔히 느낄 수 있는 언어의 힘에 대해 회고하고 있는 장면이다. 여기에서도 잘 드러나고 있듯이 영어 사용은 단순히 사회 적응의 한 수단이 아니다. 의사소통의 도구를 넘어 권위와 주류사회의 상징체이고 주변이 아닌 중심의 표상이기도 하다. 이 소설에서 '나'와 백인 여성 '릴리아'의 결혼, 아내가 하는 일이 외국 출신 아이들의 언어 교정수업을 하는 교사로 설정된 점, '나'가 한국계 출신 정치가의 뒷조사를 하는 첩자로 일하면서 여러 나라 출신의 미국인들과 조우하는 플롯으로 구성한 점 등은 영어를 통해 자기를 찾는 여정을 드러내기에 적정한 장치로 작용하기도 한다.

2. 가족의 의미와 '침묵'의 문화

문화는 "학습되고, 전승되고, 공유된 사회적 유산"이며 생활 방식의 구체적 실천 양상[20]이다. 문화는 민족, 인종, 공동체, 종교, 사회계

---

20 강영안, 「문화 개념의 철학적 배경」, 한국철학회 편, 『문화철학』, 철학과현실사,

급, 교육 수준의 변인에 따라 개인에게 영향을 준다. 미국 사회에서 '나'(헨리)의 정체성 탐구는 이주민을 뜻하는 "한국계 미국인"이라는 계통적 명명을 시작하는 데서부터 출발한다. 이 단어는 한국인도 아니고 미국인도 아니라는 다양한 이질적 문화가 끼여 있음을 내포하고 있다. 이것은 외국 출신 이민자들은 "하이폰(-)으로 연결되는" 혼종성 문화를 갖고 있는 존재이며 "문화적으로 고유한 미국인도 아니며, 미국에서 태어났다 하더라도 고유한 미국인으로 간주될 수 없다는 암묵적인 전제"[21]가 이미 작용하고 있음을 보여 준다. 이 소설에서는 문화적 갈등을 통해 자기 정체성을 찾아가는 '나'를 통해 다문화 사회의 지향성 또는 방향을 제시하고 있다.

한국계 미국인 정치인인 존 강의 뒷조사를 하면서 스파이 일을 하는 '나'는 주체로서의 '나'가 아닌 타자에 의해 규정된 '나'를 의식하면서 살아간다. 스파이라는 직업은 새로운 일이 생길 때마다 허구의 정체성을 만들어 내서 사회의 주체가 아닌 엿보는 자[22]로서 존재하는 성격을 지닌다. 사회 현실 뿐 아니라, 가정 내에서도 '나'는 자기 정체성을 타자에 의해 규정되는 모습에서 찾고자 하였다. 성인이 될 때까지는 인종적 한계를 알면서도 완전한 미국인이 되기 위해 한국계 출신이라는 아버지의 모습을 벗어나고자 하였다. 백인 여성인 릴리아가 결혼하여 완전한 원어민다운 삶을 영유하고자 하였고, 아들 밋이 동양적 이미지를 벗어나기를 바라기도 했다. 주류 백인의 가치관과 시선을 의식하면서 "자신과 같은 처지의 소수민족을 엿보며 그들의 정보를 빼내서 결국 주류집단의 기득권 유지에 공헌하"[23]는 줄

1995, 210-219쪽 논의 참고.

[21] 한혜숙, 「이창래의 Native Speaker에 나타난 Korean-American의 정체성 형성과정 연구」, 한국교원대 교육대학원 석사학위논문, 2009, 46쪽.

[22] 왕 철, 「『네이티브 스피커』에서의 엿보기의 의미」, 『현대영미소설』 3집, 1996, 24쪽.

도 모르고 타자의 시선에 규정된 자신의 모습을 찾고자 하였다.

이러한 점은 이 소설의 갈등 구조를 형성하는 중요한 테제로 작용한다. 아들 밋이 7살 때 사고로 죽은 일과 그에 따른 아내의 부재,[24] 아버지의 죽음, 존 강의 몰락 등을 통해 '나'는 자신의 진정한 모습을 찾아 나선다. '나'는 자신이 미국인이면서도 "영원한 이방인"일 수밖에 없는 불안한 상황에 놓여 있음을 깨닫는다. 이러한 장면은 루잔과의 상담을 통해 극명하게 드러난다.[25] '나'의 고민은 한국계 미국인이라는 인종적 한계에 따른 정체성 문제와 문화적 차이와 미국 문화 동화에 관한 내용이다. 문화적 차이에서 오는 여러 현상은 아내와의 관계에서도 잘 드러난다. 릴리아와의 신뢰 문제를 깨뜨린 것 중의 하나는 스파이 일을 하며 무의식적으로 행동하는 가식적 행동, 진실성의 부족, 자신의 입장을 적극적으로 표현하지 못하는 문화적 갈등이 핵심이었다.

다른 사람들에게 뭔가 가치 있는 것을 이해시키려면 한참을 설명해야 한다. 앞에 놔두고 먹게 해주면 느낄 수 있는 맛과 같은 것이 아니기 때문이다. 이제는 당신도 알겠지만, 나는 조용히 적게 말하도록 교육을 받으며 자란 사람인데, 내가 어디 출신이냐, 내가 누구냐 하는 개념들은 최대한 적극적으로 설명해야 한다는 것이 문제가 된다. 나도 내

---

23 이혜경, 앞의 논문, 41쪽.
24 아들은 백인 친구들과 '개쌓기 놀이'를 하다가 밑에 깔려 질식사하였다. 평소 인종적 차별로 놀림도 받았던 적이 있어서 아들 죽음의 원인을 두고 아내와 다툼도 있었다. 아버지의 죽음 이후에 릴리아는 목록이 담긴 쪽지 한 장을 남기고 여행을 떠나 '나'는 여러 생각을 하게 된다.
25 루잔은 필리핀계 미국인으로서 정신과 의사이다. 스파이 일을 하던 '나'는 그의 뒷조사를 맡은 적이 있었는데, 대화를 하다가 친구처럼 된 사이이다. "우리는 다른 모든 사람들과 마찬가지로 다중적인 역할을 맡고 있어요. 문화적 차원 말입니다."라는 루잔의 말에 깨달음을 얻고 '나'는 자신의 정체성을 미국 사회, 문화와 연관시켜 들여다보기 시작한다.

유태인이나 이탈리아인 친구들과 비슷했으면 심지어 아버지 가게 앞에서 얼쩡거리는 흑인 아이들 같았으면 하고 바란 적이 많았다. 그들이 그렇게 자신 있게 말하는 방식, 아주 기뻐하면서 손과 엉덩이와 혀로 사실을 기념하는 방식, 보고 듣는 모두를 위해서 그 사실을 다 전시해 주는 방식(물론 여러 가지 방법이 있지만)이 부러웠다.(306쪽)

인용문은 존 강이 미국 사회에서 성공한 일을 알게 된 다음 그에게서 느낀 친밀한 감정과 동질감을 드러낸 후, 자기 생각을 서술한 부분이다. 다른 사람과 달리 존 강에게는 "나의 아버지나 우리의 삶에 대해 어떤 이야기도 할 필요가 없"고 "더 이상 설명할 필요가 없으니 기분이 좋았다."(306) 아버지가 강조하였듯이 겉으로 드러내지 않고 스스로 자신을 챙겨야 하는 것이 한국의 문화 습관이다. '침묵'이 오히려 힘을 드러내는 기표이다. 반면에 미국의 문화는 자기표현을 직접적으로 하는 논쟁과 '표현'의 문화가 바탕에 있다. 주체의 자기 찾기에서 문화가 매우 중요한 것임을 가족의 개념 규정에서도 잘 드러나고 있다. 릴리아가 생각하는 가족은 서로의 고민이나 생각을 마음껏 표현하는 데 있다. 반면에 '나'는 아버지처럼 감정 표현을 하지 않아도 다 알 수 있다고 생각한다.

존 강이 정치인으로서 성공하여 차기 뉴욕시장의 강력한 후보로 급상한 데에도 한국의 가족 개념이 크게 작용하였다. 존 강은 미국을 진정한 다문화주의 사회로 만들어 가기 위해서는 공존의 가능성과 화합을 강조하였다.[26] 특히 소수민족을 하나의 가족처럼 연계하여 '계'를 조직하고 상부상조한다. 계는 온갖 힘든 일을 하면서 조국

---

[26] 존 강은 한국전 전후에 고아로 비참한 생활을 하다가 미국인 퇴역장교의 눈에 띄어 하우스보이로 미국에 왔다. 미국에서 미국식 교육을 받고 완벽한 영어를 구사하며 세탁소 사업을 시작으로 많은 돈을 번 후 정계에 입문한 시의원이다.

도 잃고 모국어도 잃은 이민자들에게는 가족 같은 연대의식과 신뢰를 보여준 장(場)이다. 한국에서의 가족의 개념은 학연, 지연을 넘는 혈연적 집단으로 사회 구성의 강력한 힘이다. 반면 미국 사회에서의 가족은 자신의 삶을 영유하는 사회 소집단의 성격 그 자체이다. 문화가 개인이나 집단의 성격을 잘 드러내고 있는 기호라는 점은 호글랜드가 강조했던 스파이로서의 임무에서도 잘 나타난다.

그는(호글랜드-인용자) 정체를 밝혀내는 진짜 첩자가 되려면, 우선 문화의 첩자가 되어야 한다고 말하곤 했다.(344쪽)

인용문은 루잔과의 일을 회상하면서 진실을 알기 위해서는 자신을 개인의 삶이 아니라 세상의 큰 줄기에 기대어봐야 한다고 생각하면서 고용주인 호글랜드를 떠올리는 장면이다. 존 강은 "우리, 가족"을 강조하면서 계를 통해 후원금을 받고 주목받는 정치인으로 떠오른다. '우리'라는 공동체 문화, 또는 아버지와 같은 '가족을 위한 삶', 한국계 미국인이 고수하고 있는 '침묵의 문화적 가치'는 소설이 후반부로 갈수록 패배의 모습으로 형상화된다. 대표적인 사건이 존 강의 몰락이다.

존 강 사무실의 화재 사건과 배후 수사 과정에서 드러나는 존 강의 추락은 탐정소설의 구조를 통해 긴박하게 서술된다. 강이 살롱에서 불법 고용된 한국계 미성년 접대부를 대하는 태도가 '나'를 실망시키고, 자신과 내연관계였던 홍보담당 비서를 때리는 사건이 발생한다. 결정적으로 사무실 화재 사건이 자신의 사무소에서 일하는 자원봉사자를 보복하고자 스스로 범한 일이라는 추악한 진실 고백을 듣고 '나'도 기부자 명단을 호글랜드에게 넘기게 된다. 이 일로 세무조사가 실시되고 불법 체류자가 체포되어 이민자들의 '아메리카 드림'은 해체된다. 존 강은 접대부와 함께 자동차에 타고 있다가 음주

운전 사고를 내서 경찰 조사를 받게 되면서 정치 생명이 끊어지게 된다. 이러한 몰락의 과정은 신뢰에 바탕을 둔 '계'의 문화, '우리, 가족'문화, '침묵'의 문화의 패배를 상징한다.

'나'(헨리)는 '언어'와 '문화'의 시각으로 미국 사회에서 무엇이 자신의 진정한 모습인지 '정체성'을 찾아 나선다. 결국은 주류사회의 적응이나 편입은 불가능하지만 너-나의 관계는 서로를 인정하는 범주에서 거대한 사회를 이끌 수 있다고 판단한다. 한국계 미국인이라는 하이픈(-) 사이에 낀 존재이지만 그 하이픈은 양쪽을 당당하게 인정하면서 그 가치를 찾을 수 있다고 믿는다. 릴리아와 재회한 후 '나'가 그녀의 언어 교정 수업을 참관하면서 미래 세대의 가능성을 타진하는 장면도 이러한 의식의 표명이다. 이 소설은 독자에게 다문화 사회의 일원으로서의 진정한 사고와 행동을 묻는 열린 플롯의 형식으로 대미를 장식한다.

3. 언어와 문화를 통한 다문화 교육 활동

미국 사회의 한 일원으로서 당당한 삶을 살아가며 자신의 정체성을 확인하는 일은 원어민과 같은 영어 구사가 첫 번째 조건이요, 바로미터이다. 또한 혼종성과 문화 횡단을 특징으로 하는 외국계 미국인들은 문화의 새로운 접목이 과제로 떠오른다. 이 작품을 통해 다문화 이해 교육을 한다면,[27] 언어와 문화가 개인과 사회에 어떻게 작

---

[27] 이 작품을 제재로 하여 다문화 교육을 시도한 사례가 있었다. 공명수(2010)는 영어교육적 측면에서 이 소설작품을 선정하여 초국가주의(transnationalism)관점으로 주체행위성 교육을 제시하였다. 주체행위성 함양단계를 ⓐ 헨리의 갈등구조 이해 ⓑ 요하스의 주체행위성 학습 ⓒ 헨리의 주체행위성 부재원인 분석 ⓓ 헨리의 주체행위성 인식 ⓔ 헨리의 혼종성 수용 ⓕ 헨리의 혼종성 수용을 통한 자아실현으로 나눠 논의하였다. 이러한 접근은 영어 교육과 다문화교육을 동시에 달성하기 위한 접근으로 의미가 있으나 구체적 교육활동이 '혼종성에 바탕을 둔 주체 행위'에 초점이 맞춰져

용하는지 사실적 사고를 바탕으로 확산적, 대응적 사고를 불러일으켜야 한다. 가능한 교육 방법을 개관하면 다음과 같다.

(1) 사실적 사고를 바탕으로 하는 이해 활동의 예

*영어의 사용 때문에 일어났던 사건을 정리하기
*'나'(또는 아버지, 어머니, 릴리아)의 영어 사용에 대한 생각을 정리하기
*'나'와 아버지, 어머니의 관계, 릴리아와 스튜어트(장인)부부 관계, '나'와 루잔, '나'와 호글랜드, '나'와 존 강의 관계를 정리하기
*'계'가 존 강에게 어떠한 문화적·정치적 장치인지 파악하기
*침묵의 문화가 구체적으로 표현된 부분을 찾아보기
*'가족'의 성격 파악하기(헨리의 가족, 릴리아의 가족, 존 강의 가족)

(2) 확산적 사고를 자극하는 활동의 예

*한국어를 잘 구사한 외국인의 사례 경험 발표하기, 한국어를 잘 못하는 외국인을 만났을 때의 경험 발표하기
*지역어(사투리)를 사용하여 상대에게 오해를 받은 경험 발표하기
*자신이 언어 사용(대화, 의사소통) 때문에 경험했던 황당한 사건을 떠올리기
*친구들 모임 중에 소개하고 싶은 것(모임 이름과 하는 일) 소개하기
*우리 가족의 성격 발표하기(대화, 의사결정, 부모의 역할, 자식의

있어 자칫 이분법적 사고, 획일적 목표 달성으로 흐를 가능성이 있다.
  공명수, 「이창래의 『원어민』을 활용한 주체행위성 교육」, 『영미문학교육』 제14집 2호, 영미문학교육학회, 2010.

위치 등)

*자기표현을 하지 않아 불이익을 받은 경험을 떠올리기

(3) 대응적 사고를 자극하는 활동의 예

*우리나라 일부지역을 영어 사용을 의무화하는 법안이 통과된다면 어떠한 일이 발생할지 상상하여 이야기해 보기
*언어 사용 때문에 갈등이 생긴 다른 텍스트를 찾아 그 내용을 소개하기
*생활방식이나 문화의 차이 때문에 사회 갈등이 드러난 텍스트를 찾아보기
*한국 사회의 세대간, 지역 간, 계급 간 문화 갈등을 상상하여 발표해 보기

위에서 제시한 교육활동의 예는 대략적인 방향이나 내용을 살필 수 있게 조직되었다.[28] 여기에서는 서사 문학 작품을 활용하여 다문화 이해 교육을 할 때, 필요한 관점과 내용 선정의 방법을 찾는 데 초점을 두었다. 『영원한 이방인』은 미국 사회를 무대로 하고 있지만, 한국 사회의 다문화 이해에도 도움이 되는 작품이다. 중심과 주변, 주체와 객체를 바꿔서 새로운 텍스트를 생산하는 데 적절한 자료이기 때문이다.

---

[28] 구체적인 교육 계획, 즉 교육대상자의 선정(고등학생 또는 대학생과 일반인 등), 교육 내용의 선정, 교육 방법 등은 사례 연구를 통해 다양하게 제시될 필요가 있다. 이 논문에서는 다문화 이해 교육에 대한 구체적 교육이론과 방법을 탐색하는 데 목표를 두고 있지 않다. 서사 문학작품을 활용한 다문화 이해 교육의 방향이나 관점을 제시하는 시론의 성격을 띠고 있기 때문에 구체적인 교육 방안은 추후 연구과제로 남겨 둔다.

Ⅳ. 결론

　다문화 교육은 '상호 이해 증진'의 관점에서 다양한 문화에 대한 공존과 존중의 시각을 제공해야 한다. 문학교육을 통해 다문화이해 교육을 한다고 할 때 서사 장르는 유용한 제재가 된다. 서사의 플롯은 인간의 삶의 양식과 동일 구조에 놓여 있어서 쉽게 가치의 동일화를 불러온다. 한 인물의 운명과 사건의 추이 속에서 독자는 동조와 심리적 거리를 체험하면서 내면화된 감동을 받는다. 서사 문학 작품이 다문화 교육에서 중심제재로 설정될 수 있는 이유가 여기에 있다. 이 논문에서는 다문화 사회로 진입한 우리 시대의 서사 교육 방향성을 잡기 위해 『영원한 이방인』을 텍스트로 삼아 중심 플롯을 분석하였다.

　이 작품은 다문화 사회인 미국에서 한국계 미국인으로 살아가는 '나'(헨리 박)가 자기 정체성을 찾아 나가는 과정을 보여주고 있다. 새로운 '자아 찾기'의 주제 의식을 드러내기 위해 언어와 문화를 중심 테제로 삼아 사건을 구성하고 있다. '나'는 원어민 같은 영어 구사를 하고자 하나 태생적 한계를 느낀다. '영어'는 신세계의 바벨탑이요, 권력과 문화의 상징체이다. 언어는 의사소통의 도구를 넘어 주류 사회의 상징체이고 주변이 아닌 중심의 표상이요 힘으로 형상화 되고 있다.

　문화적 측면에서의 자아 정체성 찾기 과정도 인상적이다. '나'는 존 강의 배후 조사를 하는 스파이 생활을 하면서 타자에 의해 규정된 자신의 모습을 의식하면서 살아간다. '나'의 모습은 한국도 아니고 미국도 아닌 하이픈(-)에 연결된 끼인 존재이다. 한국의 문화는 침묵의 문화로 대변된다. 반면에 미국의 문화는 표현의 문화, 이성과 논리가 지배하는 문화이다. '나'는 한국의 침묵의 문화, 가족의식, '우리'라는 공동체 의식이 미국 사회에서 패배하는 과정을 본다. 아버지의 말과 행동으로 대변되는 '침묵의 문화적 가치'나 존 강의 정치력의 숨은 힘인 '계'로 형상화된 '우리'라는 공동체 문화는 결국 거대한 미국의 숨은 힘에 의해 해체된다.

주인공 헨리는 '언어'와 '문화'의 시각으로 미국 사회에서 무엇이 자신의 진정한 모습인지 정체성을 찾아 나섰다. 결국은 한국계 미국인이라는 한계에서 오히려 양쪽의 가치를 인정하면 거대한 사회를 이끌 수 있다고 생각한다. 주류사회의 편입은 불가능하더라도 서로를 인정하는 범주에서 새로운 가치가 형성된다고 믿는다.

이러한 플롯의 전개를 토대로 다문화 교육활동의 방향은 사실적 사고를 바탕으로 하는 이해활동, 확산적 사고를 통한 자기 경험과 텍스트의 조우, 대응적 사고를 통한 공동체 문화와의 교섭 작용을 찾아나가는 방향으로 설정해야 한다. 이러한 활동의 궁극적 목표는 '가능한 세계'에 대한 탐색으로 이어진다. 서사 교육에서 실천할 수 있는 범주는 서사 텍스트의 이해를 바탕으로 자기 경험과 연관시키고 이를 사회 공동체와 관련지어 생각하여 가능한 세계의 탐색 또는 새로운 세계의 인식의 단계로 진전시켜야 한다.

참고문헌

공명수, 「이창래의 〈원어민〉을 활용한 주체행위성 교육」, 『영미문학교육』 제14집 2호, 영미문학교육학회, 2010.

김남국, 「다문화 시대의 시민: 한국사회에 대한 시론」, 『국제정치논총』 45권 4호, 국제정치학회, 2005.

김미나, 「다문화교육정책의 추진 체계 및 정책 기제 연구: 행위 주체별 정책 목표와 수단을 중심으로」, 『다문화사회연구』 제2권 2호, 다문화사회연구학회, 2009.

김미영, 「이창래 소설에 재현된 한국여성과 한국문화」, 『어문연구』 제34권 1호, 한국어문교육연구회, 2005.

김용재, 「서사문화 창조를 지향하는 문학교육방법 시론」, 『한국초등국어교육』 23집, 한국초등국어교육학회, 2003.

마르코 마르티니엘로, 윤진 역, 『현대사회와 다문화주의-다르게, 평등하게 살기』, 한울, 2002.

박수정, 「이창래 소설의 백인성의 신화와 해체」, 부산대 영어영문학과 박사학위논문, 2010.

박인기, 「문화적 문식성과 국어교육적 재개념화」, 『국어교육학연구』 15집, 국어교육학회, 2002.

_____, 「학교교육과 다문화교육의 커리큘럼 상호성」, 『다문화 시대의 학교교육』, 국제한국언어문화학회 춘계학술발표대회 자료집, 2011.

방정민, 「이창래 소설, 〈네이티브 스피커(Native Speaker)〉 연구」, 『비교문학』 제48집, 비교문학회, 2009.

송현정, 「다문화 사회의 국어교육 변화 방향 탐색」, 『다문화 시대의 학교 교육』, 국제한국언어문화학회 춘계학술발표대회 자료집, 2011.

왕 철, 「〈네이티브 스피커〉에서의 엿보기의 의미」, 『현대영미소설』 3권 2호, 현대영미소설학회, 1996.

우한용, 『문학교육과 문화론』, 서울대학교출판부, 1997.

원진숙, 「다문화 시대 국어교육의 역할」, 『국어교육학연구』 30집, 국어교육학회, 2007.

유선모, 「1990년대의 한국계 미국인 작가들의 경향」, 『한국계 미국작가론』, 신아사, 2004.

이경희, 「한국 다문화교육 정책에 대한 비판적 고찰」, 『교육사회학연구』 제21권 1호, 교육사회학회, 2011.

장인실, 「다문화 교육을 위한 교사 교육 교육과정 모형 탐구」, 『초등교육연구』 21권 2호, 초등교육연구학회, 2008.

조규익, 「바벨탑에서의 자아 찾기-〈네이티브 스피커〉의 외연과 내포」, 『어문연구』 제34권 2호, 한국어문교육연구회, 2006.

조영달, 「한국 사회의 다문화 교육과 교육 방향」, 『다문화 가정 자녀를 위한 교육 지원 방안 연구』, 서울대 교육종합연구원 다문화 교육 연구센터, 2006.

황규호·양영자, 「한국 다문화교육 내용선정의 쟁점과 과제」, 『교육과정연구』 26권 2호, 교육과정연구학회, 2008.

이혜경, 「이창래의 〈네이티브 스피커〉에 나타난 정체성 위기와 인간관계회복 연구」, 한국교원대 영어교육 석사학위논문, 2006.

이영애, 「〈원어민〉에 나타난 미국 다문화주의 비판」, 『영어영문학 연구』 제51권 2호, 영어영문학회, 2009.

한혜숙, 「이창래의 Native Speaker에 나타난 Korean-American의 정체성 형성 과정 연구」, 한국교원대 교육대학원 영어교육 전공 석사학위논문, 2009.

『난장이가 쏘아올린 작은 공』의 서사 구조와 교육적 변용 양상

I. 서론

이 논문의 목적은 조세희의 연작소설 『난장이가 쏘아올린 작은 공』(이하 『난쏘공』으로 약칭함)의 서사 구조를 정리하고, 이 작품이 교육적으로 어떻게 변용되고 있는지 고찰하는 데 있다. 조세희의 『난쏘공』은 12편의 단편소설로 구성된 연작소설이다.[1] 이 연작소설집은 우리 현대소설 중 최인훈의 『광장』과 더불어 지속적으로 대중적 관심을 받은 '스테디셀러'로써 최근에는 300쇄를 넘기기도 했다. 문학 현상 뿐 아니라 교육 현상적 측면에서도 이 작품은 6차 교육과

---

1 12편의 단편소설의 발표 내용을 살펴보면 다음과 같다.
〈뫼비우스의 띠〉(『세대』 1976년 2월호, 『문학과지성』 1976년 여름호 재수록), 〈칼날〉(『문학사상』 1975년 12월호), 〈우주여행〉(『뿌리깊은나무』 1976년 9월호, 『문학과지성』 1977년 봄호 재수록), 〈난장이가 쏘아올린 작은 공〉(『문학과지성』 1976년 가을호), 〈육교위에서〉(『세대』 1977년 2월호), 〈궤도회전〉(『한국문학』 1977년 6월호), 〈기계도시〉(『대학신문』 1977년 6월 20일), 〈은강 노동 가족의 생계비〉(『문학사상』 1977년 10월호), 〈잘못은 신에게도 있다〉(『문예중앙』 1977년 겨울호), 〈클라인씨병〉(『문학과지성』 1978년 봄호), 〈내 그물로 오는 가시고기〉(『창작과비평』 1978년 여름호), 〈에필로그〉(『문학사상』 1978년 3월호)

정 이후 최근 2015교육과정에 이르기까지 고등학교 문학 영역의 주요 교육제재로 꾸준히 선정되어 교육용 정전[2]으로서의 위상도 굳건히 지키고 있다.

이러한 배경에는 이 작품이 1970년대 소설을 대표한다는 문학사적 평가가 일반화된 데 있다. 조세희의 『난쏘공』은 "70년대 한국사회가 부딪치고 있는 근대화에 따른 제반 문제를 선명하게 보여주"[3]면서 "불구의 가장 난장이와 공장 근로자들인 그의 자녀들의 삶과 꿈의 얘기를 통해 …(중략)… 달콤한 허위의 우화가 감싸고 있는 시대"[4]를 표현하였다. 이 작품은 치열한 작가 정신으로 "우리의 노동현실이 겪어 온 경험에 대한 총체적인 인식"[5]을 보여준 수작으로 평가받고 있다. 이 연작소설은 "각각 독립적인 단편인 동시에 전체적으로는 장편소설의 구조를 지니고 있다는 점에서 출발하여 사실주의적 소재를 반사실주의적 수법으로 형상화하고 있"[6]는 문학적 성취를 보여주었을 뿐 아니라, "산업화가 본격적으로 진행된 이후 이 땅에서 거의 최초로 자유와 더불어 평등의 이념형을 본격적으로 문학화"[7]하는 데 성공하였다.

---

[2] 정전(正典; canon)은 ㉠ 뛰어나고 우수하며 특별한 가치가 있는 작품, ㉡ 시대를 초월하며 영원하고 기념비적이고 지속적인 작품 ㉢ 전형적, 모범적, 고전적 작품, ㉣ 반드시 계승될 가치가 있고 누구에게나 알려진, 그리고 계속 집중적으로 읽히는 작품을 가리킨다.(라영균, 「정전과 문학교육」, 『독어교육』 26집, 한국독어독문학교육학회, 2003) 교육용 정전은 교육 목적을 위해 선택된 정전을 말한다.
교육용 정전의 위상 정립 방법이나 문학교육 제재와의 관계에 대하여는 박인기, 「문학교육과 문학 정전의 새로운 관계 맺기」, 문학교육학회 엮음, 『정전』, 도서출판 역락, 2010.을 참고할 것.
[3] 오생근, 「진실한 절망의 힘」, 『창작과 비평』 가을호, 창작과비평사, 1978.
[4] 이동렬, 「암울한 시대의 밝은 조명」, 『문학과지성』, 1978.
[5] 김종철, 「산업화와 문학」, 『창작과 비평』 봄호, 창작과비평사, 1980.
[6] 김병익, 「대립적 세계관과 미학」, 조세희, 같은 책, 〈해설〉 320쪽.
[7] 우찬제, 「대립의 초극미, 그 카오스모스의 시학」, 조세희, 『난장이가 쏘아올린 작은 공』, 이성과 힘, 2000. 〈신판 해설〉, 339쪽.

또한 예술적 측면에서도 독특한 소설 형식과 실험적 기법의 도입으로 작가의 개성적 문체가 작가의 세계관과 성공적으로 결합한 문제작이기도 하다. "시간의 선조성을 파괴하는" 플롯의 구성과 "전체 연작 구성이 시작과 끝이 반복되어 원환적으로 회귀하는 구조"[8]를 보여주어 산업화에 붕괴되어 가는 사회적 약자들의 소외 문제, 노동 현실 문제, 도시화와 산업화의 어두운 이면을 독특한 문체로 형상화하고 있다. 우화나 환상, 꿈의 삽입, 역사나 수학, 물리학 같은 낯선 예화를 끌어들이거나 시간이나 공간의 빈번한 이동, 동일 서술의 반복을 통한 삽화의 연계, 동화적 분위기로 내적 갈등을 해결하는 단절적 구성 방식 등은 산업화의 이면을 내밀하게 파악할 수 있는 장치로 기능한다. 그의 문학적 성취는 "짧은 문장의 절묘한 결합으로 창조해낸 아주 새로운 이야기 스타일, 리얼리즘과 반리얼리즘의 접합, 문학의 사회성과 미학성의 결합, 현실과 이상의 산업 시대, 신화적 교감과 긴장 등등의 측면에서 …(중략)… 카오스모스의 소설시학을 구축하는 데 성공"[9]했다고 평가받고 있다.[10]

이러한 문학적 성취에 터하여 이 소설은 교육용 정전으로서의 위상도 굳건하게 지키고 있다.[11] 6차 교육과정 이후 끊임없이 교과서에 문

---

8 김영애·정재림, 「『난장이가 쏘아올린 작은 공』 연작의 〈문학〉교과서 수록 양상에 대한 비판적 고찰」, 『한국문예비평연구』 제55집, 2017, 256-258쪽.
9 우찬제, 앞의 논문, 340쪽.
10 『난장이가 쏘아 올린 작은 공』에 대한 상세한 연구사 검토를 위해서는 다음의 논문을 참고하길 바란다.
우찬제, 「탈구성적 서사와 탈구성적 소통-조세희의 『난장이가 쏘아 올린 작은 공』 수용의 문제성」, 『문학사 사전』
이동하, 「조세희 연구의 성과와 앞으로의 과제」, 〈작가연구자료〉
배경열, 「조세희의 『난장이가 쏘아 올린 작은 공』에 나타난 소외양상 고찰」, 『인문연구』 67호, 2003.
11 제7차 교육과정에는 9종의 《문학》 교과서에, 2009개정 교육과정에서는 6종, 2012년 개정교육과정에서는 5종의 《문학》 교과서에 실렸다. 내년(2019년)부터 현장 학교에서 사용되는 2015교육과정 《문학》 교과서에서는 10종 중 8종의 교과서(이중 1

학제재로 선정되었을 뿐만 아니라, 2019년부터 현장 교육에 적용되는 새 교과서에서도 8종의 교과서에 소설교육 제재로 선정되었다.[12] 이중 영상 매체 드라마 각색 작품 1종을 제외하면 모두 조세희의 연작 소설 작품을 대상으로 하였으며 1종의 교과서를 제외한 6종의 교과서에서 『난쏘공』의 중심 제재 단편이라고 할 수 있는 〈난쟁이[13]가 쏘아 올린 작은 공〉을 선정하고 있다. 문학 제재 선정의 비중이 작품의 중요성을 가늠하는 것은 아니지만, 문학성과 교육성을 인정받고 있다는 측면에서 주목할 가치가 충분히 있다. 이 논문에서『난쏘공』의 문학적 특성과 더불어 교육적 활용 양상을 살피는 이유가 여기에 있다. 교육적으로 활용되는 양상[14]이 작품의 실질적 가치를 고양하는 기능을 하고 있는지, 아니면 교육적 목적에 치우쳐 문학적 가치를 훼손하고 있지 않은지 평가할 필요가 있다. 교육용 정전은 문학적 일반화에 치우치거나 교조화 되고 화석화된 정전의 모습으로 정체되어서는 안 된다. 문학성을 고양하는 학습활동을 전개하여 텍스트를 올바르게 해석하고 수용자의 내면화에 기여할 수 있는 정전 교육으로 나아가야 한다.

종은 드라마 각색 작품이다)에 실렸다. 이 논문에서는 가장 최근에 발행된 2015교육과정 《문학》 교과서를 대상으로 교육적 변용 양상을 살피고자 한다.

12 교과서 수록 양상은 다음과 같다.
  (A) 동아출판-〈난쟁이가 쏘아 올린 작은 공〉, (B) 금성출판사〈난쟁이가 쏘아 올린 작은 공〉, (C) 비상교육-〈난쟁이가 쏘아 올린 작은 공〉, (D) 창비-〈난쟁이가 쏘아 올린 작은 공〉, (E) 지학사〈난쟁이가 쏘아 올린 작은 공〉 (F) 좋은책 신사고-〈난쟁이가 쏘아 올린 작은 공〉, (G) 천재교과서-〈은강 노동 가족의 생계비〉, (H) MiraeN-〈난쟁이가 쏘아 올린 작은 공〉(조세희 원작, 박진숙 극본),

13 현행 맞춤법에 의하면 '난쟁이'가 맞지만, 발표 당시 원작에는 '난장이'로 표기됨.
14 『난장이가 쏘아 올린 작은 공』에 대한 교육적 적용 양상에 대한 연구사 검토나 문제성을 파악하기 위해서는 다음의 논문을 참고하기 바란다.
  김영애·정재림, 앞의 논문.
  노해인, 「문학교과서에 수록된 연작소설의 연계 교육 방법 연구-조세희의『난장이가 쏘아 올린 작은 공』을 중심으로」, 서강대 석사학위논문, 2011.
  양윤모, 「교과서 수록 현대소설과 정전의 형성과정 연구: 고등학교 국어 및 문학교과서 수록 작품을 대상으로」, 『한국어문교육』 제12집, 한국어문교육학회, 2012.

Ⅱ. 연작의 구성 방식과 시점의 이동

『난쏘공』은 연작 소설이다. 연작이 갖는 특성은 각각의 단편이 하나의 독립 서사를 이루면서도 각 단편의 연계를 통하여 하나의 통일된 전체적 장편을 이룬다. 연작소설은 주인공 중심의 경험서사의 연계 방식이 일반적이지만, 이 작품은 중심 서사와 주변 서사의 연계, 다시각적 서술로 통일감을 주는 방식, 온전한 액자형식의 구성은 아니지만 내화와 외화의 구조 속에서 이들을 교육 플롯15으로 연계하고 있다. 이러한 구성적 특질 때문에 이 작품의 이야기 맥락을 파악하기는 쉽지는 않다. 단순히 도시빈민인 난쟁이 가족의 비극적 결말을 내세운 것도 아니며, 사유의 담론으로 노동이나 불평등, 빈부의 갈등을 해소하려는 인물의 내적 의식을 담아낸 것도 아니다. 오히려 현실과 환상의 교차, 현실 세계와 인식의 거리 조정을 통해 산업사회가 갖는 소외의 문제, 계층 갈등과 진실성 부재의 문제를 지적으로 탐구하는 모습을 보이고 있다.

『난쏘공』의 서사 구조나 담론의 특성을 살피기 위해서는 연작 구성을 전제하지 않으면 안 된다. 연작 구성의 방식은 프롤로그 성격의 〈뫼비우스의 띠〉와 결말 구조의 〈에필로그〉를 축으로 현실의 중심 문제인 〈난장이가 쏘아올린 작은 공〉, 〈기계 도시〉, 〈은강 노동가족의 생계비〉를 중심으로 한 난쟁이 가족 관련 서사와 중산층 계급이나 노동자 사용자 간의 계층 갈등을 표현하는 주변 서사, 〈클라인씨의 병〉과 같은 환상적 기법의 다른 단편의 연계를 통해 산업사회에서 소외된 노동자 계급의 문제와 아픔을 표현하고 있다.

---

15 교육의 플롯 또는 교시의 담론 특성에 대하여는 여러 연구자의 지적이 있었다. 자세한 논의는 다음 논문을 참고하기 바란다.
양정현, 「『난장이가 쏘아올린 작은 공』에 나타난 교육의 주제 연구」, 『현대문학이론연구』 제70집, 현대문학이론학회, 2017.

먼저 외화 성격이라고 볼 수 있는 〈뫼비우스의 띠〉에서는 "안과 겉을 구별할 수 없는, 즉 한쪽 면만 갖는 곡면"16인 뫼비우스의 띠라는 수수께끼의 제시를 통해 우리 사회에서도 사실과 해석, 현실과 진실 사이의 문제가 있음을 알레고리 형식으로 보여주고 있다. 앉은뱅이와 꼽추의 등장과 이들이 별빛을 쫓아가는 서사인 〈에필로그〉 사이에서 독자는 이미 중심 서사였던 '난장이' 가족의 몰락과 그에 대한 주위 인물들의 다양한 반응을 통해 우리 사회의 이상이 어떠한 모습인지 추측할 수 있었다. 결국 이 작품은 액자 형식의 큰 틀 속에서 중심 서사와 주변 서사의 연계를 이루고 있는 연작 형태라고 할 수 있다.

12편의 단편은 외형적으로 〈뫼비우스의 띠〉와 〈에필로그〉를 외화로 삼으면서 그 안의 10편의 단편이 내화로 기능하고 있다. 또한 외화인 두 단편은 각각 교사와 학생들의 대화로 이뤄지는 외화와 앉은뱅이와 꼽추가 등장하는 내화로 구성되어 있다. 일종의 교육의 플롯을 바탕으로 중심 서사인 '난장이' 가족과 그 주변 인물 이야기의 내화가 있는 구조로 이뤄진다. 이 중심 서사는 다시 시점의 이동을 통하여 여러 인물 중심의 시각에서 산업화 사회에서 이뤄지는 불평등과 소외, 노동의 착취와 쟁의를 다루고 있다. 이 때 현실의 제시와 그에 대한 서술자의 해석은 지적 탐색의 과정을 보여주고 있으면서 상징화되고 삶의 알레고리17로 현현되고 있어 해석의 난해성을 내포

---

16 조세희, 『난장이가 쏘아 올린 작은 공』, 이성과 힘, 2000, 15쪽. 본래 원작은 문학과지성사 판(1978)이지만, 이 논문에서는 최근에 발간된 이성과 힘에서 출간한 작품집을 텍스트로 삼았다. 이후 작품 인용은 본문에 쪽수만 표시함.
17 이에 대하여는 액자소설 형식과 해석의 문제를 깊이 있게 천착한 류양선의 지적을 참고하길 바란다. 〈뫼비우스의 띠〉와 〈내 그물로 오는 가시고시〉를 중심으로 액자형식과 작품 해석을 명쾌하게 연계한 그는 『난쏘공』이 전체적으로는 액자소설 구조로 되어 있지만, 내화와 외화가 뚜렷하게 구분되지 않는 점은 "이 소설의 내화가 외화의 알레고리로 씌어졌을 뿐만 아니라 외화 또한 내화의 알레고리로 씌어졌"기 때

하는 원인이 된다.

이 작품의 중심 서사를 이루는 대표적 단편은 〈난장이가 쏘아 올린 작은 공〉(이하 〈난장이가〉로 축약하여 표시함)이다. 총 3장으로 구성된 이 단편은 1장에서는 영수의 시점으로, 2장에서는 영호의 시점으로, 3장에서는 영희의 시점으로 주요 사건인 '재개발 사업에 따른 철거'를 계기로 발생하는 '난장이' 가족의 비극적 삶을 그리고 있다. "낙원구 행복동"에 사는 '난장이' 가족은 "지옥에 살면서 천국을 생각"하는 불행한 하루를 산다. "채권 매매, 칼 갈기, 고층 건물 유리 닦기, 펌프 설치하기, 수도 고치기"(95쪽)같은 노동을 해 온 '난장이' 아버지는 집이 철거되는 아픔이 있자 벽돌공장 굴뚝에서 스스로 목숨을 버린다.

'난장이' 가족이 살던 행복동은 재개발로 투기의 장으로 바뀐다. 돈이 없어 자신의 집도 포기하고 입주권을 팔고 떠나야 하는 현실에서 "생활은 전쟁과 같"고 그들은 "전쟁에서 날마다 지기만 했다."(80쪽) "쇠망치를 든 사람들"이 집을 부수고 철거하는 순간은 견딜 수 없는 슬픔이었다. 여동생인 영희는 현실적 폭압 앞에서 입주권을 되찾기 위해 "도덕적인 고통"(133)을 감내하며 자동차를 타고 입주권을 사들인 사람 집에 들어가 금고에서 입주권을 훔친다. 집 뜰 앞에 핀 팬지꽃 같았던 어린 영희는 성적 노리개로 전락하면서도 "아버지의 도장이 찍힌 매매증서를 꺼내 찢"(134)는 과감한 행동을 보이며, "아버지를 난장이라고 부르는 악당은 죽"(144쪽)이고 싶다는 원망으로

문이라고 지적한다. 또한 "『난쏘공』의 내화와 외화는 서로를 비추는 거울"이라고 보면서 "이 거울들은 비쳐진 영상들을 끊임없이 되비추며 『난쏘공』의 의미를 한없이 증폭 시킨다"고 하였다. 즉, 현실세계와 작품세계의 끊임없는 알레고리 형식의 상호 작용이 이 작품의 특성이라고 정리할 수 있다.
류양선, 「액자소설형식과 〈뫼비우스의 띠〉」, 『한국현대문학연구』 9집, 한국현대문학회, 2001, 313-317쪽.

전환되기까지 한다.

『난쏘공』의 중심 단편인 〈난장이가〉만 보더라도 이 소설에서 반영되는 현실 세계는 명확하다. '난장이 가족'으로 대표되는 개발의 피해자, 노동자 계층의 비극적 삶의 양상이 제시된다. 여기에서 주목해야 할 점은 이러한 현실의 제시를 해결하는 담론의 구성형식이다. 여기에서는 기본적으로 인물관계의 영향을 교육의 구조 속에서 구체화하고 있다는 점이다. 지섭이 난장이에게 『일만 년 후의 세계』라는 책을 주고 아버지는 이를 미래의 꿈으로 자신의 삶의 정표처럼 여기는 일이나, 영수가 영호에게 영향을 주는 담론 형식들, 영희가 오빠나 아버지로부터 듣는 얘기 형식들은 모두 교육의 담론 형식으로 짜여 있다. 중심인물인 영수도 책을 좋아하고 깊이 사색하는 인물로 설정되어 있다.

현실 문제의 해결 구도는 구체성이 없는 "일만 년 후의", "미지의", "꿈"으로 환치되고 "사랑"으로 추상화된다. "사람들은 사랑이 없는 욕망만 갖고 있습니다. 그래서 단 한 사람도 남을 위해 눈물을 흘릴 줄 모릅니다. 이런 사람들만 사는 땅은 죽은 땅"(102쪽)이라는 지섭의 말이 대표적이다. 생산과 발전, 개발 이념에 들뜬 1970년대 산업화 사회에서 소외된 계층들의 힘든 삶은 투쟁으로 극복될 수 있다는 메시지는 〈잘못은 신에게도 있다〉와 같은 단편에서 명료하게 제시되고 있듯이 영수의 비극으로 소멸되고 만다. 오히려 진실은 어디에 있는지 모른다는 사실, "상상의 세계에서만 그 존재가 가능"하고 실체와 진실은 없다는 모호한 〈클라인씨의 병〉으로 사유화되고 만다. 노동자/사용자, 빈/부, 현실/꿈, 난장이/거인 등의 이분법적 대립을 통하여 현실을 극명하게 제시하면서도[18] 그 해결의 과정에서는 지성

---

18 『난쏘공』의 서사는 기본적으로 대결의 구도 위에서 구축되었다는 지적을 상기할 필요가 있다. "간명하고 등식화된 두 세계의 대립"(김병익, 앞의 논문)을 근간으로

적 탐색과정을 겪거나 감성적이고 추상화된 '사랑'으로, 또는 '일만 년 후'나 '종이비행기'로 간접화되고 상징화 될 뿐이다.

Ⅲ. 교과서 제재의 변용 양상

『난쏘공』이 고등학교 문학 교과서에서 중심 제재로 선정된 것은 오래 전이다. 이미 정전 교육의 대표성을 띤 이 작품은 2019년부터 사용될 예정인 고등학교 문학 교과서에서도 10종 중 8종의 교과서에서 소설 제재로 선정하였다. 이 장에서는 교육 내용과 활동을 중심으로 교육적 활용 양상을 살펴보고 문제점을 진단하고자 한다.[19]

1. 제재 선정의 의도와 작품의 이해 활동

『난쏘공』을 문학교육 제재로 선정한 의도나 이유는 각 교과서의 단원 배치나 단원의 도입 활동 등에서 확인할 수 있다. 아직 〈교사용 지도서〉가 발간되지 않아 자세한 내용은 확인할 수 없지만, 교과서

한다는 평가나 "이분법적 세계관이 서사적 동기를 내면화"(박진영, 아래 논문, 167쪽) 하고 있다는 평가를 참고하길 바란다. 이러한 것은 대화문의 특성에도 드러나고 있다. 그리하여 "『난쏘공』의 대화는 '느긋하고 유연성 있는 대화'라기보다는 '혁명적 팸플릿과 연설'에 가까우며, 사적인 언어와는 거리가 먼 '이성적이고 공적인 토의'에 가까우며, '세속성'보다는 일정한 목적을 위해 구성된다. 대화법을 연상시키는 그것은 폭로와 고압의 교육적인(계몽적인) 의도를 갖는다."(박진영, 「난장이가 쏘아 올린 작은 공』의 비극성과 공포의 수사학」, 『민족문화연구』 제46호, 2007, 178쪽)

19 논의의 편의를 위해 『난쏘공』이 실린 교과서를 다음과 같이 약칭하기로 한다.
〈A〉-김창원 외, 『문학』(동아출판)/ 〈B〉- 류수열 외, 『문학』(금성출판사)/ 〈C〉- 한철우 외, 『문학』(비상교육)/ 〈D〉-최원식 외, 『문학』(창비)/ 〈E〉-정재찬 외, 『문학』(지학사)/ 〈F〉 이숭원 외, 『문학』(좋은책 신사고)/ 〈G〉-김동환 외, 『문학』(천재교과서)/ 〈H〉-방민호 외, 『문학』(Mirae N)

의 편집 형태만 보아도 제재 선정의 의도를 파악할 수 있다. 대부분의 교과서에서는 작품의 문학사적 가치에 중점을 두고 제재를 선정하였다. 일부 교과서에서는 문학의 수용 측면을 강조하여 작품의 다양한 해석을 위한 의도를 갖기도 한다. 이들은 『난쏘공』의 중심 단편인 〈난장이가〉를 주로 선정하고 있고 일부에서는 〈은강 노동 가족의 생계비〉나 드라마 〈난장이가〉를 선정한 경우도 있다. 먼저 대단원이나 소단원의 배치를 보면 다음과 같다.

(가) 문학사적 평가를 고려하여 제재를 선정한 경우

〈A〉한국 문학의 이해 4.난쟁이가 쏘아올린 작은 공
〈D〉한국 문학의 성격과 역사 3.한국 문학의 변화와 발전 (1)난쟁이가 쏘아 올린 작은 공
〈E〉한국 문학의 흐름 2.서사 갈래의 흐름 (4)난쟁이가 쏘아 올린 작은 공
〈F〉한국 문학의 갈래와 흐름 2.서사 갈래의 흐름 (3)난쟁이가 쏘아 올린 작은 공
〈G〉한국문학의 흐름 4.광복 이후의 문학 (2)은강 노동 가족의 생계비

(나) 문학의 다양한 해석을 고려하여 제재를 선정한 경우

〈B〉문학 활동, 어떻게 하는가 (2)맥락에 비추어 읽기 2.난쟁이가 쏘아올린 작은 공
〈C〉문학의 수용과 생산 (2)문학 작품의 수용과 소통 2.난쟁이가 쏘아올린 작은 공
〈H〉문학의 수용과 생산 (3)문학의 인접 분야와 매체 2.난쟁이가 쏘아 올린 작은 공(드라마 극본)

위에서 확인할 수 있듯이 문학사적 위상을 고려한 제재의 선정이 대부분을 차지한다. 이중 단편 〈난장이가〉 중 영수의 시점으로 기술된 1장 내용만 수록한 경우가 많다. 이 부분은 '철거'와 관련하여 난쟁이 가족이 행복동에서 내몰리는 불행을 겪는 서사만 부각된다. 2장이나 3장에서 영호와 영희의 시점으로 동일 사건을 추적하는 것은 생략되어 있다. 2장이나 3장에서 지적 탐색과정을 보여주는 서술이나 환상적 기법으로 갈등을 내면화하는 장면, 반복적 서술이 갖는 묘미 등이 생략되었기 때문에 자연스럽게 리얼리즘적 시각으로 작품 해석을 하는 한계가 있다. 문학사적 위상과 더불어 사실적 사고를 불러 일으켜 이 작품을 이해하는 방향도 작품의 완성도나 문학적 성취보다 사회적 맥락을 고려한 해석에 초점을 두고 있다. 대부분의 교과서에 실린 〈난장이가〉만 보더라도 다음과 같은 단원의 안내나 도입활동에 국한되어 있음을 확인할 수 있다.

〈A〉「난쟁이가 쏘아 올린 작은 공」은 ①1970년대 급격한 도시화와 산업화의 이면에서 소외된 삶을 그린 소설이다. ❶사회적 맥락 속에 '난쟁이'로 표상되는 소외 계층의 삶이 어떠한지에 주목하여 작품을 감상해 보자.

〈B〉이 작품은 도시 재개발 과정에서 자신의 주거를 박탈당하는 '난쟁이'일가의 삶을 다루고 있는 소설입니다.
- 빈부와 노사의 대립을 형상화하였다. 이 작품은 ②도시 개발 과정에서 소외된 '난쟁이' 일가의 아픔을 통해 도시 빈민의 현실과 사회의 구조적 모순을 폭로하고 있다.

〈C〉이 작품은 난쟁이 가족의 삶을 통해 ③산업화 시기 도시 빈민의 삶을 그린 소설이다. ❷사회·문화적 맥락을 바탕으로 갈등의 양상을 파악해 보고, 작품을 비판적으로 수용해 보자.

〈D〉「난쟁이가 쏘아 올린 작은 공」은 ④1970년대 산업화·도시화의 흐름 속에서 삶의 기반을 빼앗긴 계층의 삶을 형상화한 작품이다. ❸작품에 반영된 시대 상황을 살피며 감상해 보자.

⟨E⟩ 이 작품은 ⑤1970년대 산업화·도시화 과정에서 소외된 계층의 삶을 그린 작품이다. 작품에 나타난 ❹시대 상황과 제목의 의미에 주목하여 감상해 보자.

⟨F⟩ 이 작품은 ⑥가난한 노동자 가족의 삶을 다룬 1970년대의 소설이다. ❺작품에 반영된 사회상에 주목하여 소설을 감상해 보자.

작품의 개관은 인용문 ①-⑥에서 확인할 수 있듯이, "도시화, 산업화 사회에서 소외된 계층의 삶을 그린"것으로 규정된다. 이에 대한 해석 활동은 인용문 ❶-❺에서 확인할 수 있듯이, "사회적 맥락" 속에서 작품을 감상한 것에 국한되고 있다. 실제 이러한 학습 활동은 작품 제시 후 드러나는 기본 이해 활동에 반복된다.[20] 문학사적 가치나 평가를 근간으로 한다면, "작품의 독특한 문체 및 새로운 기법" 또는 "반(反)리얼리즘적(또는 모더니즘적) 측면"이 어떠한 형식으로 드러나 있는지 파악할 기회를 가져야 옳다. 즉, "'연작소설로서의 의의', '동화적이고 환상적인 분위기', '짧고 시적인 문장', '빠른 장면 전환', '서술자의 전환', '과거와 현재의 중첩' 등 형식적, 기법적 특징"[21]이 학습 활동에 드러나야 한다. 지나치게 리얼리즘적 시각에서 작품의 감상 활동을 하는 것은 문학사적 평가를 제대로 반영하지 못한 한계로 지적할 수 있다.

---

[20] 기본적인 학습 활동은 시대 상황 파악과 난쟁이 가족이 겪는 사건을 정리하는 데 초점을 맞추고 있다. 예를 들어 ⟨A⟩에서는 "난쟁이 가족이 겪고 있는 문제를 찾고, 그 원인을 정리하기", ⟨B⟩에서는 "1970년대 사회 상황을 떠올려 보고, 이 작품의 중심인물을 신체 장애인인 '난쟁이'로 설정한 까닭이 무엇인지 해석해 보기", ⟨D⟩에서는 "'철거 계고장'과 '아파트 입주권'을 중심으로 행복동 주민이 처한 상황을 정리해 보기" 활동을 제시하고 있다.

[21] 김영애·정재림, 앞의 논문, 268쪽.

부분 수록이라는 교과서 편제상의 한계를 고려하고, 〈난장이가〉에 국한시켜 보더라도 문학사적 평가를 고려한 학습 활동에서 기본적인 작품 감상은 사회문화적 맥락을 고려한 해석활동에 국한시켜서는 안 된다. 영수의 시각으로 서술된 1장 부분에서도 서술자의 위치나 담론 특성을 고려한 활동을 안내할 필요가 있다. 특히 시점의 이동을 통한 이야기의 현재화를 노리는 기법은 이 작품을 이해하는 가늠자 역할을 할 수 있다. 여기에 영수의 담론이 갖는 지적 탐구 방식은 장편 『난쏘공』이 갖는 문학적 성취를 해석할 단초가 된다.

2. 작품의 심층적 이해 활동을 위한 제언

문학작품의 감상과 이해활동이 학습자에게 내면화의 과정을 거쳐 창조적 사고를 불러일으키기 위해서는 서사텍스트의 이해라는 사실적 사고를 바탕으로 확산적, 대응적 사고를 거쳐 창의적 사고 활동으로 이어져야 한다.[22] 텍스트의 이해는 작품의 표면에 등장하는 인물과 사건의 정리활동, 대화나 서술의 의도와 작품 주제의 관계 파악 등의 독해 활동을 통해 이뤄진다. 확산적 사고는 자기 경험과의 연계하여 2차 텍스트로 생산할 수 있는 능력이며 대응적 사고는 이러한 바탕 위에서 사회공동체나 문화적 배경에 연계하는 능력이다. 이는 가능한 세계에 대한 탐색 활동으로 나아갈 수 있는 바탕이 된다.

〈난장이가〉를 이해하기 위해서는 '철거 계고장'과 '아파트 입주권'을 중심으로 행복동 주민이 겪는 상황과 이러한 배경 속에서 난쟁이 가족이 어떠한 문제를 겪고 있는지 파악하는 것이 선결 과제이다.

---

[22] 서사 교육의 실천 범주와 지향성에 대한 자세한 논의는 김용재, 「서사문화 창조를 지향하는 문학교육방법 시론」, 『한국초등국어교육』 23집, 한국초등국어교육학회, 2003, 112-118쪽을 참고하기 바란다.

사실의 정확한 파악을 근간으로 좀 더 나아가 자기 경험(오늘날의 사회문제)과 연계하여 이해하는 심화 활동이 필요하다. 여기에 대응적 사고를 통해 사회 공동체 문제와 그 해결 구도를 폭 넓게 파악하는 활동을 제공할 수 있다. 대부분의 교과서에서는 작품의 깊이 있는 해석을 위해 내용 파악을 근간으로 하는 상징의 문제와 상호텍스트성을 활용한 작품의 전이 문제에 집중하고 있다. 몇 개의 예를 제시하면 다음과 같다.

⟨A⟩
(2) 이 작품에서 ①'난쟁이'가 상징하는 바가 무엇인지 생각해 보자.
(3) ②'난쟁이'가 벽돌 공장 위에서 종이비행기를 날리는 이유가 무엇일지 이야기해 보자.

2. 1960년대 미국의 사회 문제를 다룬 다음 소설의 일부를 읽고, 아래의 활동을 해 보자.(토니 모리슨의 「술라」 일부 제시)
(1) 「난쟁이가 쏘아 올린 작은 공」의 '행복동'과 유사한 대상을 위 작품에서 찾아 적고, 그 까닭을 말해 보자.
(2) 위 작품에 나타난 미국 사회의 문제와 「난쟁이가 쏘아 올린 작은 공」에 드러난 사회 문제의 공통점을 이야기해 보자.
⟨B⟩
(2) (1)을 바탕으로 ③다음 내용의 상징적 의미를 말해 보자.
▷ "달나라로!":
▷ '난쟁이'가 벽돌 공장 굴뚝 위에서 종이비행기를 날리는 것:

⟨가⟩ 이중섭 그림 '섶섬이 보이는 풍경'
⟨나⟩ 나희덕의 시 '섶섬이 보이는 방-이중섭의 방에 와서' 두 제재 제시
(1) ⟨가⟩의 화제가 ⟨나⟩의 시제로 바뀜으로써 표현의 초점이 어떻게

달라졌는지 설명해 보자.

(2) '난쟁이의 집'과 '이중섭의 방'은 어떤 점이 같고 어떤 점이 다른지 말해 보자.

⟨C⟩

1. 다음은 이 작품이 발표된 1970년대의 사회 상황을 다룬 기사의 일부이다. 이 글을 읽고 당시에 이 작품을 쓴 의도와, 이 작품과 관련된 오늘날의 문제를 생각해 보자.

(1) 당시의 사회적 배경 맥락을 고려하였을 때, ④'난쟁이'가 상징하는 의미는 무엇이며 작가가 이 작품을 쓴 의도는 무엇일지 생각해 보자.

(2) 오늘날에는 이 작품을 어떤 문제와 관련지을 수 있을지, 최근 보도된 신문 시사나 텔레비전 뉴스 등에서 찾아 발표해 보자.

⟨D⟩

3. 이 작품의 내용을 바탕으로 '난쟁이 가족'의 상황을 알리고 사회에 변화를 촉구하는 의견 광고를 만들어 보자.

모든 교과서에서는 인용문 ①-④에서 확인할 수 있듯이, '난장이'의 상징적 의미나 '난쟁이가 벽돌공장 위에서 종이비행기를 날리는 행위의 상징성을 파악하는 활동이 예외 없이 등장한다. 이러한 상징 의미는 텍스트의 기본적 이해에 결정적 역할을 할 수 있는 것이지만, 실제 이 의미는 장편 『난쏘공』 전체를 읽지 않으면 단순히 사회적으로 소외된 계층 또는 노동자 계급의 빈민으로 해석하여 사회상을 이분법적 대립으로 파악할 가능성이 있다. 그러나 이 작품에서는 이분법적 세계관은 현실의 제시에 국한되어 있고 갈등의 해결이나 가능성의 세계는 진리를 탐색하는 지적 과정을 거쳐 보다 근원적인 문제를 제시하는 형태를 띤다.

상호텍스트성을 활용한 심화 활동의 예는 인용문에서 확인할 수 있듯이, 사회적 배경의 공통점에 입각한 다른 서사 작품과 연계하는 활동이나 타 장르의 교섭 작용, 같은 주제로 다른 양식으로 표현해 보는 활동으로 드러난다. 이러한 활동은 나름의 작품의 심도 있는 해석을 유도하는 학습 활동으로 기능할 수 있지만, 작품의 문학성을 고양하는 데는 적절하지 않다. 이 작품의 문학적 성취는 연작의 형식, 교육의 플롯을 통한 갈등 해소, 환상적이고 동화적 분위기와 현실 문제와 관계 맺기 등 이루 헤아릴 수 없는 소설 미학적 실험이 내재하고 있다.

따라서 작품의 심층적 이해를 촉구하는 학습 활동은 우선 담론의 성격과 특성 파악에 초점을 두어야 한다. 〈난장이가〉 중 제1장 영수의 시각으로 서술한 텍스트에 한하여 보기로 한다. 이 때 텍스트를 순차적으로 읽어 나가는 과정에서 가능한 학습 활동만 예시하면 다음과 같다.

(1) 영수가 나의 '모든 것'과 '다섯 식구의 목숨'으로 연결하는 의도가 무엇인지 파악하기
(2) 철거 계고장을 사실적으로 전사한 의도와 현실 문제를 연계하기
(3) "영희의 몸에서는 풀냄새가 났다. 개천 건너 주택가 골목에서는 고기 굽는 냄새가 났다."(85쪽)라는 서술이 갖는 의미 찾기
(4) "난장이 아버지가 우리들에게는 거인처럼 보였다."(89쪽)는 진술이 갖는 사회적 의미 상상해 보기
(5) "아버지의 신장은 백십칠 센티미터, 체중은 삼십이 킬로그램이었다.(95쪽) 진술이 다른 단편에서도 반복적으로 서술되고 있는데, 그 의도와 효과 파악해 보기
(6) 아버지가 『일만 년 후의 세계』라는 책을 읽는 행위와 달나라로 떠난다는 대화, 아버지가 벽돌공장 위에서 종이비행기를 날린 행

위가 다른 단편에서 어떻게 드러나고 있는지 찾아 읽어보기

위의 예시는 주로 현행 교과서에 부분 수록된 텍스트 안에서 가능한 학습 활동을 조직한 결과이다. (1), (3)은 인물의 성격 파악을 위해 심층적 이해를 촉구한 사례이며, (2)와 (4)는 작품 안의 세계와 작품 밖의 현실 세계를 대응, 확산하는 사고를 유도한 예이다. (5)는 이 작품의 문체적 특징이나 대화 제시법 등을 파악하는 활동이며 (6)은 연작 소설이 갖는 특성을 이해하면서 다른 단편을 읽어낼 수 있는 전이적 독서를 촉구하는 활동이다. 이러한 학습 활동은 단편 소설과 장편 소설의 특징을 이해하는 안내자 역할을 할 뿐 아니라, 이 작품의 문학성을 이해하는 척도가 되는 활동이기도 하다.

Ⅳ. 결론

이 논문에서는 조세희의 연작 소설 『난쏘공』의 서사 구조를 정리하고, 이 작품이 교육적으로 어떻게 변용되고 있는지 고찰하였다. 이 작품은 12개의 단편을 내화와 외화의 상징적 결합, 교육 플롯이 내재한 담론의 탐색 과정, 중심 서사와 주변 서사를 인물 중심으로 연계한 연작으로 구성하고 있다.

또한 이 소설은 산업화 사회에서 붕괴되어 가는 사회적 약자들의 소외 문제, 노동 현실 문제, 개발의 이념에 스러져 가는 도시 빈민층의 어두운 이면을 독특한 문체로 형상화하고 있다. 우화나 환상, 추상화된 '사랑'의 이념, 꿈의 삽입, 잘 알려지지 않은 낯선 예화를 끌어들이거나 시간이나 공간의 빈번한 이동, 동일 서술의 반복을 통한 각인, 동화적 분위기로 내적 갈등을 해결하는 단절적 구성 방식, 주제를 지적 담론으로 끌어가는 서술자의 역할 등은 산업화의 이면을 내

밀하게 파악할 수 있는 장치로 기능한다.

　6차 교육과정 이후 오랫동안 문학교육의 정전으로 채택된 이 작품은 문학 교과서 대부분이 중심 단편이라고 볼 수 있는 〈난장이가〉제재를 선정하여 부분 수록하고 있다. 이 작품의 제재 선정의 이유나 의도는 주로 문학사적 위상을 고려하였다. 일부에서는 작품의 다양한 해석을 위한 문학의 수용 측면에 맞추어 단원의 배치를 하거나 타 매체와의 교류작용을 파악하기 위해 드라마 각본을 선정하기도 했다.

　문학사적인 평가나 위치를 고려한 제재의 선정 의도가 있어도 주로 그 해석 활동은 사회 문화적 맥락을 고려한 학습 활동에 집중하고 있다. 심화 활동에 있어서도 인물의 행동에 나타난 상징의 의미 파악이나 상호텍스트성을 활용한 작품의 전이 문제에 집중하고 있다. 이 작품의 문학성을 인정하는 평가를 간과한 채, 단순히 리얼리즘 시각의 문학 해석에 초점을 맞추는 경향이 있다. 올바른 정전 교육을 위해서는 연작 소설의 특성을 고려한 활동이나, 시점의 이동이 주는 효과와 서사 담론의 관계를 파악하는 활동이 필요하다.

　교과서 대부분에서 수록한 단편 〈난장이가〉 1장만 한정한다고 하더라도, 기본적으로는 인물의 성격 파악을 위해 구체적인 서술이나 대화와 연계하는 활동이 요구된다. 또한 작품 안의 세계와 작품 밖의 현실 세계와 대응시키고 확산적 사고를 유도하는 학습 활동이 필요하다. 특히, 연작 소설이 갖는 특성을 이해하면서 교과서 수록 단편 외의 다른 단편 작품을 읽어낼 수 있는 전이적 독서를 촉구하는 활동을 해야 한다. 이는 단편 소설과 장편 소설의 특징을 이해하는 안내 역할을 할 뿐 아니라, 이 작품의 문학적 성취를 평가할 수 있는 안목을 기르는 활동이 될 수 있다.

　앞으로 교육적 적용에 있어서 정전 교육의 목표와 내용, 방법 등의 틀을 이론적으로 구축하는 연구가 있어야 한다. 이를 위해서는 먼저 『난쏘공』의 문학성이 극명하게 드러나야 한다. 내용과 형식의 상호 작용 양상, 12편의 단편의 연계 방식과 내용의 상관성이 확실하게 규명될 필요가 있다. 아울러 한국 문학의 보편성과 특수성을 고려하여 1970년대 문학의 대표성을 띠는 이유 또는 문학적 특질을 상세하게 파악할 필요가 있다. 《문학》 교과서에서는 〈난장이가〉에 한정된 부분 수록보다 이 작품의 독해에 난해하다고 평가되는 다른 단편과 연계하는 텍스트 제시 방법의 강구, 〈뫼비우스의 띠〉나 〈클라인씨의 병〉과 같은 지적 탐구를 보이는 단편들의 교육 방법 제시, 시대변화에 맞는 정전 교육의 방법을 찾아야 한다.

참고문헌

김병익, 「대립적 세계관과 미학」, 『상황과 상상력』, 문학과지성, 1979(조세희 소설집, 『난장이가 쏘아올린 작은 공』, 2000 〈해설〉).
김영애·정재림, 「『난장이가 쏘아올린 작은 공』 연작의 〈문학〉교과서 수록 양상에 대한 비판적 고찰」, 『한국문예비평연구』 제55집, 2017.
김용재, 『한국소설의 서사론적 탐구』, 평민사, 1993.
_____, 「서사 문화 창조를 지향하는 문학교육 방법 시론」, 『한국초등국어교육』 제23집, 한국초등국어교육학회, 2003.
노해인, 「문학교과서에 수록된 연작소설의 연계 교육 방법 연구-조세희의 『난장이가 쏘아올린 작은 공』을 중심으로」, 서강대 석사학위논문, 2011.
류양선, 「액자소설형식과 〈뫼비우스의 띠〉」, 『한국현대문학연구』 9집, 한국현대문학회, 2001.
박기범, 「고등학교 문학 교과서의 현대소설 제재 분석: 2012 고시 교육과정에 따른 검정 교과서를 중심으로」, 『한국언어문학』 제89집, 한국언어문학회, 2014.
박인성, 「아나크로니즘의 시간성과 수사학: 1970년대 서사문학의 동시대성에 대한 재구성」, 서강대 박사학위논문, 2016.
박진영, 「『난장이가 쏘아올린 작은 공』의 비극성과 공포의 수사학」, 『민족문화연구』 제46호, 한국민족문화연구소, 2007.
배경열, 「조세희의 『난장이가 쏘아올린 작은 공』에 나타난 소외 양상 고찰」, 『인문연구』 67호, 건국대 인문과학연구소, 한국언어문화학회, 2013.
양윤모, 「교과서 수록 현대소설과 정전의 형성과정 연구: 고등학교 국어 및 문학교과서 수록 작품을 대상으로」, 『한국어문교육』 제12집, 한국어문교육학회, 2012.
양정현, 「『난장이가 쏘아올린 작은 공』에 나타난 교육의 주제 연구」, 『현대문학이론연구』 제70집, 현대문학이론학회, 2017.

우찬제, 「대립의 초극미, 그 카오스모스의 시학-조세희의 『난장이가 쏘아올린 작은 공』 다시 읽기」, 『난장이가 쏘아올린 작은 공』(이성과 힘 2000판) 해설.

_____, 「조세희의 『난장이가 쏘아올린 작은 공』의 리얼리티 효과」, 『한국문학이론과 비평』 제21집(7권4호), 한국문학이론과 비평학회, 2003.

_____, 「탈구성적 서사와 탈구성적 소통-조세희의 『난장이가 쏘아올린 작은 공』 수용의 문제성」, 『문학사 사전』

이동하, 「어두운 시대의 꿈-조세희론」, 『작가세계』, 1990년 겨울호.

_____, 「조세희 연구의 성과와 앞으로의 과제」, 『작가세계』, 1990년 겨울호.

이수형, 「『난장이가 쏘아올린 작은 공』에 나타난 사실과 당위의 관계 연구」, 『한국문학이론과 비평』 제47집(14권 2호), 한국문학이론과 비평학회, 2010.

이재선, 『한국현대소설사』, 민음사, 1991.

정원채, 「《난장이가 쏘아올린 작은 공》에 나타난 스타일의 다원성과 미학적 혁신」, 『현대소설연구』 43호, 현대소설학회, 2010.

주지영, 「조세희의 『난장이가 쏘아올린 작은 공』의 서사 구조와 실어증의 관계 양상」, 『한국문예비평연구』 제45집, 2014.

한귀은, 「『난장이가 쏘아올린 작은 공』의 이야기와 화자 연구」, 『한국문학논총』 제32집, 한국문학연구학회, 2002.

Chatman, Seymour, *Story and Discourse: Narrative Structure in Fiction and Film*, Ithaca: Cornell Univ. Press, 1978.

Martin, Wallace, *Recent Theories of Narrative*, Ithaca: Cornell Univ. Press, 1986.

Stanzel, F. K., *A Theory of Narrative*, Trans. Charlotte Goedsche. Cambridge: Cambridge Univ. Press, 1984. 김정신 역, 『소설의 이론』, 문학과비평사, 1990.

개정 국어교과서의 개발 과정과 내용 검토

I. 서론

2015교육과정에 의거하여 개정·편찬된 초등학교 1-2학년군 교과서가 내년(2017년)부터 현장에 보급된다. 교과서는 교육과정을 실현하기 위해 교육 자료와 교수-학습과정을 구체적으로 담아 교사와 학습자에게 제공하는 교육용 도서이다. 국어과 교과서는 "국어사용의 실제와 국어과 교육 사이에 통로를 유지하는 한편, 교육과정과 교사·학습자를 매개하는 역할"[1]을 하는 구체적 실현물이다. 교과서가 교육 현장에서 하나의 교육 수행의 전범으로 취급되거나 주요 학습 내용과 학습 활동을 모범적으로 제시한 도서처럼 인식되고 있는 배경에는 이와 같은 교과서의 성격에서 비롯된다.

교육과정이 개정될 때마다 교과서에 대한 관심은 끊임없이 이루어졌다. 질적으로 우수한 교과서를 표방하고 국가 차원에서 접근하고 있지만, 교과서 개발은 그리 쉬운 일이 아니다. 국정 도서의 경우, 편찬기관 공모를 거쳐 연구·집필하는 단계, 우수한 교과서 편찬을

---

1 최현섭 외, 『국어교육학개론』, 삼지원, 1996, 92-93쪽.

위해 집필 내용을 검증하는 편찬심의회의 운영을 한 후, 현장의 적용과 검토 과정을 거쳐 최종본이 나오게 된다.² 우리나라의 초등학교 국어 교과서는 국정 공모제 형식을 취하고 있다. 교육부에서는 '국정도서 개발 기본 계획'을 수립하고 이에 근거하여 교과서 발행의 과정을 주관한다.

개정 국어 교과서 편찬방향을 살펴보면, 양질의 우수한 교과서가 갖추어야 할 조건이라고 바꿔 표현해도 좋을 정도이다. 이러한 편찬방향에 근거하여 집필과정과 심의과정의 상호 긴밀한 협력관계 유지, 현장의 검토를 통한 보완 작업을 통해 교과서가 발행된다. 개정 국어교과서 개발의 방향은 "① 핵심 역량의 함양, ② 자기 주도적 학습의 강조, ③ 학습량의 적정화, ④ 통합형 교육과정의 반영, ⑤ 창의성과 인성의 함양, ⑥ '매체'관련 내용 강조, ⑦ 과정 중심 언어 학습, ⑧ 텍스트의 생산과 수용을 강조, ⑨ 기초 문식성의 강조, ⑩ 다양한 학습 방법"³을 제시하는 교과서로 요약할 수 있다. 교육부에서는 이러한 지향점을 마련하기 위해서 교과서 편찬에 대한 주요 쟁점을 고찰하고

---

2 2015교육과정에 따른 개정 국어과 교과서(1-2학년용)를 편찬하기 위하여 2015년 하반기부터 2016년 12월까지 진행한 과정을 간단하게 정리하면 다음과 같다. (아래 내용은 교육부의 "교과용도서 개발 체제 개선 방안"(2016)과 「초등학교 1-2학년군 국정도서 편찬기관 워크숍」(2015.11) 자료를 참고하여 필자가 간단하게 정리하였다.)
① 국정도서 개발 기본계획 수립 ② 편찬기관 공모/선정 ③ 연구, 집필(학년별, 단원별) ④ 교과용 도서 편찬심의회 구성, 운영 ⑤ 현장 검토본 감수(교사 연구회 검토, 내용 전문가 검토, 연구학교 적용) ⑥ 결재본 승인과 발행
위의 과정 중, ②에서 서울교대와 한국교원대 연합팀이 편찬기관으로 선정되었으며, ③의 과정을 이끈 연구진과 집필진을 구성하였다. 편찬기관에서는 ④와 ⑤의 결과에 따라 집필의 수정, 재 집필과정을 반복한다. 집필진과 심의진은 1년 넘는 기간을 교과서 제작에 함께 하며 현장 검토본을 제작한다. 현장 검토 후 다시 심의회를 열고 최종 결재본을 결정한다.
3 교육부, 「초등학교 1-2학년군 국어 편찬 방향과 개발 계획」, 『2015 개정 교육과정에 따른 초등학교 1-2학년군 국정도서 편찬기관 워크숍』, 한국교원대학교 종합교육연수원, 2015.11, 186-190쪽 참고.

각각에 대한 장단점 분석과 지향점을 점검한 바 있다. 교과서 편찬에서 떠오른 쟁점은 『국어』 교과서와 『국어활동』 교과서의 관계 정립 문제, 학습자의 학습 부담과 관련한 문제, 단원 구성 체제와 전개 방식의 타당성과 효율성 문제, 학년군제 교육 운영의 적절성과 장단점, 국어과와 통합 교육과정 운영 문제, 학습에 있어서 중요한 인자인 '자기 주도적 학습'이나 '기초 문식성' 습득의 문제 등[4]이 있다.

이와 같은 쟁점과 논의는 오랫동안 국어교육학계의 관심이기도 했다. 사실 이번 개정 국어교과서의 편찬 방향은 2007개정 교과서 개발방향에서 제시되었던 문제[5]나 2009, 2011개정 교과서에서 제시되었던 문제[6]와 별반 차이를 보이지 않는다. 이번 개정 국어교과서에서 특징적으로 주목되는 사항은 '기초 문식성' 강조와 '통합형 교육과

---

[4] 이와 관련한 장단점 파악이나 점검에 대한 간단한 정리내용은 같은 자료집 183-186쪽에서 확인할 수 있다.
[5] 당시 국어 교과서 개발 방향은 "① 2007년 교육과정의 정신이 충실히 반영된 교과서, ② 학습자를 중심으로 하는 교과서, ③ 창의적 사고를 북돋워 주는 교과서, ④ 국어 교과의 특성이 강조된 교과서, ⑤ 학습방법을 안내해 주는 교과서, ⑥ 텍스트 중심의 교과서, ⑦ 계열성과 통일성을 갖춘 교과서, ⑧ 언어 활동의 총체성이 보장되는 교과서, ⑨ 매력적인 교과서"(신헌재 외, 『초등학교 국어 교과서 개발 과정과 전망』, 미래엔, 2011, 35-41쪽 참고)였다. 이번 개정 교과서의 편찬 방향으로 설정한 ①항은 위의 ①처럼 교육과정의 반영이며, ②항의 학습자 중심 강조는 자기주도적 학습으로 용어만 바뀌었다. 거의 유사한 개념으로 설정된 항목은 개정 ⑤항과 2007 ③항, 개정 ⑧항과 2007 ⑥항, 개정 ⑩항과 2007 ⑤항 등이다. 2007년 제시된 국어 교과의 특성을 강조한 사안이 ⑥과 ⑨에서 구체화된다. 또한 학습량이나 과정중심 언어 학습 등은 위의 ⑦과 ⑧항의 구체화라고 할 수 있다.
[6] 2009 개정 교과서의 개발 방향은 ① 학습자의 능력과 흥미에 부합하는 교과서, ② 통합적인 언어활동을 강조하는 교과서, ③ 창의성과 인성을 함양하는 교과서, ④ 학년군 성취 기준의 계열성을 고려한 교과서, ⑤ 교과서 사이의 연계성과 통일성을 강조하는 교과서, ⑥ 언어 행위의 맥락을 강조한 교과서, ⑦ 텍스트의 생산과 수용을 강조한 교과서, ⑧ 학습 결과뿐만 아니라 학습 과정을 강조한 교과서, ⑨ 자기 주도적 학습이 가능한 교과서, ⑩ 언어 활동의 연속성을 보장하고 학교 현장에서 운영의 융통성을 확보한 교과서, ⑪ 기초 학습 능력을 강화한 교과서, ⑫ 학생들 사이의 상호 작용이 풍부하게 일어나게 하는 교과서이다.(신헌재 외, 『초등학교 국어 교과서 개발 과정과 전망』, 미래엔, 2014, 54-65쪽 참고.

정'7이다. 한글 해독과 쓰기 능력의 기초가 되는 기초적인 문식성 습득은 이번 교과서 개정에서 주요 쟁점으로 떠올랐다. 이전의 교과서에 비해 3배 정도 많은 시수를 배정하여 학습자에게 실질적인 문자 습득이 이루어질 수 있는 환경을 제공하고 있다. 통합형 교과서가 지향하는 점은 이전부터 강조되었던 '총체적 언어 학습'의 일환으로 국어 자료와 학습 활동, 국어 교과와 타 교과의 언어 내용의 통합적 접근, '국어'와 '국어 활동'의 연계성 확보 등으로 나타난다.

"교사는 추상적인 교육과정보다는 구체적인 교과서를 통해 교육과정을 이해하는 경향이 있"[8]다. 교육과정의 구체적 실천이 교과서에서 완성되기 때문이다. 이 논문에서 개정 교과서에 대한 관심을 갖게 된 배경이 여기에 있다. 교과서 점검에 관련된 문제를 해결하기 위해 필자는 세 가지 논제를 계획하고, 교과서 분석을 하고자 한다. 우선 이 논문에서 탐구할 첫 번째 논제는 교과서 개발 방식이나 과정의 반성적 검토와 국어 자료와 기초 문식성 교육 문제이다. 둘째, 논제는 교과서 개발에서 필연적 점검 사항인 텍스트 선정과 조직에 관련한 문제이다. 셋째, 논제는 교육과정을 구체적으로 실현하는 교과서가 지녀야 할 학습 내용과 활동의 조직에 관련된 문제이다.

Ⅱ. 국정 도서 개발 과정의 비판적 검토

초등학교 국어과 교과서는 국정 체재를 고수하고 있다. 국정, 검

---

[7] 국어 교과서에서 통합 교육과정을 반영하는 구체적인 방안과 사례에 대하여는 "이경화, 「교육과정기별 초등학교 국어 교과서에 반영된 국어 교육의 통합 요소 및 통합 방식 탐색」, 『초등 국어 교과서의 회고와 전망』, 제30회 한국초등국어교육학회 학술대회 자료집, 한국초등국어교육학회, 2013."을 참고할 수 있다.

[8] 이경화, 「초등 교사의 국어 교과서 이해 양상: 1-2학년을 중심으로」, 『한국초등국어교육』 제43집, 한국초등국어교육학회, 2010, 144쪽.

인정 교과서의 장단점을 생각하면 현행 국정 공모방식은 "국민 공통 기본 교육의 이념을 충실하고 일관성 있게 구현"하기 위한 조치라고 보인다. "교과용 도서의 안정적인 생산과 공급에 기여할 수 있다는 점", 전문 인력을 폭넓게 활용하여 양질의 교과서를 배포하는 데 기여할 수 있다는 장점[9]에 기대어 국정 체재를 유지하고 있다. 중·고 국어과 교과서가 검정 도서인 반면에 초등학교의 경우는 국정 도서이다. 이는 교육의 보편성인 공통 이념의 지향과 건전한 국가관, 민족관의 교육 필요성이 초등 교육의 특수성에 반영되어 있기 때문이다. 학습내용이나 활동의 구성에 있어서 참신성, 교육의 효율성과 학습자의 자기 주도적 성격의 강조 측면에서 볼 때, 앞으로는 검정제로 전환될 필요가 있다.[10]

2015개정 교육과정에 근거한 초등학교 국어과 교과서는 국정 공모 형식을 통하여 서울교대와 한국교원대 연합팀이 편찬기관으로 선정되었다. 국어 교과서 개발의 절차는 "① 계획, 공모, 위탁 단계, ② 연구 집필 단계, ③ 심의, 수정 단계, ④ 생산, 공급 단계"[11]로 나눌 수

---

[9] 박영목, 「검정 도서로서의 국어 교과서 개선 방향」, 『국어교육학연구』 27집, 국어교육학회, 2006.

[10] 이 논문에서는 국정도서와 검정도서의 장단점을 논의하지 않는다. 다만, 필자는 국제적 현상이나 교육적 요구, 학습 환경의 변화와 사회 현상 등을 생각할 때, 검정제의 장점이 부각되는 시대가 온 것으로 판단하고 있다. 이러한 논쟁은 오래 전부터 국어교육학계에서 지속된 바 있다. 주요 국가의 자국어 교육에서 국정과 검인정 채택 현상이나 국정이나 검정 도서의 장단점 분석, 교육 내·외적 환경 변화와 교과서 역할 문제, 교육내용 구성과 활동의 연계성 문제 등 교과서 정책에 대한 전반적인 사항에 대하여는 다음 논문을 참고하기 바란다.

김덕근, 「교과서 정책 국제 비교 연구」, 『교육행정학연구』 제30권 제1호, 교육행정학회, 2012.

이주섭·전제응·김병수·최규홍, 「외국 초등국어과 교과서의 특징과 시사점」, 『학습자중심교과교육연구』 제6권 제2호, 학습자중심교과교육학회, 2006.

박진용, 「국어 교과서 정책의 현황과 과제」, 『국어교육학연구』 42집, 국어교육학회, 2011.

[11] 이재승, 「초등학교 국어 교과서 개발 시스템의 정교화 방안」, 『한국초등교육』

있다. 이 개발 단계는 순차적으로 이뤄지는 것이 아니라 순환적이고 반복적인 과정을 거친다. 특히 ②와 ③의 단계는 교과서 개발과정에서 가장 중요한 부분을 차지하고 있으면서 반복적이고 순환적이다. 초고본의 완성 단계에서 '②연구와 집필' 인력이 동원된 후, ③의 과정을 거쳐 이를 근거로 다시 ②단계에서 개고본(改稿本)이 제출되면 ③의 심의, 수정 단계를 여러 번 수행한 후 현장검토본이 완성된다. 이 현장검토본은 전국의 초등학교 현장에서 다시 점검하는 단계를 거쳐 ②와 ③의 과정을 다시 수행한다.

이러한 개발 과정 이후에 내용전문가 검토, 표기·표현 검토, 특정 주제나 텍스트에 대한 전문가 검토 등 최종 교과서 개발에 동원되는 인력은 셀 수 없을 정도로 정치한 시스템 속에서 이뤄진다. 이러한 과정과 절차를 종합적으로 살펴보면 양질의 교과서가 갖추어야 할 조건을 교집합으로 하여 수렴된 것처럼 보인다. 그러나 공허한 반복 집필의 단점도 있다. 교과서 개발과정에서 수정될 필요가 있는 부분을 살펴보면 두 가지로 요약된다. 하나는 다수의 의견 수렴과 과정과 절차의 복잡성이 좋은 교과서를 만드는 필수조건인지 반성할 필요가 있다. 다른 하나는 교과서의 체재나 외적 형식의 제약과 교육 내용의 관계이다.

먼저 많은 이가 참여하면 표면적으로는 점검하고 평가, 수정하는 단계를 여러 번 거치기 때문에 내용의 오류도 없고, 학습활동도 창의적이면서 편찬 목표와 방향에 부합하는 것이라고 여기기 쉽다. 하지만, 개발 과정에서 집필 과정이나 심의 과정의 경직성, 소비적인 인력 활용 문제도 있다. 심의 검토하는 과정에서 기한 내 완료해야 하는 한계 때문에 적정한 선에서 합의하는 비효율성[12]을 낳기 쉽다. 예

제26권 제4호, 서울교육대학교 초등교육연구소, 2015, 396쪽.
12 여러 전문가의 심의 과정에서도 각각 교육관, 문학관, 학습에 대한 방법 차이가

를 들어 편찬심의회 운영과정에서 지적된 사항이 수정되어 집필이 완료된 사안이 또 다른 검토과정에서 수정되어 적당히 얼버무리는 선에서 내용 수정이 이뤄질 수도 있다. 다수의 의견 수렴과 횟수가 많은 검토과정은 정확성을 기하는 데 기여할지 몰라도, 집필진의 입장에서 본다면 기획단계에서 계획한 학습내용이나 새로운 학습활동의 시도 등이 무시될 가능성이 있고 한시적 상황에서 업무에 방해되는 소비적 상황도 많이 생기게 된다.[13]

  이러한 점을 보완하기 위해서는 집필진의 업무 분담을 단원별로 나누는 것보다, 국어자료 선정 팀과 교육과정과 학습활동을 정련화하는 팀으로 나누어 역할 분담하는 방식을 생각할 수 있다. 교과서 편찬에서 가장 중요한 점은 교육과정을 학습자 입장에서 다시 해석하여 재구성하는 일, 단원의 구성과 전개과정의 확정이다. 여기에 결정적 역할을 하는 텍스트(국어 자료) 선정이 매우 중요하다. 따라서 하나의 전체 기획팀과 두 개의 세부 사항 실천 팀으로 나누어 작업을 하는 편이 효율적일 수 있다. 국어 자료를 선정하는 팀에서는 해당 단원의 자료만 선정하는 것이 아니라 문학텍스트와 비문학텍스트로 나누어 활용 가능한 텍스트를 다수 선정하여 제시하는 작업을 해

있기 때문에, 논리적 설득보다 대체적으로 합의의 과정으로 기울기 쉽다. 이러한 성격 때문에 집필 과정에서 창의적인 교수학습 방법 또는 이전과는 다른 새로운 시도 등이 배제될 가능성이 농후하다.

[13] 교과서 개발과정을 검토한 편찬책임자 이재승은 이러한 현상을 "심의나 검토 후에 다시 원점으로 돌아가" 다시 집필하는 과정에서 "지나치게 많은 사람들이 참여하면 이들 간의 의견이 다양할 수밖에 없는데 이들 의견 간의 조정이 쉽지 않은 경우가 많고 충돌을 일으키는 경우"가 많음을 하소연하고 있다. 이렇게 되면 자칫 "교과서 편찬 책임"의 소재 문제가 대두될 수도 있다.(이재승, 앞의 논문, 396쪽)

이재승은 개발 체재 운영의 개선점을 '인적 구성의 정련화', '국어 교과서의 구분', '교과서 개발 분량', '현장 적합성 학교 운영의 내실화', '개발 단가의 적정화', '예산 운영의 융통성', '전자 저작물 개발의 문제'로 구분하여 문제점과 개선 방안을 제시하고 있다. 필자는 이재승의 주장에 공감하고 있다. 이 논문에서는 개발 과정에서 중요한 문제인 참여인력의 문제와 국어자료 선정에 초점을 두어 검토하고자 한다.

야 좋다. 이를 근거로 교수-학습 과정을 구성할 수 있기 때문이다.

국어 자료의 선정은 편찬 기관뿐만 아니라, 학계에서 관심을 갖고 부단히 노력해야 하는 사안이기도 하다. 1-2학년군, 3-4학년군, 5-6학년군에 적정한 개별 텍스트를 교과서 수록 분량의 10배수 정도의 자료를 확보하는 것이 좋다. 문학 자료의 경우, 저학년과 고학년에 들어갈 자료를 미리 합의 과정을 거쳐 선정해 놓으면 교육용 정전으로 활용 가능할 뿐만 아니라 국어 교과의 특성을 잘 살리는 교육도 가능해진다. 국어과는 지식보다는 언어 능력을 길러주는 것을 핵심 목표로 삼고 있기 때문에 "목표 언어와 수단 언어가 일치하는 경향"을 보인다. 즉, "국어과 교과서의 텍스트들은 그 텍스트가 담고 있는 의미 내용이 아니라 언어 그 자체 혹은 텍스트 그 자체 때문에 실리는 경우가 많다. 곧 목표 언어 혹은 대상 언어와 수단 언어가 일치"[14]한다. 따라서 적정한 자료를 확보하는 작업이 선행되어야 한다.

교과서의 외적 체재의 확정과 인력의 활용 문제도 재고해 볼 일이다. 외적 체재란 교과서의 단원 수, 분량, 〈국어〉와 〈국어활동〉의 관계 정립의 문제를 말한다. 외적 체재 확정에서 가장 강조해야 할 관점은 '학습자 수준', '자기 주도적 학습'이다. 단순히 부피와 크기, 분량을 수량적으로 한정함으로써 국어 자료가 부분 발췌되어 실리거나 학습활동이 반복적으로 제시되면 궁극적으로 국어과 교육이 지향하는 언어 능력 신장에 걸림돌이 될 수도 있다. 이번 교과서에서도 이전 교과서와 마찬가지로 한정된 지면에 '텍스트 우겨 넣기'[15]가 이뤄진 경우도 있었고 2쪽의 분량이 1차시라는 배분으로 학습 활동이 동

---

[14] 이성영, 「국어 교과서를 구성하는 텍스트들의 유형」, 『한국초등국어교육』 제32집, 한국초등국어교육학회, 2006, 287쪽.

[15] '텍스트 우겨 넣기'란 어느 교육내용을 학습하기 위해 동원된 국어자료가 한정된 지면 관계(해당차시 1차시=2쪽 분량이라는 한정된 기획)로 분량이 긴 작품은 배제되고 짧은 작품으로 대체되는 현상을 비유적으로 표현한 말이다.

일 차원의 것이 반복적으로 이뤄지는 한계도 있었다.[16]

한편, 교과서 개발과정에서 인적 자원을 활용할 때 효율적인 역할 분담이 요구된다. 특히 이번 교과서 개발 과정에서 현장 교육의 적용을 통한 점검 과정에 필요한 교과서를 '실험 교과서'라는 용어 대신 '현장검토본'으로 바꾸었다. 교과서를 학교 현장에서 일정 기간(한 학기 또는 1년)동안 직접 적용하여 실험한다는 개념에서 현장의 자율성을 보장한다는 명분 아래 점검·검토한다는 개념으로 바꾸었기 때문이다. 그러나 학교 현장의 혼선을 줄인다는 의도와 달리 현장 검토가 심의회 운영을 다시 수행하는 오류를 범하고 말았다. 즉, 편찬 심의회와 달리 현장 검토에서는 교사가 직접 해당 학습자에게 학습 활동을 적용·실험해 봄으로써 집필과 심의 단계에서 간과할 수 있는 '현장 적합성'의 정도를 살펴야 옳다. 하지만 이번 현장 검토는 전국의 초등교사 연구회나 실험학교의 자발적 참여로 교과서를 검토하는 형식을 취함으로써 학습자 적용 과정이 생략되고 교과서 자체를 검토하는 과정만 반복적으로 이뤄지고 말았다. 현장 검토의 과정이 오히려 편찬 심의회의 업무를 다시 수행하는 형식으로 전락하고 말았다.

국정 도서의 교과서 개발 과정에서 장기적으로 검토할 내용은 검정 도서가 갖는 장점을 적절하게 수용하는 태도이다. 예를 들어 편찬 기관을 공모할 때 다수의 경쟁 팀 중 하나를 선정하여 그 기관에 모든 것을 주관하게 하는 방식에서 나아가, 2팀 정도의 복수의 팀을 선정하여 교과서 기획물(교육과정 해석과 단원별 학습 목표와 내용 선정, 학습 활동에 활용하는 국어 자료 선정 내용)을 제출하게 하고, 이를 심의회에 위탁하여 단원 구성과 학습 내용, 활동을 정하는 1단

---

16 이에 대한 자세한 논의는 필자가 다른 논문(교과서 분석 셋째 과제)에서 제시할 예정이다.

계 방식을 거친다. 2단계에서는 교육부에서 주관하여 단원 수, 분량, 전개방식을 확정지은 후 교과서 편찬 작업을 복수 팀에게 부가하여 이를 심의토록 하면 검정 도서가 갖는 장점이 수용될 가능성이 있다.

Ⅲ. 초등 1-2학년군 국어교과서 내용 분석

1. 국어 자료의 내용 분석

 개정 국어교과서 편찬 목표를 교사, 학생, 교과 측면에서 정리하면 다음과 같다. 교사 측면에서는 "학습 내용의 수준과 범위 적정화, 학습 자료 및 제재의 다양한 제시"를 목표로 한다. 학생 측면에서는 "자기 주도적 학습 반영, 적절한 어휘와 표현, 재미와 흥미를 느낄 수 있는 내용"을 구성한다. 교과 측면에서는 "성취기준의 충실한 반영, 국어과 핵심 역량 함양, 각 영역의 균형 있는 학습, 실제 언어생활 반영"[17]을 목표로 삼았다. 이러한 목표를 달성하기 위한 교과서 편찬 작업에서 매우 중요한 위치를 점하고 있는 것이 국어 자료의 선정 문제이다.
 국어 자료(텍스트)는 그 기능에 따라 "메타 텍스트, 자료 텍스트, 활동 텍스트"로 구분할 수 있다. "메타 텍스트는 단원 전체나 자료 혹은 활동에 대해 안내하는 역할을 하는 텍스트"[18]이며, 자료 텍스트는 학습 활동의 대상이 되는 교육용 자료 일체이고 활동 텍스트는 학습활동의 안내나 지시를 하는 텍스트이다. 여기에서 중심이 되는

---
[17] '교과서 편찬의 목표와 방향'에서 발췌함. 교육부, 『초등학교 1-2학년군 국정도서 편찬기관 워크숍』 자료집, 2015, 186쪽.
[18] 이성영, 앞의 논문, 290쪽.

것은 '자료 텍스트'인 국어 자료이다. 이는 문학 텍스트와 비문학 텍스트로 양분할 수 있다. 비문학 텍스트는 설명하는 글, 주장하는 글, 안내하는 글, 알리는 글 등을 총칭한다. 문학 텍스트는 크게 시와 이야기가 있다. 국어과 교육에서 교육목표와 내용을 학습하는 과정에서 학습자는 국어 자료의 이해 과정을 포함한다. 텍스트의 사실적, 추론적, 비판적 이해 과정을 통하여 창의적 사고로 나아간다. 따라서 양질의 국어 교과서가 되기 위해서는 국어 자료의 선정이 적정해야 한다. 여기에서는 시 텍스트의 선정 문제를 중심으로 살펴보겠다.[19]

시 텍스트(자료)의 선정의 적절성을 가늠하기 위해서는 '교육성'과 '문학성'의 실현이 적정한지 살펴볼 필요가 있다. "교육성이란 교육과정에서 제시한 교육목표와 내용을 효과적으로 달성할 수 있는 제재의 성격"을 지칭한다. "문학성이란 제재 자체가 갖고 있는 문학적 수준, 즉, 비평 활동을 통해 검증된 전범(典範)이 될 만한 우수한 작품"[20]으로 간주될만한 성격을 지칭한다. 문학성은 전문가의 비평행위의 결과 우수한 작품으로 평가된 작품으로만 보면 한계가 있다. 교육적 제재로 활용되는 성격을 지니기 때문에 수용자 입장을 고려하지 않으면 안 된다. 아무리 좋은 작품이라 할지라도 교육 수준에 맞지 않거나 예상 독자의 상상과 경험 세계에 일치하지 않는다면 교육 제재로 적절하지 않다.

2학년 교과서에 수록된 시를 보면 대체적으로 학습자의 수준과 흥미에 맞는 작품으로 선정된 것을 확인할 수 있다. 학습자의 수준이란 1학년 과정을 마친 학생으로서 갖출 수 있는 언어 능력이나 학습

---

[19] 이 논문에서는 지면의 한계 문제, 다음 논제와의 관계 측면에서 우선 문학 텍스트 중 시를 중심으로 논의하기로 한다. 시 자료만 논의되지만, 그 이면에는 문학 텍스트 전반의 특성과 연계된다.

[20] 김용재, 「개정 국어교과서에 실린 시 제재 분석」, 『국어문학』 54집, 국어문학회, 2013, 211쪽.

자의 경험과 상상의 세계에 부합하는지의 여부를 판단하는 기준이다. 학습자의 흥미는 "특정한 활동이나 상황(자극)에 마음이 끌려 자발적으로 참여하려는 정서적 상태"[21]를 지칭한다. 이는 대체적으로 "텍스트의 이해하기 쉬움과 사후 해결 가능성과 같은 정보적 요소, 등장인물과의 동일시, 생활 주제, 새로움, 활동 수준과 같은 텍스트의 내용적 요소, 그리고 텍스트의 응집성과 텍스트의 구조와 같은 텍스트의 구조적 요소"[22]가 독자의 흥미를 증가 시킨다.

학습자의 수준과 흥미는 창의력 향상에 도움이 되는 정서적 상태를 유지할 수 있다. 정서적 측면에서의 창의적 사고 역량은 "텍스트의 수용과 생산 과정에서 발현되는 태도, 동기, 열정, 침착성, 자아 효능감, 공감 능력"이나 "텍스트의 소통 과정에 영향을 미치는 과제 환경, 참여자, 가용한 정보와 자료, 상황 맥락, 사회문화적 맥락 등에 대한 민감성"[23]을 총칭한다. 1-2학년군에 적정한 시 자료는 학습자의 언어 수준, 흥미와 정서적 측면의 창의적 사고 유발 여부까지 고려해야 한다. 이러한 면이 필요·충분조건으로 만족할 때 문학성이 뛰어난 우수한 교육 자료라고 할 수 있다.

> 우리 아기는/ 아래 발치에서 코올코올,// 고양이는/ 부뚜막에서 가릉가릉,// 아기 바람이/ 나뭇가지에서 소올소올,// 아저씨 해님이/ 하늘 한가운데서 째앵째앵.[24]

---

[21] 윤준채, 「국어 교과서 제재 흥미에 영향을 주는 요소 탐색과 제재 개발에 주는 함의」, 『한국초등국어교육』 제59집, 한국초등국어교육학회, 2015, 305쪽.
[22] 윤준채, 앞의 논문, 315쪽.
[23] 옥현진 외, 「교과서 심사기준의 평가지표 개발 연구-창의적 사고 역량을 중심으로」, 교육부 한국교과서연구재단, 2016.5, 5쪽.
[24] '/'은 행 구분, '//'은 연 구분을 뜻한다. 앞으로 인용하는 시도 이와 같다.
윤동주의 「봄」, 교과서 2-1학기 '1단원 시를 즐겨요'의 단원 도입부분 게재. 학습활동으로는 단원 학습의 준비 단계이면서 '여러 가지 방법으로 시 읽기' 내용의 학습

인용한 시는 봄날 정취의 한가로움이 잘 드러난 수작이다. 간결한 운율로 '아기', '고양이', '바람', '해님'이 있는 봄의 장면을 잘 드러내고 있다. 바람이 솔솔 부는 따뜻한 봄날, 아기는 엄마 발치 밑에서 잠을 자고, 부뚜막 고양이도 낮잠을 잔다. 평온한 분위기의 어조와 제재로 동원된 시어가 잘 어울린다. 이 시를 통해 학습자는 옛날 시골의 낯선 풍경을 상상하며 따뜻함을 느낄 수 있다. 시적 화자와 동일시하기에는 어려움은 있지만, 정서적 창의력을 자극하는 데는 오히려 효율적이다. '코올코올', '가릉가릉', '소올소올', '째앵째앵'과 같은 의성어, 의태어의 표현은 학습자의 흥미를 자극하는 창조적 언어 조합이라고 생각된다. 시의 문학성도 뛰어나고 학습자에게 적정한 언어 자극을 주는 효과도 있다. 이 시는 학습 내용인 시 속 인물의 마음을 짐작하거나 다양한 방법으로 시를 읽을 수 있는 테제 역할을 할 수 있다.

빗방울들 좀 봐./ 줄 위에 앉지 않고/ 올망졸망/ 전깃줄 밑에/ 거꾸로 매달려 노네[25]

이 시는 1학년 학습자 수준에는 너무 어렵다. 전깃줄 밑에서 거꾸로 매달려 노는 빗방울의 모습을 상상하면서 '흉내 낸 말'을 찾아야 하는데 '올망졸망'을 찾기 어렵고 이 시어를 교사가 쉽게 설명하기에도 어렵다. 오히려 이 단원의 5, 6차시 수업에서 활용하는 「달리기」가 도입 학습에 어울린다. "준비!/ 가슴이 벌렁벌렁// 휘익!// 내 발이

자료이다. 이 단원의 학습 목표는 '인물의 마음을 상상하며 시를 읽을 수 있다.'이다.
[25] 박방희의 「비 피하는 빗방울」 국어 1-2 '1단원 소리와 모습을 따라 해요' 단원 도입 부분 게재함. 단원 학습목표는 '소리와 모습을 나타내는 말을 바르게 읽을 수 있다.'이며 단원 준비학습에서 '동물의 소리 흉내 내기'가 주요 학습내용이다. 이 시를 통해 흉내 낸 말을 찾아야 한다.

다다다다/ 바람이 씽씽// 나도/ 친구도/ 헉헉헉."[26]이라는 시상의 전개는 쉽게 상상할 수 있으면서 시를 처음 접하는 학습자 입장을 고려하면 자기 경험과의 밀착성을 고려해야 한다. 학습자 경험과 유리되어 감상 교육에 방해를 하는 사례는 여러 군데에서 확인된다.

> 내가 좋아하는/ 참외, 토마토, 수박……/ 엄마가 좋아하는/ 고추, 상추, 호박……// 해 잘 들고/ 바람 잘 통하는/ 할머니 댁 마당은/ 시원한 냉장고.// 하루 종일/ 참새가 들락거리고/ 옆집 멍멍이도/ 제집처럼 들락거리는// 시골 할머니 댁 마당은/ 그대로 냉장고,/ 활짝 열어 놓은/ 할머니표 자연 냉장고.[27]

인용한 시는 할머니 댁 마당이 '시원한 냉장고'처럼 여러 채소와 과일이 있다는 것을 재미있게 표현하고 있다. 그곳은 참새나 옆집 강아지도 들락거리는 '자연 냉장고'이다. 하지만, 모든 채소를 보관하는 장치가 냉장고라고 비유하고 있지만 의미소와 일치하지 않는 모순이 있어 혼동하기 쉽다. 즉, '할머니 댁 마당=자연 냉장고'인 이유가 '해 잘 들고, 바람이 잘 통하'기 때문이다. 냉장고의 차가운 이미지와 해와 바람의 따뜻한 이미지가 상충되어 시적 표현에서 실패한 것이라고 할 수 있다. 또한 이 시는 학습내용인 '시를 읽고 생각이나 느낌을 말하기'에도 적절하지 않다. 다양한 의미로 해석될 가능성이 전혀 없고 장면 제시만 전경화 되어 있기 때문이다.

1-2학년 교과서에 실린 시 텍스트는 대체적으로 교육용 정전으로 평가되어도 좋을 정도로 정선되어 있다. 이전의 교과서에 수록된 시보다 학습자 수준이나 문학적 즐거움을 주는 데 가교 역할을 충분히

---

[26] 『국어』 교과서 1-2, 16-17쪽.
[27] 한명순의 「할머니표 냉장고」, 『국어』 교과서 2-2, 12-13쪽.

하고 있다고 판단된다. 이러한 면은 교육성과 문학성을 고려한 편찬자의 자료 선정 안목이 높았기 때문이다. 다만, 입문기 학습자를 대상으로 한다는 한계 때문에 최근의 시 작품이 많고 정형의 운율 운용, 말놀이가 강조된 시어가 많이 보이는 점은 안타깝다. 이러한 한계를 극복하기 위해서는 교육용 시 텍스트를 미리 선정위원회에서 10배 정도의 작품으로 선정하여 윤문하는 기회를 갖는 것이 효과적이다. 초등학교 문학교육은 동시, 동화 작품을 위주로 싣고 있는 바, 교육계와 학계 문학단체가 연합하여 가칭 '초등 교육용 문학텍스트 선정위원회'를 조직 운영하는 방안을 찾아야 한다. 이 위원회에서는 교육과정의 개정과 관계없이 다수의 작품을 학년군별로 교육용 정전을 선정하여 발표하는 책무를 맡는다. 이렇게 되면 교육 텍스트 선정 시 다수의 작품을 대상으로 '제재 선정의 유의 사항'만 확정하여 교육적으로 활용할 수 있다고 본다.

2. 초기 문자학습의 방법

'기초 문식성'을 강조한 교과서는 개정 국어 교과서의 편찬 방향의 주요 특징이다. 이번 개정 교과서에서는 문자 해득과 글씨 쓰기, 한글을 활용하는 기초 이해 능력과 표현력을 길러주는 초기 문자 학습 지도를 이전보다 강조하였다. 현행 교육에서는 초기 문자지도 시간을 20여 시간 할애하고 있는데, 이번 교과서에서는 62시간을 배정하여 편찬하였다. 이러한 배경에는 학습과 일상생활에서 문자 사용능력이 매우 중요하기 때문이다. 입문기 학생은 "기초 문식성을 갖추어야 주도적 학습이 가능해지고 학습의 효율성이 높아지게" 된다. 뿐만 아니라 생활 속에서도 "최소한의 읽기와 쓰기 능력"[28]이 있어야

---

28 교육부, 『국어 1-1』〈교사용 지도서〉, 2016, 367쪽.

의사소통이 확대될 수 있다.

  교육 현장에서 문자 해득을 위한 교육은 주로 암기와 반복 연습으로 진행된다. 읽기의 기본인 한글 해득에 있어서는 '발음 중심' 학습과 '의미 중심' 학습을 번갈아 사용한다. 다시 말하면 "의미중심 접근법[29]에서 시작해 발음 중심접근법[30]으로 지도하고, 다시 의미 중심 접근법을 진행하는 방식"을 택한다. 교과서 구성에 있어서 학습 내용의 배치는 "낱말식 → 자모식 → 음절식 → 문장식"[31]으로 구성하였다. 이번 교과서에서는 누리과정에서 한글을 깨치지 않았다는 전제 하[32]에 한글 해득과 문자 습득 교육을 강조하였다. 그만큼 새로운 학습방법의 창출이 중요한 과제로 떠올랐고, 교과서 구성도 한글 해득과 문자 습득, 글씨 쓰기내용을 효율적으로 배치해야 하는 책무도 있다. 단순히 시간만 늘인다고 해결되는 것이 아니기 때문이다.

  기초 문식성의 학습에서 초기 학습이 어떠한 방식으로 진행되고

---

[29] 의미중심 접근법은 "낱말이나 문장을 읽고 쓰면서 글자와 낱자를 분석적으로 접근해 한글을 익히는 방법"다. 학생들이 자주 쓰는 "익숙한 낱말이나 문장을 읽고 소리와 글자의 관계를 인식해 음절 글자를 확인하고 자음자와 모음자를 익히는 방법"이다.(같은 책, 368쪽.)

[30] 발음중심 접근법은 "한글을 낱자부터 익혀서 글자, 낱말로 확대해 익히는 방법"이다. "한글의 음소와 자음자와 모음자를 연합시켜 알게 하고, 음절을 이루는 글자를 만들고, 낱말을 이루는 글자를 익히는" 방법이다.(같은 책, 368쪽.)

[31] 같은 책, 368-369쪽.

[32] 누리 교육과정에서는 실제적으로 한글 해득과 문자 습득, 글씨 쓰기 교육이 이루어지지 않는다. 반면에 유치원 교육 현장에서는 이를 무시하고 학부모의 요구라는 현실적 입장을 내세워 한글 교육을 실시하는 사례가 많다. 초등학교 입학 전에 문자 해득이 된 학생이 있다는 이유로 공교육에서 이를 가볍게 처리하는 것은 옳지 않다. 기초 문식성은 생활이나 학습의 기반이 되므로 한 명의 예외자가 없게 교육해야 된다는 정신을 가져야 한다. 이러한 의미에서 기초 문식성을 강조한 현 교과서의 편찬방향은 옳다고 본다. 초등학교 1학년 학생 중 이미 한글 해득과 글자 쓰기가 가능한 학생에 대한 학습 소외현상이나 학습자간의 편차가 심한 교육현실을 어떻게 극복하여 학습 환경을 조성해야 하는지 그 구체적 접근 방안은 개별 교사에게 위임할 필요가 있다.

있는지 살펴보기 위해 62시수 중 30시간 분량의 학습 내용을 정리하면 다음 표33과 같다.

교과서	단원명	학습 목표	차시 학습 내용	교육용 어휘	비고
1-1 국어	1. 바른 자세로 읽고 쓰기	바른 자세로 낱말을 읽고 쓸 수 있다.	바른 자세 익히기 바르게 읽는 자세 익히기 소리 내어 낱말 따라 읽기 바르게 쓰는 자세 낱말을 따라 쓰기	나, 너, 우리, 친구, 선생님, 아버지, 어머니, 아기, 나, 우리 가족, 거미, 나무, 참새, 나비, 구두, 지우개, 모자, 바지, 바구니, 선생님, 친구, 사자, 토끼, 여우, 타조, 하마	
국어 활동				다리, 기차, 바다, 거미, 나무, 바구니, 연필, 지우개, 가위, 색종이	
1-1 국어	2. 재미있게 ㄱㄴㄷ	자음자를 안다	자음자의 모양 알기 자음자의 이름 알기 자음자를 읽기 자음자 쓰기 '자음자 놀이' 하기	자음자 이름('기역'에서 '히읗'까지 14개) 자, 차, 가, 카, 라, 사, 가지, 나무딸기, 도토리, 레몬, 모과, 복숭아, 사과, 앵두, 자두, 참외, 콩, 토마토, 포도, 호박 모자, 저고리, 바지, 치마, 호수, 주머니, 고라니, 오리	어휘 중 자음자를 찾는 학습임.
국어 활동				가루, 고구마, 누나, 바나나, 다리미, 두더지, 노래, 머리, 매미, 무지개, 바지, 부채, 소나기, 시계, 아기, 이야기, 자라, 조개, 초, 치약, 카메라, 코끼리,	

---

33 초등학교 『국어 1-1(가)』, 『국어활동 1-1』, 2017발간 예정 교과서에서 발췌함.

1-1 국어	3. 다함께 아야어여	모음자를 안다	모음자의 모양 알기 모음자 이름 알기 모음자 찾기 모음자 읽기 모음자 쓰기 '모음자 놀이' 하기	타조, 토끼, 파도, 피아노, 하마, 호랑이 아, 야, 어, 여, 오, 요, 우, 유, 으, 이 무, 파, 오이, 가지, 도라지, 고구마, 가지, 고구마, 도라지, 파, 하마, 소고, 바나나, 포도, 기차, 너구리, 구름, 오소리, 오리, 사자, 여우,	단어 교육에 목적이 있지 않고 어휘 속의 모음자 찾고 이름 아는 것에 초점을 맞춤.
국어 활동				기도, 여자, 주사, 모음자 이름	

위의 표에서 볼 수 있듯이 한글 해득과정의 입문 과정은 의미 중심 접근법에서 발음 중심 접근법으로 진행된다. 이후 차시에서는 다시 의미 중심 접근법을 활용하다가 발음 중심 학습을 한다.[34] 이러한 교과서의 학습내용과 활동의 배치 방식에 대한 논점은 크게 두 가지로 제안할 수 있다. 하나는 한글교육의 효율성 측면에서 본 학습 활동의 적정성 문제, 다른 하나는 문자 습득에서 필수적으로 알아야 하는 자모 교육의 적절성 문제이다.

우선 문자 습득을 위해 학습 활동을 바른 자세로 듣고 읽기로 시작하여 의미 중심 접근법으로 글자에 대한 친숙성을 제고한 다음, 발음 중심 학습법으로 자음과 모음을 알게 하는 학습 순서는 매우 적절하다고 본다. 다만, 문제가 될 수 있는 부분은 학습 내용에서 자음을 먼저 공부하고 모음을 뒤에 익히는 것이 타당한지는 여러모로 재고할 필요가 있다. 또한 자음을 학습할 때 자음자 이름을 익혀서 차차 자음의 역할을 알게 하는 활동 방식이 타당한지 점검해야 한다.

---

[34] 단원명을 보면 이를 알 수 있다. "4단원 글자를 만들어요, 5단원 다정하게 인사해요, 6단원 받침이 있는 글자"로 진행된다.

자음과 모음 중 어느 부분을 먼저 학습해야 옳은지는 원리를 중심으로 하느냐, 아니면 글자 모양이나 글자 쓰기의 순서를 중시하느냐의 선택의 문제이다. 한글은 표음 문자로 입모양을 결정하는 주요 인자는 모음이다. 또한 훈민정음의 창제 원리나 전자 매체의 한글 입력 방식을 생각하면 모음이 중심체로 기능하고 있다. 따라서 모음을 먼저 학습하는 편이 한글 입문 학습자에게 문자에 대한 흥미를 유발하는 데 도움을 줄 수 있다. 반면에 의미 중심으로 문자에 친숙성을 보인 다음 자음과 모음을 학습한다는 측면에서 보면 당연히 자음을 먼저 학습하는 편이 낫다. 이번 교과서에서도 여러 논의 끝에 자음을 먼저 학습하는 예전 방식으로 돌아가고 말았지만, 이에 대한 국어학계의 심도 있는 논의가 필요하다.

교과서 2단원에서부터 시작하는 자음 교육에서 자음자 이름을 노출하여 암기하는 방식은 재고할 필요가 있다. 소릿값을 인지하고 글자의 낱자를 완성해 나가는 형식으로 교육해야 효율적이다. 예를 들어 'ㄱ, ㄴ, ㄷ, ㄹ'을 '기역, 니은, 디귿, 리을'과 같은 자음자 이름을 암기하도록 유도하는 것보다 '[g], [n], [d], [r]'처럼 발음을 대입시키는 방식이 쉽게 문자에 친숙하게 하는 방식이 된다. 그리하여 소리를 내어 '[g]=ㄱ'와 '[a]=ㅏ'가 조합하여 '[ga]=가'로 된다는 방식으로 습득하면 훨씬 쉽게 접근이 될 뿐만 아니라 한글의 표음문자 성격을 반영하는 교육 방법이 된다. 이러한 방식으로 활동하는 것이 올바른 발음 중심 접근법이다.

또한 자음과 모음 교육 방법에서 학습 활동의 적절성 문제를 생각해 볼 필요가 있다. 모음자 교육에서 3단원에서 제시된 것처럼 'ㅏ, ㅑ, ㅓ, ㅕ, ㅗ, ㅛ, ㅜ, ㅠ, ㅡ, ㅣ'를 암기하는 방식을 택하고 있다. 이는 모음자를 쉽게 외울 수 있는 장점은 있지만, 모음자 교육의 기본이 되는 단모음을 생략하는 오류를 범하기 쉽다. 즉, 한글의 단모음 중 'ㅐ, ㅔ, ㅚ' 습득이 이뤄지지 않는 단점이 생긴다. 단모음 습득이 이뤄진 후 복모음(이중모음)의 활용으로 이어지는 학습 전개로 개선하는 방안도 생각해야 한다. 기본자인 'ㅏ, ㅔ, ㅣ, ㅗ, ㅜ'를 익히고 이어서 'ㅏ, ㅔ, ㅐ, ㅗ, ㅜ, ㅚ, ㅣ' 과정을 거친 후, 교과서에 제시된 것처럼 'ㅏ, ㅑ, ㅓ, ㅕ, ㅗ, ㅛ, ㅜ, ㅠ, ㅡ, ㅣ'를 습득하는 편이 낫다. 이는 모음자 제자 원리를 간접적으로 습득하는 효과도 있고, 기본 단모음을 완벽하게 익힐 수 있는 방법이다.

Ⅳ. 결론

2015교육과정에 의거한 초등학교 1-2학년군 교과서가 내년부터 현장에 적용된다. 국정 공모 형식을 통해 국정도서로 발간되는 초등학교 국어 교과서는 양질의 우수한 교과서를 보급하기 위해 각계의 노력이 있었다. 이제는 초등교육 현장에서 학습자에게 흥미를 불러일으키는 매개체로서 기능하면서 교사의 교과서 재구성 능력으로 알찬 교육 내용을 제공해야 하는 책무만 남았다. 교과서의 점검은 교육 내용과 목표의 효율적 달성을 위한 사전 작업인 동시에 차기 교과서 편찬에 시사점을 찾는 작업이기도 하다. 논의 내용을 요약하면 다음과 같다.

우선 국정 도서의 개발과정을 검토하여 보완해야 할 점과 앞으로의 과제를 제안하였다. 보완해야 할 점은 개발 인력의 효율적 배치이다. 연구·집필진과 심의진의 역할 분담 문제, 현장 검토와 내용 전문가 검토 등의 내실 있는 운영이 필요하다. 다수의 의견 수렴과 횟수가 많은 심의·검토가 좋은 교과서를 편찬하는 필수 조건은 아니다. 오히려 집필의 기획과 새로운 학습활동의 구성을 장려하는 심의와 검토 인력을 활용하는 방안을 찾아야 한다.

한편 이번 현장검토는 실패한 사례로 반성해야 한다. 교과서를 직접 교사·학습자의 학습활동에 투입해 보고, 심의 단계에서 간과한 사례를 찾아야 하는데, 오히려 심의의 과정을 반복한 셈이 되고 말았다. 또한 앞으로는 기획과 집필에서 집필 단계를 두 팀으로 나누어 텍스트 선정 팀과 교육활동 구성 팀을 운영하여 새로운 교수-학습 과정을 구성하는 데 일조할 필요가 있다.

국어 자료는 편찬 목표와 방향을 실현하는 구체적 학습용 텍스트이다. 적정한 국어 자료의 제시는 국어능력 신장에 도움을 주는 대상언어인 동시에 목표 언어이기도 하다. 국어 자료 중 문학 텍스트는 '교육성'과 '문학성'의 가늠자를 대어 점검해야 한다. 교육 제재인 경우, 문학적으로 우수한 작품을 대상으로 하면서 동시에 학습 목표와 내용을 학습하는 데 적정한 수준의 것이어야 한다. 이번 교과서에서는 대체적으로 학습자의 흥미를 유발하고 창의적 사고력을 신장하는 데 도움을 주는 다수의 텍스트가 선정된 점이 주목된다. 이전 교과서에 비해 제재 선정이 잘 된 편이다. 아직도 일부 자료에서는 정형의 운율이 부각되고 말놀이가 부각된 작품이 보이는 한계도 있었다. 이러한 점을 극복하기 위해서는 상시적으로 학습자에게 적정한 교육용 정전을 개발하는 시도가 필요하다.

이번 교과서에서는 생활과 학습에서 갖추어야 할 최소한의 읽기 쓰기 능력을 길러야 한다는 취지에서 '기초문식성' 교육이 강조되었다. 대폭 시수를 늘려 교과서에 반영한 것은 누리과정의 정상화 측면에서도 당연하다고 본다. 다만, 구체적인 교육방법과 활동 면에서 반성할 사안이 있다. 첫째는 자음자 교육에서 자음자 이름을 알고 글자를 알게 하는 방식은 오류이다. 진정한 발음중심 학습법이 되기 위해서는 음가를 인지하게 하고 글자를 조합하는 방식을 택해야 옳다. 둘째, 모음자 교육에서는 예전 방식을 그대로 유지하고 있는 바, 이러한 기존 암기 위주의 모음자 인지하기는 주요 단모음인 'ㅐ, ㅔ, ㅚ' 학습이 늦어지는 단점이 있다. 단모음으로부터 시작하여 이중모음을 습득하는 학습, 모음자 특성에 입각한 교육 방법을 생각할 필요가 있다.

개정 교과서의 분석과 검토 작업은 이제 시작이다. 이 논문에서 검토했던 작업을 토대로 하여 살펴야 할 과제가 있다. 첫째는 교과서 개발에서 필연적인 점검 사항인 텍스트의 선정과 조직에 관한 문제이다. 초등 교육에서는 학습자 수준에 따라 원문의 변형이 이뤄질 수밖에 없으므로 텍스트 선정의 타당성을 점검한 후, 이 텍스트의 재구성과 조직의 원리를 탐색해야 한다. 둘째는 교육과정을 구체적으로 실현하는 교과서에서 필연적으로 제시되는 학습 내용과 활동의 적정성을 분석하는 일이다. 이를 위해서는 학습활동 구성 원리와 함께 학습자의 언어활동의 관계도 정치하게 분석해야 한다. 이에 대하여는 다음 논문으로 미룬다.

참고문헌

교육부, 『2015 개정 교육과정 초등학교 1-2학년군 교과용도서 연수 교재』, 2016.12.

교육부, 『국어』/『국어활동』/『국어과 교사용 지도서』, 미래엔, 2017(예정)

교육부, 『2015 개정 교육과정에 따른 초등학교 1-2학년군 국정도서 편찬기관 워크숍』, 한국교원대학교 종합교육연수원, 2015.11.

김덕근, 「교과서 정책 국제 비교 연구」, 『교육행정학연구』 제30권 제1호, 2012.

김영부·이경화, 「국어과 핵심 역량 기반 주제 중심 통합 단원 개발 방향: 초등학교 저학년 국어 교과서 개발을 중심으로」, 『학습자중심교과교육연구』 제15권 제9호, 2015.

김용재, 「개정 국어교과서에 실린 시 제재 분석」, 『국어문학』 54집, 국어문학회, 2013.

박소영·김혜숙·남창우·윤지훈·이동엽, 「자기 주도적 학습 지원 교과서 일반 모형 개발」, 한국교육과정 평가원, 연구보고 CRT 2013-5, 2013.

박영목, 「검정 도서로서의 국어 교과서 개선 방향」, 『국어교육학연구』 27집, 국어교육학회, 2006.

박진용, 「국어 교과서 정책의 현황과 과제」, 『국어교육학연구』 제42집, 국어교육학회, 2011.

서 혁, 「제7차 초등학교 국어과 교과서에 대한 비판적 고찰: 1-2학년 실험용 교과서를 중심으로」, 『한국초등국어교육』 제16집, 한국초등국어교육학회, 1998.

서지영·김혜숙·백경선·가은아, 「국정과제 이행을 위한 오등 1-2학년군 교과용 도서 개선 방안 연구」, 한국교육과정평가원, 연구보고 CRT2014-1, 2014.

신헌재 외, 『초등학교 국어 교과서 개발 과정과 전망』, 미래엔, 2014.

_____ 외, 『초등학교 국어 교과서 개발 과정과 전망』, 미래엔, 2011.

신헌재·곽춘옥·권혁준,『2009 개정 교육과정에 따른 초등학교 국어 교과서 개발과정과 전망』, 미래앤, 2014.

옥현진 외,「교과서 심사기준의 평가지표 개발 연구-창의적 사고 역량을 중심으로」, 교육부 한국교과서연구재단, 2016.5.

이경화,「초등 교사의 국어 교과서 이해 양상: 1-2학년을 중심으로」,『한국초등국어교육』제43집, 한국초등국어교육학회, 2010.

이성영,「국어 교과서를 구성하는 텍스트들의 유형」,『한국초등국어교육』제32집, 한국초등국어교육학회, 2006.

이재승,「초등학교 국어 교과서 개발 시스템의 정교화 방안」,『초등교육연구』제26권 제4호, 서울교육대학교 초등교육연구소, 2015.

이주섭,「국어 교과서 현장적합성 연구학교의 의견과 교과서 반영 양상」,『한국초등국어교육』제57집, 한국초등국어교육학회, 2015.

이주섭·전제용·김병수·최규홍,「외국 초등국어과 교과서의 특징과 시사점」,『학습자중심교과교육연구』제6권 제2호, 2006.

최현섭 외,『국어교육학개론』, 삼지원, 1996.

개정 국어교과서에 실린 시 제재 분석

I. 서론

　교과서는 학교 교육에서 중심이 되는 학생용의 주된 교재로써 성전(聖典)으로 취급될 정도로 그 교육적 파급력은 대단하다. 최근 국어과 교과서 개발이 한창이다. 2009년 국어과 개정 교육과정에 따라 개발되고 있는 국어과 교과서는 2013년부터 1, 2학년부터 연차적으로 현장 교육에 적용될 예정이다. 현재 2007년 개정 교육과정 적용의 교과서가 사용되고 있는데, 교과서 개정을 통하여 좀 더 교육효과를 높일 수 있는 양질의 교과서를 보급하기 위해 노력하고 있는 중이다. 따라서 이 논문에서는 2009년 개정 교육과정 적용의 교과서 개발에 도움을 주고자 시 교육에 초점을 맞춰 현행 교과서 시 제재의 특성과 성격을 분석하는 데 목적을 두고자 한다. 시는 비유와 상징, 운율 등이 복합적으로 작용하여 상상력의 세계를 보여주는 서정 장르이다. 시에 작용되는 언어는 함축적이고 내포적이며 서정적 자아의 인식이 시어로 구체화되면서 주제를 전달하고 있기 때문에 초등학교 문학교육에서 중심 제재로 활용되고 있다.
　문학이 인간의 삶을 총체적으로 반영하고 있는 예술적 표현 전반이라고 한다면, 문학교육은 문학적 상상력과 감수성을 기름으로써 가치 있는 삶을 영위케 하려는 의도적인 행동 양식이라고 할 수 있다. 그래서 문학교육은 상상력에 대한 교육적 이해, 총체적 체험으로서의 교육, 또는 문학적 문화의 고양을 위한 문학적 가치 추구의 면으로 그 위상을 정립코자 하였다.[1] 이를 전제로 할 때 일반적으로 문학교육자들이 봉착하는 문제는 문학 텍스트의 선정과 교육 방법이다. 먼저 문학텍스트의 선정은 정전(canon) 논의, 또는 교육 목표에 맞는 적절한 자료의 선택과 정리에 연관되며, 이는 수용자의 계층과 의식에 따라 조정된다. 또한 문학교육 방법은 문학텍스트와 수용자 사이의 인지적·정의적 상호 작용을 전제로 여러모로 구체화할 수 있다.[2]

초등학교 문학교육의 경우, 지식, 수용과 생산, 태도의 내용 체계를 갖추고 다양한 문학 갈래를 실제로 접하면서 문학의 교육 목표를 달성하고자 하였다.[3] 이러한 성취 기준을 달성하고자 할 때, 문학 텍스트의 선정은 교과서 개발 과정에서 기초를 이루는 활동이다. 또한 교육 방법은 교수-학습 활동을 체계화한 구체적인 학습 과제 제시로 교과서에 드러난다. 시 교육의 경우에서도 마찬가지이다. 시 텍스트의 선정과 교육 방법은 시 교육 목표의 효과적인 달성을 위한 구체

---

[1] 구인환 외, 『문학교육론』, 삼지원, 2012, 42-82쪽 논의 참고.

[2] 김용재, 「소설작품 감상능력 신장 방법」, 우한용 외, 『소설교육론』, 평민사, 1993, 147-151쪽 논의 참고.

[3] 초등학교 문학교육과정에서 제시한 학년군별 영역 성취기준은 다음과 같다. 1-2학년군은 '발상과 표현이 재미있는 작품을 다양하게 접하면서 문학이 주는 즐거움을 경험하고, 일상생활의 경험을 문학적으로 표현한다.' 3-4학년군은 '문학의 구성 요소가 잘 드러나는 작품을 대상으로 하여 그 구성 요소에 초점을 맞추어 문학 작품을 자신의 말로 해석하고, 해석한 내용을 다양한 방식으로 표현한다.' 5-6학년군은 '문학 작품에 대한 해석의 근거를 찾아 구체화하고, 작품의 일부나 전체를 재구성하는 활동을 통해 작품 수용과 표현의 수준을 높인다.'(2009년 개정 국어과 교육과정 중 문학 영역의 내용 성취기준에서 발췌함.)

적인 교육 활동이다. 따라서 교과서를 구성할 때, 텍스트와 교육과정이라는 두 측면을 고려할 수밖에 없다.

이 논문의 목적을 달성하기 위해 먼저 현행 교과서에 나타난 시 텍스트 교재의 적절성을 점검할 필요가 있다. 적절성을 찾는 기준은 교육활동이나 교육내용을 성취하기에 적정한 텍스트를 선정했느냐의 문제와 시 제재 자체가 갖고 있는 문학적 수준을 점검하는 문제로 접근해야 한다. 전자의 문제는 '교육성'이라는 용어로 단순화 할 수 있는 바, 교육내용이나 교육활동과 긴밀한 연계성을 이른다. 후자의 문제는 시의 내용과 형식을 분석 평가하여 문학적 수준을 평가하는 것을 말한다. 논의 순서는 다음과 같다. 먼저 Ⅱ장에서 시 제재의 적절성을 평가하는 기준이 교육성과 문학성에 바탕을 두어야 하는 이유를 논의한 다음, Ⅲ장에서 2007년 개정 교육과정에 입각한 5-6학년 국어과 교과서에 실린 시 제재를 Ⅱ장에서 입론한 기준에 따라 분석 평가한다. 이러한 분석에 입각하여 앞으로 국어과 교과서에서 어떻게 적용해야 하는지 Ⅳ장에서 제언을 하고자 한다.

Ⅱ. 문학 제재 선정의 평가 기준-'교육성'과 '문학성'

국어과 교육에서 문학교육의 목표를 효율적으로 달성하기 위해서는 교육 활동에 적합한 교과서 개발이 우선적 과제로 떠오른다. 교과서는 교육자료 중 교사와 학생 간 소통의 중심적인 매개 역할을 하고 있어서 매우 중요한 교육인자이다. 문학 영역의 교육내용과 목표를 달성하기 위한 교과서를 개발할 때, 집필진은 적절한 제재 선정을 하는 데 혼신의 힘을 다한다. 왜냐하면, 문학텍스트 자체가 갖는 교육적, 문학적 파급력 때문이다.

문학텍스트의 교육적 파급력은 교수-학습 현장에서 중심 제재로 삼는 데서부터 찾을 수 있다. 교육과정에 명시된 교육내용과 목표를 구체적으로 달성하기 위해서 텍스트를 선정하고 그에 대한 이해와 감상, 창작 활동을 구체화한다. 이때 수용자인 학습자는 한 편의 시 텍스트를 수용하면서 문학 능력을 기르는 과정을 겪는다. 시 제재는 학습자에게 시의 장르적 성격이나 특징, 시의 표현방식과 주제, 시의 창작을 학습하는 중요한 매개체가 된다. 교과서에 실린 한 편의 시는 그 자체로써 교육적 파급력을 지니고 있어서 학습자에게 시론의 습득이 아닌 작품을 통한 이론의 내면화, 문학적 감수성을 기르는 역할도 한다.

교과서에 실린 문학제재가 갖는 문학적 파급력도 간과할 수 없다. 교과서 시 제재는 평생 독자로서의 학습자가 독서체험을 갖는 일차적 자료이다. 시를 처음 접한 경험이 대체적으로 학교에서 이뤄지며, 이때 형성된 시에 대한 인식이 차후 독서에도 영향을 미친다. 그러기에 학습자와 시의 교호작용은 평생 독자의 문학 문화 실천의 주체로 나아가고 있는 입문 과정이라고 볼 수 있다. 또한 이러한 작용태가 시창작관에도 영향을 주어 시의 표현 형식과 주제 의식의 변화를 가져오는 바탕이 되기도 한다. 마치 시 교육과 시 연구가 상호 견제와 협력 체제를 이뤄가면서 문학 세계를 확충하는 것과 같은 원리이다.

시 제재는 "언어적 형상성과 구체적 체험성, 비판적 현실성"의 요소를 두루 갖춘 문학 장르라는 점에서 풍요롭고 체계적이다. 또한 가치를 내면화하고 자유로운 상상력과 창의성을 신장시켜 사고력 향상에 다양하고도 심층적으로 기여할 수 있다.[4] 이러한 전제에서 시 제재를 어떤 기준에 의해 선정하여 의도적 학습 활동으로 교육하는

---

[4] 김대행, 「사고력을 위한 문학교육의 설계」, 『국어교육연구』 5집, 1998, 5-28쪽 논의 참고. 이러한 관점은 결국 문학을 통한 성장이라는 인간화 교육의 보편적 원리를 실천하는 방향으로 초점화된다.(김대행, 「인간교육과 문학교육」, 『선청어문』 32집, 2004, 36쪽)

것이 옳을까. 이에 대한 해답은 쉽지 않다. 다만, 현재 교육과정에서 강조하고 있는 바와 같이 "문학의 수용과 창작 활동을 통하여 문학 능력을 길러, 자아를 실현하고 문학 문화 발전에 능동적으로 참여하는 바람직한 인간"5을 지향하여 나아가야 한다. 문학지식을 습득하고 문학능력을 길러 작품을 올바로 해석하고 새로운 의미를 창조하는 데 집중해야 한다.

시 해석 과정에서 대체적으로 시론이 시의 감상과 평가 기준을 삼는 잣대가 되는 바, 객관적이고 과학적인 분석이 자칫 문학적 향유를 방해하는 걸림돌로 지적이 되곤 한다. 문학교육에서 수용자의 '내면화'를 강조하는 이유가 바로 여기에 있다. 시론과 작품의 관계를 기능적으로 연결해 보거나, 장르적 성격을 이론으로 제시하고 작품에서 이를 확인해 보려는 교육방식이 문학교육의 목표를 달성하는 데 적정한 방향이 아니라는 점은 이미 많이 논의된 바이다. 문학교육이 궁극적 목적은 "개인의 사고력을 확충시키는 동시에, 공동체의 일원으로서 자아를 정립하는 일"6로 요약된다.

이러한 문학교육의 방향성을 바르게 실천하기 위한 교육 활동에서는 교과서가 제공하는 양질의 제재가 매우 중요하다. '양질'이란 좋은 작품이면서 교육에 효율적으로 활용될만한 가치가 있음을 말한다. 이러한 조건을 만족시키는지 평가하는 기준은 앞에서 지적한 교육제재의 교육적, 문학적 파급력을 고려하여 양 측면의 타당성을 점검하는 방법이 있다. 이를 '교육성'과 '문학성'으로 요약하여 명명할

---

5 이와 관련된 구체적 교육 내용은 네 가지로 제시되어 있다. ㉠작품을 인식적, 미적, 윤리적 측면에서 이해하고 감상한다. ㉡작품 이해와 감상의 결과를 비판적, 창의적으로 수용한다. ㉢작품에서 다룬 가치를 자신의 삶과 연관지어 내면화한다. ㉣작품을 수용자의 처지에서 비판적, 창조적으로 재구성한다.

6 박윤우, 「중등과정 시 교육의 현황과 개선 방향 연구」, 『문학교육학』 제18호, 2005.12, 84쪽.

수 있다.

  교육성이란 교육과정에서 제시한 교육목표와 내용을 효과적으로 달성할 수 있는 제재의 성격을 지칭한다. 문학성이란 제재 자체가 갖고 있는 문학적 수준, 즉, 비평 활동을 통해 검증된 전범이 될 만한 우수한 작품이라는 의미가 내재하고 있다. 이때 중요한 것은 수용자 입장에서의 문학성을 간과해서는 안 된다. 아무리 좋은 작품이라 할지라도 교육제재로 활용되기 때문에 문학적 수준을 점검하는 과정에서도 예상 독자를 고려하여 평가해야 마땅하다.

Ⅲ. 시 제재의 적정성 분석

  초등학교 국어교과서 5, 6학년용에 나타난 시 교육제재의 적정성을 분석하기 위해서는 몇 가지 전제가 필요하다. 첫째, 교육성과 문학성의 연계성을 파악하여 이를 평가함에 있어 수용자의 입장을 고려한다. 특히, 시 제재 자체가 갖는 문학적 수준을 가늠하는 일은 독자가 초등학교 고학년임을 전제하고 평가해야 한다. 시의 수용은 학습자의 경험으로 이뤄지기 때문에, 그들의 입장에서 시어 선택과 시적 표현, 주제 등이 어떻게 긴밀하게 짜여 있는지 점검하고, 교육과정에서 제시한 학습내용을 수행하는 데 적절한지 분석할 필요가 있다. 둘째, 예상되는 교육활동7을 전제로 평가할 필요가 있다. 수용자

---

  7 5, 6학년 읽기 교과서의 차시 학습과제를 제시하면 다음과 같다. 〈5-1〉 1단원 1.시에서 인상적인 부분에 대하여 알아봅시다. 2.인상적인 부분을 생각하며 시를 읽어봅시다. 3.시를 읽고 인상적인 부분을 찾아 그 까닭을 말하여 봅시다. 〈5-1〉 7단원 1.시에 대한 생각이나 느낌이 서로 다른 까닭이 무엇인지 알아봅시다. 2.시를 읽고, 시에 대한 생각이나 느낌을 이야기하여 봅시다. 3.시를 읽고, 시에 대한 생각이나 느낌을 서로 비교하여봅시다. 〈5-2〉 1단원 1.시에서 인상적인 부분의 효과를 알아봅시다. 2~3. 인상적인 부분의 효과를 생각하며 시를 읽어 봅시다. 〈5-2〉 7단원 1.시에 대

개인마다 시 감상의 태도가 다를 수 있지만, 교육활동을 통하여 일반적으로 집중하게 되는 언어현상과 맥락 등을 고려하여 시를 평가해야 교육적 타당성을 찾는 데 도움이 된다. 셋째, 초등학교 1-4학년 과정을 통하여 보여준 문학경험을 전제할 필요가 있다. 이는 문학 능력의 발달이 어떠한 과정을 통하여 이뤄지고 있는지 알고, 그에 입각하여 시에서 보이는 인식, 가치, 표현, 주제 등을 살펴야 제재 선정의 적절성을 점검하는 데 도움이 된다.

이 장에서는 현행 5, 6학년 교과서에 실린 시 제재로 한정하여 텍스트 선정의 적절성을 점검하고자 한다. 그 까닭은 시의성과 완결성 때문이다. 현재 학교교육에서 활용되고 있는 교과서는 2007개정 교육과정에 따른 교과서이나, 2009개정 교육과정에 맞춰 새 교과서 개발이 진행되고 있다. 현재 1-4학년까지 개발이 끝나고 올해는 5-6학년 교과서가 집필되고 있는 중이다. 또한 완결성을 내세운 이유는 초등학생들이 읽는 동시는 대체적으로 저·중학년에서는 형식미나 언어의 즐거움을 내세우는 경향이 많아 좀 더 절제되고 시적 완결성을 보이는 작품이 드물다. 고학년을 위한 시 제재는 이러한 한계를 어느 정도 극복한 시가 학습자에게 제공된다는 점을 고려하였다.

초등학교 시 교육은 읽기 교육 영역에서 구체화되는 바, 이에 대한 교육내용은 넓게는 시의 이해와 감상이지만, 좁게는 세 영역으로 구분할 수 있다. 그 내용은 첫째, 시를 읽고 인상적인 부분을 찾기, 둘째, 시의 특성 알기와 감상의 실제, 셋째, 비유적 표현을 찾고 그

한 생각이나 느낌을 다른 사람과 비교하면 어떤 점이 좋은지 알아봅시다. 2.시를 읽고 시에 대한 생각이나 느낌을 서로 비교하여 봅시다. 3.시를 읽고 인상적으로 느낀 부분을 다른 사람과 비교하여 봅시다. 〈6-1〉 1단원 1~2. 시의 특성을 생각하며 작품을 읽어 봅시다. 〈6-1〉 7단원 1.시를 읽고 비유적 표현을 알아봅시다. 2.비유적 표현의 특성을 알아봅시다. 3.비유적 표현의 특성을 생각하며 시를 읽어 봅시다. 〈6-2〉 1단원 1.시를 읽고 인물의 갈등을 알아봅시다. 〈6-2〉 7단원 1.좋아하는 시를 소개하고 그 까닭을 말하여 봅시다.

효과에 대해 알아보기로 나눌 수 있다.

1. 인상적인 부분 찾기 활동의 의미

초등학교 읽기 교과서 5학년에서는 시에서 인상적인 부분을 찾는 활동을 많이 한다. 해당 단원은 5학년 1학기 1단원과 5학년 2학기 1단원이다.[8] 여기에서 '인상적인'이란 의미의 폭은 매우 주관적이어서 학습자의 활동이 어디에 초점을 두어야 하는지 어렵다. 단지 교과서 전개과정을 보면 "새롭게 비유한 표현"을 찾기, "시를 낭송하며 운율이 느껴지는 부분"을 찾기, "재미있게 표현한 부분"을 찾는 활동으로 한정 된다.[9]

먼 산에/ 꽃비/ 비그르르 돌아//
마을에/ 내려서/ 살구꽃 된다.//
살구꽃/ 환한 마을을/ 비그르르 돌아/ 뜨락에/ 내려서/ 나비가 된다.//
먼 산에 꽃비/ 내 눈 속에 꽃비.(김사림, '꽃비', 〈5-1〉 1단원)[10]

인용한 시는 살구꽃잎이 산에서 내려와 마을을 휘감는 정겨운 봄 풍경을 표현하고 있다. 떨어지는 꽃잎을 꽃비로 비유하여 운율 감을

---

[8] 단원의 학습목표는 다음과 같다. 5-1 1단원은 "시나 이야기를 읽으며 인상적인 부분을 찾을 수 있다."이며, 5-2 1단원은 "인상적인 부분의 효과를 생각하며 시나 이야기를 읽을 수 있다."이다.
[9] 서울교육대학교・한국교원대학교 국정도서 국어편찬위원회, 『국어』 읽기5-1, 9쪽. 교육과학기술부, 『교사용 지도서 초등학교 국어』, 84쪽 참고. 앞으로는 논의의 편의를 위해 교과서 인용은 해당학년과 학기만 표기하고(예〈5-1〉), 교사용 지도서의 경우는 〈지도서〉로 표기함.
[10] '/'은 행의 구분, '//'은 연의 구분을 의미한다. 앞으로는 논의의 편의를 위해 행과 연을 부호로 처리하여 인용하기로 한다.

살려 형상화하는 데 성공하고 있다. 꽃잎이 바람에 날려 빙글빙글 도는 모습을 '비그르르' 떨어진다고 하여 시각적 운동감까지 얻고 있다. 다만, 꽃비가 뜨락에 내려 나비가 된다는 비유방식은 작위적인 느낌을 주고 있다. 이 시를 대상으로 교육활동을 하게 되면 자연히 인상적인 부분은 비유적 표현이나 운율, 재미있게 대상을 의태어로 표현한 점을 찾게 될 것이다.

시의 문학적 성공여부를 보면 수준이 떨어진 작품이라고 볼 수 있다. 새로운 발견이나 대상의 의미화에 성공하지 못하고, 운율을 살려 아름답게만 표현하는 데 집중하고 있기 때문이다. 또한 인상적인 부분을 형식미에서 찾는 데 중점을 둔다면 시가 지니고 있는 본래적 의미인 대상에 대한 새로운 발견이나 세계 인식 등과 같은 본질적 요소가 소홀히 다룰 가능성이 많다. 이러한 형식미에 초점을 주는 데 집중하여 언어 유희적 수준에 머문 작품도 교육제재에 선정될 때도 있다.

쪽 찐 할머니가/ 쪽물 들인 치마 입고/ 쪽마루를 지나/ 쪽문을 나서/ 쪽빛 하늘 아래/ 마실을 가다/ 길 한쪽에 떨어진/ 콩 한 쪽을 보고/ 콩 한 쪽이 어디냐/ 하늘에서 떨어지나/ 땅에서 절로 솟나/ 얼씨구나 얼른 주워/ 입 맞추네/ 쪽!//(김유진, '콩 한 쪽', 〈5-2〉 1단원)

이 시는 '쪽'이란 시어를 선택하여 다양하게 병렬 배치시킴으로써 의성어의 유사성과 의미의 차이에서 오는 효과를 노리고 있다. 시상의 전개를 보면 할머니가 길에서 콩 한 쪽을 줍는 장면을 재미있게 표현하는 데 집중하고 있다. 시적인 새로운 발견이나 의미의 부여 수준에 이르지 못하는 졸작이다. 반복적으로 시어를 드러내어 읽는 재미에 초점을 맞추는 정도밖에 되지 못한다. 이는 시라는 형식을 빈 말 장난에 지나지 않는다.

교과서에서 이러한 시를 채택하는 데는 '시를 읽는 즐거움', '재미'에 초점을 맞추려는 교육적 의도와 무관하지 않다. 저학년 수준에서 제시된 시에서는 시를 읽는 즐거움을 느끼게 하기 위해 의성어나 의태어, 반복과 정형적 운율을 전경화한 작품을 선정하고 있다. 이러한 경우에서는 위에서 제시한 경우와 반대로 문학적 성취 수준은 높아도 학습자의 수준에 어울리지 못하는 한계를 지니기도 한다.

(1) 재잘대며/ 타박타박/ 걸어오다가// 앙감질로/ 깡충깡충/ 뛰어오다가// 깔깔대며/ 배틀배틀/ 쓰러집니다. (피천득, '오는 길', ⟨1-1⟩ 4단원)

(2) 책책책 책책책책/ 응원을 하나 봐요/ 삼삼칠 박수를/ 어디서 배웠을까/ 꼬리를/ 흔들어 대며/ 책책책책 책책책책(성덕제, '까치', ⟨2-1⟩ 4단원)

위 두 편의 시는 의성어나 의태어의 반복을 통하여 운율을 살려 재미있게 대상을 표현하고 있다. 시를 읽는 즐거움을 시어 반복과 운율에 집중하여 찾게 하고 있다. 위 시들은 대상에 대한 의미 부여를 새롭게 한 신선한 작품이다. 그러나 학습자의 입장에서 보면, 교과서에서 의도한 학습 활동의 효과는 반감될 수밖에 없다. (1)은 어른의 시각에서 아이가 오는 모습을 형상화하고 있고, 시어 선택이 1학년에게는 너무 어려워 시상을 떠올릴 수 없는 상황이 되고 말기 때문이다. (2)는 까치의 날개 짓을 삼삼칠 박수로 인지하는 신선함이 보이지만, 학습자 입장에서 보면 "책책책 책책책책"이라는 의성어의 반복만 강조되어 대상에 대한 의미나 형상을 떠올리지 못할 가능성이 크다.

교육성과 문학성을 아우르는 적정한 시 제재를 찾는 것은 매우 어려운 과정을 겪는다. 다음 시들은 제재 선정의 모범 사례라고 볼 수 있다. 문학성과 교육성의 연계가 자연스럽다.

　　　길은/ 포도 덩굴.// 몇백 년을 자라서// 땅덩이를 다 덮었다.// 이 덩굴/ 가지마다// 포도송이 같은/ 마을이 있고// 포도알 같은/ 집들이 달렸다.// 포도알이 늘 때마다/ 포도송이는 자꾸 커 가고// 갈봄 없이/ 자라기만 하는/ 이 덩굴을 통하여// 사람과 사람이 도와 가고/ 마을과 마을이 이어져서// 세계가/ 한덩이로 되었다.//(김종상, '길', 〈5-1〉 1단원)

　이 시는 사람들이 사는 이 세계를 포도의 여러 모습으로 비유하여 세계 인식의 새로움을 보여준다. 또한 변화하는 운율을 통하여 생동감 있게 시를 전개하고 있어 이 단원에서 추구하고자 한 교육목표 달성에도 유용하다. '포도 덩굴'은 길, '포도알'은 집, '포도송이'는 마을로 비유하여 이 덩굴을 통해 세계가 '한덩이로 되었다.'고 새롭게 인식하고 있다. 세계의 재발견 내지 의미 부여의 성취도 보이고 있어 학습자 수준에서는 감동으로 다가올 수 있다. 이러한 예는 시조 형식을 취한 〈풀잎과 바람〉에서도 확인할 수 있다.

　　　나는 풀잎이 좋아, 풀잎 같은 친구 좋아/ 바람하고 엉켰다가 풀 줄 아는 풀잎처럼/ 헤질 때 또 만나자고 손 흔드는 친구 좋아.//
　　　나는 바람이 좋아, 바람 같은 친구 좋아/ 풀잎하고 헤졌다가 되찾아 온 바람처럼/ 만나면 얼싸안는 바람, 바람 같은 친구 좋아.//(정완영, '풀잎과 바람', 〈5-1〉 1단원)

　이 시는 친구를 풀잎과 바람으로 비유하여 '손 흔드는 친구', '얼싸안는 바람'라고 형상화하고 있다. 이 때, 바람은 '친구'이면서 '나'도 되어 관계성을 함축하고 있어서 시적 성취도가 높은 편이다. 시조의 형식미와 주제가 서로 잘 어울리는 수작이다. 교육적인 측면에서도 인상적인 부분을 찾는 활동이 다양하게 나올 수 있어서 수용자의 다양한 반응을 유도하기에 적절한 제재이다.

〈5-2〉 1단원에 제시된 〈논두렁길을 걸을 때면〉(김은영)도 제재 선정의 적절성을 보여 준 사례이다. 아버지와 함께 성묘 가는 길을 소재로 한 이 시는 논두렁길을 지나면서 아버지가 한 손으로 "벼 이삭을 스치면서" 걸어가는 모습을 "차락 차락 차락 차락/ 여문 벼 낟알들이/ 가을 햇살처럼 튕겼다."로 표현함으로써 추억의 한 장면을 현재화하는 데 성공하고 있다. 형식적인 측면에서도 의성어의 반복과 적정한 비유로 시의 분위기를 아름답게 형상화하였다. 아버지의 행동을 따라서 해 본 시적 자아가 벼 이삭을 스치면서 "흐르는 물살에/ 손을 담근 것처럼" 느끼는 장면은 "가을 햇살"과 어울려 과거와 현재가 공존하는 느낌까지 들게 하고 있다. 이러한 시에서 인상적인 부분을 찾는 활동은 다양한 반응을 보일 수 있는 계기가 되어 시 감상 능력 신장에도 도움을 줄 수 있다.

2. 시의 특성과 감상 교육의 문제

초등학교 5, 6학년 문학 영역의 교육내용은 시에 대한 '생각이나 느낌'을 말해보거나 '좋아하는 시를 소개'하는 활동 등과 같이 시 감상 교육을 위한 활동이 등장한다. 또한 문학의 갈래 교육을 위해 '시의 특성'을 생각하며 작품을 읽어보는 활동도 제시되어 있다. 시의 장르적 속성은 자아와 세계의 동일성 내지 일체감으로부터 출발한다. '세계의 자아화', '내면화'로 표현되는 시정신은 자아와 세계의 갈등이나 분리로부터 오는 서사 세계와 다르다. 그리하여 서정적 자아는 상상력의 세계를 대상의 순간을 자신으로 끌어들여 새로운 자아 인식이나 세계 발견 또는 대상의 의미 부여를 통해 세계를 형상화한

다. 이러한 시정신이 형식화 될 때에는 리듬, 이미지, 상징, 비유 등의 기법이 사용된다.[11]

초등학교 학습자를 고려하여 갈래 특성을 문학지식으로 제공하기 위해서는 언어의 형식적 측면부터 접근하여 세계관으로 확산하는 방식이 적절할 것이다. 〈6-1〉 1단원에서 제시된 시의 특성을 아는 활동은 이러한 점을 염두에 둔 것이 분명하다. 이 단원에서는 학습활동을 통해 '함축적 표현', '운율', '장면 떠올리기'(심상: 이미지)와 같은 문학지식을 습득하게 하고 있다. 이러한 활동은 학습자에게 시에 대한 장르 인식을 시적 형식에 치중하여 이해하기 쉽다. 시의 장르 특성의 기본 정신은 대상이나 현상의 순간을 포착하여 세계를 인식하는 시 정신에 바탕을 둔다. 시적 자아와 대상 사이의 관계는 지각작용을 통해 사물의 자아화가 이뤄지고 이것이 정서나 이미지로 표출 작용을 하여 작품화 된다고 할 수 있다.[12] 이러한 점을 염두에 둔다면 시의 장르 특성에서 강조해야 할 점은 대상이나 현상에 대한 새

---

[11] 시의 장르적 특성에 대한 논의는 김준오, 『시론』, 삼지원, 1994, 27-40쪽을 참고할 것. 여기에서 저자는 시의 장르적 특징을 정리하기 위해 '시적 세계관', '서정적 자아', '동일화의 방법', '순간과 단일성', '압축성과 암시성', '주관성과 서정'으로 나누어 설명하고 있다. 또한 시의 언어적 특징을 고찰하기 위해 형식주의 이론을 참고하여 시의 구성 원리(같은 책, 82-171쪽)를 '리듬', '심상', '비유', '인유', '상징'으로 나누어 논의하고 있다. 연구자마다 시의 장르적 특징을 정리하는 방식은 조금씩 차이가 있으나 대체적으로 내용적 측면과 형식적 측면으로 나누어 접근하고 있다. 이러한 점은 결국 시의 세계관 내지 정신, 자아와 세계의 관계 설정의 원리, 서정적 자아의 세계 인식 방법을 중요하게 다루고 시적 표현의 특징으로 여러 구성요소를 제시하는 것이 일반적이다.

[12] 사물/ 시적 대상/ 현상과 시적 자아/ 시인, 그리고 작품 속의 사물/현상의 관계를 통하여 시의 장르적 속성을 밝힐 경우 시적 기법으로 사용되는 것은 은유(언어의 선택의 배열관계 중심)와 환유(언어의 결합의 배열관계 중심)라는 두 유형이다. 그러므로 시적 표현에 있어 장르 속성은 시적 자아를 중심으로 본다면 정서의 투영과정으로 해석할 수 있다. 이러한 정서 투영은 시적 대상인 사물이나 현상의 순간을 포착하여 창작자의 세계 인식이 드러나는 구체적 과정이라고 할 수 있다.
이에 대한 자세한 논의는 김용재, 「문학 작품의 감상능력 신장을 위한 방략」, 『논문집』 44집, 한국국어교육연구회, 1992, 32-35쪽 논의 참고.

로운 세계 인식이나 발견이다. 이러한 인식의 결과물이 어떠한 언어 표현으로 구체화되는지 파악하는 것은 그 뒤의 일이다.

이른 봄/ 햇살이 씨앗을 뿌렸다// 산수유나무/ 품었던 씨앗을 틔운다// 차조알같이 자잘한 노란 꽃/ 아직 뺨이 시려/ 깨알만큼 얼굴을 내민/ 그래도 촘촘히 달린 산수유꽃.//(정두리, '산수유꽃', 〈6-1〉 1단원)

이 시는 이른 봄 산수유꽃이 피어나는 모습을 "차조알", "깨알"로 비유하여 함축적으로 표현한 서경시이다. 교육 활동 면에서는 간결한 운율, 압축된 표현, 비유 등의 형식을 강조하여 시의 특성을 파악하고자 의도하여 이 제재를 선택하였다. 하지만, 시의 특성을 지나치게 언어 사용이나 외적 형식에 치우쳐 강조하여 자칫 학습자에게 잘못된 장르 인식을 심어줄 가능성이 크다.

시의 장르상 특징을 살펴본다고 할 때, 외적 형식이나 표현 기교에 중점을 두면 문학교육의 방향이 지향하는 삶의 형태를 소홀하게 다룰 가능성이 많다. 시의 감상 교육도 마찬가지이다. 먼저 시에서 소재로 취택된 사물이나 현상이 시적 화자에 의해 어떻게 의미가 부여되었는지, 또는 그 세계에 대한 인식을 얼마나 새롭게 보여주고 있는지 살펴보면서 학습자가 언어로 구체화된 시적 표현을 보며 상상의 세계를 펼치게 유도해야 한다.

시를 읽고 생각이나 느낌을 말하는 활동은 일종의 시 감상 교육이다. 시에 대한 이해와 감상은 사실 시어의 의미를 파악하고 시적 화자가 표현하는 대상에 대해 동조나 부정을 하면서 새로운 세계를 그려보는 과정이기도 하다. 이 때 학습자는 일차적으로 시의 언어(poetic diction)를 접하기 때문에 시의 해석과정에서 시어의 해독이 기본이 되는 것은 당연한 일이다. 이러한 시 감상 교육을 위한 교육 활동에서는 먼저 전범이 될 만한 좋은 작품을 선택하여 학습자에게 제공하는 것이 좋다. 이러한 관점에서 본다면 5학년 1학기에 제시된 시 작품 중에는 교육활동의 원활한 전개에는 도움이 되나 시 자체의 문학적 성취는 부족한 작품이 보이는 점이 아쉽다.

"아야!/ 아유 아파."/ 책상 모서릴 흘겨보았다./ "내 잘못 아냐."/ 모서리도 눈을 흘긴다.// 쏘아보는 그 눈빛이/ 나를 돌아보게 한다./ 어쩜 내게도/ 저런 모서리가 있을지 몰라./ 누군가 부딪혀 아파했겠지./ 원망스런 눈초리에/ "네가 조심해야지."/시치미 뗐을 거야.// 모서리처럼/ 나도 그렇게 지나쳤겠지.// 부딪힌 무릎보다/ 마음 한쪽이/ 더 아파 온다.//(이혜영, '모서리', 〈5-1〉 7단원)

인용한 시는 교육과정의 성취 기준인 '문학작품은 읽는 이에 따라 다르게 수용될 수 있음을 이해한다.'에 근거하여 선택되었다. 학습자가 일상생활을 통하여 접할 수 있는 경험을 소재로 한 이 시는 5학년 수준의 학생들에게 공감을 얻기 쉽다. '책상의 모서리'와 '마음의 모서리'를 연결시켜 누군가에게 아픔이나 원망을 들을 수 있는 말이나 행동을 한 것에 대한 반성을 하는 시적 화자의 모습이 그려 있다. 이 작품을 통하여 학습자는 "나도 그렇게 지나쳤겠지"와 같은 경험이 다양하게 있을 수 있어서 읽는 이에 따라서 생각이나 느낌이 다를 수 있음을 확인하기에 수월하다. 그러나 이 시 자체를 보면 교훈적 의미를 부각시키기 위해 대비의 효과, 입장 바꾸기 관점만 내세워 시적 감동이 줄게 된다. 책상 모서리의 "쏘아보는 그 눈빛"과 모서리 같은 내 마음이 "원망스런 눈초리"를 보내는 행위는 대응이 되어 시상의 전개가 기계적으로 조합되어 있고 자연스럽지 못하다.

　이와는 반대로 작품 자체는 어느 정도 문학적 수준에 도달해 있는 의미 있는 작품인데, 교육 목표 달성에 도움이 되지 못하는 작품을 선정하는 경우도 있다.

(1) 혀 아래 도끼 들었단 말 들어 본 일 있나요?/ 남을 자꾸 헐뜯는 사람들의 혓바닥 아랜/ 도끼가 숨져져 있대요, 서슬 푸른 쇠도끼.//(이정환, '혀 밑에 도끼', 〈5-2〉 7단원)

(2) 풀숲 작은 둥지에 새알이 두 개/ 꺼낼까 말까 손대 보고 또 대 보고/ 저만치 가다가 와서 한 번 더 만져 본다.//(유경환, '새알 만져 보기', 〈5-2〉 7단원)

인용한 두 편의 시는 정형적 음보를 취택할 수밖에 없는 시조형식으로 주제를 효과적으로 전달하고 있는 우수작이다. (1)에서는 시어 '도끼'가 다소 작위적인 느낌이 없지 않으나 수용자로 하여금 말의 중요성을 다시 생각할 수 있게 자연스럽게 전개하고 있는 점이 돋보인다. (2)는 풀숲 둥지에서 발견한 새알을 보고 경이로움과 호기심, 걱정의 마음을 함축적으로 잘 표현하고 있다. 새알을 보고 어미 새가 없어 걱정인 마음, 꺼내볼까 하는 호기심, 그러면서도 잠깐 사이에 무슨 일이 일어나지나 않았는지 알을 걱정하는 마음이 짧은 시조 형식을 통해 잘 드러냈다.

그러나 이 두 편의 시는 학습목표를 달성하기에는 적절하지 않다. 이 단원에서 목표를 삼는 것은 "시에 대한 생각이나 느낌을 다른 사람과 비교하"는 일이다. 이 작품들은 함축적 의미나 대상에 대한 시적 화자의 관점이 다양하게 접근할 수 있는 근거가 전혀 없어서 시 감상자의 생각이나 느낌이 대동소이하게 반응할 수밖에 없다. 오히려 이 작품들은 동시에서의 시조 형식에 대한 지식 교육을 할 때 적절한 제재이다.

이에 비해 교육성과 문학성을 모두 만족시키는 우수 사례도 보인다. 시에 대한 생각이나 느낌을 주고받는 일을 통하여 여러 가지 삶의 모습을 감상할 수 있게 유도하는 경우이다.

비비새가 혼자서/ 앉아 있었다.// 마을에서도/ 숲에서도/ 멀리 떨어진,/ 논벌로 지나간/ 전봇줄 위에.// 혼자서 동그마니/ 앉아 있었다.// 한참을 걸어오다/ 되돌아봐도,/그때까지 혼자서/ 앉아 있었다.//(박두진, '돌아오는 길', 〈5-1〉 7단원)

운동화를/ 햇발 바른 곳에/ 키대로 세웠습니다.// 엄마가 헌 칫솔로/ 삭삭 박박 문질러 씻은/ 내 운동화// 놀이터에서/ 친구 다리 걸어/ 넘어뜨린 일/ 떡볶이 가게에서/ 흘렸던 고추장 국물/ 뿅뿅 게임방에서/ 놀고 왔던 흔적이 지워지고// 운동화는 한나절/ 느긋하게 낮잠을 잡니다./ 꿈까지 꿉니다.//(정두리, '운동화 말리는 날', 〈5-1〉 7단원)

길 옆,/ 버려진 깡통 속에/ 풀씨 하나 쏘옥.// 바람은 알아서/ 흙을 나르고/ 햇살은 빛을 보태고/ 빗방울도 비스듬히/ 물을 뿌린다.// 지나가는 사람들/ 발소리가 날 때마다/ 깡통은 얼마나 가슴을 졸일까?/ 차이고 밟혀도/ 혼자였을 땐 괜찮았지.// 하지만/ 지금은 지금은……//(박혜선, '버려진 깡통 속에서', 〈5-2〉 7단원)

인용한 시 (1)은 비비새와 시적 화자의 거리가 점점 좁혀가면서 대상의 자아화가 이뤄져 외로움을 압축적으로 잘 형상화하였다. 시 (2)는 생활 속에서 쉽게 접하는 소재를 대상으로 하여 시적 자아의 일상을 실감나게 잘 표현하고 있다. 시 (3)은 작은 생명체나 자연의 소중함을 '길 옆 버려진 깡통'속에서 찾는 직관이 돋보이면서 교훈적 의미를 작위적 느낌이 나지 않게 내면화시키고 있는 점이 뛰어나다. 이러한 작품들을 통하여 교육 활동의 중심인 생각과 느낌을 주고받는 과정은 매우 자연스럽고 풍요롭게 이뤄질 가능성이 크다.

3. 비유적 표현의 특성과 효과

시는 비유를 통해 대상을 환기하는 기법을 활용하는 문학의 대표적 장르이다. 초등학교 문학 영역의 성취기준 중 "비유적 표현의 특성과 효과를 이해"하는 면을 제시하고 있는 점은 시적 언어의 성격을 이해하기 위한 방법이다. 비유에 대한 학습은 6학년 과정에서 본격적으로 이뤄진다. 비유법의 대표적 형태인 은유와 직유를 이해하는 활동으로 시작하고 있다.

> 내가 채송화꽃처럼 조그마했을 때/ 꽃밭이 내 집이었지./ 내가 강아지처럼 가앙가앙 돌아다니기 시작했을 때/ 마당이 내 집이었지./ 내가 송아지처럼 겅중겅중 뛰어다녔을 때/ 푸른 들판이 내 집이었지./ 내가 잠자리처럼 은빛 날개를 가졌을 때/ 파란 하늘이 내 집이었지./ 내가 내가/ 아주 어렸을 때/ 내 집은 많았지./ 나를 키워 준 집은 차암 많았지.//(이준관, '내가 채송화꽃처럼 조그마했을 때', 〈6-1〉 7단원)

이 시는 '나'의 모습을 채송화꽃, 강아지, 송아지, 잠자리로, "나를 키워 준 집"은 '꽃밭', '마당', '푸른 들판', '파란 하늘'로 빗대어 표현하고 있다. 학습자는 비유를 통해 대상이 어떻게 의미화 되는지 쉽게 이해할 수 있다. 비유에서 가장 핵심적인 기법은 은유(metaphor)이다. 은유는 '응축된 언어 관계'를 가장 극명하게 보여주는 동시에 '총체적 수사학으로 비유의 원리를 포괄'하는 특성을 보여 준다.[13] 사실 직유법도 대상의 유사성을 좇아 선택의 관계를 맺는 은유의 또 다른 형식에 불과하다.[14] 이 시는 비유적 표현을 알게 하는 학습 목표 달

---

[13] A. Preminger(ed), *Encyclopedia of Poetry and Poetics*, Princeton Univ. Press, 1965, metaphor 항목 참고.

성에 효율적이다. 다만 시 자체로 봤을 때, 어린 나의 모습이 '채송화 꽃'으로 빗대거나 꿈을 키우는 나의 모습이 '잠자리'로 대체되고 있는 것은 다소 작위적이다. 이에 비해 문학적 성취와 교육적 활용이 적정히 조화를 이루고 있는 제재도 있다.

친구와/ 쌍동밤처럼/ 어깨동무하는 것도 좋지만// 참새 떼처럼/ 쩍째글 쩍째글/ 몰려다니는 것도 좋지만// 가끔씩은/ 아주 가끔씩은/ 혼자 있어 봐.// 별들의 이야기/ 엿들을 수도 있고,/ 입속말하던 시계들이/ 낭랑한 목소리로 말을 걸어온단다.// 그래, 운동장 가슴이 쿵쿵 울리도록/ 뛰놀던 아이들이 가 버린/ 늦은 저녁/ 그네에 혼자 앉아/ 바람처럼 휘파람을 불어 봐.// 거인 같은 운동장이/ 이웃집 아저씨처럼/ 너를 번쩍 안아 올려/ 네 마음의 무게를 재어 주실 테니까.//(이화주, '혼자 있어 봐', 〈6-1〉 7단원)

이 시는 혼자 있을 때 오히려 마음이 커짐을 느끼는 시적 화자의 모습이 잘 그려지고 있다. 적절한 비유를 통해 시적 형상화에 성공하고 있는 수작이다. 이 단원에서 제시한 "비유적 표현의 특성을 알 수 있다."는 학습목표 달성에 효율적이다. 대상과 비유적 표현을 찾고 그러한 비유가 가능한 이유를 찾는 학습활동을 하면 비유적 특성을 이해할 수 있을 뿐 아니라 시의 감상에도 도움이 된다. 시 자체가

---

14 〈지도서〉에서는 '지식 발견하기' 단계를 설정하고 은유법, 직유법을 찾는 활동을 하고 있다. 그러나 비유의 특성을 이해하는 학습에서 문학지식으로 은유법, 직유법, 의인법 등을 제시하는 것은 시 감상에 도움이 되지 않는다고 생각한다. 오히려 대상(현상이나 사물)을 어떠한 언어로 대치하였는지(비유) 살피는 것이 바람직한 방법이 된다. 왜냐하면, 언어행위의 기본적 배열방식을 인지하고 다양하게 활용하는 방법을 익힘으로써 시적 표현의 효과를 감지하고, 시에서 형상화한 모습을 떠올리는 행위가 오히려 감상에 도움이 될 수 있기 때문이다. 이에 대한 자세한 논의는 다른 논문에서 상세하게 다룰 필요가 있다.

장면의 대비를 통해 마지막 연에서 감성의 절정을 이루고 있기 때문이다. 친구와 함께 있는 모습이 '쌍동밤'으로 빗대거나, '입속말 하는 시계', '내 마음의 무게'와 같은 시적 발견은 매우 신선하다.

　반면에 좋아하는 시를 읽고 소개하는 활동이나 삶의 다양한 모습을 제시하고자 한 학습 활동에서 선택한 제재들은 적절하지 못한 경우도 보인다. 학년 수준을 감안하여 볼 때 수준 이하인 경우도 있고, 주제 전달에만 초점을 맞춰 작위적인 느낌을 주는 경우도 있다. 이러한 시는 문학성이나 교육성 양 측면을 모두 만족시키지 못하는 제재 선정의 잘못이라고 볼 수 있다.

　　(1) 수박 넝쿨이/뙤약볕과 싸우며 키워 낸/ 달콤한 속살// 우리에게/ 송두리째 다 내놓았어// 수박 씨앗이/ 콕콕 웃으며/ 쳐다보고 있는 거야// 한 조각씩 나눠 먹으며/ 오순도순 살라는 게지// 수박처럼 둥그런 마음/ 나누며 살라는 부탁이겠지.//(이성자, '송두리째 다 내놓았어', 〈6-1〉 7단원)

　　(2) 하늘을 날던/ 연 하나// 나뭇가지가/ 꼬옥 붙잡고/ 놓아주질 않습니다.// 멀리멀리/ 보내주고 싶은/ 바람만/ 애가 타는지// 쏴아-/ 쏴아-// 쉬지 않고/ 나뭇가지를/ 흔들어 댑니다.//(권오삼, '연과 바람', 〈6-2〉 7단원)

　인용한 시 (1)은 배려하고 나누며 살자는 주제의식을 강하게 드러내고 있다. 수박을 대상화하여 둥그런 마음으로 전이시키는 방식이 학년 수준에 맞지 않다. (2)에서 형상화한 나뭇가지에 걸린 연의 모습은 쉽게 장면을 연상할 수 있게 하고 있지만, 저학년 수준에 맞는 작품이라고 할 수 있다. 이 두 편의 시는 시적 형상화에도 성공하지 못한 졸작이다.

한편, 의도성을 드러내는 시는 그것의 주제의식이 진정성이 있다고 하더라도 자칫 작위적이고 현실성이 없어 감동을 주지 못하는 경우도 있다. 〈6-2〉 1단원에 소개된 시 '남자들의 약속'같은 경우가 대표적이다. 이 시는 집안일에 시달려 집을 나간 엄마를 소재로 세 남자가 깨닫는 과정을 보여주고 있는데, 상황의 설정이나 갈등, 갈등의 해소과정이 학습자에게 공감을 얻기가 힘들다. 지나치게 의도적인 주제 설정이 문제가 되기 때문이다. 이처럼 현행 교과서에서는 교육목표와 연계된 시를 찾다가 문학적 감동을 고려하지 못한 경우가 종종 드러난다.

IV. 결론 및 제언

이제까지 교과서에 실린 시 제재의 적절성을 평가하여 보았다. 문학교육 제재의 적절성에 대한 평가는 교육성과 문학성을 아울러 바라봐야 한다는 관점을 유지했다. 교육성은 교육목표와 내용을 학습하기에 효율적인지의 여부를 판단하는 기준을 말하고, 문학성은 문학 제재 자체가 지니고 있는 문학적 성취수준을 지칭한다. 그 결과 시의 교육 내용을 학습하기에 좋고 문학적 수준도 양호한 작품이 선정된 경우가 많았지만, 아쉬운 점도 있었다. 상당부분 교육목표 달성이나 교육활동의 효율성에 집착하는 경향이 많았다. 이러한 점은 교과서 제작과정을 감안하면 당연한 귀결인지도 모른다. 집필 기간이 짧은 점, 교육과정과 집필 시 유의사항에 맞춰 교육의 효율성에 집착할 수밖에 없는 점이 영향을 주었으리라고 판단된다. 하지만, 문학 제재는 학습자 개인의 문학경험의 일차적 통로라는 점에서 문학성을 소홀하게 생각해서는 안 된다. 이러한 문제점을 해결하기 위한 앞으로의 과제를 제시하면 다음과 같다.

첫째, 교육용 정전15에 대한 논의가 좀 더 활발하게 이루어져 어떠한 형태의 정전으로 이론화할지 합의할 필요가 있다. 교육용 정전은 교조화되고 화석화된 정전의 모습으로 정체된 것만 취하지 않고 학습자에게 "소통 현상 중심으로 정전을 포착하여 경험하게 해 주는"16 열려 있는 정전 논의로 나아갈 필요가 있다. 이미 평가가 완료된 우수한 정전 교육에 매달리다 보면 문학사적 맥락이나 문학 자체의 미적 형식을 살필 수 있는 장점은 있지만, 문학교육 자체가 개념화될 가능성이 많다. 또한 앞에서 살핀 바처럼 문학교육의 궁극적 목표인 자아의 성숙이나 공동체 삶의 지향성을 실현하기에는 어려운 점이 있다.

둘째, 교육용 정전은 이론보다 구체적인 작품을 제시하는 방향으로 나아가야 한다. 교육성과 문학성을 아우를 수 있는 교육용 정전이 제공되어야 교과서 개발에서 문학 제재 선정의 혼란이 오지 않기 때문이다. 2009년 개정 교육과정에 맞춰 예를 든다면, 전문가 집단으로 구성된 연구위원회에서 학년군(1·2학년/ 3·4학년/ 5·6학년)별로 교육용 정전을 장르별로 일정 수의 작품을 선정하여 교육계에 제시해준다면 교육의 여러 측면에서 도움이 된다.

셋째, 국어과 교육의 실천 원리의 하나로 어휘나 문장 수준을 학년군별로 제안해 줄 필요가 있다. 이를 위해 국어학자를 비롯한 각계 전문가 집단에서 학년군별로 알아야 하는 교육용 필수 어휘를 계량화하여 제시해 주는 방안이 있다. 문학 제재도 언어로 표현된 상

---

15 정전은 ㉠ 뛰어나고 우수하며 특별한 가치가 있는 작품, ㉡ 시대를 초월하며 영원하고 기념비적이고 지속적인 작품 ㉢ 전형적, 모범적, 고전적 작품, ㉣ 반드시 계승될 가치가 있고 누구에게나 알려진, 그리고 계속 집중적으로 읽히는 작품이다.(라영균, 「정전과 문학교육」, 『독어교육』 26집, 한국독어독문학교육학회, 2003) 교육용 정전은 교육 목적을 위해 선택된 정전을 말한다.
16 박인기, 「문학교육과 문학 정전의 새로운 관계 맺기」, 문학교육학회 엮음, 『정전』, 도서출판 역락, 2010, 37쪽.

상력의 산물이므로 작품 속에 동원된 어휘가 학습자의 이해가능성을 전제로 해야 한다. 흔히 외국어교육에서 활용되는 방안처럼, 국어과에서도 교육용 어휘의 총량과 수준을 학년군별로 제시해 준다면, '창의적 국어사용 능력'을 기르는 데 이바지 할 뿐 아니라, 문학의 수용과 창작에도 학년별 수준에 맞게 교육을 실행할 수 있다고 본다.

넷째, 문학교육 제재의 타당성 점검을 지속적으로 진행해야 한다. 교육과정이 개정될 때마다 교과서 개발의 중점사항을 추출하고 그에 맞춰 교과서 개발 방향[17]을 설정한다. 이러한 과정 속에서 기존 교과서에 대한 제재의 적절성을 검토하는 경우가 많은데, 이러한 제재의 적절성 탐색은 교육의 실행단계에서도 지속적으로 점검할 필요가 있다. 적절성 검토는 문학교육의 내용이나 방법론의 발전에 지대한 영향을 끼칠 수 있기 때문이다.

---

17 국어교과서 개발 방향에 대한 논의는 신헌재외, 앞의 책, 34-59논의를 참고할 것.

참고문헌

교육과학기술부, 『초등학교 교육과정 해설(III)』, 2008.

구인환 외, 『문학교육론』, 삼지원, 2012.

김대행, 「사고력을 위한 문학교육의 설계」, 『국어교육연구』 5집, 1998.

김미혜, 「시 교육에 있어서 이미지 이해의 문제에 대한 고찰」, 『문학교육학』 25호, 한국문학교육학회, 2008.

김용재, 「문학 작품의 감상능력 신장을 위한 방략」, 『논문집』 44집, 한국국어교육연구회, 1992.

김정우, 『시 해석 교육론』, 태학사, 2006.

김창원, 「미래지향형 국어교과서 개발의 방향과 원리」, 『미래 지향형 초등국어 교과서 개발 연구』, 경인초등국어교육학회, 2005.

박윤우, 「중등과정 시 교육의 현황과 개선 방향 연구」, 『문학교육학』 제18호, 한국문학교육학회, 2005.

박인기, 「문학교육과 문학 정전의 새로운 관계 맺기」, 『문학교육학』 25호, 한국문학교육학회, 2008.(문학교육학회 엮음, 『정전』, 도서출판 역락, 2010.)

신헌재 외, 『초등학교 국어 교과서 개발 과정과 전망』, 미래앤, 2011.

우한용 외, 『실용과 실천의 문학교육』, 새문사, 2009.

원종찬, 「아동문학 텍스트와 초등 문학교육」, 『문학교육학』 24호, 한국문학교육학회, 2007.

이인제 외, 『초등학교 국어과 교과용 도서 개발 연구』, 한국교육과정평가원, 2002.

이재승, 「새 국어교과서 개발의 쟁점」, 『한국초등국어교육』 38집, 한국초등국어교육학회, 2008.

정재찬, 『문학교육의 현상과 인식』, 도서출판 역락, 2004.

최미숙, 「제7차 초등학교 국어 교과서에 대한 비판적 점검」, 『국어교육학연구』 27집, 국어교육학회, 2006.

최현섭 외,『국어교육학개론』, 삼지원, 1996.

한명숙,「초등국어과 교과서 개발과 단원 구성 체재」,『청람어문교육』 34집, 청람어문교육학회, 2006.

A. Preminger(ed), *Encyclopedia of Poetry and Poetics*, Princeton Univ. Press, 1965.

■ 이 책에 실린 논문들의 원 제목과 출처

제1부

1장 『고향』의 이야기 구조와 서술 전략, 『현대소설연구』 창간호, 한국현대소설학회, 1994.
2장 「잔등」의 담론 특성 연구, 『초등교육연구』 19집, 전주교대 초등교육연구원, 2008.
3장 『천변풍경』의 담론 특성 연구, 『국어문학』 42집, 국어문학회, 2007.
4장 통속성과 반영성의 거리 조정과 그 한계-채만식의 『탁류』, 『현대문학이론연구』 8집, 현대문학이론학회, 1997.
5장 성장소설에 반영된 전쟁과 현실, 『초등교육연구』 26집, 전주교대 초등교육연구원, 2015.

제2부

1장 『취우』의 이야기 구조와 담론 특성, 『건지인문학』 21집, 전북대 인문학연구소, 2018.
2장 『광장』의 서술 특성 연구(1), 『현대문학이론연구』 6집, 현대문학이론학회, 1996.
  『광장』의 담론 특성 연구, 『현대문학이론연구』 10집, 현대문학이론학회, 1999.
3장 『혼불』의 이야기 구조와 담론 특성, 『초등교육연구』 20집, 전주교대 초등교육연구원, 2009.
4장 전통적 이야기 방식의 현대적 변용 양상 연구-『혼불』을 중심으로, 『국어문학』 56집, 국어문학회, 2014.

제3부

1장 다문화 시대의 서사교육 시론-『영원한 이방인』을 중심으로, 『국어문학』 51집, 국어문학회, 2011.
2장 『난장이가 쏘아올린 작은 공』의 서사 구조와 교육적 변용 양상, 『초등교육연구』 29집, 전주교대 초등교육연구원, 2018.
3장 개정 국어 교과서 개발 과정과 내용 검토, 『초등교육연구』 27집, 전주교대 초등교육연구원, 2016.
4장 개정 국어 교과서에 실린 시 제재 분석, 『국어문학』 54집, 국어문학회, 2013.